# Beschreibung

der

# Landwirthschaft

im

# Nieder=Elsaß.

---

Von

J. N. Schwerz.

---

Berlin, 1816.

Bei G. Reimer.

Die Lehre der Thatsachen ist nicht trügerisch. Sie ist die einzige Stütze, worauf man bei der Landwirthschaft mit Sicherheit bauen kann.

A. Young.

# V o r r e d e.

Den Ackerbau des Elsasses beschreiben, heißt: einer guten Sache das Wort reden. Ich darf also des Gegenstandes halber, den ich zu behandeln unternommen habe, hoffen, daß das Publikum diese Schrift nicht mit weniger Wohlgewogenheit aufnehmen wird, als meine frühere, über die Landwirthschaft des nunmehrigen Königreichs der Niederlande. Es scheint mir sogar, daß die elsasser Wirthschaft mehr Brauchbares und allgemein Anwendbares enthalte, als die belgische, welche auf so viele eigene und seltene Lokalitäten berechnet ist.

Da es in dieser Schrift weniger um eigene Ideen, als um Thatsachen zu thun, und da zugleich nichts gerechter ist, als Jedem Gerechtigkeit widerfahren zu lassen; so finde ich mich verbunden, dem Publikum einige derjenigen verdienstvollen Landwirthe im Elsaß zu nennen, die mir mit so vieler Gefälligkeit alle Aufschlüsse über die Cultur ihrer Gegend gegeben haben, die ich mir wünschen konnte, und ihnen hier öffentlich meinen Dank abzustatten. Darunter zähle ich besonders die Herren:

Heidel und Reibel, in Straßburg,
Bodmer, in Meistratzheim,
Rommer, Maire in Cuchenheim,
F. J. Ringeisen, in Eb rsheim,
Jacob Freis, in Entzheim,
Joseph Schalk, in Fegersheim,
Florenz Hansmännl, in Lipsheim,
Privat, in Weyersheim,
Reibel, in Benfelden,
Culmann, Pfarrer in Bergzabern,
N. N., Maire zu Candel,
Burkhard, Gastwirth in Lauterburg,

Roerig, Maire in Schleithal,
N. N., Maire in Wendenheim,
Sulzberger, Vater, in Boßzheim,
Bastian, in Sassenheim,
Georg Goitz, in Hoerdt,
König, Maire in Schwindratzheim,
Weinling, Maire in Pfeddisheim,
Andreas Quirin, in Stutzheim,
Hickel, in Niederhausbergen,
Loegel, Maire in Hochfelden,
Leonard, in Truchtersheim.

Insbesondere führe ich hier Herrn Philipp Waldejo, einen guten und braven Landwirth zu Hipsheim, an, und werde nicht vergessen, daß er einige Mal Morgens um vier Uhr aufgestanden ist, um mir ungestört vollständige Auskunft über den Ackerbau seiner Gegend geben zu können.

Noch wird der Leser den Namen Schröder, Pfarrer in Schillersdorf, sehr oft in diesem Werke finden. Der Zufall führte mir die Noten, die er über den Ackerbau seiner Gegend gemacht hat, in die Hände, und ich freue mich nicht wenig, sie aus dem Staube hervorgezogen zu haben, unter dem sie vergraben lagen. Schröder trieb selbst einen ansehnlichen Akkerbau, und war ein fleißiger und genauer Beobachter. Da solche Leute eine ziemlich seltene Erscheinung sind: so machte ich mich sogleich auf den Weg, um den würdigen Mann zu begrüßen. Ich erblickte sein Dorf aus der Ferne. Dort, dachte ich, steigt der Rauch aus seiner friedlichen Hütte; dort wirst du dich an den nützlichen Unterhaltungen dieses guten, landwirthschaftlichen Gefährten laben können, und aus seinem Munde hören, was seine Feder übergangen hat! Man zeigte mir das Pfarrhaus; — allein — leer war die Scheuner, öde waren die Ställe! Ein junger Akazienbaum ersetzte den alten, welchen Schröder vor mehr als 40 Jahren pflanzte, und der seinen Truten zur Nachtherberge diente. — Schröder war nicht mehr! — Beklommen stützte ich mich gegen einen Pfosten seiner ehemaligen Hofthüre, und weihte seinem Andenken eine Thräne des Dankes. Er war ein Freund des Pfluges, also auch mein Freund!

Nicht lange, so sollte ich, so sollte der Akkerbau, so sollte das Elsaß noch einen weit empfindlichern Verlust leiden. Adrian Lezay von Marnesia, Präfekt des niederrheinischen Departements, der Beförderer jeder guten Anstalt, der Vater seiner Untergebenen, der Freund der Landwirthschaft und der Landwirthe, starb im Oktober 1814, und mit ihm entschlummerten alle Pläne, die er zum Besten des Ackerbaues entworfen hatte. Sollte das Publikum einigen Werth auf gegenwärtige Schrift setzen, so wisse es: daß die Erscheinung derselben ursprünglich von diesem edeln Manne herrührt, der den Verfasser derselben anzog, und ihm die Mittel zu ihrer Ausführung erleichterte.

Möchte er noch nach seinem Tode in meinem Werke den Geist erkennen, der ihn im Leben beseelte; möchte er auch über dem Grabe dieses bleibende Denkmal meiner Dankbarkeit und Liebe genehmigen! Er war mein Freund und mein Wohlthäter!

Der Leser mag mir's vergeben, wenn ich ihn auf einen Augenblick mit bloßen Empfindungen unterhalte. Was wären wir, wenn wir dem Andenken unserer Freunde und Mitarbeiter, wenn wir den Beförderern des Akkerbaues nicht unsern Dank, und ihrem Verluste nicht eine Thräne der Liebe zollten? Wen der Tod Einhof's, Crome's, Schubart's, Lezay's u. s. w. nicht schmerzt, der verdient die Ehre nicht, die Hand an den Pflug zu legen!

# Inhalt.

## Erster Abschnitt.

Geographische Lage, physische Beschaffenheit des Elsasses.



## Zweiter Abschnitt.

Physische und moralische Eigenschaften der Bewohner.



## Dritter Abschnitt.

Vertheilung des Bodens und Grundeigenthums.



## Vierter Abschnitt.

Kommünen oder Allmänden.

## Fünfter Abschnitt.

### Zusammensetzung der Wirthschaften.



## Sechster Abschnitt.

### Hornvieh.



## Siebenter Abschnitt.



## Achter Abschnitt.



## Neunter Abschnitt.

### Gespann.



## Zehnter Abschnitt.

### Feldbearbeitung und Geräthe.



## Eilfter Abschnitt.

### Dreifelderwirthschaft.



## Zwölfter Abschnitt.

### Zweifelderwirthschaft.

## Dreizehnter Abschnitt.

### Gemischte Wirthschaft.



## Vierzehnter Abschnitt.

### Anbau des Wintergetreides.



## Funfzehnter Abschnitt.

### Anbau des Sommergetreides.



## Sechszehnter Abschnitt.

### Anbau des Mais.



## Siebenzehnter Abschnitt.

### Anbau der Hülsenfrüchte.



## Achtzehnter Abschnitt.

### Anbau des Wurzelwerks.



## Neunzehnter Abschnitt.

### Anbau der Futterkräuter.

# Erster Abschnitt.

## Geographische Lage, physische Beschaffenheit des Elsasses.

### Lage.

Indem der Rhein von Basel, oder der Schweiz aus, seine Richtung nach Norden nimmt, durchströmt er ein weites, über alle Vorstellung schönes und fruchtbares Thal, das von der östlichen oder deutschen Seite von den Gebirgen des Schwarzwaldes, und von der westlichen oder französischen Seite von dem vogesischen Gebirge begrenzt wird. Der Jura und die Alpen schliessen es einiger Maßen, wiewol in weiter Ferne, gegen Mittag. Dem Norden steht es offen, umfasst noch die Pfalz, bis da, wo die doppelte Gebirgskette sich unterhalb Mainz dem Rheine wieder nähert, und ihn in engere Ufer zusammendrängt.

Das Elsaß, das für sich den südwestlichen Theil dieses unermesslichen Rheinthales einnimmt, liegt zwischen dem 47sten und 49sten Grade nördlicher Breite. Es hat zu Grenzen: südwärts die Schweiz; nordwärts die ehemalige Pfalz; ostwärts den Rhein; westwärts Lothringen und die Grafschaft Burgund.

Es theilt sich in das obere und untere Elsaß; wovon jenes den südlichen, dieses den nördlichen Theil begreift.

Das untere Elsaß, oder das Departement des Niederrheins, von dessen Ackerbau allein in gegenwärtigem Werke die Rede ist, hat ungefähr 28 französische Meilen, zu 25 auf den Grad, in der Richtung von Süden nach Norden, und sieben Meilen, im Durchschnitte, in seiner Breite, oder seiner Richtung von Osten nach Westen.

Seine Oberfläche beträgt, mit Inbegriff einiger vormals zu Deutschland gehörigen, seit der Revolution aber zu dem niederrheinischen Departement geschlagenen kleinen Staaten, 498,501 Hectares, oder 252 französische □Meilen: ohne den Raum, den die Wege und Flüsse einnehmen, und den man auf 71000 Hectares anschlägt. Man zählt 340 theils starke Bäche, theils schiffbare Flüsse, die dieses Departement durchströmen.

Da die Gebirge und das Gewässer so vielen Einfluß auf das Clima und die Natur des Bodens der Flächen und Ebenen eines Landes haben, und diese letztern jenen nicht selten einen Theil, oder wohl gar ihre ganze Entstehung verdanken, so wird es nöthig sein, uns einige Augenblicke dabei zu verweilen.

## Gebirge.

Die Vogesen, besonders im Nieder-Elsaß, sind weit weniger hoch, als die Alpen, und können auch ihrer innern und äußeren Beschaffenheit nach nicht als eine verlängerte Kette derselben angesehen werden. Sie haben im Durchschnitt nicht mehr als 6 bis 800 Meter über der Oberfläche des Meeres. Nur im Ober-Elsaß findet man einige, deren Höhe auf 1400 Meter reicht. Mit den Gebirgen des Schwarzwaldes aber haben sie viele Aehnlichkeit, und theilen vermuthlich mit ihnen die Zeit und Art ihrer Entstehung. Diese Gebirge haben runde, oft flache Kuppen, und sind mit Holz bedeckt. Die Wände schießen nicht senkrecht herab, sondern wölben sich nach den Höhen zu, und gestatten das Besteigen. Dabei sind sie fast allenthalben mit etwas fruchtbarer Erde bedeckt, und daher mit Grün bekleidet. Außer dem Quarz, dem Feldspath, und Glimmer, den sie, wie alle Granitberge, enthalten, trifft man noch andere Stoffe, wie Hornblende, und grünen Schörl darin, durch deren Mischung mit den übrigen wirkliche Porphyrfelsen hervorgehen.

Zwischen dem eigentlichen Gebirge, und der ebenen Fläche des Elsasses finden sich noch Abstufungen, oder Erhöhungen von verschiedener Größe, welche als die Wurzeln jener hohen Massen anzusehen sind. Die Höhe dieser Hügel beträgt 100 bis 200 Meter über der Oberfläche des Meeres. Sie sind durchgehends kalk- oder mergelartig, häufig mit Muschelwerke unterschossen, und sehr fruchtbar, obgleich etwas schwerer als die Ebene zu bearbeiten.

Der Mergel findet sich in Menge in denjenigen dieser Anhöhen, die sich längs dem Kanale von Kolbsheim aus über Scheffolsheim, Edboldsheim, Hausbergen bis Hagenau und noch weiter erstrecken. Hinter Waßlingen trifft man starke Schichten davon an. Ohne Zweifel würde man beim Nachsuchen in allen Hügeln und Erhabenheiten des Elsasses Mergel auffinden.

Von diesen Hügeln aus senkt sich dann der Boden unmerklich nach dem Rheine zu, und bildet jene ausnehmend schöne Fläche, mit welcher nur wohl das Paradies verglichen werden kann.

## Flüsse.

Die Vogesen bilden keine solche zusammenhängende Kette, welche, wie die der Rheingebirge, zwischen Bingen und Kölln, beinahe gar keine Thäler zuläßt. Sie sind vielmehr allenthalben durch reizende, zum Theile weite und große Thäler unterbrochen, die ihrer Seits von kleinen Flüssen und Bächen durchschlungen werden. Die Brüche, die Andlau, die Zorn, die Lauter, die Mossig, die Mother und eine Menge anderer Gewässer ergießen sich von daher durch die schöne Fläche des Elsasses und strömen entweder der Jll, oder dem Rheine zu.

Dieser letztere Fluß bildet die lange und breite Scheidelinie, die das Elsaß von dem Brisgau und überhaupt von Deutschland trennt. So wohlthätig dieser große Fluß, durch die Vortheile des Absatzes und der Schiffahrt, die er gewährt: für die beiderseitigen Uferbewohner ist, so nachtheilig wird er ihnen oft durch die Ueberschwemmungen, welche er verursachet; durch das Einreißen der Ufer, durch das Wegspülen der Erde und die Kosten und Arbeiten, die er veranlasst. Es ist ein Feind, dem man immer Schranken zu setzen, und dessen Angriffe man unaufhörlich zu bekämpfen hat. Reißend und unbeständig in seinem Laufe, schafft er wechselweise die Höhen in Tiefen und die Tiefen in Höhen um; legt heute eine Sandbank an einem Orte an, und verlegt sie morgen an einen andern. Er verschlingt ganze Inseln, und bringt neue hervor. Er wühlt und verändert immer, und giebt von einem Augenblicke zum andern dem Thalwege eine andere Richtung. Die Schiffahrt kann daher nicht ohne Vorsicht, und für größere Schiffe nicht ohne vorheriges Untersuchen mit dem Senkblei, darauf betrieben werden. Auch haben diese Schiffe nicht leicht eine Ladung, die über 7 bis 800 Centner geht. Die Ueberschwemmungen des Rheins, die bei dem Schmelzen des Schnees auf den Alpen im Sommer Statt haben, überhäufen die angrenzenden Ufer nicht selten mit Sand und Steinen; übersättigen sie mit Feuchtigkeit, und bilden stehende Sümpfe: daher auch der Landstrich, der zwischen der Ill und dem Rheine herläuft, und unter dem Namen des Rieths bekannt ist, dem Boden des übrigen Elsasses an Güte nachsteht.

Nach dem Rheine ist die Ill der größte, und der eigenthümliche Fluß des Elsasses. Sie durchströmt dessen Ebene von den Grenzen der Schweiz an, bis ein Paar Meilen unterhalb Strasburg. Indem sie, so zu sagen, in paralleler Richtung mit dem

Rheine von Süden nach Norden zuläuft, nimmt sie unterwegs alle Flüsse und Bäche auf, die von dem Gebirge aus auf sie anfließen.

## Boden.

So wie in den meisten Ländern ursprünglich die Ebenen niedriger und die Gebirge höher waren, so war es auch im Elsaß. Die verschiedenen Schichten von Kiesel, Sand, Torf, Lehm und Dammerde, die man in der Ebene antrifft, zeigen sattsam an, daß dieser schöne Landstrich, theils den Ueberschwemmungen des Rheines, theils der Zufuhr der vielen Bäche und kleinen Flüsse, die ihn durchkreuzen, seine Erhöhung und seine Fruchtbarkeit zu verdanken habe. Der Schnee, der die hohen Vogesen alljährlich deckt, und schnell, oder allmählig zerrinnt; das Wasser, dessen sich die zusammengepreßten Wolken über ihrem Gipfel entledigen, stürzen in Bächen über die Seitenwände der Berge hinab, reißen Lehm, Dammerde, Sand, und durch die Luft und Sonne kalzinirte Steine mit sich dahin, und setzen diese schweren Theile vor und nach in der Ebene ab.

Ein auffallender Beweis davon ist, daß die Tiefe der fruchtbaren Erdschicht in dem Verhältnisse abnimmt, als die Ebene sich dem Rheine nähert. Diese Schicht ruhet allenthalben über einer Lage von Granitsande und runden Kieseln. Auch die Hügel an dem Fuße der Vogesen trugen etwas zur Erhöhung der Ebenen bei. Der Regen lösete von ihren sanften Abhängen einen Theil der Kalk- und Dammerde auf, und führte sie den mehr begünstigten Niederungen zu. Daher entstand dann jener kostbare, körnige, kalk- und mergelartige, leicht zu bearbeitende und alles vermögende Lehmboden, den wir im Elsaß zwischen dem Gebirge und dem linken Ufer der Ill finden.

Zwischen dem rechten Ufer dieses Flusses und dem Rheine verändert sich aber die Scene. Dieser Landstrich oder das sogenannte Rieth, konnte von dem Reichthume keinen Vortheil ziehen, welcher der Ebene von den Höhen zufloß. Durch den parallelen Lauf der Ill mit den Vogesen, fängt diese die Bäche auf, und giebt dem Gewässer eine nördliche Richtung. Das Austreten des Rheines erhöhte zwar von Zeit zu Zeit diese Gegend; aber nicht immer zu ihrem Vortheile, wie wir gleich sehen werden.

Wenn ich bloß den Ackerbau eines einzelnen Bauernhofes, oder höchstens den einer einzelnen Gemeinde zu untersuchen hätte, so wäre es, zur gehörigen Würdigung der Resultate, ohne Zweifel von dem größten Nutzen, die Bestandtheile des Bodens chemisch auseinander zu setzen; da sich aber meine Beschreibung über den Ackerbau einer ganzen Provinz erstrecken soll; da die Bodenarten von einem Bezirke zum andern, von einem Canton zum andern, von einer Gemeinde zur andern, so sehr unter sich verschieden sind, und ihre Mischung bis ins Unendliche geht: so würde ich beinahe für jedes Dorf eine Darstellung seiner Cultur in Verbindung mit seinem Boden und seinen besondern Localitäten zu machen haben, und dieses meine Muße und Kräfte übersteigen. Ich schränke mich also gegenwärtig darauf ein, etwas im Allgemeinen über die im Elsaß befindlichen Bodenarten zu sagen, und die Bezirke oder Cantons anzugeben, wo man diese oder jene vorzugsweise antrifft.

Wenn wir die Bodenarten des Elsasses unter sich selbst vergleichen, so finden wir freilich einen großen Unterschied in dem Verhältnisse ihrer Güte, und wir haben kostbaren, guten, mittlern und schlechten Grund; halten wir sie aber mit denjenigen Bodenarten zusammen, die ich anderswo zu sehen Gelegenheit gehabt habe: so kann ich sagen, daß es im Elsaß wenig, und, einige Thäler zwischen den Vogesen ausgenommen, keinen ganz schlechten Boden gebe, und sein Mittelboden anderswo in die gute Classe gehören würde.

Unter dem kostbaren Boden verstehe ich den mergelartigen Lehm, der sich zwischen der Jll und den Hügeln der Vogesen von Schletstadt aus bis Strasburg, und von da bis gegen Brumath erstreckt. Er findet sich auch ohne Zweifel in mehreren flachen Thälern des Zaberner- und Weissenburger-Bezirkes. Dieser Boden wird sowohl im Ober- als Unter-Elsasse für den besten und fruchtbarsten gehalten. Durch den quarzigen Sand, womit dieser Lehm gemischt ist, wird seine Bearbeitung äußerst leicht, und kann zu jeder Zeit und ohne besondern Kraftaufwand betrieben werden. Er leidet nicht leicht, weder von der Feuchtigkeit, noch von der Dürre. Kommen nach anhaltendem Regen nur wenige Sonnenblicke, so läßt er schon den Pflug zu, und zerfällt in Staub.

Diesem mergelartigen Lehm steht der, wiewol etwas sprödere, und daher schwerer zu bearbeitende körnige Boden, den man auf den Hügeln längs dem Fuße der Vogesen findet, wenig nach. Vielleicht übertrifft er den ersten noch an Tauglichkeit zum Weizenbau. Der Boden des sogenannten, durch seinen Ertrag und seine Cultur so berühmten, Kochersbergs, scheint mir dazu zu gehören. Ich sage: des sogenannten, denn wirklich ist es kein Berg, sondern eine Masse platter fruchtbarer Hügel, die west- und nordwestwärts auf die Fläche von Strasburg anstößt.

Diese Fläche selbst ist nur ein Garten, und kein menschliches Auge kann sich einen herrlichern, reichern, und beseligendern Anblick wünschen, als den, welchen ihm diese blühenden himmlisch schönen Gefilde darbieten, wenn man sich ihnen von den sanften Höhen Oberhausbergens nähert. Einige Stunden nordwärts von Strasburg verliert sich aber dieses Eden, das ohne Mühe gebiert, und wandelt sich in ein Sandland um, wo der Mensch in dem Schweiße des Angesichts sein Brod essen soll.

Hoerdt, Bischweiler, das Marienthal, Hagenau und deren mehrere, haben theils rothen, theils grauen Sand, der manchmal mit weißen Kieseln unterschossen ist. Man hält diesen Boden für den schlechtesten im Elsasse; allein ich bemerkte an vielen Orten, daß er selbst auf den Höhen eine feuchte, oder doch feste Unterlage habe, über welcher sich das Wasser sammeln, und in der darüber ruhenden Sandschicht einen sichern Grad von Feuchtigkeit erhalten kann.

Ich fand daher nicht selten auf solchen Sandländern Hanf und noch öfters Krapp, wo in Brabant weder Hafer noch Buchweizen wachsen will. Einen solchen trostlosen Sandboden, wie den der brabantischen Campine, habe ich im ganzen Elsaß nicht gefunden, es sei denn vielleicht in einigen engen Thälern zwischen den Vogesen, die ich nicht sah.

In dem Riethe, das ist, in dem Landstriche, der die Scheidewand zwischen der Ill und dem Rheine bildet, hat man durchgehends einen grobkiesigen und grandigen Boden, den manchmal eine Erdschicht von schwerem sprödem Letten, oft nur eine dünne Krume von Dammerde deckt. Da, wo der Kies bis hoch an die Oberfläche hervorragt, ist der Boden freilich nicht fruchtbar, und die Vegetation darauf leidet in trockenen Jahren. An andern Orten ist der Boden sehr schwer, feucht und nicht leicht zu bearbeiten. Ueberhaupt aber hat diese Gegend den Vortheil, daß es der Erde nicht an Kalktheilen fehlt, wie der freudige Wuchs der Luzerne und der Esparcette es zur Genüge beweiset. Den größten Feind hat das Rieth an den Ueberschwemmungen des Rheins, die manches Grasland mit Kies überschütten, und an tieferen Stellen Sümpfe bilden. Daher trifft man auch an verschiedenen Orten eine Moorerde an, die eine Schicht Kiesel oder Sand zur Unterlage hat.

## Clima.

Der allmählige Uebergang von Hitze zu Kälte, und von Kälte zu Hitze hat im Elsaß nicht leicht

Statt. Man kann daher gewisser Maßen sagen, daß es daselbst weder Herbst noch Frühling, sondern nur bloß Sommer und Winter gebe. Der Schnee, der schon im October auf die hohen Gipfel des Schwarzwaldes und der Vogesen fällt, und oft erst im April davon scheidet, erkältet die höhere Atmosphäre und wirkt auf die untere zurück. Von welcher Seite dann auch der Wind kömmt, bringt er Kälte mit. Der Mittagwind selbst, der über die beschneieten Alpen weht, führt wenig Wärmestoff mit sich. Dem Nordostwinde steht diese Gegend ohnehin offen. Durch eben diese Umstände sind auch die Winter im Elsaß kälter, als sie es unter gleichem Grade nördlicher Breite in andern Gegenden sind.

Die Sommer hingegen sind daselbst wärmer. Die Vogesen von der einen und der Schwarzwald von der andern Seite drängen und halten die Wärme, wie in einem Behälter, zusammen. Der erste Blick des wohlthätigen Gestirns, von dem die ganze Vegetation ihr Leben ziehet, fällt am Morgen auf die Vogesen, und seine Strahlen prallen bis zum Mittage, in einem mehr oder weniger stumpfen Winkel von den Wänden der Höhen auf den Boden der Ebene zurück. Nachmittags kömmt die Reihe an die Gebirgseite des Schwarzwaldes, und die sinkende Sonne vergoldet noch ihre Gipfel, wenn die Tiefe sich schon mit Schatten deckt. — Die Ausdünstungen der vielen Gewässer, die Wälder, womit die Höhen besetzt sind, die starke Bevölkerung und selbst das ewige Rühren und Bearbeiten des Bodens, tragen ihrer Seits zur Erhöhung des Wärmegrades in diesem großen Rheinthale bei.

In der Fläche zeigt das Reaumursche Thermometer für die Hitze im Durchschnitte 15 — 16 Grad, für die Kälte 6 — 8 Grad unter 0. Die mittlere Höhe des Barometers ist 27 Zoll 6 Linien (744 Millimeter). Es fallen jährlich 28 Zoll 1 Linie (760 Millimeter) Wasser.

Die herrschenden Winde sind Südwest und Nordost. Der erste weht hauptsächlich im Frühling und Herbste; er ist der Leiter der Gewitter und des Regens. Der zweite ist trocken und kalt; seine Zeit sind der Winter und Sommer.

Die Gewitter erscheinen ziemlich häufig im Elsasse und ihre Spuren zeichnen sich nicht selten durch solche Verwüstungen aus, wie sie der Hagel unter den Früchten des Feldes anrichtet. Ihr Gang ist gewöhnlich von Südwest nach Nordost. Von dem Winde getrieben, stoßen die donnerträchtigen Wolken gegen die höchsten Gipfel der Vogesen an, theilen sich dann, und folgen der Richtung der Thäler, die ihnen als Leiter nach der Ebene dienen. Aber nicht lange, so fasst sie die Windsbraut von neuem und wirft sie dem Schwarzwalde zu. Die Gewitter sind überhaupt den Fluren in der Ebene des Elsasses gefährlicher, als denen, die am Fuße der Gebirge liegen. Seltener, aber anhaltender und nachtheiliger, sind die Gewitter, die von Ost oder Südost herkommen. Aufgehalten von der Kette der Vogesen, die sich ihrem Laufe widersetzt, schwängern sie manchmal mehrere Tage über der Ebene und drohen Verderben.

Die Beobachtung, daß die Folge der Gewitter gewöhnlich den Gang einhält, den die ersten genommen haben, gilt auch im Elsaß.

So gering die Dünste sind, die man auf dem Gipfel der Vogesen ausdampfen sieht, und von denen man gewöhnlich zu sagen pflegt, der Berg raucht, so bedeuten sie doch Regen.

## Zweiter Abschnitt.

### Physische und moralische Beschaffenheit der Einwohner des Nieder-Elsasses.

Das Nieder-Elsaß ist eine der volkreichsten Provinzen Frankreichs, und zwar, wenn wir die zwei Departements der Seine und der Garonne, der überwiegenden Population von Paris und Bordeaux wegen, weglassen, die allervolkreichste. Die Niederlande allein gehen dem Elsasse darin vor.

Bei der Ueberzählung, die im Jahre 1807 vorgenommen wurde, belief sich die Bevölkerung des niederrheinischen Departements auf 514,096 Seelen. Da wir vorhin die Größe seiner Oberfläche zu 252 französischen □Meilen (lieues) angenommen haben, so kommen auf jede Meile im Elsaß 2040 Seelen, statt daß ihrer für ganz Frankreich im Durchschnitt nur . . . . . . . . 1090 — darauf fallen. Dagegen findet man in den niederländischen Departements

| | | |
|---|---|---|
| der Leye . . . . . . . . . | 2274 | — |
| von Norden . . . . . . . . | 2786 | — |
| der Schelde *) . . . . . . | 3865 | — |

Wir treffen also allenthalben da die stärkste Bevölkerung an, wo der Ackerbau auf dem höchsten Grade

*) Die Departements der Leye und Schelde gehören nun nicht mehr zu Frankreich.

der Cultur sich befindet. Es sei nun, daß dieser eine Folge der Bevölkerung, oder die Quelle derselben sei, so bleibt es unwidersprechlich wahr, daß die Stärke des Staates sich hauptsächlich auf den Pflug gründet, und seinem Wohl also jedes andere Gewerbe untergeordnet sein muß.

Die Bevölkerung des Elsasses ist in 623 Gemeinden vertheilt, darunter sind die beträchtlichsten:

| | | |
|---|---|---|
| Strasburg mit . . | 54,820 | Einwohnern |
| Schletstadt mit . . | 8,160 | — — |
| Hagenau mit . . . | 7,634 | — — |
| Landau mit . . . | 4,922 | — — |
| Obernhein mit . . | 4,895 | — — |
| Weissenburg mit . . | 4,788 | — — |
| Zabern mit . . . | 4,148 | — — |
| Barr mit . . . . | 4,000 | — — |

Die Dörfer sind durchgehends groß und ansehnlich. Es giebt einige, die über 2000 Seelen zählen.

Der Mensch, sagt Dr. Reiseissen *), hängt so sehr mit dem Boden zusammen, auf den er ein Mal hingepflanzt ist, und aus dessen Schoße er sich nährt, daß der Einfluß dieser seiner Nährmutter auf die Dauer nothwendig auf ihn und sein Wesen Eindruck machen, und mancherlei Umstimmungen darin hervorbringen muß.

---

*) In einer Abhandlung, aus der ich einige der folgenden physiologischen Fragmente entlehnt habe.

Die physischen Eigenschaften einer Gegend, ihre Lage, Höhe, Form, die Natur ihres Bodens, die Wälder, die sie beschatten, die Gewässer, die sie benetzen, bestimmen ihr Clima, ihre Gesundheitszuträglichkeit und ihre Produkte; sie bestimmen also auch die Lebensart, die Beschäfftigungen, die Nahrung, die Gesundheit, die Stärke, den Wuchs, und gewisser Maßen auch das Naturell und die Sitten ihrer Bewohner. So wie jene erstern Umstände in einem und eben demselben, oft kleinen, Lande verändern, so verändert dann auch der Eindruck, den sie auf die Bewohner der verschiedenen Theile desselben machen, woraus nothwendig mancherlei Schattirungen der Menschenrace hervorgehen.

Ein anderer ist z. B. im Elsaß der Bewohner der Vogesen; ein anderer sein Nachbar, der seine Hütte in ihren Thälern aufschlägt; noch ein anderer der Winzer, der sich auf dem Hange der Hügel, am Fuße jener Gebirge beschäfftigt; und wieder ein anderer der Bewohner der Ufer des Rheines. Es wäre aber überflüssig, uns hier in die Beschreibung aller dieser Abstufungen einzulassen. Die Elsasser überhaupt, ohne die verschrobenen Einwohner der Städte unter sie zu begreifen, haben eine starke physische Constitution, eine mittelmäßige, oft ausgezeichnete Größe, starke Muskeln, und einen festen Knochenbau. Ihr Gesicht hat Farbe und große starke Züge. Das Haar ist braun, manchmal blond, oder ins Rothe fallend. Die Augen sind blau oder braun. Selten findet sich einer mit ganz schwarzen Augen und Haaren Das

Temperament der Elsasser ist ein Gemisch von Sanguinischem und Cholerischem, das bei ihnen nie in Melancholie, aber oft in Phlegma, übergeht. Ihre Bewegungen sind daher nicht lebhaft, aber entschlossen. Die Stärke ihrer Kraft setzt sie in den Stand, auch die größten Beschwerlichkeiten lange Zeit zu ertragen. Eine anhaltende Gesundheit endlich ist ihr Antheil, und diese führt sie oft bis zu einem hohen Alter. Die stärksten Menschen im Elsaß befinden sich in der Ebene. Eine sanfte Temperatur der Luft, eine freie offene Gegend, ein fruchtbarer Boden, eine anhaltende Arbeitsamkeit, eine reichliche Nahrung tragen zu der Entwickelung ihrer Constitution bei. Gutes Brodt, Gemüse, Kartoffeln, Sauerkraut, Käse, gesalzenes, oft auch frisches Fleisch, und, an den meisten Orten, Wein, sind die Mittel, wodurch die Maschine in ihrem Gange erhalten wird. Der elsasser Bauer, so wie der deutsche von dem rechten Rheinufer, wie der Schweizer, sein Nachbar, nährt sich eben so gut, als der Städtebewohner in dem Innern Frankreichs und den mittägigen Provinzen. Seine Wohnung ist lüftig und geräumig; seine Zimmer und Möbeln sind reinlich.

In manchen Gegenden macht die Güte des Bodens den Bearbeiter träge. Da die Natur so Vieles für ihn thut, so glaubt er sich überhoben, Etwas für sie thun zu müssen. Der Elsasser verfährt dabei anders. Wachsam, und thätig verliert er keinen Augenblick seines Lebens. Er steht mit der Sonne auf, und schafft den ganzen Tag auf dem Felde. Verhindert ihn das Wetter oder die Jahrszeit daran, so beschäfftiget er sich in der Scheune, bessert Wände aus, ergänzet Zäune, verfährt Steine und Grund, entwässert nasse Stellen, füllt Gräben aus, und behält sich kaum 4 — 5 Stunden zur nöthigen Ruhe vor.

Im Elsasse, sagt Arthur Young, ist es, wo Deutschland seinen Anfang nimmt. Die Gebirgskette der Vogesen, die es von Frankreich trennt, vereiniget es mit Deutschland. Jene natürliche Scheidewand zwischen Land und Land ist auch die Scheidewand zwischen Volk und Volk, zwischen Charakter, Sitten, Gebräuchen, Sprache und Ackerbau. Der Franzose liebt die Mode, die Veränderungen; sein Charakter ist Unbeständigkeit: der Elsasser hingegen ist standhaft, ausdauernd, und nichts kann ihn von seiner Arbeit, nud einem ein Mal begonnenen Werke abbringen. Er hängt, wie der Deutsche und Schweizer, an seinen Gebräuchen, seinen Gewohnheiten, seinem Costüme. Man kann ihn, seiner Tracht nach, in den Werken von Fuchs und Agricola, aus der Hälfte des sechszehnten Jahrhunderts erkennen. 1789 waren 108 Jahre seit der Vereinigung des Elsasses mit Frankreich verflossen, und noch hatte diese Provinz, ihre Hauptstadt selbst nicht ausgenommen, ihr altes deutsches Ansehen. Sitten, Gebräuche, Sprache, Kleidung waren noch die, welche sie vorher gewesen waren. Die französische Sprache wurde hier weniger gesprochen, als in den größeren Städten von Deutschland und im Norden. Nur die gewaltsamen Eingriffe der Revolution vermogten das Mangelhafte sammt dem Guten umzukehren.

Der Elsasser kennt nur seine alte Treue und Redlichkeit. Prozesse, Grenzstreitigkeiten sind ihm unbekannte Dinge, oder kommen doch selten vor. ist gastfrei, gutmüthig, gefällig. Von Natur biegsam und friedlich, weiß er von keiner Widerspenstigkeit, von keiner Empörung. Er unterwirft sich ohne Murren auch den drückendsten Verordnungen, wie wir das bei dem leidigen Conscriptionswesen so oft gesehen haben. Der elsasser Bauer ist offen, und ich hatte bei ihm weniger Mühe, als in andern Ländern, alle, auch die kleinsten Umstände seiner Wirthschaft und seines Einkommens zu erfahren. Mit einem Worte, ich fand im Elsasse ein gutes Volk.

Ein genaueres Detail wird folgende örtliche Beschreibung geben. Sie betrifft zwar nur eine einzige Gemeinde, allein sie enthält auch Vieles, was für das Elsaß überhaupt als geltend angesehen werden kann.

Die hiesigen *) Einwohner, sagt Schröder, haben von jeher den Ruhm der Moralität gehabt, und sind auch noch stolz darauf, obgleich die Unruhen der Revolution, und der Schwindelgeist einer übel verstandenen Freiheit, auch darin Manches verwirret, und den sonst guten Charakter etwas verschlimmert haben. Sie sind im Ganzen sehr arbeitsam, und geneigt, eine Verbesserung anzunehmen, wenn sie aus mehreren Erfahrungen das Nützliche

---

*) Schillersdorf.

davon erkannt haben. Sie sind friedlich und gesellig, und mit den Tribunälen und Advokaten wenig bekannt. Ich wüsste wirklich nicht einen unter ihnen, der einen Prozeß hätte.

Nebst der Arbeitsamkeit zeichnen Ruhe, Ordnung und Sittlichkeit diese Gemeinde von jeher aus. Während der ganzen Revolution befleckte auch nicht Einer unserer Bürger, durch einen thörichten oder schändlichen Mißgriff, diesen guten Ruf. Hatten auch manchmal einem derselben die Prediger der Anarchie in den benachbarten kleinen Städten den Kopf erhitzt, so fanden doch seine mitgebrachten Motionen zu Hause weder Unterstützung, noch Beifall.

Das günstige Vorurtheil, welches die Eingebornen für ihren Geburtsort haben, ist Ursache, daß sie denselben ungern verlassen; selbst sich nicht gerne außerhalb demselben verheirathen. Lieber suchen sie sich in ihrem Orte durch Arbeit um Tagelohn durchzubringen, als daß sie sich auswärts verdingen. Wir haben hier keinen Bettler, und im Ganzen herrscht ein gewisser Wohlstand, der freilich vor der Revolution ungleich größer war.

In den Häusern beobachtet man durchgängig die größte Reinlichkeit. Tische und Bänke, ja die Thürklinke werden in jeder Woche, wenigstens ein Mal, gewaschen, gescheuert und gerieben. Ich kenne Weiber, die es in diesem Punkt so weit treiben, daß jeder, ja der Hausherr selbst, die Holzschuhe vor der Thür ausziehen muß, wenn er die Erlaubniß haben will, in die Stube zu treten. Und damit beim Spinnen bei Lichte kein

Oelfleck den Tisch besudle, so zieht die Frau noch wohl den Brustlatz ab, und legt ihn unter die Lampe.

Die Kleidung der Männer an den Werktagen ist ein schwarzer leinener oder werggener Kittel, und dergleichen Beinkleider. Die Weste ist von rothem wollenen Tuche. Die Farbe der Kleidung ändert sich auch an den Festtagen nicht; außer daß dann Hosen und Kittel von Halbleinen, und bei den Reicheren von Tuche sind. An diesen Tagen tragen sie Hüte, an Werktagen weiße baumwollene Kappen im Sommer, und rothe mit Pelz gefütterte und verbrämte im Winter. Die Strümpfe sind von weißem leinenen Tuche, an Festtagen von schwarzer Wolle. Der Anzug der Männer hat also nichts Kostbares; aber, wollte Gott, fährt der gute Pfarrer Schröder fort: daß der Putz der Weiber ihm darin gliche! Der Luxus hat bei ihnen, seit wenigen Jahren, rasende Fortschritte gemacht, und steigt in dem Verhältnisse, als die Mittel, ihn zu befriedigen, bei uns abnehmen. Wehe dem Bauer, der drei bis vier erwachsene Töchter hat! Ein großer Theil seiner Aernte geht darauf, sie zu kleiden. Will der Mann mit dem Gelde nicht heraus, so ücken Frau und Tochter hinter seine Früchte, und verkaufen sie, ohne sein Vorwissen, an die hausirenden Juden für Bänder, Stoffe, Borten u. s. w., und werden auf diese Weise zwei Mal betrogen. Alles, bis auf die Unterröcke, muß mit handbreiten Bändern besetzt sein. Der jetzige Anzug eines Bauermädchens kann nicht unter drei Louisd'or bestritten werden. Soll das Brustsück von Gold- oder Silberstoff sein, so kostet er noch weit mehr. — Auch unsere jungen Bursche fangen an, eleganter zu werden, und es ist nicht Einer, der sie bezahlen kann, dem die Juden nicht eine silberne Taschenuhr zu einem übertriebenen Preise aufzuschwatzen wissen.

Brodt, und die Alles nährenden Kartoffeln, machen die Hauptnahrung der Einwohner aus. Ersteres ist gut, wiewohl zwei Theile Gerste zu einem Theile Weizen genommen werden. Dagegen zieht man etwas Schwarzmehl für die Schweine davon ab. In der Aerndte wird, aus Grundsätzen, das Brodt etwas rauher gemacht, und entweder mehr Gerste, oder etwas Bohnen oder Wicken dazu genommen. Frisches Fleisch kommt selten und bloß an Sonntagen vor. Gewöhnlich hat man in der Woche drei Mal, in den bessern Häusern vier Mal, geräuchertes Schweinefleisch. Der Bauer hat dieses gern fett, weil es alsdann, seinem Ausdrucke nach, schutzt und schmutzt. Die Gemüse, die man hat, sind: Weißkraut, Sauerkraut, Rüben, Schotenbohnen, Erbsen, Linsen, Schminkbohnen, Obstschnitzen, und geschälte Gerste. Das Gewürz besteht aus Salz, Pfeffer und Saffran.

Im Herbst und Winter werden täglich drei, im Sommer vier Mahlzeiten gehalten. Die erste um 7 bis 8 Uhr Morgens, die zweite am Mittage, die dritte um 4 bis 5 Uhr, die letzte beim Eintritte der Nacht. Die Hauptmahlzeit ist die am Morgen. Sie besteht aus Suppe, Gemüse, Fleisch, oder Statt dessen Brei oder Eierkuchen. Mittags wird sowohl im Sommer, als Winter, kalt gegessen, die Aerndtezeit ausgenommen. Um 4 Uhr ist wieder kalte Küche, die oft nur aus Brodt und Wein, oder weißem Käse, Butter und Rettichen besteht. Abends giebt's Suppe und Salat, oder Statt dessen abgekochte Kartoffeln und Sauermilch. Wenn der Wein in hohem Preise steht, so giebt es nur bei schwerer Arbeit, oder während der Aerndte, Wein. Vor dem Ausfahren am Morgen wird ein Schnapps genommen. Zum Glück sind Thee und Kaffee in Schillersdorf noch unbekannt.

## Dritter Abschnitt.

### Natürliche Eintheilung des Bodens, Vertheilung und Bewandnisse des Grundeigenthums.

Wir nahmen im ersten Abschnitte die Oberfläche des Nieder-Elsasses zu 498,501 Hektar an. Von diesen bleiben nach Abzug des Raums, den die Forsten und andere zum Ackerbau nicht gehörige Gegenstände einnehmen, noch 275,646 Hektar übrig, mit deren Vertheilung wir uns auf einige Augenblicke beschäfftigen wollen. Sie sind theils dem Feldbau, theils dem Viehstande, theils dem Weinbau gewidmet. Ich führe diesen letzten hier an, nicht, weil er ein Gegenstand meiner Untersuchung sein soll, sondern weil er als düngerfordernd und düngerverzehrend in das Wirthschaftswesen einiger Gegenden dieses Landes eingreift.

Wir finden im Ganzen:

178,000 Hektar Ackerland,
14,804 Hektar Reben,
82,792 Hektar Graswuchs.

Unter diesen letzten befinden sich 54,895 Hektar Wiesen und 27,897 Hektar Weiden, und zwar, so viel ich weiß, größtentheils Kommunen. Die Ausdehnung des Graswuchses verhält sich also zu den Ackerlanden und Weinbergen wie 100 zu 233; oder auf jeden Hektar Graswuchs kommen 2 1/3 Hektar Felder und Reben. Mit dieser Vertheilung steht dann auch der Durchschnittspreis der Wiesen gegen den der Ackerlande in einem ganz eigenen Verhältnisse. Nach den statistischen Erkundigungen, die eine höhere Behörde in dem Departement hat einziehen lassen, an deren Vollwichtigkeit man jedoch zweifeln darf, wird der Durchschnittspreis eines Hektars Ackerland zu 687 Franken, und der eines Hektars Wiese zu 1607 Fr. angenommen; ein Hektar dieser letztern hätte also den Werth von 2⅓ Hektar Ackerland. Wenn also hier drei Hektar Wiesen so viel kosten, als sieben Hektar Ackerland, so könnte es daher kommen, weil die Zahl der Graslande sich zu der der Ackerlande ebenfalls wie 3 zu 7 verhält.

So wahr dasjenige ist, was Arthur Young in seiner Reise durch Frankreich über die natürlichen Graslande sagt: daß er nämlich keinen sicherern Beweis kenne, daß der Ackerbau in einem Lande noch stark zurück sei, als wenn die Wiesen daselbst in einem übertriebenen Preise stehen; so wahr, sage ich, als dieses auch einerseits ist, so kann es doch nur in dem Mitbezuge auf die Ausdehnung und Güte des Graswuchses für eine besondere Gegend gelten; denn ganz gewiß werden auch in der besten cultivirten Gegend, wo die zum Graswuchse geeigneten Gründe selten sind, die Wiesen im ungleich höhern Preise stehen, als in einer andern, selbst schlecht cultivirten Gegend, wo ein Ueberfluß davon vorhanden ist. Finden wir aber in zwei Gegenden, bei ungefähr gleichem Verhältnisse der Ausdehnung der Wiesen zu dem der Ackerlande, daß jene in einer dieser Gegenden in ungleich höherem Preise zu den Ackerlanden stehen, als in der andern Gegend, so können wir, unter übrigens gleichen Umständen, mit A. Y. schließen, daß der Ackerbau in der ersten Gegend dem Ackerbau in der andern Gegend wirklich nachstehe; und so wäre der verhältnißmäßige Preis zwischen Acker- und Graslanden wirklich das richtige Barometer des höheren oder niederen Standes der Cultur in beiden Gegenden.

Je mehr natürlichen Graswuchses man bedarf, um eine Feldwirthschaft aufrecht zu halten, auf so viel mehr Oberfläche muß der Ertrag dieser letztern vertheilt werden; um so geringer also der reine Vortheil ist, um so schlechter ist das Wirthschaftssystem. Das Gegentheil trifft also da zu, wo man mit weniger Wiesen dasselbe zu erreichen weiß, was man anderswo nur durch ein Mehreres erhält. Wenn der Brabanter z. B. auf 10 Hektar Ackerland nur einen Hektar Graswuchs nöthig hat, so hat er von dem reinen Ertrage des ersten auch nur die Pacht und die Lasten von einem Hektar Graswuchse abzuziehen. Der Elsasser hingegen, der zu 7 Hektar Land 3 Hektar Gras braucht, würde von dem Ertrage von 10 Hektar, die er unter dem Pfluge hat, die Pacht und die Lasten von 4 2/7 Hektar Gras, also mehr als vier Mal so viel, wie der Brabanter, abzuziehen haben, wenn ihm nicht der freie Genuß der Allmenden oder Gemeindeweiden dabei zu Hülfe käme. Allein für das allgemeine Beste bleibt das Opfer so vieler besser zu benutzenden Gründe immer eine große Verschwendung.

Um uns zu überzeugen, wie man auch in demselben Lande mit Vielem haushalten, und mit Wenigem auskommen kann, dürfen wir nur unsere Augen auf jeden der vier Bezirke des Nieder-Elsasses insbesondere werfen. Da finden wir in dem Bezirke von Schletstadt gegen 36,483 Hektar Feld und Reben, 28,672 Hektar Graswuchs; in dem Bezirke von Strasburg 59,230 Hektar Feld und Reben gegen 25,315 H. Gras; in dem Bezirke von Zabern 43,939 Hektar Feld und Reben, gegen 14,493 H. Gras; im Bezirke von Weissenburg endlich 50,749 Hektar Feld und Reben, gegen 14,311 Graswuchs. Es fallen also auf jede 1000 Acker, Feld und Reben

| | | |
|---|---|---|
| im schletstadter-Bezirke | 786 | Acker, Wiesen und Weiden, |
| im strasburger-Bezirke | 427 | — — — |
| im zaberner-Bezirke | 332 | — — — |
| im weissenburger-Bezirke | 282 | — — — |

Der Unterschied wird noch stärker, wenn man bedenkt, daß der Boden im schletstadter-Bezirke dem im weissenburgischen im Ganzen übertrifft. Es ist aber eine offenbare Verschwendung, wenn man 786 Acker Grasland braucht, wo man anderswo mit 282 zureicht. Vielleicht wird man denken, daß hier der Erwerb aus einem stärkern Viehstande die Sache decke; allein gerade das Gegentheil; denn der Viehstand ist, in dem Verhältnisse zu dem Ganzen, in dem schletstadter-Bezirke geringer, als in dem weissenburger.

Das nämlich, was hier an natürlichem Graswuchse, zum Unterhalte des Viehes fehlt, wird durch die künstlichen Wiesen, oder, um eigentlicher zu reden, durch Klee, Luzerne, und andere Futtergewächse reichlich eingebracht, und zwar ohne Schmälerung des Getreidebaues. Ein weises Feldsystem, eine beinahe allgemeine Stallfütterung ersetzen hier das, woran es die Natur ermangeln ließ, und bringen die Sache ins Gleichgewicht. Die Anwendung der Regel des großen Arthur Young könnte also wohl hier eine Anwendung und Bestätigung finden; denn wirklich habe ich in den von Strasburg aus nördlich gelegenen Distrieten eine Wirthschaft angetroffen, die man in den südlichen vergeblich suchen würde.

Leuten, die gewöhnt sind, Alles nach einem oberflächlichen Augenschein zu beurtheilen, wird es vielleicht auffallen, daß ich dem Ackerbau jenes nördlichen Theils vor dem des südlichen den Vorzug gebe, und sie werden mir, mit einigem Anscheine von Recht, die üppige Pracht der Fluren, die man in der Richtung von Straßburg nach Schletstadt antrifft, entgegen stellen; allein sie mögen zuerst untersuchen, wer von beiden, die landwirthschaftliche Industrie, oder die natürliche Güte des Bodens, den größten Antheil an dem Wunderwerke habe? — Wenn der Reichthum der Aerndte einer Gegend allein der Beweis der Höhe ihrer Cultur wäre, so könnten sich die braven Landwirthe von dem sandigen Hoerdt noch Vieles von den indolenten Bewohnern mancher Marschländer lehren lassen, und die industrievollen Brabanter müßten zu einem holländischen Bauer in die Schule gehen. — Die Handelsgewächse jener südlichen Gegenden, worauf sich die Gegner meiner Meinung stützen könnten, dürfen hier um so weniger in Anschlag gebracht werden, als der dazu erforderliche Dünger nicht aus der Wirthschaft selbst hervorgeht, oder doch ohne Nachtheil des Ganzen nicht darauf verwendet werden darf, und daher stets zugekauft wird, welches den, schon an sich kleinen, Vortheil der Handelsgewächse, als Ackergewerbe, noch mehr herabsetzt.

Bei weitem die meisten Landwirthe, besonders in der Ebene des Elsasses, sind auch zugleich die Eigenthümer ihrer Grundstücke. Daher kommt in mehreren Distrieten die Vertheilung des Bodens bis ins Unendliche; daher die Unmöglichkeit, daß das Feld bei den gewöhnlichen Culturgegenständen seinen Wirth nähren kann; daher die Nothwendigkeit, sich auf die Erzielung verschiedener, viele Handarbeit fordernder, Handelsgewächse zu legen. Was also der Bauer als Produzent nicht gewinnt, das muß er als Fabrikant, wenn wir anders diesen Namen einem Tagelöhner, der für seine eigene Rechnung schafft, geben dürfen, durch ungewöhnliche Arbeit und die Verwendung seiner Nebenstunden auf dem Felde zu gewinnen suchen. Er sucht sich Arbeit zu verschaffen, weil er von seinen und seiner Familie Händen leben muß. Der Hausvater ist also um die Zahl seiner Kinder nicht verlegen. Alles arbeitet, Alles verdient, und die Sache steht eine Zeitlang gut. Allein in kurzem theilen sich die Kinder in das kleine Erbe ihres Vaters. Die Familien nehmen zu, aber nicht die Felder. Wenn dann der erschreckliche Mars nicht von Zeit zu Zeit die eiserne Egge durch die Felder zieht, und die Rüben ein wenig ausklärt, so ist unter diesen kein Fortkommen, und es giebt am Ende mehr Mäuler, als Brodt, und mehr Hände, als Arbeit.

Durch die wenig überdachte Unterdrückung der Corporationen und die damit verbundene Veräußerung ihrer Güter, und anderer Domainen, hat jene Zerstückelung des Grundeigenthums in unsern Tagen noch weit mehr zugenommen, und mit ihr, ungeachtet aller erschrecklichen verheerenden Kriege unserer Zeiten, auch die Population; allein die Quellen des allgemeinen Unterhalts sind dadurch auf keine Weise vermehrt worden. Die vermehrte Zahl der Producenten zehrt das plus auf, das sie erzeugt, und mehr noch als das. Und wer weiß nicht, wie außerordentlich der Preis der Lebensmittel seitdem gestiegen ist? Es mögen diejenigen, die nichts als das Gegenwärtige ins Auge fassen, in diesen Vertheilungen eine Verbesserung für den Ackerbau sehen, und wirklich mag für den Augenblick eine daraus hervorgehen; allein nach funfzig oder hundert Jahren könnten sich die meisten dieser dünnen Zweige abgetragen haben, und auf dem Stamme verdorren.

Wenn ich mich in meinem Werke über die belgische Landwirthschaft gegen die allzu großen Wirthschaften erklärte, und den kleinen das Wort sprach; so verstand ich unter diesen solche Wirthschaften, die groß genug sind, daß eine Familie mit Knecht und

Maaß, bei gewöhnlichen Culturgegenständen, zureichende Beschäfftigung und anständigen Unterhalt finden; aber nicht solche Duodezwirthschaften, wie es durchgängig in dem fruchtbarsten Theile des Nieder-Elsasses, den Kochersberg ausgenommen, giebt, in welchen, ohne eine Zulage von Allmenden, der Mensch genöthigt wäre, sich selbst vor den Pflug zu spannen, und, der Ausdehnung seiner Besitzungen nach, und bei seiner Art zu pflügen, zur Noth auch damit fertig werden könnte.

So wohlthätig jene Wirthschaften für den Staat und für die Menschheit überhaupt sind: so lästig und drückend sind diese auf die Dauer der Zeit; so passend ist Alles, was man zum Nachtheile der kleinen Wirthschaften geschrieben hat. Bei einer solchen verkrüppelten Wirthschaft ist an keine Melioration zu denken, keine Verbesserung im Feldsysteme ausführbar. Sie kann kaum gehen, wie sollte sie Fortschritte machen? Ist sie endlich ein Mal im Verfalle, so ist keine Hülfe für sie übrig. Die Handelsgewächse ausgenommen, kömmt von ihr nichts auf den Markt, denn sie zehrt mehr auf, als sie zu produciren im Stande ist. Vieh und Gespann sind elend, wie das ganze Wesen.

Es giebt aber auch in der fruchtbaren Ebene des Elsasses viele wohl begüterte Landwirthe, deren Nachkommen sich zum Glücke, nicht wie die Sandkörner am Rheinufer, vermehren, und in diesen beruht eigentlich die Masse des Wohlstandes, die wir daselbst erblicken. Die sogenannten Gärtner der Stadt Strasburg gehören großen Theils darunter. Sie haben selten mehr, als zwei Kinder. Es sind Gärtner im Großen, die 50 bis 100 und mehr Acker bauen, und sich noch immer wie ihre Urahnen kleiden, leben und beköstigen. Schon Conrad Geßner, dessen Werke um das Jahr 1540 gedruckt worden, gedenkt ihrer als Leute, die ihr Feld drei Mal in einem Jahre zu benutzen wissen *).

Die Frist für die Verpachtungen ist gewöhnlich von 9 Jahren. Es ist selten, einige zu finden, die sich weiter hinaus erstrecken. Der Zins wird gewöhnlich in Geld, selten in Früchten bestimmt. In letzterem Falle beträgt er durchgehends 3 Sester Weizen und einen Sester Rocken vom Acker (22 Metzen Weizen und 7 Metzen Rocken vom Morgen); doch steigt er auch manchmal auf 4, ja 6 Sester Weizen. Der Zins in Geld ist nach dem Verhältnisse der Güte der Ländereien und ihrer Lage äußerst verschieden und steigt von 4 auf 40 Franken.

Man findet, sagt der Herr Professor Hammer, im Elsasse noch eine besondere Gattung von erblichen Verpachtungen, die im Anfange auf einen ersten Beständer ausgeschrieben wurden, mit dem Rechte, von ihm auf seine Nachkommen ohne Erneuerung und Veränderung überzugehen. Der jährliche Pachtzins ward allemal in Früchten ausgeworfen. Diese

*) Argentina civitas — —, ubi longe maxima hortulanorum tribus est, in eodem agro, anno uno, tria seminum genera ferunt Hort germ. 238 - 240 et seq.

Verpachtungsart ist deutschen Ursprungs, und weicht darin von dem Erbbestande, nach dem römischen Rechte, oder von der Emphyteuse, ab, daß bei dieser ein Obereigenthum (dominium directum), und ein Nutzeigenthum (dominium utile), welches letztere dem Beständer angehört, Statt hat; bei der erblichen Verpachtung aber weder eine Veräußerung noch Vertheilung des Eigenthumsrechts vorgeht. So lange jedoch ein solcher Erbpächter den Zins gehörig entrichtet, so lange er die Felder im guten Stande erhält, und so lange noch Jemand von der Nachkommenschaft des ersten Pächters existirt: so lange kann der Vertrag nicht gebrochen, und der Zins weder durch den Verpächter vermehrt, noch durch den Pächter verringert werden. Hört aber die Erfüllung einer einzigen jener obigen drei Bedingungen auf, so bleibt es dem Verpächter, als unwandelbarem Eigenthümer, frei, über sein Gut nach Belieben zu verfügen.

Man gab sich vor Zeiten gern mit solchen Pachtverträgen ab. Besonders thaten das die Corporationen, indem sie sich dadurch gegen den Unterschleif ihrer Rentmeister und Schaffner sicher zu stellen suchten, die nun nicht mehr, um einen fettern Leihkauf zu erwischen, das Gut unter seinem wahren Werthe verpachten konnten. Von der andern Seite waren sie auch für den Pächter äußerst vortheilhaft, und diesen Erbverträgen hat das Elsaß hauptsächlich den blühenden Zustand seiner Cultur, und die Einführung mancher Fabrikpflanzen, wie Krapp, Taback u. s. w. zu verdanken. Ein Mann, der sicher ist, daß er ein Gut lebenslänglich behalten und auf Kind und Kindeskinder übertragen kann, insofern er den Zins pünktlich davon entrichtet, lässt es nicht leicht an einem guten Baue desselben ermangeln. Er wiegt ihm nicht, wie ein dreijähriger Pächter, den Dünger ängstlich zu; er saugt es nicht aus, wie dieser, wenn seine Pachtfrist zu Ende geht. Der Erbpächter behandelt ein solches Pachtgut, wie sein Erbe, und, auf eine gewisse Art, noch sorgfältiger: weil die gute Behandlung eine Bedingung dabei ist, es nicht zu verlieren. Er kann jede Melioration darauf vornehmen, weil er sich die Früchte davon, selbst bis in die spätste Zukunft, noch zu genießen, versprechen darf.

Es lässt sich wirklich keine vortheilhaftere Verpachtungsart des Grundeigenthums, in Rücksicht auf den Ackerbau, denken, wenn nur die guten Alten nicht mehrentheils vergessen hätten, dem Contracte die Bedingung anzuhängen, daß der Boden nie vertheilt werden dürfe. Aus dieser Nachlässigkeit entsprang dann ganz natürlich eine öfters gänzliche Zerstückelung desselben. Selbst diejenigen Pächter, die durch eine solche Clausul gebunden waren, wussten sie nur allzuoft zu umgehen. Der alte Pächter, oder dessen ältester Sohn konnten gewöhnlich allein den Pachtzins entrichten, und man hatte auf das, was in seiner Familie vorging, kein Auge. Die Streitigkeiten, die zwischen dem Eigenthümer und dem Pächter vorfielen, wurden von einer Versammlung von Schiedsrichtern geschlichtet. Man gab einer solchen Versammlung den Namen: Dinghof (curia dominicalis). Dieser Dinghof versammelte sich alle Jahr, und wurde von dem Eigenthümer selbst, oder seinem Angeordneten präsidirt. Mehrere dieser erblichen Pachtungen datiren sich von 4 bis 500 Jahren her, und der ursprüngliche Contract findet sich noch; andere verlieren sich in dem Alter der Zeit. Die alten Deutschen waren bekanntlich keine Freunde von der Feder. Ein Mann und ein Wort bedeuteten bei ihnen gleichviel. Es ist daher zu glauben, daß viele jener Erbverträge bloß mündlich abgeschlossen worden.

Die französische Revolution that auch hier einen Mißgriff, und vernichtete einen großen Theil jener Erbpachtungen, deren Ursprung und Rechte man übersah. Die Verwirrung ward um so größer, als die Gesetze alle Lehurenten unterdrückten, und alle Grundrenten für wiederkäuflich (tilgbar) erklärten. Ganz natürlich sahen die Pächter den Zins, den sie dem Dinghofe zu entrichten hatten, als den Zins von einem Erbgute an, und suchten sich, dem Gesetze gemäß, davon zu entledigen. Von der andern Seite glaubten die Ankäufer der Nationalgüter an keine erbliche Pacht gebunden zu sein, und unternahmen es, die alten Pächterfamilien aus ihrem Besitze zu verdrängen. Das Gesetz endlich, vom 20. Februar 1792, das alle gemeinschaftliche Verbürgung aufhob, setzte den Werth der noch bestehenden Zinsen gänzlich herab. So verfiel dann diese, für das allgemeine Beste so nützliche, Einrichtung. Das

Rad passte nicht in die ein Mal entworfene Maschine, wo Alles über einen Leisten geschlagen werden sollte; es musste also zertrümmert werden.

Mit einem Worte, die Aufhebung dieser Erbpachtungen, zu der sich dann noch die Zerstückelung aller grossen Güter, die als Domainen verkauft wurden, gesellte, war die tiefste, die unheilbarste Wunde, die man dem Ackerbau im Elsaß versetzen konnte; eine Wunde, die sich immer erweitern, und nie zuheilen wird.

## Vierter Abschnitt.

### Kommunen oder Almånden.

Als ich das erste Mal ins Elsaß trat, für dessen Ackerbau ich ein so günstiges Vorurtheil mitgebracht hatte; als ich den kostbaren Boden, die prachtvollen Aerndten, den blühenden Wohlstand und die rastlose Industrie seiner Bewohner erblickte: wie erstaunte ich nicht, in der schönsten aller Ebenen, in diesem Wohnsitze des Fleißes und der Fruchtbarkeit ganze Gegenden zur Oede verdammt, und bloß von umherirrenden Kühen und Pferden *) bewohnt zu finden. Eben so, dachte ich mir, schwärmen in der grasreichen Ukraine und Krimm die Pferdeheerden der Tartaren und Kosacken umher, für welche, aus Mangel an Bewohnern, die Erde zu groß ist, und die daher ohne Nachtheil ihr Nomadenwesen forttreiben können. Aber in einem Lande, wie das Elsaß, in dieser schönen Ebene, wo die Erde für die Bewohner zu enge ist; wo Kinder und Kindeskinder sich begierig in die Erbschaft ihrer Ahnen theilen, und jedes, noch so kleine Theilchen, von Generation zu Generation immer mehr und mehr zerstückeln, bis da-

*) Vorausgesetzt, daß man solchem verkrüppelten Viehe, das, sich, um sein Leben zu fristen, kümmerlich etwas Futter zusammen sucht, den Namen von Kühen und Pferden geben darf.

hin der Pflug am Ende nicht mehr auf der Breite des Stücks wenden kann; in einer Gegend, wo eher Geld, als Land zu haben ist bei einem so fleißigen, industriösen, aufgeklärten Volke, da noch die schändlichen Spuren des Kosacken- und Nomadenwesens zu sehen: das überstieg alle meine Begriffe, und erregte meinen Widerwillen.

Hundert und neunzehntausend Acker ödes Land, denn anders kann ich die Gemeinweiden, Almänden, Kommunen in einer Gegend, wo man, wie in den Bezirken von Strasburg und Schletstadt, nicht viel über 400,000 Acker unter dem Pfluge hat, nicht nennen, ist eine Versündigung an der Natur, ein Verlust für den Staat, ein Schandfleck in dem Ackerbau eines wohl cultivirten Landes. Gäbe ich auch die Hälfte jener Almänden, als sonst nicht anders und nicht besser zu benutzende Plätze hin, so bleiben immer noch 59,000 Acker übrig, die der Herr in seiner Milde gesegnet, und die nur der Fluch des Herkommens zur Unnützlichkeit verdammt. Ein Boden, vor dem sich ein Brabanter auf die Knice werfen und dem Geber des Guten danken würde.

Man sollte nicht glauben, daß dasjenige, was in manchen Gegenden die Stütze des Ackerbaues zu sein scheint, und es bei dem Dreifeldersysteme auch nicht selten ist, der Landwirthschaft im Ganzen so nachtheilig sein könne. Allein es ist ein so wesentlicher Unterschied zwischen einem Gemeingute, das, weil es Jedermanns Eigenthum ist, im Grunde Niemand angehört, und dem Privateigenthume eines einzelnen

Bürgers, wie zwischen einem wilden Fruchtbaume an einer fernen Heerstraße, um dessen Cultur sich niemand bekümmert, weil jeder Vorübergehende die Früchte davon abschlägt, und zwischen einem Baume, der, in einem Garten gepflanzt, mit Sorgfalt gepflegt, gepfropft und erzogen, durch reichliche Früchte die fleißige Hand, die sich seiner annimmt, lohnt.

Der eigentliche Ertrag oder der Werth der Benutzung der Almände im Elsaß bleibt schwer zu bestimmen, und er ist selbst auf gutem Boden oft äußerst geringe. Die molzheimer Hart z. B. hat einen zum Ackerbau durchaus tauglichen Boden, und besteht aus 2360 Acker, an welchen eilf Gemeinden Theil haben. Doch gestehen Alle ein, daß sie in ihrem jetzigen Zustande keinen Nutzen davon ziehen; daß die Weide darauf so mager ist, daß nur die Schafe daselbst etwas zu fressen finden, und das übrige Vieh bald vor Hitze, bald vor Durst darauf verschmachtet, so daß mehrere Landwirthe ihr Weiderecht gar nicht benutzen, und ihr Vieh lieber im Stalle füttern, um nicht obendrein den Dünger von demselben zu verlieren. Ich glaube also den Kommunen nichts zu vergeben, wenn ich im Durchschnitt sieben Acker derselben einem Acker guter Wiesen gleich achte. Da man den Heuertrag dieses letztern zu 1440 Pfund annehmen kann, und ihm sieben Acker Almände darin gleich sind: so folgt, daß der Futterertrag von 59000 Acker Kommunen *), die wir im Departement finden,

*) Ich rede immer nur von Kommunen auf solchem Boden, der anders benutzt werden könnte, von Bergweiden ist hier keine Rede.

127,123 Centner Heu gleich ist. Nun fordert eine Kuh zu ihrem täglichen Unterhalte, mit Ausschluß des Strohes, zwölf Pfund Heu, oder 4380 Pfund aufs Jahr. Jene 59000 Acker reichen also zu, um 2902 Stück Kühe das ganze Jahr über zu ernähren, vorausgesetzt, daß man das nöthige Stroh anderswoher herbeischafft. Wenn also diese Kommunen einer regelmäßigen Cultur unterworfen, und nach einem weisen Feldsysteme behandelt würden: so könnten jährlich auf der Hälfte derselben 11 bis 12000 Stück Großvieh erhalten, und auf der übrigen Hälfte könnte Getreide gezogen werden.

Wie wenig Nutzen für das Privatbeste aus dem Gebrauche der Almånden hervorgehe, haben wir schon vorhin gesehen. Oft sind sie zu trocken, also wenig grasreich, und das Vieh ist genöthigt, in einem Tage mehrere Stunden, ja Meilen zu machen, um soviel zu sammeln, als es bedarf, seinen Magen zu füllen. Es verläuft also schon einen Theil der Kraft, den es sich daher geholt hat; kömmt müde und oft hungrig am Abend im Stalle an. Sind die Kommunen feucht, so bieten sie dem Viehe nur eine schlechte, wenig Milch gebende, oft ungesunde Nahrung dar, wovon im Ganzen mehr vertreten, als genossen wird. Zeigt sich endlich der Keim einer ansteckenden Viehkrankheit, so sind die Gemeinweiden die unvermeidliche Leiter, ihn einer ganzen Heerde mitzutheilen. Die Verzettelung des Mistes, in welchem, wo nicht der größte, doch gewiß ein großer Theil des Vortheils besteht, der in einer Ackerwirthschaft von dem Viehe gewonnen wird, ist nicht der geringste Schade, den die Gemeinweiden dem Feldbau verursachen. Eine Kuh, die in dem Stalle, wiewol nur kärglich gefüttert wird, würde an bloßen Excrementen, ohne das Stroh, in den fünf Monaten, welche die gewöhnliche Weidezeit sind, 35 Centner Mist geben; statt daß eben diese Kuh, wenn sie am Tage auf die Weide geht, und nur Nachts aufgestallt wird, zum Besten der Wirthschaft nicht mehr als 15 Centner geben kann; es gehen also 20 Centner bloß an Dünger durch die Weide für den Acker verloren.

Ob aber eine plötzliche Unterdrückung, Abschaffung und Veräußerung *) solcher Kommunen rathsam und für den gegenwärtigen Augenblick ersprießlich sein würde: das ist eine andere Frage. Die Duldung der Mängel, auf einer Erde wo Alles so unvollkommen ist, hat auch manchmal ihren Nutzen, und besser ist es, das Kind forthinken zu lassen, als ihm die Beine mit einem Male abzuschneiden.

Es giebt im Elsasse, namentlich in dem flachen und bessern Theile desselben, so viele kleine Wirthschaften, die so sehr auf die Zulage der Almänden berechnet sind, daß sie durchaus nicht ohne dieselben

---

*) Allem Irrthume vorzubeugen, bemerke ich: daß ich hierunter keine Theilung der Almänden unter die dazu Berechtigten verstehe, sondern eine solche Entziehung, wie die, welche in den letzten Zeiten der Bonapartischen Regierung im Elsaß Statt gehabt hat: wo ein Theil dieser Almänden zum Vortheil der Staatskasse verkauft wurde, und bei längerer Dauer wahrscheinlich alle übrigen diesen Weg, zur Vollendung der Armen, gegangen wären.

bestehen können. Leute, die nicht so viel Feld besitzen, daß sie nebenher Futter für eine Kuh, und also noch weniger für ein Pferd, darauf erzielen können; die ihren wenigen Acker durchaus dem Getreidebau und den Handelsgewächsen weihen müssen: ersterem, um Brodt und Stroh zu haben, und letzterem, um darauf ihre freien Stunden zu verwenden, und dieselben durch ihre Arbeit auf dem Felde oder zu Hause geltend zu machen, solche Leute sage ich, finden sich mit Beihülfe der Almänden in den Stand gesetzt, nicht allein so viel Vieh halten zu können, als sie zur Erwerbung des Düngers nöthig haben, sondern von diesem letzten noch Manches zu erübrigen und an die größeren Landwirthe zu verkaufen. Solchen Leuten diese Nothstütze rauben, und sie über den Haufen werfen, heißt gleichviel. Umsonst wird man ihnen sagen: „Bauet Klee und Futtergewächse auf euerm Eigenthume, und ihr werdet der Almänden ohne Mühe entbehren können, und dabei mehr Milch und Dünger von einer Kuh haben, als jetzt!" — Wohl wahr! allein aus dem Klee geht, vermittelst des Viehes, nicht so viel baares Geld hervor, als aus dem Taback, dem Hanfe, dem Weißkohl. Diese Gegenstände erfordern ohne Zweifel ungleich mehr Handarbeit, als ein Kleefeld; aber eben der Sold dieser Arbeit ist es, von dem solche kleine Wirthe leben. Giebt eine Kuh, die fünf Monat lang auf der Gemeinweide herumschwärmt, gleich nur halb so viel Milch und Mist, als eine im Stalle wohl gefütterte: so kostet sie auch nichts, und statt einer, die man zu Hause hält, lässt man ihrer zwei, drei mitlaufen, und so wird der Schade wieder ersetzt.

Eine gänzliche Entziehung der Kommunen könnte also für solche Tagelöhnerwirthschaften, deren es so viele in dem Elsasse giebt, nicht anders als tödtlich sein: so wie sie im Grunde auch äußerst unbillig sein möchte. Nur ihre Vertheilung unter die wirklichen Nutznießer derselben bietet ein gerechtes Mittel dar; wiewol auch dieses seine Bedenklichkeit, seine Vor- und Nachtheile haben kann. Werden nämlich die Kommunen den Einwohnern bloß auf eine Frist von 5 bis 6 Jahren, es sei nun unentgeltlich, oder gegen einen jährlichen Pachtzins, überlassen: so ist das vielleicht in Hinsicht auf den Boden, das schlimmste Mittel, das man ergreifen kann. Ein jeder wird dann den höchsten Ertrag aus seinem Antheile zu erzwingen suchen; den aus dem darauf erzeugten Stroh und Futter gewonnenen Dünger auf seine andern, ihm erblich angehörigen, Felder bringen; die Almände schmachten lassen, und ihren Boden so aussaugen, daß er nach dem Verlaufe von sechs Jahren weit weniger werth sein wird, als vorher, und jede Hoffnung, auch die der kümmerlichsten Benutzung, darauf zu Grunde geht.

Ungleich besser aber wird für die Melioration des Bodens gesorgt, wenn jedem Bürger sein Antheil eigenthümlich zugelegt wird. Es ist nunmehr ein Vater und kein gieriger Miethling, der ihn bewirthschaftet. Seine Cultur also muß, so lange die Kraft der Masse beisammen bleibt, steigen; aber auch die Population wird zunehmen, und eben durch dieses Zunehmen der extensiven Kraft, wird das der intensiven abnehmen. Die 10 oder 20 Acker, die im Anfange nur Einem angehörten, werden in einigen Menschenaltern sich unter 10 oder 20 Händen befinden; alle Uebel, deren wir bei Gelegenheit der Zerstückelung des Grundeigenthums in dem vorhergehenden Abschnitte gedacht haben, werden eintreffen, und da nun keine Gemeinweiden mehr den sinkenden Kräften zu Hülfe kommen können, so könnte in einem ohnehin schon so bevölkerten Lande, wie das Elsaß, wenn nicht einige Vorsichtsmaßregeln dabei getroffen werden, der letzte Zustand der Dinge ungleich schlechter sein, als es der erste war.

# Fünfter Abschnitt.

## Zusammensetzung der Wirthschaften.

Wenn wir jede Wirthschaft auf dem Lande, in welcher ein Gespann gehalten wird, um die Arbeit auf dem Felde zu vollführen, eine Landwirthschaft nennen dürfen, und, wie ich glaube, auch nennen müssen, so herrscht unter den Landwirthschaften im Elsaß die größte Verschiedenheit, die sich denken läßt. Um dem Leser einen Begriff davon zu geben, will ich hier die Größe des Areals, und zum Theil auch die Stärke des Viehstandes, von 48 Wirthschaften nach den Noten angeben, die ich mir an einigen dreißig Orten darüber gesammelt habe. Ich lasse den Bestand der Schweine weg, weil ich ihn nicht durchgängig aufgenommen habe, wiewohl sich solche Thiere in jeder Wirthschaft vorfinden. Die wenigen Schafe, die man hier und da hält, habe ich in dem Verhältniß von 10 zu 1 zu den Kühen geschlagen. So habe ich auch die wenigen Mastochsen, die sich hier und dort vorfinden, jeden für eine Kuh angenommen, ob sie gleich nur 4 — 5 Monate aufgestallt werden. Das junge oder Zugvieh ist nicht mit in dem Viehstande einbegriffen. Die Wirthschaften, wovon ich die Zahl des Nutzviehs nicht angeben kann, sind mit einem * bezeichnet. Der Acker ist zu fünf auf den Hectar angenommen; es machen also ihrer fünf etwas mehr, als vier Berliner Morgen.

| Acker | Pferde | Zugochsen | Kühe |
|---|---|---|---|
| 6 | 2 | 0 | 2 |
| 10 | 2 | 0 | 1 |
| 10 | 2 | 0 | * |
| 12 | 2 | 0 | 1 |
| 12 | 1 | 2 | 2 |
| 12 | 2 | 0 | * |
| 15 | 0 | 2 | 2 |
| 15 | 1 | 0 | 2 |
| 20 | 1 | 0 | 2 - 3 |
| 20 | 3 | 0 | * |
| 25 | 2 | 0 | 2 |
| 25 - 30 | 0 | 2 | 4 |
| 30 | 0 | 2 | * |
| 40 | 4 | 0 | * |
| 40 | 3 | 0 | 3 |
| 40 | 3 - 4 | 0 | 2 - 3 |
| 40 | 4 - 5 | 0 | 4 |
| 46 | 4 - 5 | 0 | 3 |
| 50 | 5 | 0 | 3 |
| 50 | 3 | 0 | 2 - 3 |
| 50 | 2 | 0 | 3 |
| 50 | 2 | 0 | 2 |
| 60 | 4 | 0 | 4 |
| 60 | 4 | 0 | 2 - 3 |
| 60 | 8 - 9 | 0 | 2 |
| 60 | 5 | 0 | 2 |

| Acker | Pferde | Zugochsen | Kühe |
|---|---|---|---|
| 66 | 7 | 0 | 4 - 5 |
| 70 | 6 | 0 | 3 |
| 75 | 3 | 0 | 4 |
| 75 | 4 | 0 | 8 - 9 |
| 80 | 2 | 0 | 4 |
| 80 | 8 | 0 | 4 |
| 90 | 8 | 0 | * |
| 100 | 8 - 9 | 0 | 6 |
| 100 | 10 - 11 | 0 | 6 |
| 112 | 5 | 0 | 5 |
| 120 | 7 | 0 | 6 - 7 |
| 120 | 8 | 0 | 8 |
| 120 | 8 | 0 | * |
| 120 | 6 | 0 | 6 |
| 125 | 4 | 0 | 6 |
| 125 | 4 | 0 | 4 |
| 135 | 5 | 2 | 9 |
| 150 | 10 | 0 | 7 |
| 180 | 7 | 0 | 5 |
| 200 | 8 | 0 | 8 |
| 230 | 12 | 0 | 15 |
| 300 | 12 | 0 | 10 |

Nach diesen Angaben fällt im Durchschnitt ein Pferd auf jede $15\frac{1}{2}$ Acker (12 Morgen), eine Kuh auf $18\frac{3}{4}$ Acker (15 Morgen). Die Anzahl der Kühe steht also zu der des Gespannes, wie 0,854 zu 1; oder anders: man findet 24 Pferde und einen Zugochsen gegen 21 Kühe. Dieses Verhältniß ist beinahe unglaublich, und zeugt keineswegs zu Gunsten der Landwirthschaft im Elsaß.

Das Gespann, als ein nothwendiges Uebel, kann nur dann als unschädlich angesehen werden, wenn es durch Arbeit seine Kost verdienen kann, und dies kann es nur, wenn es zureichend beschäfftigt ist. Unmöglich aber kann man zwei Pferden auf 6, 10, 12 bis 15 Acker eine zureichende Beschäfftigung verschaffen. Wenn die Feldstücke nicht unmäßig weit, zum Beispiel eine halbe Meile oder dreiviertel Stunde Wegs, von den Wirthschaftsgebäuden abliegen; so reichen zwei Pferde zur Bestellung von 50 Acker zu. Bei den Belgiern muß ein solches Gespann 65 Acker bestreiten; aber freilich haben sie Pferde, und manche Elsasser nur Rozinanten. Zwei Pferde auf zehn Acker ist fünf Mal, und zwei Pferde auf sechs Acker ist acht Mal mehr, als man braucht; alle übrige Kraft ist also verloren, und fällt der Wirthschaft unnützer Weise zur Last.

Doch wir dürfen nicht zu den Belgiern gehen, um uns von der Möglichkeit einer bessern Einrichtung zu überzeugen; wir finden sie an mehreren Orten im Elsaß selbst, wie man sich darüber aus den vorhin gedachten Angaben überzeugen kann. So hält man zu Schleithal auf 50 Acker 2 Pferde, zu Candel auf 80 Acker 2 Pferde, zu Winden auf 30 Acker 2 Ochsen, zu Truchtersheim auf 30 Acker 2 Ochsen, und bestreitet ebendaselbst, so wie zu Schwindertzheim, die Arbeit auf 15 bis 20 Acker mit 2 Kühen.

In den größern Wirthschaften im Elsaß, worunter ich die von 25 Hektar und darüber verstehe, ist das Verhältniß zwischen dem Zugvieh und dem Areal besser beobachtet; denn es fallen im Durchschnitt 46 bis 47 Acker auf ein Gespann, wiewol auch hier die Arbeit noch nicht ganz dafür zureicht. So findet man in solchen größern Wirthschaften zu Schleithal und Merlenheim an der Queich ein Gespann auf 60 Acker. Zu Truchtersheim, wo der Boden etwas unebener und vielleicht auch etwas schwerer ist, als an gedachten letztern zwei Orten, hat man 12 Pferde auf 300 Acker, es fallen also 50 Acker auf jedes Gespann.

Zwei Ursachen geben Gelegenheit zu dem übermäßigen Zugviehe, das man in einigen Gegenden des Elsasses, namentlich in der Fläche zwischen Strasburg und Schletstadt, antrifft. Die erste davon ist die Leichtigkeit des Unterhalts, den die Pferde sich selbst auf den Almänden oder Kommunen zusammensuchen. So lange nur ein Grashälmchen zu sehen, schwärmen sie Tag und Nacht darauf umher, die Stunde ausgenommen, wo man sie zur Arbeit abruft, oder bis Schnee und Frost sie davon verbannen. Im Winter wird ihnen im Stalle das Lebenslicht nur eben so kümmerlich unterhalten, daß es nicht ganz erlischt. Größere Landwirthe verwenden indeß etwas mehr Sorge darauf, und haben daher auch bessere Pferde. Die besten Pferde im Elsaß findet man jedoch nur da, wo sie das ganze Jahr im Stalle unterhalten und bei gehöriger Arbeit auch gehörig gefüttert werden, und, wohl zu merken, wo man von Almänden nichts weiß.

Die zweite Ursache, die auch in manchen größern Wirthschaften zum Halten mehrerer Pferde, als man zur Bestellung des Ackers nöthig hätte, zwingt, ist der Abgang an zureichendem Dünger. Daher die Nothwendigkeit, diesen anderswoher zu beziehen, und das Düngerbeifahren auf ein bis zwei Meilen weit ist keine geringe Aufgabe für das Gespann. Wo gegen ein Pferd noch nicht ganz eine Kuh vorkömmt, und wo diese die Hälfte, jenes die Dreiviertel des Lebens außer dem Hause zubringen, da muß es wol an Dünger fehlen. Die kleinen Wirthschaften jedoch haben desselben weit mehr, als die großen, und finden sich nicht selten im Stande, diesen davon zu überlassen. Zwei Weidepferde und eine Weidekuh, nebst einem oder ein paar Schweinen, geben leicht so viel Mist, als zu jährlicher Düngung von 2 bis 4 Acker erfodert wird, und gewöhnlich noch mehr. Daher das Verhältniß des Nutzviehes zu der Größe des Areals bei den größern Wirthschaften schlechter beobachtet wird, als bei den kleinern. Bei diesen findet man im Durchschnitt eine Kuh auf 12 Acker, statt daß bei jenen nur eine auf 22 Acker fällt.

Welch ein erstaunlicher Contrast, wenn wir di elsasser Wirthschaft in diesen Stücken mit der belgi schen vergleichen. In einem großen Theile der spanische Niederlande haben die Wirthschaften in der Regel wede Weiden noch Almänden, und gerade so viele Mähewiesen als nöthig sind, um das Heu für die Pferde davon zu werben. Das Rindvieh bleibt Jahr aus Jahr ein in dem Stalle; es sei denn an einigen Orten, wo es ein paar Wochen lang die Nachweide benutzt, wenn Heu und Grummet (Omet) von den Wiesen weggeschafft sind. Wir führen Beispiels halber eine Wirthschaft von eilf Bünder an, wie man sie gewöhnlich zwischen Antwerpen und Mecheln antrifft. Hierunter befinden sich 6½ Acker Ackerland, und 6½ Acker Wiesen. Das Ganze, sowol Ackerland als Wiesen, also alle eilf Bünder, müssen alle Jahr gedüngt werden.

Wenn ich einem elsasser Landwirthe nun aufgäbe, zu rathen, wie viele Kühe und Pferde man in einer solchen belgischen Wirthschaft hält, würde er es mir wol sagen können? Ich zweifle sehr, und Mancher wird vielleicht unglaublich finden, wenn ich ihn versichere, daß man daselbst nicht mehr als zwei Pferde, und nicht weniger als acht Kühe (Rinder, Kälber und Schweine nicht mit eingerechnet) unterhalte, wie ich an mehr als zwanzig Orten gesehen habe. Und wie viel Vieh würde man im Elsaß in einer Wirthschaft von gleicher Größe antreffen? Nicht weniger, glaube ich, als vier Pferde, und nicht mehr als vier Kühe; also gerade das Doppelte an Gespann und die Hälfte an Nutzvieh. Auf welcher Seite mag sich nun wol der größte Vortheil, oder die bessere Wirthschaft finden? In dem Elsaß, oder in den Niederlanden? Der Belgier bauet Flachs und Raps auf seinem mittelmäßigen Boden; der Elsasser bauet Taback und Hanf auf seinem kostbaren Kleiboden.

Dieser kauft jährlich für drei bis vierhundert Franken Dunger zu; jener kauft, außer der Asche für den Klee, keinen. Bei beiden trägt der Acker alle Jahre, und oft zwei Mal in demselben Jahre. Hätte der Elsasser einen Boden zu bauen, wie ihn der Flamänder hat; so würde er bei seiner Art zu wirthschaften mit sechshundert Franken für Düngerankauf nicht zureichen. Ich kenne wirklich gute Dreifelderwirthe im Elsaß, die bei 12 bis 20 Hektar Acker jährlich noch für 600 Franken Dünger kaufen müssen.

Doch dürfen wir dieses nicht allgemein über das Elsaß ausdehnen. Es giebt Gegenden darin, wo man es der belgischen Landwirthschaft, in dem Viehstande sowol, als in der Stallfütterung, durchaus gleichthut. Ich halte es, aus mehr als einer Absicht, für nöthig, solches hier auseinander zu setzen.

Nach den statistischen, auf den Befehl der Regierung eingezogenen, Erkundigungen über die Anzahl des Nutzviehes, die freilich nicht gebrechenlos sein mögen, fallen im Durchschnitt auf jede tausend Hektar Ackerland an großem Nutzvieh (Stiere, Ochsen, Kühe und Fersen) in den Bezirken von Strasburg und Schletstadt, einer in dem andern, 526 Stück; in dem Bezirke von Weißenburg 860 Stück. Die Bilanz steht also beinahe wie 3 zu 5. Das heißt: man hält in dem weißenburgischen Bezirke zur Dungung einer gleichgroßen Oberfläche fünf Stück Vieh, wenn man ihrer in den beiden andern Bezirken nur drei darauf hält. Man könnte verleitet werden, zu vermuthen, daß sich in jenem Bezirke mehr Wiesen vorfinden, als in dem andern, und daß dieses einen stärkern Viehstand möglich macht; allein es ist dem nicht so. Es findet sich im Gegentheil ein Vierzehntel an Wiesen weniger daselbst, als man im Durchschnitt in den beiden andern Bezirken antrifft. — Noch stärker wird der Unterschied, wenn wir in jedem Bezirke die sich daselbst befindenden Allmänden hinzuschlagen, und sie in der Rechnung mit den Ackerlanden und Wiesen verbinden. Alsdann ergiebt sich, daß in den Bezirken von Strasburg und Schletstadt auf jede 1000 Hektar, Allmänden, Wiesen und Ackerlande zusammen genommen, 334 Stück Vieh, und in dem weißenburger Bezirke ihrer 670, also gerade noch ein Mal so viel darauf fallen *).

Es ist auffallend, wie eine Gegend mit weniger Wiesen, und beinahe ohne Weiden, nach Verhältniß ihrer Oberfläche nicht allein so viel, sondern das Doppelte an Vieh unterhalten könne, als eine andere, die mehr Wiesen und ohne Gleichen mehr Weiden besitzt. Und wenn denn in jener Gegend das Vieh durchgehends das ganze Jahr über im Stalle gehalten, und in diesen fünf Monaten über ausgelassen wird so

*) Dieses beweiset unwiderleglich, wie nachtheilig für das Ganze des Ackerbaues, also für das Wohl des Staates, die Kommunen sind, indem sie, statt Viehzucht und Dünger zu vermehren, wozu sie doch eigentlich bestimmt scheinen, beide verringern, also nicht allein ihren Zweck verfehlen, sondern demselben gerade entgegen wirken. Solche Lande sind also für das allgemeine Beste verloren, und dienen bloß der Trägheit und einem sinnlosen Schlendrian zur Stütze.

muß nothwendig in der ersten Gegend mehr als noch ein Mal so viel Dünger als in der zweiten erzeugt werden. Es bleibt also unverkennbar, daß die Landwirthschaft, wenn wir sie in ihrem Zusammenhange und nicht bloß in einigen einzelnen Zweigen betrachten, daß, sage ich, die Landwirthschaft in jener Gegend um Vieles höher stehe, als in der zweiten, so kostbar auch der Boden, und so schön die Aerndten dieser letzten sein und aussehen mögen. Die erste dieser Wirthschaften genießt, wenn ich mich so ausdrücken darf, einer vollen und standhaften Gesundheit, die sie ihrer eignen Natur zu verdanken hat. Die andere hat nur eine erkünstelte, von Zeit und Umständen abhangende Gesundheit, die immer äußerer Hülfsmittel bedarf, um sich aufrecht zu halten. Jene erzeugt ihre eigne Kraft; diese erkauft sie. Der Unterschied ist groß, sehr groß! Löset gleich die erste jener Wirthschaften weniger Geld aus ihren Handelsgewächsen, und, wenn man will, selbst etwas weniger aus ihren Kornfrüchten: so löset sie auch mehr aus ihrem Viehstande, giebt kein Geld für Dünger aus, braucht weniger Gespann und bedarf weniger Hände zur Arbeit. Der wahre Vortheil steht also immer auf ihrer Seite. Es ist eine Wirthschaft auf die Dauer; denn sie gründet sich auf den Viehstand, ihr Viehstand auf den Futterbau, ihr Futterbau auf die Feldeintheilung oder Fruchtfolge. Diese Fruchtfolge aber kann keine andere, als eine solche sein, wo alljährlich zwischen Kornfrüchten und Futtergewächsen gewechselt wird: wo der Ertrag des Feldes sich zwischen dem Menschen, der es bauet, und dem Thiere, das ihm dabei hilft, theilet. Mit einem Worte, es ist eine solche Wirthschaft, wie wir sie durchgehends in dem weißenburger Bezirke und einigen Kantonen nord- und nordwestwärts von Strasburg finden, und deren wir, ihres Orts, gedenken werden.

Die Stärke des Personals in den Wirthschaften der Elsasser ist so sehr verschieden, daß ich sie mit keiner Sicherheit angeben kann. Man könnte, glaube ich, für die größeren Wirthschaften so viele Menschen als Zugpferde rechnen.

Der jährliche Lohn eines ersten Knechtes ist 250 bis 300 Franken; der des zweiten 200; des dritten 130; eines Knaben 100. Der Lohn einer ersten Magd ist 120 Franken, 40 Ellen Hänfentuch, 2 Paar Schuhe, 2 Paar Sohlen, 1 Paar Strümpfe, 2 Halstücher, 2 Schürzen, 6 Pfund Hanf. Den ganzen Lohn derselben kann man zu 200, und den einer zweiten Magd zu 150 Franken anschlagen. Der Tagelohn eines Arbeiters im Winter ist 24 Sols, im Sommer 30. Wird er beköstiget, so hat er im Winter 12, im Sommer 16 Sols. Bei schwerer Arbeit, wie bei dem Ausgraben des Krapps, erhält der Mann 30 Sols und die Kost. Jedoch leiden alle diese Preise nach den verschiedenen Gegenden auch wol einige leichte Abänderungen.

# Sechster Abschnitt.

## Hornvieh.

### I. Kühe.

Nach dem, was wir in dem vorhergehenden Abschnitte über das geringe Verhältniß des Viehstapels zu der Größe des Areals gesagt haben, wird man leicht einsehen, daß wir hier nicht viel Interessantes über diesen so wichtigen Artikel der Landwirthschaft sagen können. Unterdessen muß man nicht glauben, daß dieser Gegenstand allenthalben gleich vernachlässigt werde. Der größte Theil des Bezirkes von Weißenburg, ein großer Theil des von Zabern, ein Theil des von Strasburg,— also vielleicht die Hälfte des Niederelsasses, treibt Stallfütterung, und überall, wo diese getrieben wird, da herrscht auch Liebe und Sorgfalt für das Vieh. Man hat immer eine gewisse Vorliebe für das, was uns die meiste Beschäfftigung giebt und die meiste Mühe macht. Eine Magd, und noch mehr eine Hausmutter, sieht die Kuh, die sie aus dem Kalbe gezogen, immer selbst gepflegt und nie aus den Augen verloren hat, mit einer Art von mütterlicher Zuneigung an, die nicht gestattet, daß sie dieselbe darben läßt: eher würde sie sich selbst etwas entziehen. Hier also ist auch ein Anfang von guter Wirthschaft, und dieser Anfang hat keinen unbedeutenden Einfluß auf das Ganze. Wir wollen uns daher unserer Seits um die magern Kühe Pharao's, die auf den dürren oder sumpfigen Allmänden des Elsasses ihre Nahrung suchen, nicht bekümmern, und uns zu den feisten wenden, die wir bei den sorgfältigen Landwirthen dieses Landes, Jahr aus Jahr ein, in dem Stalle antreffen.

Der Klee macht den Hauptbestand der Sommerfütterung der Kühe. Er wird ihnen in drei oder vier Malen in die Raufen geworfen. Räthliche Hauswirthe vertheilen jede dieser Rationen in zwei oder drei Theile, wodurch weniger Futter von dem Viehe verschleudert, und ihm die Nahrung schmackhafter und verdaulicher wird. Im Anfange vermengt man den jungen Klee gern mit Heu oder Stroh, welches das Aufschwellen des Viehes verhindert; aber nichts davon wird geschnitten.

„Wie viele Vorzüge," sagt Schröder, „das kurze Futter vor dem langen habe, und wie oft man aus Mangel an diesem zu jenem seine Zuflucht nehmen müsse, und froh ist, wenn man das geschnittene Stroh mit etwas Nahrhaftem vermischen kann, weiß jeder, der sich nur einigermaßen mit der Viehzucht abgiebt. Vorzüglich wissen es diejenigen, die sich mit dem Viehmästen beschäfftigen. Die Erfahrung lehrt sie, daß, wenn sie, statt des Strohhäckſels und der Spreue, Kartoffeln, Oelkuchen und Schroot mit geschnittenem Heu, dürrem Klee oder mit Grummet vermischen, solches dem Vieh nicht nur angenehmer ist, sondern dasselbe auch satter füttern und schneller fett machen."

„Aus eigener Erfahrung kann ich sagen, daß man bei der Fütterung des erwachsenen großen Klees sowol, als bei der des Kleeheus, wenigstens den dritten Theil durch das Schneiden erspart, und daß solches in diesem Zustande nicht nur kräftiger und anhaltender füttere, sondern auch weit besser mäste; daß man also statt zwei, drei Stück Vieh mit der nämlichen Menge Futter erhalten könne."

„Im Frühjahr, wo so oft das Futter vor der Zeit zusammengeht, ist man nicht selten genöthigt, den jungen Klee abzuschneiden, wenn er kaum 6 bis 8 Zoll lang ist. Die daraus entspringende Gefahr des Aufschwellens oder eines anhaltenden Durchfalls ist jedermann bekannt. Sie verschwindet aber, so bald jenes weiche Futter mit Heu oder Stroh vermischt wird. Man pflegt daher gewöhnlich Wirrstroh damit zu vermengen. Der Endzweck wird aber nicht ganz erreicht; denn da das Stroh lang, der Klee kurz ist: so kann die Mischung nicht genau genug gemacht werden. Der Klee wird leichter aus den Raufen gezogen; das Vieh sucht ihn darin auf, und lässt das Stroh stecken, oder zieht es unter die Füße. Nun wird das Vieh entweder nur halb satt, oder geräth, wenn es Klee genug vorfindet, in Gefahr, aufzuschwellen."

„Ist ein Mal der Klee auf dem Felde so weit herangewachsen, daß er anfängt, etwas harte Stengel zu bekommen, und lang wird: so ermüdet das Vieh beim Fressen, reißt bloß die Blumenköpfe und Blätter los, und lässt die Stengel, die nicht zur Erde fallen, in der Raufe oder Krippe liegen, und so geht mehr als die Hälfte des Futters verloren. Verzehrt es aber auch einige der harten Stengel, so werden diese nur schlecht gekäuet, also auch schlecht zur Verdauung vorbereitet."

„Füttert man dürren Klee, oder Kleeheu, so kann dieses nicht anders, als bei feuchter Witterung geschehen. Bei dürrem, trockenem Wetter, besonders wenn im Frühjahre der Ost- oder Nordostwind wehet, verschmähet alles Vieh das Kleeheu, und frisst höchstens nur die abgefallenen Blätter. Die Stengel sind dann zu hart, und verwunden es beim Käuen im Maule. Sie sind also verloren."

„Allen diesen Unbequemlichkeiten wird durch das Schneiden abgeholfen. Der geschnittene junge Klee lässt sich mit dem trockenen Futter so sehr vermischen, daß ihn das Vieh nicht mehr daraus hervorsuchen kann; der ältere Klee, sollten seine Stengel auch noch so hart sein, lässt sich, seiner Kürze wegen, ohne Mühe käuen. Das Vieh frisst die Krippen rein aus, wenn man ihm nur nicht zu viel Futter auf ein Mal vorwirft."

„Den dürren Klee oder das Kleeheu, kann man, wenn es geschnitten ist, zu jeder Jahrszeit, und jeder Art von Vieh füttern. Mit etwas Salzwasser besprengt, wird es demselben noch angenehmer gemacht. Dadurch wird es auch bei dem trockensten Winde feucht und weich bleiben; denn bekanntlich zieht das Kleeheu die Feuchtigkeit schnell an, und ist daher einer der besten und sichersten Hygrometer."

Man weiß zwar dieses Alles, und hat auch

von jeher dürren und grünen Klee geschnitten. Zu dem Ende legt man eine ziemliche dichte Lage langes, steifes Stroh auf dem Boden der Häckselade, bringt den Klee darauf, und über diesen wieder eine Lage von demselben Stroh. Dadurch wird nun zwar Klee oder Kleeheu und Stroh untereinander geschnitten, doch ist des Strohes mehr als die Hälfte darunter. Diese große Strohmenge ist aber auf einem gewöhnlichen Strohstuhle, zum Schneiden weicherer Substanzen, wie Klee, Heu, Grummet, unentbehrlich, indem diese nicht ohne steifes Stroh darauf geschnitten werden können. Unglücklicher Weise aber ist, besonders im Frühjahre und Sommer, das Stroh weit seltener als Klee und Kleeheu, und daher muß man es auch bei dem besten Willen dabei bewenden lassen, und das Futter ungeschnitten füttern, es mag auch so viel dabei verloren gehen, als da will."

„Ein wenig Aufmerksamkeit, wozu mich die gute Lehrmeisterinn, die liebe Noth, zwang, überzeugte mich bald, daß das Stroh bei dem Schneiden nur darum nothwendig ist, weil es durch seine Elasticität, nach jedem Schnitte, das Druckbrett in die Höhe hebt, so daß das Darunterliegende, noch zu Schneidende vorrücken kann. Ich sann also darauf, diese Elasticität des Strohes, weil ich gerade keines hatte, durch eine andere zu ersetzen. Nach einigen wenig glücklichen Versuchen, nahm ich endlich, nach Weise der Drechsler, meine Zuflucht zu einer Wippe oder elastischen Stange, die ich über meiner Häckselade befestigte, und das Druckbrett daran knüpfte, und nun rutschte das Futter, so gut als bei steifem Stroh, vorwärts. Daß die Wippe nicht mehr Kraft äußern darf, als gerade zum Aufheben jenes Brettchens nöthig ist, versteht sich wohl von selbst. Eine ganz dünne Stange von Tannenholz ist dafür gut genug."

Reicht der Klee bei der Fütterung nicht zu, wie das leider an mehreren Orten der Fall ist, so wird Gras und Unkraut zu Hülfe genommen. Es ist selbst nichts Ungewöhnliches, daß die Hauptfütterung mit Gras getrieben wird. Solches hat unter andern zu Wayersheim, einem ansehnlichen, von fleißigen Leuten bewohnten, Orte, Statt. Die außerordentliche Vertheilung der Grundstücke, und die Gelegenheit, den Boden durch andere Gegenstände höher zu benutzen, sind Ursache, daß hier wenig Klee gebauet wird. Es giebt nicht einen Bürger daselbst, der mehr als einen Acker Klee ansäete. Ob nun gleich Klee und Luzerne die eigentliche Stütze der Stallfütterung im Allgemeinen sind, so beweist jedoch dieser Gebrauch, daß man die Stallfütterung auch mit bloßem Grase, wiewol nicht mit gleichem Vortheile, als mit andern Gegenständen, treiben könne, und daß sie auch dann noch vor dem bloßen Weidegange den Vorzug verdiene. Jedoch halte ich dieses nur im Kleinen ausführbar, im Großen aber, des Mähens wegen, sehr beschwerlich, indem eine mit Gras besetzte Strecke beiweitem die Quantität Futter nicht abwirft, die ein Kleefeld auf derselben Ausdehnung giebt, von ersterem also ungleich mehr gemähet werden muß. Aus eben dieser Ursache ist die Grasfütterung auch weniger, als die Fütterung mit Klee, vortheilhaft.

In den Stallfütterungsgegenden des Elsasses, wo man einige Wiesen hat, lässt man die Kühe im Herbste nach der Grummetwerbung aus. Ist das Wetter alsdann nicht zu regnigt, so ist das grüne Gras dem Viehe sehr zuträglich, und bewirkt eine Vermehrung der Milch. Ist aber das Wetter schlecht, sind die Wiesen schon einige Zeit von dem Viehe überlaufen, so verschwindet die Milch wieder, und man thut besser, die Kühe im Stalle zu lassen.

Das Winterfutter besteht aus Grummet, Stroh, Rüben, Runkeln, Kartoffeln, Topinambur, Pferdebohnen, Oelkuchen, Kaff und Rapshülsen. Die Art der Fütterung ist nach den Orten sehr verschieden. Man füttert roh und gekocht; man tränkt kalt und warm. Die zwei Mennonistenhöfe, Tiefenbach und Schobusch, tränken warm, und haben schönes Vieh. Wo man kalt tränkt, wird etwas Oelkuchen in dem Wasser aufgelöst. Das Wurzelwerk wird gehackt, und mit Kaff, Rapshülsen oder Häcksel gemengt. Der Anfang der Fütterung wird mit den Rüben gemacht, worauf an einigen Orten Kartoffeln und Runkeln folgen. Man mischt diese letztern Gegenstände gern untereinander, weil man die Runkeln nicht für sehr milchgebend, und die Kartoffeln allein für zu hitzig hält (?) *). Da, wo

---

*) Herr Fellenberg giebt seinen Kühen im Winter nichts anders als Heu. Mangelt es aber daran, welches bei ihm

die Kartoffeln gekocht werden, zerknetet man sie gewöhnlich und mischt sie unter das Getränke. An den Orten, wo man den Kühen keine Kartoffeln zu geben hat, oder keine geben will: da wird, wenn die Rüben zu Ende sind, die Fütterung mit Grummet oder Kleeheu fortgesetzt.

Man sieht hieraus, daß die Rüben das vorzüglichste, und beinahe einzige saftige Winterfutter, bei dem Hornviehe sind. Es sind dieses Stoppelrüben, daher auch beinahe das ganze Winterfeld damit angesäet wird. Man trifft ihrer im Elsaß nicht weniger als in den Niederlanden an, und sie werden in jenem Lande noch fleißiger als in diesem gebauet. Ueber die Anwendung und den Nutzen der Topinambur werden wir uns in ihrem Artikel erklären. An einigen Orten giebt man dem Viehe das Wurzelwerk in zwei, an andern in drei Malen auf, und füttert in der Zwischenzeit mit Heu, Grummet oder Stroh, besonders mit Gerstenstroh. Auf die Nacht wird etwas Stroh in die Raufen geworfen.

Mehrere aufmerksame Landwirthe ziehen die Pferdebohnen allen Wurzelgewächsen vor, und verkaufen diese lieber, um sich jene verschaffen zu können. Man lässt die Bohnen 8 bis zwölf Stunden im Wasser aufweichen, mischt sie mit Kaff oder Häcksel, und feuchtet das Gemische mit Wasser an, in welchem man etwas Oelkuchen hat auflösen lassen. Sieben

---

selten der Fall ist, so erhalten sie Stroh und rohe Kartoffeln.

Liter Bohnen (2 Metzen) und ein Rapskuchen reichen bei dieser Fütterungsart für eine Kuh auf eine Woche zu, und übertreffen an Milchergiebigkeit Alles, was man ihr sonst geben könnte.

## II. Zuzucht.

Da man keinen starken Viehstand zu unterhalten hat, so zieht man auch wenig Kälber nach. Diejenigen, die man nicht behalten will, werden, wenn sie über acht Tage alt sind, verkauft. Selten, daß man einem das Leben nur auf drei Wochen gönnt. Funfzig Pfund ist das Gewicht im Durchschnitt, das die Schlachtkälber haben. Die Stierkälber, die man zu Ochsen erziehen will, werden verschnitten, wenn sie noch an der Mutter saugen, welches ihnen nicht länger als 4 Wochen gestattet wird. Das viel vortheilhaftere Tränken der Kälber scheint hier nicht bekannt zu sein.

Die Zuchtkälber, sagt Herr Schröder, werden in den meisten Ställen mit der äußersten Nachlässigkeit behandelt. Man weiß nicht, oder will nicht wissen, daß auf eine sorgfältige Behandlung des Viehes in den ersten Jahren seines Lebens Alles ankommt. Das Futter wird ihm ohne Auswahl hingeworfen, und von nahrhaftem Tränken ist keine Rede. Die Verdauungskraft wird gestört, das Vieh kümmert, und nur in seinem zweiten Jahre fängt es an, etwas zu gedeihen. Wie viel eine bessere Wartung bewirke, und wie viel unsere Landwirthe bei der Verbesserung ihrer eigenen Race gewinnen könnten, sollen folgende

Beispiele erweisen. Man bot in meiner Gegenwart dem Herrn Helmstetter zu Pfaffenhofen 168 Franken für eine Ferse, die noch nicht eilf Monate alt war, ohne daß er sie zu dem Preise lassen wollte. Herr Gerst, ebendaselbst, verkaufte einen Ochsen, der noch nicht zwei Jahr zählte, und sechstehalbhundert Pfund wog. Michael Lüdel zu Schillersdorf *), der unterrichtetste Bauer seiner Gegend, dessen Haushaltung, Viehzucht und Ackerbau jedem Andern zum Muster dienen können, verkaufte vor einigen Jahren eine Ferse von 18 Monaten, von der gewöhnlichen Landrace zu 240 Franken. So weit Schröder. Ich selbst sah 1813 auf dem Schobusch, einem Mennonistenhofe, eine Kuh, die man selbst auferzogen hatte. Sie wog 1000 Pfund, und man gedachte sie durch das Mästen auf 1200 Pfund zu bringen. Die Vernachlässigung des Rindviehes ist also nicht allgemein. So lässt man zu Candel die Kühe 6 bis 7 Wochen vor dem Kalben nicht mehr melken. Die Kälber saugen daselbst vier Wochen lang, und erhalten alsdann abgerahmte Milch und Mehltränke.

Das Begattungswesen trägt auch nicht wenig zur Verkrüppelung der Kälber, folglich der Kühe, also auch der Race bei. In Schillersdorf, sagt Herr Schröder, und leider auch anderswo, herrscht ein großes Vorurtheil in Ansehung der Zuchtstiere. Von

*) Ich führe diese Beispiele hier namentlich und mit Vergnügen zum Lobe Derjenigen an, die sie ihrer Gegend und ihren Mitbürgern geben.

jeher hatte man nur kleine Bullen und bleibt noch dabei. Man hegt nämlich die unsinnige Gewohnheit, die Fersen zum Bullen zu bringen, wenn sie kaum ein Jahr alt sind. Ein schwerer Bulle ist also nicht anwendbar. Die Kälber die davon fallen, gleichen ihren Aeltern, und gelten 12 Franken, wenn sie an andern Orten zu 24 verkauft werden. Dann hält man auf 300 Kühe zwei Stiere, welches beinahe unglaublich scheint. Im Durchschnitt jedoch kann man für das Departement, nach den eingezogenen statistischen Noten, nur 75 Kühe auf einen Stier annehmen, und auch diese Zahl wird, meiner Meinung nach, für manchen Stier noch zu stark sein. Indessen muß hier wohl aus der Noth eine Tugend gemacht werden. Ich kenne im Elsaß keine Wirthschaft, deren Viehstand groß genug wäre, um einen eigenen Stier dafür halten zu können. Ein jeder muß also seine Zuflucht zu dem Bullen der Gemeinde nehmen.

Zu dem Ende hatte ehedem jede Gemeinde einige Wiesen, die sie dem einen oder dem andern Bürger frei überließ, und wofür er den Zuchtochsen halten musste. Durch die neuere Gesetzgebung ist diese gute, sowohl das allgemeine als Privatbeste bezweckende, Einrichtung, unter dem scheinbaren Vorwande des Vortheils der Gemeindekasse, abgeschafft worden. Diese Kasse hat nun eine kleine Rente, und das Dorf keinen, oder doch keinen tauglichen Bullen mehr. Oft müssen die Kühe ein Paar Stunden Weges getrieben werden, um sie belegen zu lassen, und schlägt der erste Sprung fehl, so macht die Kuh dieselbe

Reise zum zweiten Mal. In diesem Falle findet sich unter andern die Stadt Strasburg selbst, wo man 200 Stück Kühe und jetzt nicht einen Stier hat. Diese sehr große Unannehmlichkeit verursacht, daß die Zahl des Hornviehes in dem Departement noch mehr abnimmt, und die Race sich verschlechtert.

Wenn der Ackerbau die Grundlage des Reichthums und der Kräfte eines Staates ist, so ist die Viehzucht die Seele des Ackerbaues. Die gefährlichste Wunde, die man diesem beibringen kann, ist: jener Hindernisse in den Weg zu legen. Wenn dieses überall wahr ist, so ist es noch wahrer in einem Lande, wo, wie in dem Elsaß, der Viehstand in keinem rechten Verhältnisse mit dem Areale steht, wie wir dieses in dem vorhergehenden Abschnitte dargethan haben. Man schlägt die Einfuhr des fremden Viehes in das Niederelsaß jährlich auf 12,550 Ochsen und Stiere, 5768 Kühe, und 21,292 Kälber an, welche im Durchschnitte eine Summe von 2,705,284 Franken kosten, die als baares Geld größten Theils ins Ausland gehen; ein Uebel, das bei zunehmender Bevölkerung und der daraus erfolgenden immer stärkern Zerstückelung des Landeigenthums von Jahr zu Jahr zunehmen muß. Es wäre daher sowohl für das allgemeine als das Privatbeste zu wünschen, daß jene Verordnung zurückgenommen, und dadurch der Weg zur Fortpflanzung der unentbehrlichsten aller Thiergattungen dem Lande wieder erleichtert würde.

Man muß nicht glauben, daß der aus dem Springgelde hervorgehende Gewinn allein jemand bewegen könne, einen Zuchtochsen zu halten. Seine Anschaffung, Wartung und Unterhaltung sind keine Kleinigkeit. Ein schöner zweijähriger Bulle kostet im Ankauf 8 bis 10 Louisd'or, und wird er nach dem Dienste von einigen Jahren gemästet, so wird er, selbst in diesem Zustande, kaum für 6 bis 7 Louisd'or verkauft werden können. Soll er während seinem Gebrauche bei einer Heerde von 100 Stück gebührende Dienste leisten, so muß er gutes und überflüssiges Futter erhalten. Er bedarf also täglich 25 Pfund Heu, oder das Equivalent davon. Dazu kömmt denn endlich das Mühsame und Gefährliche seiner Wartung. Da er sich nicht von Jedem regieren lässt, so ist beinahe eine Person eigends dazu erfoderlich. Die Unkosten werden sich also jährlich wenigstens folgendermaßen belaufen:

| | |
|---|---|
| 91¼ Centner Heu à 2 Fr. 40 Cent. . . . | 219 Fr. |
| Verlust auf den Ankaufspreis, oder jährlicher Abgang am Capital . . . . | 56 „ |
| Zinsen und Risico . . . . . . . . | 21 „ |
| Wir lassen Wartung, Stroh, Platz im Stalle, Verschleiß an Geräth für den Dünger weg | 00 „ |
| Summa aller Kosten | 276 Fr. |

Da der gewöhnliche Preis eines Sprunges zwei Franken ist, so verdient jener Bulle für die Rechnung seines Herrn 200 Franks. Es kömmt also ein baarer Schaden von 76 Franken dabei heraus. Das

Springgeld müſſte alſo ſchon auf 3 Fr. angeſetzt werden, wenn der Inhaber des Bullen entſchädiget ſein ſoll. Allein wie drückend wäre das für den ärmern Landmann, zumal wenn er das Unglück hat, daß ſeine Kuh das erſte Mal nicht empfängt, und ſie zwei oder gar drei Mal zu dem Stiere muß. Mehr als der halbe Werth des Kalbes iſt alsdann ſchon dahin.

Setzen wir nun hinzu, daß ſich in dem Dorfe Niemand zur Haltung eines Zuchtochſens verſtehen will, wie das in vielen Dörfern jetzt wirklich der Fall iſt; daß die Kühe dann Meilen weit getrieben werden müſſen, um zu einem Bullen zu gelangen; daß ſie an einem Tage ankommen, wo dieſer ſich ſchon an andern Kühen zu viel entkräftet hat, — dieſe alſo nicht zugelaſſen werden, oder nicht empfangen können; daß der Inhaber der Kuh von dem Willen, dem Eigenſinne und den Launen des Stierhalters abhängt; daß die Auswahl des Bullen, gut oder ſchlecht, dieſem letztern überlaſſen iſt, indem Niemand berechtiget iſt, ihm darin eine Vorſchrift zu machen; daß endlich dieſer, ſtatt 100 Kühe, ihrer jährlich 200 bedienen läſſt, wodurch alſo die Kühe zum Theil gar nicht empfangen, oder doch keine kraftvollen Kälber vorbringen: ſo iſt dieſes mehr als zureichend, den Landmann zu entmuthen, und ihn dahin zu bringen, ſo wenig Kühe als möglich zu halten. Es iſt dieſes der empfindlichſte Stoß, den man der Viehzucht im Elſaß geben konnte, und die Wunde wird nun gar durch die Veräußerung der Kommunen unheilbar. Wenigſtens hätte man für dieſen Zweck eine Ausnahme machen, und zur Erhaltung jener, zur Stierhaltung bestimmten, Wiesenplätze, sie den öden Ländereien, terres vaines et vagues, gleichstellen sollen.

Alle Hindernisse aus dem Wege räumen, und zumal keine neue hineinlegen, bleibt wol die beste Beihülfe, welche Regierungen dem Ackerbau leisten können. Höhere Behörden, gelehrte Gesellschaften, reiche Gutsbesitzer geben sich an vielen Orten mit der Veredlung, oder vielmehr mit dem Größermachen der Viehracen ab, und glauben Wunder zu wirken, wenn sie aus der Schweiz oder aus Friesland Kühe und Stiere kommen lassen, ohne zu bedenken, daß das Futter nicht mit kömmt. Der höchste Nutzen einer Kuh besteht aber nicht in ihrer Größe, noch der eines Ochsens in seinem Knochenbau, aber wol darin, ob jene verhältnißmäßig bei wenigem Futter mehr Milch gebe, und dieser dabei schneller und mehr Fleisch und Fett ansetze. Lässt sich mit diesen Haupteigenschaften die einer bessern Gestalt und eines schönern Ueberzuges verbinden, so ist dieses freilich das omne punctum; allein solches trifft nur selten zu. Jene Vergrößerungen oder Verschönerungen sind doch oft nur erkünstelt, und nicht im Stande, sich zu erhalten, wo nicht zugleich eine ganz andere Behandlungsart eintritt. Ein Paar Generationen reichen sonst zu, den Koloß wieder zusammen zu schmelzen, und ihn auf den Maaßstab zu reduciren, den nun ein Mal Luft, Clima, Boden, Futter und Behandlung als den landüblichen Leisten festgesetzt haben. Die Natur tritt wieder in ihren Gang, und behauptet ihre alten Rechte.

Aber nicht der Verkrüppelung des Viehstandes will ich hier das Wort sprechen, keine Ziege für eine Kuh gelten lassen. Schon unterscheidet sich in einer und eben derselben Gegend die Viehzucht manches Dorfes von der einer andern, und in einem und eben demselben Dorfe das Vieh eines sorgfältigen industriösen Landwirthes von dem eines nachlässigen und gleichgültigen Bauern, das Kalb einer guten Hausfrau von dem einer schlechten. Eine aufmerksame Auswahl unter den Individuen der Landrace selbst, und eine gute sorgfältige Behandlung sind die sicherste, einträglichste, wohlfeilste und dauerhafteste Veredlung des Hornviehes. Man ziehe vorzugsweise die Kälber beiderlei Geschlechts von den besten Milchkühen auf, füttere und pflege sie gut in ihrer Jugend, und man wird bald eine Race guter Milcher haben. Die zu Zugochsen bestimmten Kälber wähle man von den stärksten Kühen, mit Achtnehmung auf ihren eigenen Knochenbau.

## III. Ochsenmast.

Wenn die einzige Stadt Strasburg jährlich 9000 Ochsen zu ihrem Bedarf nöthig hat, wovon Zweidrittel aus Deutschland, namentlich aus dem hohenloheschen Amte Kupferzell, eingeführt werden; wenn dafür allein eine Summe von anderthalb Millionen Franken auswandert; wenn eine, vielleicht noch beträchtlichere, Anzahl von fetten Ochsen, die für meh=

rere Städte Frankreichs, hauptsächlich für Paris, bestimmt sind, das Elsaß jährlich durchziehet: so ist zu bewundern, daß man sich in einem so fruchtbaren Lande, wie dieses, nicht aus allen Kräften auf die Viehmastung legt. Bei einer andern Einrichtung könnten nicht allein anderthalb Millionen in einem einzigen Departement bleiben, sondern auch eben so viel aus dem Innern des Reichs dahin einfließen, die nun für Reich und Provinz verloren gehen.

Es geht aber noch mehr als Geld dabei verloren. Zehntausend Ochsen geben die Mastzeit über wenigstens 40,000 vierspännige Fuder Dünger von der besten Eigenschaft. Um wie vieles würde nicht dieser jährliche Zuwachs von Kraft die Fruchtbarkeit des Bodens heben, statt daß ein überspannter Bau der Handelsgewächse sie nur verringert? Bliebe einer Gegend auch kein anderer reiner Vortheil als der der Misterzeugung, so wäre ein solcher Industriezweig schon unschätzbar. Aber es bleibt ihr mehr, und die Mastung muß ohne Sachkenntniß betrieben werden, wo nicht der fünfte Theil des rohen Ertrages reiner Gewinn ist. Allein leider entbehrt man im Elsaß, und wird noch lange alle jene Vortheile entbehren müssen; denn wo keine starke Viehzucht ist, lässt sich auch nicht viel Mastung treiben. Indessen giebt es daselbst doch einige einzelne Landwirthe, und sogar Dörfer, die den richtigen Zweck davon aufgefasst haben, und mit auffallendem Nutzen befolgen.

Die Fütterung der Ochsen im Elsaß wird kalt betrieben. Zu Weyersheim fängt man die Mastung mit Rüben, Kaff und Grummet an. Nach 4 bis 5 Wochen, wo die Ochsen ins Fleisch zu kommen pflegen, vermengt man außer dem Kaff die Rüben mit Rocken-, Bohnen- oder Oelkuchenmehl. Gehen die Rüben zu Ende, welches gegen das Frühjahr geschieht, so werden sie durch Kartoffeln ersetzt. Der Trank ist klares Wasser. Es laufen 4 bis 5 Monate bis zur Vollendung der Mastung hin.

Zu Candel wird die Fütterung mit Rüben und Stroh angefangen, und erst gegen das Frühjahr mit Heu und Kartoffeln vollendet. Körner werden nicht darauf verwendet; es sei denn, daß sie in niedrigem Preise stehen.

Zu Entzheim, wo die Herren Freis sich mit der Ochsenmast abgeben, wird mit Pferdebohnen, Oelkuchen, Rüben, Kartoffeln, Kaff und Grummet gefüttert. Die tägliche Ration für sechs Ochsen besteht aus 3 Vierling (14½ Liter, etwas über 4 Metzen) gemahlnen Pferdebohnen, eben so viel Oelkuchenmehl, 9 Sester (174 Liter 51 Metzen), halb Kartoffeln, halb Rüben gestoßen, und mit eben so viel Kaff oder Häcksel vermengt. Die eine Hälfte davon wird Vor- und die andere Nachmittags aufgegeben. Nach jeder Mahlzeit erhält das Vieh Grummet, und wird darauf mit bloßem Wasser getränkt. Vormals mischte man noch Kuchenmehl unter das Wasser; man hat aber gefunden, daß das Vieh bei bloßem Wasser mehr säuft und besser zunimmt. Die ganze Fütterung geschieht kalt, und nichts von allem wird gekocht. Man rechnet im Durchschnitt 6 Monate auf die Mastung eines Ochsen. Es werden auf 6 Stuck 300 Säcke (427 Scheffel, 232 Hektoliter) Kartoffeln, 560 Oelkuchen, 15 Viertel (32 Scheffel, 17½ Hektoliter) Pferdebohnen, 4 Wagen oder 100 Centner Grummet erfordert. Ein Ochse, der zu 17 bis 20 Louisd'or eingekauft worden, verkauft sich fett zu 37 bis 40. Der Mäster zieht also an rohem Ertrage das Doppelte. Der größte Gewinn besteht aber doch im Dünger. Sechs Ochsen geben in einer Woche ein starkes vierspänniges Fuder Dünger. Ein solches würde in Strasburg nicht unter 24 Franken zu haben sein. Jene 6 Ochsen liefern also die Mastzeit über für 624 Fr. Dünger, ohne daß man ihn aus der Ferne herholen darf. Es ist dieses keine Berechnung aufs Gerathewohl, indem die Landwirthe von Entzheim und der Gegend vielen Dünger in Strasburg aufkaufen, und zu jenem Preise zahlen.

Nicht viel weniger, als das Futter, tragen Ruhe und Ordnung beim Füttern zum Gedeihen des Mastviehes bei. Diese Ordnung, welche der hohenlohesche Bauer so gewissenhaft beobachtet, ist es, welche so viel zum schnellen Fettwerden beiträgt, und man kann davon im Elsaß bei H. Gerst in Pfaffenhofen, welcher, Jahr aus Jahr ein, eine Anzahl Mastochsen im Stalle hat, den Beweis davon sehen. Bei ihm wird in jeder Rücksicht die pünktlichste Genauigkeit, Ordnung und Stunde beobachtet. Sind seine Ochsen gefüttert, so darf Niemand, er sei wer er wolle, auch nur die Stallthüre öffnen, damit seine Kostleute nicht in der Verdauung gehindert werden. Dafür hat er denn auch immer Ochsen, die den wahren Namen, Mastochsen, verdienen, und die jeder Metzger gern kauft und gut bezahlt. Er selbst kauft die Ochsen am liebsten, wenn sie schon im Fleische sind, und füttert sie dann in 4, 6 oder 8 Wochen gänzlich aus. Sind sie aber mager beim Einkaufe gewesen, so laufen 4 Monate auf die Mastung hin. Er zieht die Kartoffeln den Rüben vor; dennoch braucht er auch diese, so lange sie dauern, und geht dann erst zu den Kartoffeln über. Die Wurzelgewächse werden gehackt und mit grobzermalmtem Oelkuchen durchmengt. Ist das Wurzelwerk zu Ende, welches bei ihm erst im Sommer der Fall ist, so nimmt er zu einem Zusatze von Pferdebohnen seine Zuflucht. Alsdann lässt er Heu oder Grummet kurz schneiden, solches durch und durch anfeuchten, und mit zermalmten Oelkuchen und Bohnenmehl vermengen. Die erste Fütterung geschieht Morgens, und die zweite Abends um 5 Uhr. Darauf wird Heu und im Winter auch Gerstenstroh in die Raufen geworfen. Bleibt etwas von diesem in der Raufe übrig, so wird es weggenommen, weil es dem Viehe nachher nicht mehr so angenehm ist, als frisches. Man giebt täglich auf zwei Ochsen einen Vierling (etwas weniger als anderthalb Metzen) Kuchen, und wenn das Wurzelwerk zu Ende ist, nebst dem Kuchen auch einen Vierling Bohnen. Die Quantität der Wurzeln und des Heues lässt sich nicht so genau bestimmen, indem ein Ochse mehr als ein andrer frisst, wonach man sich richten muss. Man tränkt mit klarem Wasser. Alles wird kalt und roh verfüttert.

Wie viel die Mastung auf die Verbesserung des Bodens, dieser auf seine Aerndten, und die Aerndten auf den Wohlstand eines Dorfes einwirken können, will ich hier durch das Beispiel von Mühlhausen belegen *). Diese Gemeinde hat einen undankbaren, oder sogenannten kalten Boden, und dabei wenig Graswuchs. Ehedem fuhr daselbst Alles mit elenden Rossen, und im Frühjahr liefen die Einwohner in der ganzen Gegend herum, um Heu einzukaufen. Endlich fieng der Kleebau an, und man gewann nun mehr Futter, als man zu dem bisherigen Viehstande brauchte. Um solches zu benutzen, verfiel man auf die Ochsenmast mit Klee, nebst dem Zusatze von einigem Getreideschroot. Man schaffte die Rozinanten ab **), und hielt Zugochsen. Haben diese etwas gedient, so werden sie gemästet. Manche wechseln ihre Ochsen drei bis vier Mal in einem Jahre, so daß im Durchschnitt in dieser Gemeinde jährlich 80 bis 100 Paar Ochsen fett gemacht werden. Sie kosten beim Ankaufe 15 bis 17 Carolinen, und gelten 25 bis 28 beim Verkaufe. Es gehet also ein baarer Ueberschuß von 45000 Franken jährlich in dieses Dörfchen ein. Einige unter den Bewohnern sind dadurch schon

*) Mühlhausen liegt im Bezirke von Zabern, Kanton Buxweyler, und hat nur 310 Einwohner.

**) In dem ganzen Orte findet man heut zu Tage nicht mehr als 4 Gespann von Pferden.

u schönem Vermögen gekommen, und wenn andere icht so viel reinen Gewinn darauf hatten, so kam es aher, weil es ihnen an Gelde zum ersten Ankaufe man= elte, sie daher die Ochsen von den Juden auf Borg neh= nen, und diesen einen ansehnlichen Theil des Gewinn= es überlassen mussten. Dennoch bleibt diesen ärmern Bewohnern so gut, wie den reichern, die aus dem Dünger des Mastviehes hervorgehende Wohlthat der Verbesserung ihrer Aecker, welche sie mit Niemand zu heilen brauchen.

Vor jener Mastungsperiode standen um Mühl= ausen die Kornfrüchte nur elend. Die Aecker gaben icht die Hälfte an Garben, welche die ihrer Nach= aren gaben, und die Früchte selbst waren von ge= ngerer Qualität. Seit dem aber hat sich die Scene eändert. Ihr Weizen steht nicht allein eben so schön, s der der Nachbaren, sondern übertrifft ihn nicht lten. Da sie das Sommergetreidefeld düngen kön= en: so steht ihre Gerste weit besser, als die an an= ern Orten; das Viertel ihres Hafers wiegt 10 Pfund ehr, und steht in einem höhern Preise. Mit ei= m Worte, sagt H. Pfarrer Schröder: man nn es mir, als ihrem nächsten Nachbar und bestän= gen Augenzeugen, glauben, daß die Aerndten von Mühlhausen seit der Periode des Ochsenmästens sich enigstens verdoppelt, wo nicht verdreifachet haben.

Welch ein Wink für den Landwirth, so wie für en Staatsökonomen!

## Siebenter Abschnitt.

### Schweine.

Wenn Kühe und Ochsen die nothwendigsten Thier bei einer Landwirthschaft sind: so sind die Schweine in einer gehörigen Verbindung mit dem Kuhbestande die nützlichsten Thiere darin. Alles, was von de Molkerei abfällt, kann bei ihnen angewendet, un Alles, was sonst verloren gegangen wäre, durch si benutzt werden. Der größte Theil der Nutzbarkei dieser Thiere aber fällt weg, sobald man sie für sic allein, oder ohne Verhältniß mit dem Kuhstand halten wollte. Da also, wo dieser stark ist, ma auch die Zuzucht der Schweine stark sein; aber be wenigen Kühen werden viele Schweine wenigen Vor theil bringen; es sei denn, daß sie durch den Abfa einer Stärkefabrik oder Branntweinbrennerei unter halten werden. Die geringe Menge von Hornvieh die man im Elsaß unterhält, macht dann auch, da man sich mit der Schweinezucht einschränken muß Da, wo jene verhältnißmäßig stärker ist, da nimm auch diese zu. So werden zu Schillersdorf jährlic 1200 Stück junge Schweine größtentheils auf de Verkauf erzogen, und zu Candel ihrer 2000 ge mästet.

Schon die Zucht der Schweine bringt durchgehend sehr wesentliche Vortheile. Acht bis zehn Woche nach ihrer Geburt sind sie verkaufbar, und da sie meistens in hohen Preisen stehen, so kann eine einzige gute Zuchtsau dem Landwirthe schon eine beträchtliche Einnahme gewähren. Acht Franken ist seit mehreren Jahren der gewöhnliche Preis für ein gut gehaltenes Ferkel von acht Wochen, und oft steigt er auf 10, ja 12 Franken. Zu Schillersdorf, erzählt Schröder, erhielt ein Mann in einem Jahre von zwei Säuen und in zwei Würfen 36 Ferkel, die, mit eilf Wochen verkauft, zu 12 Fr. bezahlt wurden, und also ihrem Herrn 432 Fr. einbrachten. Ich selbst, fährt Schröder fort *), habe von einer Sau, die im vorigen Jahre auf Weihnachten 9 Ferkel warf, sechs Stück nach dem Verlaufe von 7 Wochen für 72 Fr. verkauft. Drei davon behielt ich zu eigenem Bedarf, die jetzt gern 50 Fr. das Stück gelten würden, die aber, bei einem geringen Aufwande, in kurzer Zeit jedes auf 150 bis 200 Pfund können gebracht werden. Zum zweiten Mal warf dieselbe Sau um Pfingsten dieses Jahrs wieder neun Stück, wovon eines verunglückte. Von den acht übrigen behielt ich vier im Stalle, und fütterte sie mit Runkelblättern und saurer Milch, und nun seit vierzehn Tagen mit einem Teige, wovon ich hernach mehr sagen werde. Für diese vier sind mir schon 144 Fr. geboten worden;

---

*) Ich will diesem würdigen Manne das Wort lassen, und vielleicht wird mir der Leser es Dank wissen, wenn ich zur Belehrung über diesen Artikel mit ihm bei diesem alten erfahrnen elsasser Hausvater in die Schule gehe.

bei dem freudigen Wachsthum derselben aber habe ich gegründete Hoffnung, daß ihr Werth in einem Monate um die Hälfte höher steigen werde. Die übrigen vier werden ins Feld getrieben, und werden um Martini zur Mast eingelegt werden. Sie würden jetzt wenigstens 80 Fr. gelten. Wenn ich nun, nur jetzt, den gegenwärtigen Werth dieser, von einer Sau in Zeit von dreiviertel Jahren gezogenen, Jungen zusammen rechne, so finde ich eine Summe von 446 Franken. Nun wirft diese Sau in wenig Tagen zum dritten Mal in Jahresfrist.

Die Schweine, die man hier erzieht, sind zwar von der gewöhnlichen Landrace, aber von einer sehr guten Art. Sie sind gurchgehends weiß, kurzbeinig, langseitig und dünnhaarig. Man zieht unter den jungen diejenigen vor, welche die größten Ohren haben. Sie haben von Natur die Anlage zum leichten Fettwerden. Um diese Race zu erhalten, ist man sehr sorgfältig in der Auswahl der Eber. Unsere Schweine gehen den ganzen Tag auf die Weide, und werden nur Morgens und Abends im Stalle gefüttert. Auf der Weide finden sie Gräser, Klecarten, Würmer und Feldmäuse, welchen letztern sie auf den Stoppeläckern stark nachwühlen. Im Stalle besteht ihre Nahrung aus gekochten Kartoffeln, von welchen aber jede sorgfältige Hausmutter das Wasser, in welchem sie gekocht worden, behutsam abgießt. Die Kartoffeln werden noch heiß mit einem Stößer zermalmt und mit Kleie vermischt. Der Brei wird mit Wasser oder Spühlig verdünnt, und den Schweinen kalt, oder doch nur in lauem Zustande vorgesetzt. Hat man Sauermilch, so gießt man sie hinzu. Jungen Schweinen macht man den Kartoffelbrei durch einen Zusatz von saurer Milch, Gersten- und anderm groben Mehl etwas nahrhafter. Zuweilen giebt man ihnen auch wol ein wenig Hafer. Auch den säugenden Mutterschweinen ist dieser sehr zuträglich. Im Sommer wirft man ihnen im Stalle oder Hofe grünen Klee vor, den sie begierig fressen. Die Runkelrübenblätter behagen den Schweinen zwar auch; allein sie müssen nothwendig mit Klee untermengt werden, weil sie für sich allein zu wässrig sind. Als eine vorzüglich gute Nahrung habe ich die ausgedroschenen Kleesaamenköpfe gefunden. Man brühet sie mit siedendem Wasser an und lässt sie abkühlen, ehe man sie den Schweinen vorsetzt, die sich mit Begierde darauf werfen.

Man fängt schon früher an, die zur Mastung bestimmten Schweine besser zu füttern, als die übrigen, damit sie ein wenig zu Fleisch und Kräften kommen, ehe sie gänzlich aufgestallt werden. Viele unsrer Landwirthe betreiben die Mastung mit nichts als Kartoffeln und untergerührter saurer Milch. Dieser Brei nährt zwar gut; aber er giebt wenig Speck und Schmalz. Andere mischen etwas grobes Mehl hinzu, und füttern nebenher noch trockene Früchte, wie Pferdebohnen, Erbsen und dergleichen. Dadurch wird die Mastung sehr befördert, und Fleisch, Speck und Schmalz erzeugt. Meine eigne Art, dabei zu verfahren, die ich schon seit mehrern Jahren fortsetze, und immer als die beste gefunden habe, werde ich sogleich beschreiben.

Man mästet Schweine von jedem Alter und immer mit Vortheil. Es sei nun, daß man sie mit 6, 12 oder 18 Monaten einlegt. Mutterschweine lässt man gerne 4 — 6 Jahre alt werden, ehe man sie schneidet und mästet. Das Gewicht der fetten Schweine muß also nothwendig auch sehr verschieden sein. Dabei kömmt es sehr viel auf eine sorgfältige Wartung in der ersten Jugend, auf gute Nahrung, die ein schnelles Wachsthum befördert, und auf die Mastungsart selbst an. Ein Schwein, das nur einigermaßen fett werden soll, vorausgesetzt, daß es schon vorher bei Fleisch war, muß wenigstens 12 Wochen über gemästet werden. Soll es ganz fett sein, so braucht es 16 Wochen und noch mehr. Ein Speckschwein hat 20 Wochen nöthig. Je länger die Mastung dauert, desto weniger Getreide und Körner bedarf man, um sie zu vollenden. Die Zeit, sagt der Bauer, bringt Speck und Schmalz.

Ich will nunmehr den Leser mit meinen eigenen langjährigen Erfahrungen über das Mastungsgeschäft der Schweine unterhalten.

Die Hauptsache bei dem Mästen besteht darin, die Schweine allmählig und von langer Hand her zu Fleisch zu bringen, sie dann aber in der möglich kürzesten Zeit und auf die wohlfeilste Art fett zu machen. Zum erstern gehört nicht sowohl ein kraftvolles Futter, als auch Ruhe, Reinlichkeit und Ordnung im Füttern. Wie viel die Ruhe zum Gedeihen der Schweine beitrage, davon kann man sich überzeugen, wenn man zwei Schweine beobachtet, wovon man das eine nur vierzehn Tage liegen lässt, und ihm übrigens das nämliche Futter giebt, welches das andere geniesst, das man ins Feld treibt. Auffallend wird sich dann zeigen, wie viel jenes an Fleisch und Wachsthum vor diesem zunimmt. Bei dem nachherigen Mästen zumal ist die Ruhe, so wie bei allem Mastviehe, unumgänglich nöthig.

Reinlichkeit ist die zweite Bedingung eines guten Mastgeschäfftes bei den Schweinen. So unreinlich diese Thiere auch im Freien zu sein scheinen, und so gern sie sich im Schlamme herumschleppen: so reinlich wollen sie im Stalle gehalten sein. Sie werden auch bei dem besten Futter nur wenig zunehmen, wenn sie in einem Stalle liegen, wo das Wasser nicht ablaufen kann, und sie keinen trockenen und reinen Ort zu ihrem Lager finden. Es ist daher zu einem guten Erfolge unumgänglich nöthig, dass der Stall so eingerichtet sei, dass das Wasser abziehe, und dass ihre Exkremente, wozu sie immer einen bestimmten Ort halten, wenigstens alle zwei Tage ausgefegt werden. In heissen Sommern ist nichts besser, als den Boden des Stalles mit Wasser auszuschwemmen und Alles rein auszukehren. Hat man Gelegenheit, die Schweine täglich zum Wasser oder durch einen Bach zu treiben, wodurch diese hitzigen Thiere nicht allein gewaschen, sondern auch abgekühlt werden, so ist dieses für sie eine grosse Wohlthat *). Es geschieht auch um der Reinlichkeit

*) Ich sah bei Hr. Weinling zu Pfeddisheim eine zu diesem

willen, daß man ihnen nicht gern Haferstroh einstreuet, indem dieses gewöhnlich lange auf dem Felde liegen bleibt, und daselbst eine Menge Staub aufhängt, welcher sich auf die Haut der Schweine ansetzt.

Eben so viel, als Reinlichkeit, trägt endlich auch die Ordnung im Füttern, und die genaue Beobachtung der Stunde, in der ihnen das Fressen vorgeworfen wird, bei. Sobald die ein Mal gewohnte Stunde da ist, fangen sie an, unruhig zu werden, und geben durch ihr Grunzen und Schreien solches hinlänglich zu erkennen. Diese Unruhe und das ungestüme Fordern vermehren sich um so mehr, als das Futter länger ausbleibt. Man kann versichert sein, daß eine solche unruhige Stunde ihnen mehr Nachtheil bringt, als ein ganzer Tag bei guter Fütterung ihr Zunehmen befördern kann. Solche unordentlich gefütterte Schweine werden nie vollkommen fett.

Zur völligen Ausmästung der Schweine ist endlich ein Zusatz von Getreide oder Körnern unumgänglich nöthig. Hier also fängt die Mastung auch an, kostbar zu werden. Je schwerer und besser jene Körner sind, je fetter und schwerer werden auch die Schweine. Man kann zwar junge Schweine bloß

---

Zwecke sehr passende Vorrichtung. Außer dem Eingange des Stalles, der sich, wie allenthalben, im Hofe befand, hatte man einen eigenen Ausgang für die Schweine, der unmittelbar an einem Wasserbehälter angebracht war, so daß diese Thiere nicht anders aus dem Stalle kommen konnten, als wenn sie durch das Wasser schwammen.

mit Kartoffeln und Sauermilch sehr gut ausfüttern, und nicht nur ein sehr wohlschmeckendes Fleisch, sondern auch Speck durch dieses Futter hervorbringen, besonders wenn man sich die Mühe giebt, die Kartoffeln zu schälen und wohl zu zermalmen. Allein bei schon ausgewachsenen Schweinen richtet man, auch bei lange anhaltender Mastung, nicht viel damit aus. Noch weniger, wenn die Kartoffeln allein und ohne Sauermilch verfüttert werden. Durch die mehligen, nahrhaften Theile der Kartoffeln kann wohl ziemlich Fleisch, aber nur wenig Speck, und noch weniger Schmalz erzeugt werden. Auch kann dieses nur das Loos der Armen sein: alle Reichere, die sich auf ihr Interesse verstehen, werden immer Körner hinzusetzen. Irrthümlich aber werden diese den Schweinen ganz vorgeworfen. Nie werden solche Körner, sie mögen von einer Gattung sein, von welcher sie wollen, so viele Wirkung hervorbringen, als gemahlene oder geschrotene. Ein Blick auf die Excremente kann uns überzeugen, daß ganze Körner zum Theil auch ganz oder in Stücken wieder abgehen. Sind sie nicht verdauet worden, so können sie auch zur Nahrung nichts beitragen.

Noch besser aber, als Mehl und Schrot, füttern gemalzte Körner. Zu dem Ende thut man die Körner in einen Kübel, und gießt Wasser dazu. Um ihnen allen übeln Geschmack zu benehmen, erneuert man das Wasser einige Mal, und läßt das alte ablaufen. Die Körner bleiben so lange in der Weiche, bis sie zu keimen anfangen. Ich habe verschiedene

Mal alte, besonders verschnittene Mutterschweine, mit gemalzter Wickgerste, in Zeit von 14 Wochen, vollkommen fett gemacht. Gewöhnlich vermischen unsere Bauern, bei jeder Fütterung, das Getränk mit etwas Mehl oder Schrot, von dem man in dem Verhältnisse, wie die Mastung vorrückt, auch immer mehr zusetzt, bis gegen das Ende ein dicker Brei daraus entsteht. Die Schweine werden zwar bei dieser Fütterungsart sehr fett, allein dazu muß sie sehr lange fortgesetzt werden, und erfordert folglich einen großen Aufwand von Früchten. Unter vier Viertel Pferdebohnen (neuntehalb Scheffel) und, wenn es leichtere Körner sind, noch mehr, kann kein großes Schwein ganz fett gemacht werden. Ich bin daher auch längst von dieser Mästungsart abgegangen, und habe mich an die gemalzten Körner gehalten. Doch auch diese gab ich auf, nachdem ich einen Versuch mit Sauerteige (gegohrnem Teige) gemacht hatte, und besonders da mich Erfahrung und Versuche dahin gebracht hatten, mir diesen auf die wohlfeilste Weise zu verschaffen.

Herr Pfarrer Christ rühmt zwar diese Fütterungsart schon als eine der vorzüglichsten, die man anwenden kann; die Vorschrift aber, die er davon giebt, muß Jedem, der nicht Ueberfluß an Kornfrüchten hat, und diese nicht zu einem billigen Preise absetzen kann, von der Befolgung seiner Lehre abschrecken. Er will, daß man einen Teig von bloßem Mehl oder Schrot anfertige, denselben gähren lasse, und ihn sodann bei dem Füttern mit etwas Wasser verdünne.

Nebst dem soll man den Schweinen zwei Mal des Tages ganze Körner mit Wasser vorsetzen. Auf diese Weise würde man in einem Zeitraume von 16 Wochen, zur vollkommenen Mastung eines großen Schweines, wenigstens 8 Viertel Körner brauchen, welche durch den Gewinn an Schmalz, Speck und Fleisch schwerlich bezahlt werden würden. Ich machte mir es also zur Aufgabe, ein wohlfeileres Surrogat aufzusuchen, und fand es in den Kartoffeln. Ich wusste, daß, wenn man bei der Destillation von einem Viertel Korn höchstens 16 Maaß Branntwein erhält, man ihrer davon, bei gehörigem Verfahren, wenigstens 8 von einem Viertel Kartoffeln erhalte. Von da ausgehend, schloß ich, daß die Kartoffeln, in Rücksicht auf ihre mehlartigen Theile, die Hälfte an Nahrungsstoff enthalten müssen, die das Korn enthält. Gewöhnlich kosten aber im Herbste 6 Viertel Kartoffeln nur so viel, als ein Viertel Korn. Hierdurch wurden also bei der Mastung zwei Drittel der Auslage erspart werden können. Ich ging von der Theorie zur Praxis über, und schon hat eine achtjährige Erfahrung mir die Richtigkeit meiner Meinung mit dem befriedigendsten und unleugbarsten Erfolge belegt. Ich theile hier meine Verfahrungsart mit.

Bevor die eigentliche Mastung, das ist, das Fettmachen der Schweine, angefangen wird, ist es nothwendig, daß das Fleisch zum Theil schon da sei; denn obgleich bei der Mastung selbst auch noch Fleisch erzeugt wird, so geht sie doch hauptsächlich auf die

Vermehrung des Schmalzes und Speckes aus. Je mehr Fleisch also vorher schon bei dem Subjecte vorhanden war, um so schneller und so mehr wird sich das Fett nachher ansetzen. Ich lasse daher die Schweine, die ich zur Mastung bestimme, nicht nur den Sommer über gut füttern, sondern lasse sie auch schon drei Wochen vor dem Mästen nicht mehr auf die Weide, halte sie im Stalle, und lasse sie bei gutem Futter, mit einem Zusatz von etwas wenig Schrot, ruhig liegen. Sind sie dadurch zu Kräften gekommen, und rund geworden, so schreite ich zu der Mastung mit dem Kartoffelteige, den ich auf folgende Art zubereite.

Es wird ein kleines Stückchen von gewöhnlichem Brodtsauerteige, mit lauem Wasser, in einer Schüssel voll Mehl, zu einem dicken Teige verarbeitet, und dieser zur Gährung in die Wärme gestellt. Dadurch gewinnt man denn eine zureichende Masse Sauerteig, um anderthalb Sester (9 Metzen) Mehl in eine schnelle Gährung zu bringen. Dieses Mehl wird in einer großen Kufe mit lauem, aber keinem heißen Wasser, mit jener Schüssel voll Sauerteig, zu einem dünnen Teige gemacht, welcher seiner Seits bald in Gährung kommen wird. Während dessen werden drei Sester Kartoffeln im Dampf, oder doch mit so wenig Wasser, als möglich ist, gekocht. Im letztern Falle befördert das genaue Schließen der Oeffnung des Kessels mit einem Deckel das Gahrwerden derselben, durch das Zurückhalten der Dämpfe. Die gekochten Kartoffeln werden sogleich ohne alles Wasser so vollständig als möglich zermalmt, damit alle Theile der Einwirkung der Säure eben gleich aufgeschlossen werden. So wie sie zerdrückt sind, werden sie, so heiß sie auch immer sein mögen, in den gährenden Teig geschüttet, und damit unter einander gearbeitet. Man fährt alsdann fort, eine ähnliche Quantität Kartoffeln auf dieselbe Weise zu behandeln. — Hat man im Anfange mehr genommen, als angegeben worden ist, so kann man nachher auch mehr Kartoffeln hinzufügen. Indeß muß man sich darin nach der Größe der Kufe richten. Da die Masse sich wenigstens um den vierten Theil bei der Gährung vermehrt, so darf man die Kufe nicht über zwei Drittel ihres Raums anfüllen, ohne welche die Masse überlaufen würde. Je größer indeß die Kufe ist, jemehr man folglich Teig auf ein Mal anmachen kann, um so besser ist es, indem der Teig um so saurer ist, als er älter wird; und je saurer er ist, desto lieber fressen ihn die Schweine, und um so mehr ist er ihnen nützlich. Der Zusatz einiger Hände voll Salz thut treffliche Wirkung.

Der Teig wäre nun fertig; allein da er in diesem Zustande zu dick ist, so muß er bei dem Füttern mit etwas Wasser, oder freilich noch besser mit Sauermilch, wenn man sie hat, verdünnt werden. Im Anfange macht man die Teigsuppe dünner, bei der Fortsetzung der Mastung aber, vor und nach, etwas dicker. Man wird sich wundern, wie schnell die Schweine bei diesem Futter zunehmen, wie schmackhaft, zart, und zugleich fest, Fleisch und Speck dabei werden. Meine Schweine werden nie mehr als drei Mal des Tages, Morgens ganz frühe, Mittags und Abends gefüttert. Angestellte Versuche haben mich überzeugt, daß die, welche vier Mal gefüttert werden, mehr verzehren, aber nicht mehr zunehmen, als die, welche nur drei Mal zu fressen bekommen. Ist die Zwischenzeit vom Abend bis zum Morgen gleich etwas lang, so macht doch die ein Mal eingeführte Gewohnheit, daß sie die Nacht über ruhig bleiben. Man findet sie am Morgen noch immer in ihrem Neste liegend, und diese Ruhe ist halbes Futter. Sie trägt, besonders bei erwachsenen Schweinen, sehr viel zur Erzeugung des Schmalzes bei.

Ich habe auf die angegebene Art im letzten Winter ein Schwein gemästet, das 13 Monate alt war, und 240 Pfund wog. Es gab 10 Pfund Gekrösschmalz und 30 Pfund Seitenschmalz. Die Zeit der Mastung währte in allen 14 Wochen, und hätte ich sie noch 3 bis 4 Wochen fortsetzen können, so würde das Schwein nahe an 3 Centner gewogen, und an Schmalz das Doppelte gegeben haben. Im Winter 1804 ließ ich ein auf eben dieselbe Art gemästetes, 16 Monate altes, Schwein schlachten. Es wog 274 Pfund und gab 49 Pfund Schmalz. Alte Schweine setzen überhaupt ungleich mehr Schmalz und Speck, als junge.

An den Orten, wo die Schweine den Eckerich (Eichelmast) benutzen können, und am Abend nach Hause getrieben werden, bleibt jener sauere Kartoffelteig ein unübertreffliches Nebenfutter. Man reicht es ihnen am Abend als ein mit Wasser oder Sauermilch stark verdünntes Getränk. Haben sie dieses Futter ein oder zwei Mal gekostet, so eilen sie mit Ungestüm nach Hause. Jenes Getränk mildert die durch die Eicheln erregte Hitze, vermehrt ihre Freßlust, und bewirkt, daß sie augenscheinlich vor den andern in der Heerde zunehmen. Beim Abschlachten derselben wird man aber noch weit mehr die Vorzüge dieser Fütterungsart an dem schönen Specke und häufigen Schmalze wahrnehmen.

Nebenher muß ich sagen, daß dieses Futter bei dem Hornvieh, das man mästen will, eben so vortheilhaft angewendet wird. Nachdem der Ochse oder die Kuh zu Fleische gekommen sind, so giebt man ihnen drei Mal des Tages von gemeldetem Teige; zuerst unter der Gestalt eines dünnen Getränks, welches man vor und nach dicker macht. Diese Nahrung ist bei ihnen, zur Erzeugung vieles Talges und Beförderung der Fettgriffe, gegen das Ende der Mastung von unglaublicher Wirkung.

Ich glaube jetzt Alles gesagt zu haben, was ich von diesem wohlfeilen, und an Wirksamkeit jedes andere übertreffenden, Mastfutter zu sagen hatte, in der Ueberzeugung, daß ich meinen Mitbürgern nichts Nützlicheres und Besseres empfehlen kann. Nur das Einzige wiederhole ich noch ein Mal, daß man nie die Mastung mit diesem Teige, weder bei den Schweinen noch bei dem Rindviehe, anfangen, sondern erst dann anwenden muß, wenn man das Vieh schon zu Fleische gebracht hat.

So weit der brave Schröder über die Schweine.

Ich kann mich aber nicht enthalten, seine Art von Truthühnern (Puter, Schrauten, Wälschhühner) hier anzuführen. Obgleich es der Ort nicht dazu ist: so geschieht doch vielleicht manchem Landwirthe dadurch ein Dienst; denn ganz ohne Geflügel kann man wol auf dem Lande nicht sein. Ich werde auch hier dem guten alten Hausvater das Wort lassen.

## Puter.

Man glaubt gewöhnlich, daß die erste Erziehung dieser Thiere sehr mühsam und kostspielig sei. Büffon, Daubenton, Martini, und die ökonomischen Schriftsteller aller Nationen sagen es, und überhäufen uns mit einer Menge Vorschriften über ihre erste Pflege, Wartung und Nahrung. Man müsste, um diese Vorschriften zu befolgen, wenigstens ein halb Dutzend Hühner halten, um so viel Eier zu bekommen, als nöthig ist, die Brut einer einzigen Truthenne zu erziehen. Auch ich glaubte und befolgte sie, weil ich es noch nicht besser wusste. Indessen dachte ich: Ein Thier, das im kalten Kanada, wo die Flüsse schon im September mit Eis bedeckt sind, wild lebt, muß in unserem mildern Clima mit weniger Sorgfalt erzogen werden können, als es jene Herren wollen; wenn es nur bei seinem häuslichen Leben bei uns einer gewissen Freiheit genießen kann. Da ich ihm diese durch die Lage meines Wohnplatzes geben konnte, so beschloß ich mit 40 Stück, die an einem Tage ausgekrochen waren, den Versuch zu machen, und sie mit der Alles nährenden Kartoffel zu erziehen.

Zuerst suchte ich ihre Verdauungskraft zu stär-ken, und gab, zur Probe, einem davon schon am ersten Tage nach und nach 6 Pfefferkörner zu verschlucken. Da ich sah, daß es solche sehr wohl vertrug und munterer wurde, als die andern, so machte ich's auch so mit diesen. Darauf bekamen sie zwei Tage über hartgesottene und kleingehackte Eier. Da sie sich dadurch recht ans Fressen gewöhnt hatten, so blieben die Eier weg, und ich setzte ihnen ein Gemisch von Brodtkrumen, Mohnkuchen (ausgepreßte Maisamen-Oelkuchen), weißem Käse, (hartgeronnener Sauermilch) und abgekochten zerdrückten Kartoffeln vor. Die kleinen Puter fraßen es gerne, und ich sah bald, daß sie die Kartoffeln heraussuchten und einander darum beneideten. Sie wuchsen frisch, und von 40 Stück verlor ich nur zwei, und diese nicht durch Krankheit, sondern durch Zufall.

Auch gegen die Witterung fand ich die Puter nicht so empfindlich, wie man gewöhnlich glaubt. Zwar macht sie ein kalter Platzregen, der sie im Freien überfällt, erstarren; finden sie aber unter einer Hecke Schutz, so schadet er ihnen nichts. Die Erstarrten kann man durch allmähliges Erwärmen leicht wieder zum Leben bringen. Meine Truten kommen daher nie unter Obdach, als so lange sie noch unter die Mutter kriechen. Sobald sie erwachsen, und anfangen zu fliegen, so zeigt ihnen die Mutter den Weg zu einem großen Akazienbaume bei meinem Hause, und dieser ist sowol ihr Sommer-

als Winteraufenthalt *). Ich habe sie oft, mit
Schnee und Eise bedeckt, vom Baume herabfliegen
sehen. Nur ein einziges Mal in vielen Jahren
da eine so grimmige Nacht einfiel, daß die Bäum
vom Froste krachten, suchten sie von selbst unter ei
nem Schuppen Platz.

Vor zwei Jahren verlor sich im Mai eine mei
ner Truthennen; kam aber nach einigen Tagen wie
der. Endlich verschwand sie gänzlich. Ich glaubte
ein Fuchs habe sie aufgefangen, und vergaß sie. Zu
Anfang Augusts erschien sie an einem Morgen von
neuem in meinem Hofe und brachte sechs Junge mit
die schon einige Wochen alt, aber ganz wild waren.
Auch die Alte war halb verwildert. Nach und nac
aber ließ sie sich durch vorgeworfenes Futter ankir
ren, und auch die Jungen wurden zahmer und blie
ben von nun an auf dem Hofe. Sie wuchse
freudig fort; behielten aber immer etwas Wil
des und wurden auch nicht so groß, als die ganz zahn
erzogenen. Große Landeigenthümer und Jagdbesitze
könnten diese Erfahrung benutzen, um sich in ihre
Gehegen ein bisher ungewöhnliches Wildpret zu ver
schaffen. Da die Truthühner sich gegen den Winte
mit Eicheln mästen, sich stets im Freien nähren, un
nie aufgestallt werden dürfen, so könnten sie leich

*) Die wallonischen Pächter in den Maasgegenden, die gro
Liebhaber von den Truten sind, errichten in Abgang eine
Baumes in freier Luft eine starke, mit mehreren kurze
Stecken stufenweise über's Kreuz durchzogene, Stange, wo
auf sich diese Thiere, gegen Abend, bis zur obersten Hö
flüchten, und so die Nacht ausdauern.

am Geschmacke alles andere Geflügel, selbst die Haselhühner, übertreffen.

Bei meiner Art, diese Thiere zu erziehen, habe ich oft gegen Ostern Truthähne geschlachtet, die also noch kein Jahr hatten, nicht gestopft worden waren und nichts als Hafer, diesen aber nach Belieben, gefressen hatten, welche 18 bis 20 Pfund wogen, und zweijährige, die 25 Pfund schwer waren. Noch einen andern, wiewol nur zufälligen, Nutzen dieser Thiere kann ich nicht übergehen, obgleich hier die gehörige Stelle nicht ist.

Im Jahre 1782, wo die Schnecken im hiesigen Banne eine große Verwüstung anrichteten, standen die Felder, die zunächst an meiner Wohnung liegen, mit dem schönsten Weizen bedeckt. Ich hatte damals eine ziemliche Anzahl Truthühner, und mehrere Enten. Die Beschaffenheit meines Hofes machte deren Einsperrung unmöglich. Natürlicher Weise gingen sie also auf die nahe gelegenen Saatfelder. Anfänglich wurde ich selbst unwillig darüber, als ich aber einst ein altes Wälschhuhn im Unwillen an den Kopf warf, und bei Eröffnung des Kropfes gewahr wurde, daß derselbe ganz mit Schnekken angefüllt war: so ließ ich den übrigen Gerechtigkeit wiederfahren, und sie ihr Wesen forttreiben. Meine Nachbarn waren indessen mit dem Besuche meiner Gäste auf ihren Weizenfeldern nicht zufrieden, murrten über meine Truten und Enten, und machten viel Aufhebens von dem Schaden, den sie, ihrer Meinung nach, darauf anrichteten. Ich ließ daher einst eins der Angeklagten von dem Felde des Klägers abholen, und in der Gegenwart desselben schlachten. Er fand nun bald den Gegenbeweis in dem mit Schnecken angefüllten Kropfe des zum Tode Verdammten. Das Gemurre hörte auf, und man beklagte nur, daß ich nicht noch mehr Welschhühner hätte. Die gemeinen Hühner, welche sonst nach andern Gewürme so begierig sind, rühren die grauen Schnecken nicht an.

Wie oft irret nicht der Mensch in der Beurtheilung der Schädlichkeit gewisser Thiere, besonders der Vögel? Man hasst die Feldtaube, die zwar an dem Hanfe und dem abgeschnittenen Rapse einigen Schaden thut, aber diesen Schaden tausendfach ersetzt, indem sie sich und ihre Jungen, einen großen Theil des Jahrs durch, mit dem Samen der Vogelwicke und des Hederichs nährt. Man verfolgt den Kauz und die Eule, und denkt nicht, wie nützlich sie durch das Wegfangen der Feldmäuse werden. Man verabscheuet den Sperling und die Krähe, und will nicht bemerken, wie viele Raupen und Maikäfer jener, wie viele Mäuse und Engerlinge diese vernichtet *).

Ich wünsche zwar nicht, daß die Anzahl dieser Thiere allzusehr vermehrt werde; aber ich glaube auch, daß die, seit der Revolution so sichtbare, Verminderung der Tauben und Krähen mehr Schaden, als Nutzen bringe.

---

*) Kömmt nicht der Erdfloh selbst dem trägen Landwirthe zu Hülfe, indem er ihn in manchen Jahren des Hederichs entlediget, der sonst sein Sommerfeld durchaus verderben würde?

## Achter Abschnitt.

### Dünger.

Es hat in der Natur keine neue Schöpfung aus Nichts mehr Statt. Alles Neue, was wir täglich darin erscheinen sehen, ist nur eine Wiederauferstehung dessen, was schon war. Ein unaufhörlicher Kreislauf zwischen der Consumtion und der Production macht, daß Alles, was durch jene verloren geht, oder wol nur verloren zu gehen scheint, dieser zu Hülfe kommt. Das Gebäude zerfällt; allein die Materialien davon vergehen nicht. Sie dienen in der Hand des großen Werkmeisters dazu, um neue Gebäude damit aufzuführen. Die Pflanze, die in den Leib der Thiere geht, wird darin zersetzt. Einen Theil davon eignet sich der thierische Körper zu, um seinen Wachsthum zu vollenden; ein anderer wird abgeführt und unter der Gestalt des Mistes auf das Feld zurückgebracht, das die verzehrte Pflanze erzeugte, und dienet nun da wieder als Material zur Bildung derselben, oder einer andern Pflanze. Der Theil selbst, den der thierische Körper sich zueignete, wird der Vegetation nicht entwendet; sondern kehrt seiner Seits, nachdem er als Fleisch, Fett, Milch, Blut, Wolle, Haare, Horn, dem Menschen zur Nahrung oder anderm Unterhalt gedient hat, zu dem Schooße der Erde zurück, um daraus wieder unter neuen Formen hervor zu kommen. Nichts geht in diesem großen Kreise verloren; es verändert nur die Form seines Daseins, und tritt in Kurzem in seinem vorigen oder einem andern Gewande wieder auf. Selbst die Theile, welche das Thier aushauchte; die Theile, welche unfühlbar für unsere Sinne entweichen; die Theile, welche das Feuer verzehrt, sind noch immer da. Sie schwängern die Luft mit ihren Urstoffen, und steigen von da, zur Befruchtung der Erde, wieder herab.

So viel thut die thätige Natur zu dem allgemeinen Besten und der Erhaltung des ein Mal begonnenen Werkes! Die Aufgabe des Menschen ist es, ihre Thätigkeit zu benutzen, und sie zu seinem Privatbesten zu verwenden. Ein Maulwurf, den er neben einem jungen Bäumchen begräbt; eine Hand voll Hederich, die er zu den Wurzeln einer ihm mehr nützlichen Pflanze bringt, frommt und befördert ihr Gedeihen. Begnügt er sich aber, bloß von seinem Acker zu nehmen, und ihm nichts zurückzugeben; verkauft er den Halm, den die Natur bloß hervor brachte, um ihm die Aehre darzureichen, von der er sich nährte, und nicht, daß er ihr die Schüssel sammt der Gabe entwenden sollte; hält er nicht Vieh genug an das er einen Theil der Producte der Erde auf füttern, und ihn in Mist umschaffen kann; giebt er diesen nicht treulich seinem Acker zurück: dann freilich wirkt die Natur zwar fort, allein sie arbeitet nicht mehr für ihn. Sein Acker bringt Disteln und Dornen hervor, und der Fluch der Unfruchtbarkei wird die gerechte Strafe seines Leichtsinns, oder seiner Trägheit.

Diejenigen meiner Leser, welche den belgischen Ackerbau persönlich, oder durch meine Beschreibung desselben kennen, kennen auch die Verehrung, welche der belgische Pächter für seinen Düngerhaufen hat; wie kärglich er Alles zusammen sucht; wie gewissenhaft er Alles zu Rathe hält, was ihn vermehren kann! Bei ihm wird kein Mist verzettelt; kein Stroh verbrannt, keins verkauft; kein Halm geht verloren; keine Unkrautspflanze, kein Kartoffellaub bleibt unbenutzt. Bei ihm verliert sich die Jauche in dem Miste und nicht auf der Straße; oder sie fließt in einer Tonne, oder einem ausgemauerten Behälter zusammen. Das von den Dächern strömende Wasser laugt die Kraft aus seinem Misthaufen nicht aus, und Sonne und Luft verdorren ihn nicht. — Und warum kann ich hier nicht ein Gleiches von dem Elsaß rühmen? „Wenn," sagte schon Arthur Young: „das Elsaß nicht so gut gebauet ist; wenn seine Aerndten sich noch nicht ganz mit denen in Flandern messen können, so rührt dieses von Mangel an Dünger her." Käme die natürliche Güte des Bodens den Landwirthen im Elsasse nicht zu Hülfe, wäre für sie in den Städten kein Dünger mehr zu kaufen: so weiß ich gewiß, die meisten unter ihnen würden bei ihrem schlechten Betragen, den Mist zu behandeln, sie würden bei dem wenigen Viehe, um ihn hervorzubringen, nicht bestehen.

Es ist aber nicht sowol die Quantität des Viehes, sondern die Quantität des Futters, das an dasselbe verfüttert wird, welches die Quantität des daraus hervorgehenden Mistes bestimmt. Eine, das ganze Jahr hindurch auf dem Stalle gut gefütterte, Kuh giebt mehr und bessern Mist, als zwei Kühe, die sechs Monat auf der Weide herumlaufen; besonders wenn diese Weide eine Almände ist, und das Vieh im Winter nur kärglich ausgefüttert wird, wie es unter solchen Umständen gewöhnlich der Gebrauch ist. An den Orten, wo man, wie zu Weyersheim, Brumath u. d. m., den Gemeinden das Stekkenpferd der Almänden oder Gemeinweiden entzogen hat, wo folglich das Vieh nur gänzlich auf dem Stalle gehalten werden muß: da hat man eingesehen, daß, ungeachtet man die Anzahl desselben hat einschränken müssen, aus der geringern Anzahl der nunmehr auf dem Stalle gefütterten Kühe mehr Vortheil hervorgehe, als sonst aus einer stärkern Anzahl Weidekühe *). Sobald man sich nur ein Mal über-

*) Nur muß ich erinnern, daß an eben diesen Orten Zweifelderwirthschaft getrieben wird. Daher haben die Einwohner ein Jahr über das andere die Mittel, den nöthigen Vorrath Futter auf ihrem Felde zu erzielen, und statt dessen etwas Anderes wegzulassen: statt daß dieses bei den Dreifeldern, wie zwischen Strasburg und Schletstadt, und bei dem starken daselbst üblichen Handelsgewächsebau, sehr schwer und beinahe unmöglich wird. Dasjenige also, was ich gegen eine plötzliche Unterdrückung aller Gemeinweiden in dem vierten Abschnitte gesagt habe, verliert also für diese letztere Gegend nichts von seiner Kraft. Sollte es aber dennoch dermaleinst zu der gänzlichen Unterdrückung dasiger Almänden kommen; so wünsche ich, daß die Dreifelderwirthe jener Gegend die Augen

zeugt haben wird, daß der größte Nutzen, den das Vieh gewährt, in dem Dünger bestehe, so wird kein Zweifel mehr über die Vorzüge der Stallfütterung vor der Weidewirthschaft übrig bleiben. Nur der Anfang dabei ist ein wenig schwer, kostet reife Ueberlegung, wenn er nicht in den ersten zwei Jahren mißlingen oder einige Nachtheile verursachen soll. Es muß vor und nach für einen überjährigen Vorrath von Stroh und trockenem Futter gesorgt werden, ehe man gänzlich zur Stallfütterung übergeht. Ein wenig Arbeit mehr beim Füttern darf endlich einen braven Elsasser, der ohnehin weder Mühe noch Arbeit scheuet, nicht davon abschrecken. Der mehr gewonnene Dünger wird ihm diese Arbeit besser bezahlen, als manche andere, die er auf den Hanf, Taback u. dergl. verwendet. Doch ich will mich über die Vortheile der Stallfütterung nicht weiter auslassen. Sie sind allzu offenbar, und selbst im Elsaß so bekannt, und werden es, seit der Veräußerung eines Theils der Almänden, von Tage zu Tage immer mehr werden.

Was das Geld bei dem Kaufmann ist, das ist der Dünger bei dem Landwirthe. Es ist das Capital, das beide in ihr Gewerbe stecken, und das bei beiden Zinsen tragen muß. Es kommt also Alles darauf an, dieses ein Mal errungene Capital nicht zu

---

öffnen und ihrem bisherigen Feldsysteme entsagen mögen. Ich verweise auf das, was ich darüber in der Folge vortragen werde.

vergeuden, und nicht müßig liegen zu lassen; das heißt bei dem Landwirthe: den Mist zu Rath zu halten, seine Vollkommenheit möglichst zu befördern, und wenn er diese erlangt hat, ihn so schnell als möglich in der Erde zur Hervorbringung neuer Gewächse geltend zu machen. Von letzterm werden wir etwas in der Folge sagen; von der Zurathhaltung aber und Bearbeitung des Mistes ein Wörtchen hier.

Wie oft wünschte ich nicht meine Augen von dem widrigen Anblicke abwenden zu können, den mir das nachlässige und unverzeihliche Verfahren bei der Mistbehandlung im Elsaß an so vielen Orten darbot. Bald sah ich eine schwarze Quelle, die aus den Ställen hervorbrach, sich auf der Straße des Dorfes verlor, sie unnützer Weise verunreinigte, und ihre fruchtbefördernde Theile in einen Boden absetzte, der nur zum Gehen und Kommen und nicht zum Fruchttragen bestimmt ist. Anderswo fließt diese Quelle des Segens zwar in den Hof, und selbst nach der Miststätte; allein dahin fließt auch das Wasser von den Dächern, wäscht die Kraft aus dem Dünger aus, und reißt sie strömend mit sich fort. An einem andern Orte schwimmt der Mist im Wasser, das keinen Ausweg findet. An den meisten liegt er in trockenen Haufen aufgethürmt und verdorret. Noch einen Landwirth ins Große und nach den Büchern fand ich, der seinen Misthof eben so absichtlich, als irrig, zwischen zwei nahe an einander liegenden großen Gebäuden und unmittelbar an dieselben angelegt hatte. Die Grube bildete also einen unbedeckten Keller, in welchem der

Mist aus den Ställen, ohne alle Ordnung, 5 bis 6 Fuß hoch über einander angehäuft wurde, und in welchem der Regen von zwei ungeheuren Dächern zusammenströmte. Auf mein Begehren ließ er in meiner Gegegenwart ein Loch in den Mist brechen; und was fanden wir? Obenauf nichts als Staub und Schimmel, in der Mitte eine Feuergluht, und auf dem Boden unvergangenes Stroh und Wasser *).

Die Aegyptier beteten den Apis unter der Gestalt eines lebendigen Ochsen an; die Römer machten aus dem Miste einen Gott, woher ihm vielleicht noch zu unsern Tagen bei den Bauern der Name des kleinen Herrgottes geblieben ist. Wenn dieses in religiöser Hinsicht, selbst für Heiden, die Sache zu weit treiben heißt: so zeigt es uns doch, wie weit ihre Verehrung für diese allgewaltige Kraft der Vegetation und für das Thier ging, das sie erzeugt. Die Anbetung fällt, wie billig, bei uns weg; aber die Verehrung, die Werthschätzung sollte nicht wegfallen, oder wir sind Kamtschadalen, Lappen und Huronen, aber keine Elsasser, keine Landwirthe.

Von dem Mergel wird in dem Elsaß wenig Gebrauch gemacht, so reichlich er auch in einigen Gegenden vorhanden ist. Mergel, sagt H. Schröder, braucht, außer mir, vielleicht Niemand in unsrer ganzen Gegend. Der Bauer sieht, wie fruchtbar seine

*) Ich verweise meine Leser auf das, was ich über den Dung in der Beschreibung der landwirthschaftlichen Anstalten des H. v. Fellenberg zu Hofwyl gesagt habe.

Mischung mit dem Boden ist. Er sieht's und läßt's dabei bewenden. Sein Vater machte es ja auch so. Auf meinem Gute, das eine halbe Stunde von Schillersdorf ist, findet sich ein schöner rother Thonmergel. Bisher hatte ich, da das Land Neubruch war, nicht nöthig, Dünger darauf zu verwenden. Im vorigen Jahre (1804) aber machte ich den Versuch, und ließ ein Stück der Länge nach zur Hälfte mit Mergel, und die andre Hälfte stark mit Kuhmist befahren. Es wurde hierauf mit Kohlraps besäet, der nun auf der gemergelten Seite beinahe noch schöner, als auf der stark gedüngten steht. Der Boden ist weißer, leichter, aber kalter Lehm.

Die Düngung mit Haaren, Sauborsten, Ruß, Hornspänen, Malzkeimen, Federn und Lumpen ist im Elsaß sehr wohl bekannt. Das Gipsen des Klees und der Hülsenfrüchte ist allgemein.

Möhren und Rübenkraut, Klee und Raps werden an mehrern Orten im Elsaß untergepflügt, und thun die vortrefflichste Wirkung. An andern Orten aber schabt ein thörichter, übel verstandener Geiz den Klee so lange ab, als sich nur ein grünes Blättchen auf dem Felde zeigt. Und oft wird noch an dem Tage, wo der Weizen soll gesäet werden, an dem Klee genagt. Als ich im vorigen Jahre, sagt Schröder, Klee unterfahren ließ, der anderthalb Fuß hoch war und in voller Blüthe stand, und zwar in solcher Menge, daß man ihn grün kaum auf 200 Karren hätte wegfahren können: o, wie lachten die Herren Critiker! Mein Fall aber war, daß meine Felder weder zu dem Klee, noch zu der Vorfrucht gedüngt worden, und also mager waren. Sie sollten nun Weizen tragen, und Mist hatte ich nicht. Die Herren mögen mir aber sagen: ob jetzt in der ganzen umherliegenden Gegend ein Weizenfeld dem meinigen gleich kömmt.

„Ich machte," fährt Schröder fort, „in demselben Jahre noch einen andern Versuch. Ich hatte den magersten aller meiner Aecker mit Klee besäet, der denn auch sehr schlecht stand. Da nicht viel an der ersten Schur verloren war, ließ ich ihn, als er eben in die Blüthe trat, abmähen, und auf dem Kleeacker liegen, um allda zu verfaulen. Ueberdies ließ ich die eine Hälfte des Feldes ganz dünne mit Grund aus dem Hofe, und die andre mit kurzem Miste bestreuen. Der Klee wuchs freudig durch. Ich ließ die zweite Schur zum Samen stehen; und als dieser abgeärndtet und der Klee von neuem acht Zoll hoch aufgeschossen war, wurde das Land umgepflügt und mit Weizen bestellt. Die Pracht dieses Weizens ist im gegenwärtigen Jahre unglaublich, und die Sache um so auffallender, als das Feld anerkannt das schlechteste von meinem ganzen Gute ist. Vor dem Aufbruche war es mit Haidekraut (erica vulgaris) bewachsen, und nach dem Aufbruche ward der Hafer darauf nur einen Fuß lang, statt daß er auf meinen andern Feldern die Höhe von fünf Fuß erreichte. Selbst stark mit Kuhmist gedüngt, hatte er bisher nur einen erbärmlichen Weizen gegeben. Ich achtete ihn deshalb nicht und ließ ihn ungebauet liegen, wo er nicht ein Mal

Gras vorbringen wollte. Und diesen Acker deckt jetzt so schöner Weizen! Hat die Kraft und Wirkung des vegetabilischen Dunges eines stärkern Beweises nöthig?"

In Rücksicht des Strohes als Streumaterial findet sich in manchen Gegenden des Elsasses, ungeachtet ihrer Dreifelderwirthschaft, die dessen so viel zu erzeugen glaubt, oft ein starker Mangel, besonders seitdem das Laubrechen in den Wäldern daselbst unter schweren Strafen verboten ist. Man behauptet, daß zum Nutzen der Forsten und zur Verhütung des Frevels ein solches Rechen nicht geduldet werden darf. Daß dieses bei den jungen Schlägen oder Gehauen des Unterholzes der Fall sei, ist nicht zu leugnen. Das Laub, das von und zwischen solchen Gesträuchen aufgehalten wird, düngt ganz sicher den Boden und frommt den Wurzeln. Solches ist aber nicht der Fall in einem Hochwalde, der kein Unterholz hat. Nichts hindert hier die starken Winde, das Laub wegzustöbern und in die Thäler und Hohlwege zu treiben, wo es der Regen demnächst fruchtlos wegschwemmt. Man sollte also billig dem Felde gönnen, was der Forst nicht benutzen kann. Das Laub ist ein Mal den Bauern in manchen Gegenden ganz unentbehrlich, und da die Noth die Anwendung keines Gesetzes erträgt: so zwingt sie oft den ehrlichsten Mann, es zu übertreten. Es sollte also billig in Rücksicht auf die Hochwälder eine Ausnahme gemacht werden, da, wo das Laubrechen ohne den geringsten Nachtheil der Forsten gestattet, aber von dem Ackerbau nicht ohne den größten Nachtheil entbehrt werden kann.

## Neunter Abschnitt.

### Pferde und Gespanne.

Man hat im Elsaß einen wohlgebildeten Schlag von Pferden, die das Schwerfällige und Plumpe der niederländischen nicht haben, daher geschickter zum Laufen, und doch, wo sie nicht zu früh verdorben werden, eben so dauerhaft bei der Arbeit sind. Mit ihnen stehen die Rosse und Schindmähren, die man zugleich in diesem Lande trifft, in einem seltenen Contraste. Von Hunger ausgemergelt und von Arbeit überladen, sind leztere das wahre Bild des Elendes und der Sklaverei. Ich denke nicht, daß der gute Sancho seinen Getreuen gegen ein solches Roß würde haben austauschen wollen; aber auch ganz sicher schickte er seinen Esel nicht auf eine Allmände, um ihn allda selbst für sein Leben sorgen oder verhungern zu lassen. Ich bewunderte unterdessen nicht selten die unverhältnißmäßigen Lasten, welche diese Thiere nach Strasburg bringen, unter welchen, wo nicht sie, doch oft die Räder unterliegen.

Klee, Rüben, Kartoffeln, Topinamburs, Bohnen, Mais, Hafer, Gerste, Wickgerste, Kaff, Stroh, Bohnenstängel und Heu sind die Gegenstände, womit die Pferde nach Zeit, Ort und Umständen gefüttert werden.

Im Sommer besteht ihre Nahrung durchgehends in Klee. Da nicht viel Hafer im Departement gezogen wird, so wird davon, die Prachtpferde in den Städten, und die Fuhrpferde auf den Straßen ausgenommen, nicht viel verfüttert. Das gewöhnlichste Körnerfutter besteht in Bohnen, Gerste und Wickgerste. Die Bohnen werden zu dem Ende entweder geschroten, oder im Wasser aufgeweicht *). Man zieht sie für Arbeitspferde dem Hafer vor, und schätzt, daß zwei Maaß Bohnen so gut füttern, als drei Maaß Hafer. Selbst die Gerste wird an einigen Orten eingeweicht. Bohnen und Gerste werden bei dem Füttern mit Häcksel vermengt, und es wird auch wol etwas Kleie hinzugethan. Zu Hoerdt, wo man weder Hafer, Gerste, noch Bohnen zieht, werden die Pferde mit Mais gefüttert. Auch zu Lauterburg bedient man sich des Mais zu diesem Zwecke. Er wird entweder geschroten oder aufgeweicht. Die Fütterung mit Wickgerste hat vorzüglich auf dem Kochersberge Statt, und sie ist ohne Zweifel eins der besten Pferdefutter, die man hat. Das Maaß der Körnerfütterung ist nicht leicht zu bestimmen. Es kommt dabei auf die Größe der Pferde, und auf die Schwere der Arbeit an.

Die Fütterung mit Rüben und Kartoffeln, worüber man in den Niederlanden große Augen machen

---

*) Herr Fellenberg läßt die Bohnen kochen, weil er bemerkt hat, daß die Pferde sie in ihrem trockenen Zustande nicht ganz verdauen.

würde, hatte für mich mehr Interesse. Mit letzterem war ich zwar schon bei Hrn. Fellenberg bekannt geworden. Ich habe mich bei ihm überzeugt, daß man starke Pferde, bei schwerer Arbeit, auch ohne Körner und Heu in Kraft erhalten kann. Die Kartoffeln werden bei ihm im Dampfe gekocht, und den Pferden ganz vorgeworfen. Das Stroh wird durchaus zu Häcksel geschnitten. Heu, wie gesagt, erhalten sie gar nicht. Die Kartoffelfütterung ist im Nieder-Elsaß zwar nicht allgemein, aber doch in dem nördlichen Theile desselben an vielen Orten im Gebrauche. An einigen Orten werden sie gekocht, an andern roh verfüttert. Herr Burkhardt in Lauterburg lässt die im Dampfe gekochten Kartoffeln zerstampfen; damit sie sich aber bei dieser Verrichtung nicht ballen, so streuet er sogleich Häcksel darunter und lässt Alles untereinander stampfen.

Die Fütterung mit Rüben war mir neuer. Sie ist sehr stark im Gebrauche. Man hält die Rüben für ein äußerst gesundes Pferdefutter. Ich traf sie in Bischheim, Sulz, Hoerdt, Schobusch, Bergzabern, Merlenheim an der Queich, Lauterburg, Schleithal, Winden, und würde sie gewiß in dem größten Theile des weissenburger Bezirks gefunden haben, wenn ich mich allenthalben danach erkundiget hätte. Rüben und Stroh sind an manchen dieser Orte das einzige Futter, welches die Pferde im Winter erhalten. Sie werden zerstoßen und mit etwas Kaff gemischt. Die Tagesration auf vier Pferde ist ein Sack Rüben. Doch denke ich, daß es bei schwerer

Arbeit allein nicht zureiche. Diese Fütterung ist da, wo man Stoppelrüben zu bauen pflegt, ohne Zweifel eine große Beihülfe, und vielleicht wiegt sie die Nachtheile auf, welche dieser Bau in Hinsicht auf die darauf folgenden Früchte nach sich zieht. Da, wo man nur schlechtes, ungesundes Heu an die Pferde zu verfüttern hat, könnte die Anwendung der Rüben der Gesundheit dieser Thiere sehr zuträglich sein, und daher ein Beweggrund werden, Rüben in der Rocken- oder Weizenstoppel zu bauen.

Auch die Topinamburs werden für ein sehr gutes Pferdefutter gehalten, und im Frühjahre, frisch aus der Erde heraus, mit etwas untermischter Kleie gegeben. Ein halber Sester (10 Liter, 3 Metzen) ist die Ration für ein Pferd.

Ob das Zermalmen der gekochten Kartoffeln bei der Pferdefütterung nützlich sei, weiß ich nicht. Mir sollte scheinen, daß sie, ganz vorgeworfen, wie solches bei Hrn. Fellenberg geschieht, den Pferden angenehm sein müssten. Ueberdem wird die Arbeit dabei erspart. Das Kochen der Kartoffeln im Dampfe aber ist sehr wichtig; denn, außer daß es mit weit weniger Holz ausgeführt wird, als das Kochen im Wasser, so sind die auf jene Art gekochten Kartoffeln ungleich mehliger, also auch nahr- und schmackhafter. Da man im Elsaß die rechte Art, im Dampfe zu kochen, nicht kennt, oder nicht dazu eingerichtet ist, so helfen sich Manche auf verschiedene Weise. Man lässt die Kartoffeln zuerst im Wasser kochen, bis sie beinahe gahr sind; alsdann wird das Wasser abgegossen, der Kessel zugedeckt, und die Kartoffeln über dem Feuer fortgebraten. Andere füllen auch wol den Kessel, zum dritten oder vierten Theile seiner Höhe, mit Kieseln, und gießen nicht mehr Wasser zu, als daß diese eben damit bedeckt werden. Die Kartoffeln werden darüber her geschüttet, und auf diese Weise durch den Dampf des Wassers gekocht. Beide Verfahrungsarten sind aber unvollkommen, und erfordern nicht weniger Holz, als gewöhnlich.

Um gutes Gespann zu haben, muß auch für gutes Futter gesorgt werden, und auch hierin leistet der Klee, und noch weit mehr die Luzerne, wenn man sie hat, so wichtige Dienste. „Als," sagt der brave Schröder, „vor 30 bis 40 Jahren der Kleebau hier noch sparsam betrieben wurde, hatten unsere Bauern kleine, elende und abgetriebene Pferde, und eben solche Ochsen. Da man ihnen im Sommer zu Hause nichts zu geben hatte, so wurden sie, wenn sie vom damaligen Ackerschinden, Felgen, Rühren, Brechen nach Hause kamen, und nun in dem Stalle einige Ruhe und Labung finden sollten, auf der Stelle wieder hinausgejagt. Kaum ließ der Bauer seinem Knaben noch so viel Zeit, daß er ein Stück Brodt in die Tasche stecken konnte, um es unter Weges zu verzehren. Das schon von der Arbeit ermüdete Vieh wurde, bis es auf seine elende Weide kam, noch müder. Die Freßlust verging ihm. Mit leerem Bauche ging es hin, leer kam es wieder zurück, um die Beschwerde des Lebens wieder von neuem anzufangen.

Seitdem aber der Kleebau zugenommen, und dieser die Brache verdrängt hat, hat sich die Sache geändert. Pferde und Ochsen sind ohne Ausnahme schöner, stark und wohlgenährt. Die Anzahl des Zugviehes ist wohl zwei Mal so stark, als vormals *), und die des Zuchtviehes vier bis fünf Mal."

„Das frühe Anspannen der Pferde," fährt Schröder fort: „ist die Ursache, warum unsere sonst starken Pferde dennoch nicht von Dauer sind. Mit zwei Jahren, und oft noch früher, werden sie schon beschlagen und zur Arbeit angehalten. Dadurch gelangen sie nie zu der Schönheit, Größe und Stärke, die sie bei einer vernünftigen, und ihrer Natur gemäßen, Behandlnng würden erreicht haben. Ich habe Pferde gesehen, die als Füllen zu 6 Karolinen angekauft wurden, von denen man hätte erwarten sollen, daß sie nach dem vierten Jahre 25 gelten würden. Durch das frühzeitige Anspannen wurden sie aber so sehr zurückgesetzt, daß sie in ihrem sechsten Jahre nur Mähren waren, die nicht mehr als 8 Karolinen galten. Aus dem allzufrühen Gebrauche der Pferde fließt denn auch, daß sie um so früher aufhören, brauchbar zu sein. Ein großer Theil derselben bekommt Fehler an den Augen, oder wird ganz blind. Mit 10 bis 12 Jahren sind sie schon steif, und mit 15 völlig unbrauchbar."

---

*) Ob dieses ein Nutzen ist? Nach dem, sollte man sagen, daß die Abschaffung der Brache und die Einführung des Kleebaues die Arbeit eher vermehrt als verringert habe.

Die Pferde sind das gewöhnlichste Gespann im Elsaß, obgleich der Ackerbau daselbst eben so gut und besser mit Ochsen betrieben werden könnte, wenn nicht Stolz, Vorurtheil und Gewohnheit daran hinderten. Der Pferdebauer sieht sich als ein Wesen von besserer Art an, als denjenigen, der mit Ochsen fährt. Wenn daher auch dann und wann einer so weit zurückkömmt, daß er seine Pferde verkaufen und sich Ochsen anschaffen muß: so dreht und wendet er sich doch so lange wieder, bis er neuerdings auf ein Pferd zu sitzen kömmt, obgleich solches selten zu seinem Vortheil ist. Dieses gilt sogar von den Gegenden, wo kein Geld durch Fuhrlohn auf den Straßen zu verdienen ist. Freilich wird da, wo man, bei einer übel eingerichteten Wirthschaft, auf zwei bis drei Stunden weit fahren muß, um sich Dünger zu verschaffen, oder sonst weite Reisen zu machen sind, oder die Feldstücke in einer unmäßigen Entfernung liegen, ein Pferdegespann unentbehrlich; allein bei dem Ackerbau selbst muß das Pferd dem Ochsen im Vortheil nachstehen.

Der Ankauf des Ochsen, sein Geschirr, sein Unterhalt, Alles ist bei ihm wohlfeiler. Sein Dünger ist besser. Der Ochse verliert nicht, wie das Pferd, durch das Alter an seinem Werthe, und ist, die Seuchen ausgenommen, nicht dem zehnten Theile der Unfälle ausgesetzt, die dem Pferde drohen. Der einzige Zweck bei Auferziehung des Pferdes ist die Arbeit. Nur dadurch kann es seine Kost bezahlen; und da es diese Zahlung für die drei ersten Jahre seines Lebens, wo es seinem Erzieher keinen bestimmten Nutzen gebracht hat, noch nachholen muß, so kann es höchstens nur nach einem Zeitraum von mehreren Jahren sich schuldenfrei machen; es geht dann zu Grabe, oder ist außer allem bedeutenden Werthe. Der Hauptzweck aber bei der Erziehung des Ochsens ist der Ochse selbst. Die Arbeit ist nur Nebenzweck. Mit jedem Tage, von dem Augenblicke seiner Geburt an, bis zu dem, wo er an den Schlächter abgeliefert wird, wächst er seinem Herrn ins Geld. Das Capital ist nicht bei ihm, wie bei dem Pferde, verloren. Er bezahlt seine Nahrung nicht allein mit seiner Arbeit, sondern auch mit seinem Fleische.

Bei schwerer Arbeit vollführt der Ochse in einem Tage eben so viel, als das Pferd. Nur bei leichter Arbeit verhält es sich anders, weil das letztere einen schnelleren Schritt geht. Auch auf schwerem und zugleich feuchtem Boden, wo der Ochse zu tief eintritt und nicht Gelenkigkeit genug hat, sich ohne Mühe herauszuziehen, gebührt dem Pferde, seines breiten Hufes und seiner Geschmeidigkeit wegen, der Vorzug. In gebirgigten oder sehr unebenen Gegenden verhält es sich nun wieder anders; auch findet man daselbst im Elsaß viele Ochsengespanne; in der Fläche dagegen wenig oder keine.

Die Ochsen werden angejocht, das ist: mit dem Köpfen zusammengespannt. In dem Gebirge hat das seine Vortheile und seine Nothwendigkeit; auf ebenem Boden aber dient es zu nichts, als sie in ihrem Gange zu hemmen. Die Pferde haben im Elsaß durchgehends einen Brustriemen, und selten ein Kummet.

Wenn wir sehen, daß alle Frachtfuhrleute, bei welchen das Karrnziehen das einzige Gewerbe ist, das Kummet beibehalten; so erhellet daraus wol, daß sie überzeugt sind, daß ihre Pferde darin leichter ziehen; allein der elsasser Landwirth nimmt das bei seinen vielen Pferden so genau nicht; denn wenn er vier Pferde vor einen Pflug spannt, und dann, als bei einer außerordentlichen Arbeit, 6, ja 5 Zoll tief fährt, so bedarf es wol keiner riesenmäßigen Anstrengung für das Gespann. Uebrigens geben die Brustriemen dem Bauernpferde den Anstrich eines Pracht- oder Herrnpferdes, und so etwas gefällt doch wol einem wohlhabenden Landwirthe vom Kochersberg.

Das Fahren mit Kühen ist in dem südlichen Theile des Niederelsasses nicht herkömmlich. In dem nördlichen Theile ist es beinahe nur die Sache der ärmern Klasse. Es wäre zu wünschen, daß dieser so nützliche Gebrauch sich überall selbst ein wenig höher hinauf erstreckte *). Nirgends besser, als im Elsaß, könnte das bei den häufig vorkommenden kleinen Wirthschaften und dem daselbst üblichen oberflächlichen Pflügen geschehen; und gehen die Almänden ein, so wird und muß es wol geschehen. Jede Wirthschaft, die nicht über 20 Acker hat, deren Ackerbau kann ohne An-

*) Während der Kriegszeiten haben die ärmern Bauern um Weißenburg ihr anderes Zugvieh abgeschafft, um des Frohnens los zu sein, und mit ihren Kühen gearbeitet. Sie befanden sich so wohl dabei, daß sie dieselben auch nachher dazu bestimmt haben. In den Gebirgen werden nur Kühe und Ochsen gebraucht; Pferde können daselbst gar nicht dienen.

stand mit Kühen betrieben werden, und der Wirthschaften von 10, 15, 20 Acker giebt es im Elsaß so viele!

In einer Wirthschaft von 10 Acker reichen zwei, und in einer von 20 Acker reichen vier Kühe vollkommen zu, um alle Arbeit zur rechten Zeit zu vollbringen, und das ohne merkliche Abnahme an der Milchbenutzung. Allein sollte diese auch merklich sein, so kömmt der daraus entstehende Verlust in keinen Vergleich mit den Kosten, die auf den Unterhalt von zwei Pferden fallen. Auf dem Kochersberge fand ich Wirthschaften, die 15 und noch mehr Acker hatten, und mit zwei Kühen alle Arbeit darauf verrichteten. Ein Joch Kühe pflügt täglich einen Acker, ein Joch Ochsen anderthalb, und ein Gespann Pferde pflügt ihrer zwei. — Es giebt in Schwindrotzheim 30 bis 40 Haushaltungen, die ihren Ackerbau mit Kühen treiben. H. König, ein sehr aufgeklärter Landwirth, versicherte mich, daß solche Leute, wenn sie 18 bis 20 Acker besitzen, besser darauf fortkommen, als große, die Pferde halten. Freilich läßt sich dasselbe von jedem Kuhbauern, der nur 6 oder 8 Acker hat, nicht sagen.

Nichts in der Welt ist auffallender, und nichts widersprechender, als die Anzahl der Zugthiere, die in dem Elsaß vor den Pflug gespannt werden. Bald sind es zwei Kühe, bald zwei Ochsen, bald 2, bald 3, bald 4 Pferde. Man sollte freilich glauben, daß sich solches nach der Verschiedenheit des Bodens und der Tiefe der Pflugart, oder höchstens nach dem Gebrauche einer Gegend richte; aber keineswegs. In derselben Feldflur, auf demselben Boden, bei derselben Tiefe sieht man auf einem Felde ein Gespann von vier Pferden, und daneben eines von zwei Ochsen, ein wenig weiter eines von drei, und wieder eines von zwei Pferden pflügen. Zum Belage solcher Unglaublichkeiten muß ich nothwendig einige Orte anführen.

Zu Mietesheim hat man 3 bis 4 Pferde oder 2 Ochsen am Pfluge.

Zu Ittesheim, wo der Boden nicht außerordentlich schwer ist, pflügt man bei gutem Wetter mit 4, bei schlechtem mit 6 Pferden.

Zu Hüttenheim schaffen die großen Bauern mit 4, die kleinen mit 2 Pferden.

Zu Eichhofen pflügen 3 Pferde oder eben so viele Ochsen.

Zu Ollweyler spannt man 2 Ochsen und 1 Pferd, oder 3 bis 4 Pferde vor.

Zu Euchenheim, Ebersheim, Bofzheim, Saffenheim, Markolsheim braucht man 3 bis 4 Pferde; und zu Zabern, wo der Boden um vieles leichter ist, als an gedachten Orten, glaubt man ihrer eben so viele an den Pflug spannen zu müssen.

Zu Epfig, wo der Boden zum wenigsten eben so schwer ist, als zu Euchenheim, sah ich mit zwei Ochsen pflügen.

Zu Bergzabern braucht man 2 Pferde oder 2 Kühe.

Zu Inflingen 1 bis 2 Pferde, oder 2 Ochsen oder 2 Kühe.

Zu Obernheim sah ich mit 2 Pferden und einer Frau als Vorreiter pflügen.

Zu Wilwisheim eggete ein Mann mit 2 Ochsen, und neben ihm ein anderer mit 3 Pferden und einem Vorreiter.

Zu Hochfelden hat man 2 Pferde oder 2 Ochsen.

Zu Schwindrätzheim 2 Pferde oder 2 Kühe.

Zu Truchtersheim wird mit 2 Pferden, die Kleestoppel aber mit 4 Pferden umgefahren, das heißt, drei bis vier Zoll tief.

„Der Bauer," sagt Schröder, „bespannt hier seinen Pflug mit 4 Pferden oder mit 2 Ochsen. Jene wären freilich nicht nöthig, und doch nimmt er sie. Dazu braucht er nun nothwendig noch einen Treiber, und so fahren 4 Pferde und 2 Menschen einen Strich von 20000 Fuß in einer Pause um. Mehr wird selten damit gethan. Mit 2 Ochsen aber, wenn sie nicht träge sind, kann man in der nämlichen Zeit einen Platz von 15000 Fuß abfahren, und zwar ohne Treiber *). Man schließe, auf welcher Seite Vernunft und Vortheil liegen! Im vorigen Jahre ließ ich mit vier Ochsen, die einander an demselben Pfluge abwechselten, 22 Viertel Weizen bestellen, welches

*) Zwei gute Pferde und eben so zwei gute Ochsen können, ohne übertrieben zu werden, täglich einen Platz von 40000 Quadratfuß pflügen, noch ein Mal so viel eggen, und drei bis vier Mal so viel walzen. Das Vieh muß aber gut gehalten, und der Boden ein Mittelboden, das ist, nicht zu schwer sein. Es kann nach Umständen auch mehr oder weniger damit gethan werden.

schwerlich ein Bauer mit 4 Pferden, ohne sie zu Grund zu richten, würde zu Stande gebracht haben; da doch meine Ochsen bei aller Arbeit fleischiger und besser wurden. Während der Ruhezeit ließ ich das ausgespannte Paar sorglos auf den Kleeäckern weiden."

Ich enthalte mich meiner Seits aller Bemerkungen über jene leidige Organisation, die nichts als einen trägen Schlendrian zum Grunde hat. Jeder Vernünftige wird denken, daß es thöricht sei, vier Pferde anzuspannen, wenn man die Sache mit zweien, oder gar mit ein Paar Kühen abthun kann. Auch muß ich zum Ruhme aller denkenden Landwirthe im Elsaß sagen, daß sie das Nachtheilige von der übermäßigen Pferdehaltung, und der übrigen geringen Viehzucht eingestehen und tadeln. Einen abgeschmackten Gebrauch bei der Gespannarbeit darf ich indessen nicht übergehen. Was würde ein brabanter Ackerknecht sagen, der gewohnt ist, Pflug und Pferde bei allen Arbeiten allein zu führen; der selbst dann, wenn er bei außerordentlicher Tiefstellung des Pfluges, wovon man im Elsaß keinen Begriff hat, drei Pferde anspannt, eher seinen Dienst verlassen, als zugeben würde, daß Jemand eins seiner Pferde leitete; was, sage ich, würde der dazu sagen, wenn er im Elsaß nicht allein bei drei, sondern oft bei zwei Pferden einen Vorreiter aufsitzen sähe, sollte es auch nur ein Weib sein! — So fleißig und unverdrossen der Elsasser auch ist: so gemächlich scheint er sich das Leben bei der Gespannarbeit machen zu wollen; daher er auch bei dem Eggen, statt hinter der Egge herzugehen, sich lieber auf das Pferd setzt, und das Werkzeug auf Gerathewohl hinter sich herschleift. Es ist noch viel, wenn er an den Hintertheil der Egge einen Strick befestigt, den er auf dem Pferde von Zeit zu Zeit anzieht, um sie zu lüften, wenn sie sich allzusehr mit Gras oder andern Gegenständen füllet. Ländlich, sittlich! wird man sagen, aber ich sage: wenn Gewohnheit einen Fehler schön machen kann, so macht sie ihn doch nie gut.

An Vieharzten, die man eher Viehhenker nennen sollte, fehlt es auch im Elsasse nicht. Fehlt dem Pferde oder der Kuh etwas, so eilt der Bauer zu dem Wundermanne, der immer einige Universaltränke und Pulver im Vorrath hat. Sie sind nicht selten von den stärksten und hitzigsten Dingen zusammengesetzt. Meerrettigsaft wird dem armen Thiere Schoppenweise in die Naselöcher eingegossen, und ihm bald hier, bald dort, zur Ader gelassen, weil jeder Zufall seinen Sitz in einer Ader haben soll. Der Bauer zahlt, der Arzt steckt das Geld ein, und das Vieh wandert, wenn die liebe Natur es nicht rettet, darüber aus der Welt. — Betrogen will man sein; man sei es also!

# Zehnter Abschnitt.

## Feldbearbeitung und Ackergeräthe.

Wenn in irgend einem Stücke die Vergleichung des belgischen Ackerbaues mit dem des Elsasses zum Nachtheile dieses letztern ausfällt, so ist es in der Kunst, das Feld zu beschaffen, und namentlich in der Kunst, es zu pflügen. Allein, wo trifft man auch Leute an, die den Pflug so zu führen wissen, und wo findet man einen Pflug, wie in Belgien? Der elsasser Pflüger ist bloß ein Arbeiter, der belgische ein Künstler.

Das Werkzeug trägt zwar Vieles, aber doch nicht Alles, zu einer guten Arbeit bei. Ein geschickter Arbeiter kann auch mit einem mittelmäßigen Pfluge noch etwas Gutes, wiewol nichts Vollkommenes zu Stande bringen; allein auch das beste Werkzeug wird in der Hand des Unerfahrnen nur etwas Schlechtes, oder höchstens etwas Mittelmäßiges liefern. Die Güte des Werkzeuges kömmt also bloß der Geschicklichkeit zu Hülfe und befördert ihr den Weg zur Vollkommenheit.

Der Pflug der Elsasser hat ein Vordergestell mit Rädern, wovon das eine etwas höher, als das andere ist. Das Streichbrett ist von Holz, und nur an einigen Punkten mit etwas Eisenblech bekleidet. Da es beinahe ganz flach ist, so war es nöthig, dasselbe sehr lang zu machen, ohne welches der Grund gar nicht umschlagen könnte. Nach den Grenzen der Pfalz zu ist das Streichbrett schon merklich kürzer; dagegen hat es eine mehr schneckenförmige Biegung, wodurch das Umlegen des Schnittes mehr befördert wird. Es ist unbeweglich, daher man diesen Pflug einen Schwingpflug mit Rädern nennen könnte.

Die Sohle desselben ist gespalten. In den rechtlaufenden Theil derselben ist die Griessäule und Stürze eingelassen. Der schräg ablaufende Theil scheint bloß dem Streichbrette zur Unterstützung zu dienen. Zu dem Verhältnisse also, wie sich dieses von dem Pflugkörper entfernt, entfernt sich auch dieser schräge Theil von dem graden Theile der Sohle. Da beide auf dem Boden ansitzen, so vermehrt das natürlich die Reibung.

Die Schaar gleicht eher einem in einen stumpfen Winkel zulaufenden Spaten, als einer eigentlichen Pflugschaar. An manchen Orten ist sie sogar von vorne rund. Ueberdem hat sie beinahe allgemein den Fehler, daß sie mit den beiden hintern Spitzen über das Pflughaupt hinausragt; also von beiden Seiten eben weit in den Boden eingreift, da doch solches nur von einer Seite nöthig ist. Ein halber Keil, oder dann ein halbes Dreieck, wie man solches auch an einigen Orten findet, würde hier dieselben Dienste leisten, und den Gang des Pfluges weniger erschweren. Wird nun auch gleich das Pflugmesser nach der Landseite etwas weiter, als die Spitze der Schaar hinausgestellt; so bleibt doch ein Drittel des von der Schaar untergrabenen Grundes an Ort und Stelle liegen.

Ich zweifle stark daran, ob bei einer dreieckigen, und dabei breiten Schaar der begraste Boden sich gut umwendet, indem der Erdstreifen von der einen Seite keinen Halt hat, um den er sich drehen kann, und also von dem flachen Streichbrette bloß nach der Seite geschoben wird.

Das Pflugmesser, oder Kolter, ist gewöhnlich in dem erbärmlichsten Zustande, und man hat Unrecht, einem Dinge, das nicht schneidet, den Namen eines Messers zu geben.

Da das Streichbrett nicht, wie bei dem brabanter Pfluge, unmittelbar in der Schaar anliegt, sondern nur hinten daran aufsitzt, so entsteht zwischen dem senkrecht liegenden Streichbrett und der waagerecht liegenden Schaar ein Absatz, in welchem sich der Grund ansetzt, den der Pflug immer vor sich her treiben muß, und dieses ist ein Hauptfehler, ein Fehler, der sich mehr oder weniger an allen mir bekannten Pflügen, den belgischen allein ausgenommen, vorfindet. Dieses Grundschleppen, wo sich Grund gegen Grund anreibt, erschwert den Gang des Pfluges ohne Zweifel; es bewirkt auch noch einen größern Nachtheil.

Als ich zum ersten Mal durch die vollkommne Ebene zwischen Strasburg und Schletstadt reiste; so sah ich mit Verwunderung, wie jede Flur, von einem Feldwege zum andern, eine flache Vertiefung bildete, die sich in einer sanften Schweifung gegen die Feldwege, als ihrem erhöhten Rande, erhob. Daß diese Erhöhung nicht mit Absicht angelegt worden war, um einen bessern Weg zu haben, war leicht einzusehen.

Woher sie aber entstanden, blieb mir ein Räthsel, bis daß ich einige Mal den Pflug auf dem Felde gebrauchen sah. Hier ergab sich nun, daß bei jedem Male, als dieser auf dem Wege anlangte, er ein Paar Hände voll Grund, in dem Winkel zwischen Schaar und Streichbrett, wovon ich vorhin gesprochen, mitbrachte, den nun hier der Führer von dem Pfluge abschlug. Denken wir uns, daß dieses Grundschleppen schon seit einigen Jahrhunderten seinen Gang geht, so wird es begreiflich, wie viel die Wege dadurch gewinnen mussten, und wie viel das Feld dabei verlor. In sehr nassen Jahren und bei Ueberschwemmungen kann dieses bei manchen Feldern von Nutzen sein.

Der elsasser Pflug ist leicht; er ist aber auch nur zu leichter und oberflächlicher Arbeit tauglich. Da man im Elsaß nie zu einer vollen, und nur selten zu einer mittleren Tiefe pflügt, den Boden also durchgehends nur aufkratzt, so mögen obige Mängel freilich nicht von Belange sein, und der Elsasser mag bei seinem Pfluge bleiben. Unterdeß geschieht es doch manchmal, daß der Kleeacker durch lange Trockenheit allzufest, oder ein anderer Boden zu geschlossen ist; alsdann stehen wir da, und müssen warten, bis Regen kommt. Dieses braucht der Belgier nicht. Mir war kein Boden so fest, daß ich ihn nicht mit zwei Pferden umbrach.

In der Nähe von Strasburg, auf dem sogenannten englischen Hofe, gehen nunmehr auch einige ächt belgische Pflüge. Was nicht wenig zu ihrem Vortheil spricht, ist, daß die Knechte sie nach dem ersten Versuche lieb gewannen, und nachher darum stritten, wer die Ehre haben sollte, damit zu fahren. Da das Eisenwerk aber bis jetzt in dem Elsaß noch nicht hat angefertigt werden können: so würde es vor der Hand für manchen der gewöhnlichen Landwirthe zu theuer kommen, sich seine Pflüge aus den Niederlanden zu verschreiben.

So viel von dem Werkzeuge; nun aber auch ein nachdrückliches Wort über die Arbeit, die damit gemacht wird. Ich übergehe das oberflächliche Pflügen, ob ich gleich auch Landwirthe im Elsaß angetroffen habe, die ihren Boden nicht zu ewigen Zeiten zu verderben glauben, wenn sie alle 3 oder alle 6 Jahre den Pflug ein Mal etwas tiefer ansetzen. Ich gestehe, daß es Bodenarten giebt, die das tiefe Eingreifen des Pfluges nicht vertragen; es sind ihrer aber ungleich weniger, als man durchgehends behauptet. Denn blos aus dem, daß der Vater nie tiefer gepflügt hat, folgt nicht, daß der Sohn auch nicht tiefer pflügen darf. Ich gestehe auch, daß derjenige, der keinen Dünger hat, das tiefe Pflügen unterlassen soll. Vielleicht auch, daß es bei dem großen Segen des Bodens an manchen Orten schon genug ist, die Erde nur aufzukratzen, um befriedigende Getreideärndten hervorzubringen. Allein ich sehe doch, daß in jedem Garten, der tief umgespatet wird, andere Früchte, als das Getreide, besser gedeihen, als in einem Garten, wo die Trägheit des Gärtners das Grabscheit schont. So könnte dieses auch wol auf dem Felde zutreffen, und es trifft namentlich bei Taback, Hanf, Möhren, Kartoffeln und Luzerne zu.

Ein sträflicher und unverzeihlicher Fehler bei dem Pflügen findet in der Fläche oberhalb Strasburg Statt, wiewol auch hier mehr oder weniger, nach Verschiedenheit der Gemeinden. Wer sollte glauben, daß man in diesem von der Hand der Natur so schön geebneten Garten oft nichts als Berge und Thäler sieht, welche die ungeschickte Hand des Pflügers, oder vielmehr der Mangel an Ueberlegung, hervorgebracht hat? Es ist hier keine Rede von regelmäßig aufgepflügten Ackerbeeten, welche die Ableitung des Wassers oder andere zweckmäßige Ursachen zum Grunde haben; nein! sondern jedes Feld, es sei breit oder schmal, bildet ein in der Mitte hohes und nach den Kanten tiefes Beet. Die Folge dieses Unfuges äußert sich beinahe in jedem Jahre; bald kann die Frucht vor Ueppigkeit auf des Feldes Rücken nicht stehen, bald erregen die auf den Kanten mager aufgewachsenen Halme das Mitleid der Vorübergehenden; bald wehen scharfe Winde den Grund von den Höhen, und entblößen die Wurzeln des Getreides; und bald ersäuft dasselbe in den Tiefen an dem Rande der Aecker. Auf breiten Feldstücken ist dies nicht ganz so auffallend, als auf schmalen; und da es dieser in jener bevölkerten Gegend so viele giebt, so stelle man sich den widrigen Anblick vor, den solche Fluren einem nicht daran gewöhnten Auge darbieten! Geht man durch einen Feldweg, der solche Grundstücke durchkreuzt, so hätte man beinahe eine Leiter nöthig, um von einem Stücke über das andere wegzukommen und man kann sich des Lachens, aber auch des Unwillens nicht erwehren. Man sagte mir sogar, daß diese Felder, die wie lange Grabhügel daliegen, vormals noch höher gewesen wären, so daß, wenn Einer bei einem schmalen Felde diesseits in der Furche gestanden, er höchstens den Huth seines Kameraden hätte erblicken können, der sich in der jenseitigen befunden. Da behalte Cato seinen Ernst!

Da man es, und ich glaube mit Recht, bei dem unbeweglichen Streichbrettspfluge zur Regel angenommen hat, das Feld bei der letzten Pflugart zusammen, das ist, nach der Mitte zu, zu pflügen: so mussten nothwendig jedes Mal, wenn man dem Boden drei Pflugarten gab, immer zwei einwärts und nur eine auswärts fallen. Da nun dieses dreimalige Pflügen (mit Inbegriff des Samenunterpflügens) bei der Gerste alle Mal, und bei dem Weizen mehr Mal der Fall ist: so konnten durch die Länge der Zeit nichts als Höhen und Tiefen daraus entstehen. Diesem Uebel hätte aber füglich durch das Pflügen zu den Brachgewächsen vorgebeugt werden können, weil es dabei nicht darauf ankömmt, ob man bei dem letzten Male zusammen oder von einander pflügt. Es scheint auch, daß die Einführung und Vergrößerung ihres Anbaues es wirklich dahin gebracht hat, daß aus den Bergen vor und nach nur Hügel geworden sind; allein ohne absichtlich guten Willen gehört doch noch ein halbes Jahrhundert dazu, ehe der Boden wieder eben wird. Diesen guten Willen äußern zwar einige gute und denkende Landwirthe, namentlich H. Waldejo in Hipsheim, und kommen auch mit dem Ebenen ihrer Äcker zu Stande, wiewol an manchen Stellen nur zu ihrem Nachtheile, indem ihre Feldnachbaren, die nicht mit ihnen gleichen Gang gehen, sich den Vortheil des nach den Kanten abgepflügten Grundes zueignen. So sah ich 1813 auf einem solchen hochaufgepflügten Stücke an den äußersten Streifen der Kanten, wo sich nur die elendeste Waare hätte befinden müssen, die allerschönsten Pferdebohnen prangen. Woher kam's? Von dem Grunde, den der Besitzer dieses Feldes von seinem auseinanderpflügenden Nachbaren benutzt hatte. Es giebt aber hier ein leichtes Mittel, solchem Unfuge zu steuern, und das ist: bei dem letzten Pflügen eine starke Furche an jeder Kante nach Innen zu fahren, und dadurch den Grund auf dem Rande zu erhalten. Da die Furche offen liegen bleibt: so hat der träge oder eigennützige Nachbar nichts darin zu finden.

Da man in dem Elsaß nirgends in Beete pflügt, den Boden nicht tief aufbricht, und der dasige Schwingpflug doch auf Rädern ruht: so weiß ich nicht, warum man sich desselben bedient, und nicht dem Wendepfluge den Vorzug giebt. Bei ihm entstehen keine Hügel, öffnen sich keine unnützen Furchen, bedarf es keines weiten Umkehrens. Wenn er irgendwo zweckmäßig anzubringen ist, so ist es im Elsaß. Ich sah zu Gölheim und Wonsheim in der Pfalz Wendepflüge, die allein dem entsprachen, was man von

Pflügen dieser Art zu erwarten hat *), und glaube, sie nicht genug empfehlen zu können.

Die Egge scheint mir noch das beste Ackergeräth zu sein, das man im Elsaß hat. Die Walze aber ist erbärmlich; sie hat, statt der eisernen Angeln, nur dicke hölzerne Zapfen, und ist kaum so dick, als ein Schenkel.

Das vorzüglichste Handwerkszeug ist die Hacke oder Haue. Sie hat 7 bis 8 Zoll in der Länge, und beinahe eben so viel in der Breite. Sie ist nicht ganz flach, sondern ihrer Länge nach ein wenig hohl gebeugt, wiewol sehr wenig. Am untern Rande ist sie wie ein halber Mond ausgeschweift, wodurch ihr nicht allein das Wurzelunkraut weniger entgeht, sondern es entsteht auch auf jeder Seite eine stumpfe Spitze, mit welcher man ganz nahe um das zu Behackende herumfahren kann. Sie ist unter einem Winkel von etwa 45 Graden in den Stiel eingelassen, der die Länge von viertehalb oder vier Fuß hat. Die Arbeit, die damit verrichtet wird, nennt man hier rühren. Es ist unglaublich, mit welcher Schnelligkeit und Geschicklichkeit Groß und Klein in dem Elsaß mit diesem Werkzeuge umzugehen weiß. Man muß es gesehen haben, um sich einen Begriff davon zu machen. Kaum ist der Raps, kaum ist der Mohn, diese im Anfange beinahe unsichtbare Pflanze, kaum sind die Rüben aus der Erde: so rücken die Arbeiter

*) Ihre Beschreibung und Abbildung wird in meiner Schrift über den Ackerbau der Pfälzer vorkommen.

schon mit ihren breiten Hacken heran, und hauen rechts und links, daß es einem graußt. Vierzehn oder zwanzig Tage später geht das Hacken und Rühren von neuem an, und die Pflanzen werden nun gestellt, das heißt, die zu dicht stehenden werden ausgehauen. Bald wird der Boden bei dem Hacken flach gehalten, wie bei dem Rapse; bald wird der Grund von den Pflanzen abgezogen und in Häufchen in den Zwischenräumen aufgesetzt, wie bei den Rüben; bald wird er an die Pflanzen angezogen, wie bei dem Mohn, dem Mais, den Kartoffeln, dem Taback, den Topinamburs. — Wer sich nur immer mit Hackfrüchten abgiebt, dem wünsche ich von Herzen einen Elsasser zu dieser Arbeit.

Auch der Spaten läuft an seinem untern Ende oder seiner Schneide nicht gerade aus, sondern bildet zwei stumpfe Winkel, wodurch er leichter in den Boden eindringt. Auch er ist nicht flach, sondern etwas nach Innen zu gefaltet (nicht gebogen). Der Grund bleibt dadurch besser darauf liegen. Das Alterthum der strasburger Gärtnerei bürget beinahe dafür, daß jene Form die zweckmäßigste bei einem Grabscheite sei.

Wagen und Karren sind durchgehends leicht, und wenn man die ungeheuren Lasten sieht, die man auf erstere ladet, und das verhältnißmäßig geringe Gespann, womit man sie fortschleppt: so kann man nicht anders urtheilen, als daß sie sehr zweckmäßig und gut gebauet sein müssen.

Zum Einführen des Getreides und anderer hoch

aufzuthürmenden Dinge hat man eine sehr passende Vorrichtung. Sie besteht aus zwei großen leichten Rahmen, denen man den Namen Zwergleitern giebt, welche zusammen genommen beinahe die Länge des Wagens haben, und in der Breite auf jeder Seite etwa einen starken Fuß über die Wagenleitern, auf welchen sie ruhen, hervorspringen. Dadurch kann man von oben sehr breit und bis über die Räder hinaus auftassen. Sie werden nur bei Gelegenheit gebraucht, und über die Leitern hingelegt. Zu dem Ende sind die Sparren an dem obern Baume dieser letzten nicht dem Holze gleich weggehauen, sondern ragen daraus hervor, und sind zugespitzt. Diese Spitzen sind bestimmt, die Rahmen anzuhalten. Beistehende Figur wird es deutlich machen.

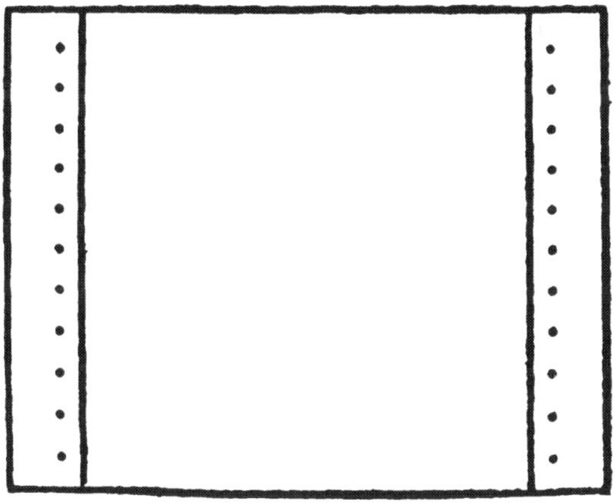

Jeder Rahmen ist aus sechs Latten zusammengesetzt. Die Punkte deuten die hervorragenden Spitzen der Sprossen an, wodurch, wie gesagt, die Rahmen angehalten werden.

Noch haben die Elsasser, sowohl zu ihren Wägen, als zu ihren Karren, Körbe, die an einem Ende offen und am andern geschlossen sind. Sie haben also nur ein Hauptstück, einen Boden und zwei Wände. Sie sind von Weiden geflochten, und richten sich in ihrer Länge und Weite nach dem Karren oder dem Wagen. Damit fährt der Bauer, der allerhand Zeug zu laden hat, nach der Stadt. Es ist zugleich auch seine Kutsche. Bei dem Einfahren der Rüben, Kartoffeln u. dergl. leisten sie gute Dienste. Man kehrt dann die offene Seite nach hinten zu. Beim Abladen darf man nur den Karren von dem Tragsattel heben, und rückwärts zur Erde sinken lassen, wodurch das Wurzelwerk von selbst abrollt. Zu den Wagen bedient man sich zwei solcher Körbe, die bei ihren offenen Theilen etwas in einander geschoben werden.

Der Karst, dieses nützliche Werkzeug, das die Belgier nicht kennen, ist im Elsaß auch im Gebrauche. Doch werden die Kartoffeln oft, ich weiß nicht warum, mit der Haue ausgehackt. Zu dem Ausgraben des Krapps hat man einen ganz besondern, sehr schweren Karst. Er ist 12 rheinländische Zoll lang, und jeder der beiden Zähne hat mehr, als 3 Zoll in seiner größten Breite. Sie sind an diesem Orte, ihrer Breite wegen, nicht mehr als einen oder anderthalb Zoll von einander. Unten aber, wo sie sich in eine Spitze zusammenziehen, ist mithin der Abstand weiter. Der

Stiel von diesem Karste ist, weil damit in dem Graben stehend gearbeitet wird, kürzer, als der bei dem gewöhnlichen Karste.

Noch bedient man sich bei dem Behacken und Einlegen des Krapps einer besondern Art von Haue. Sie hat einen Fuß in der Länge, sieben Zoll in ihrer größten Breite, und zwei Zoll an ihrem untersten oder schneidenden Ende. Ihr Stiel ist von gewöhnlicher Länge.

Die Rechen, deren man sich zum Zusammenharken der Gerste bedient, haben fünftehalb Fuß in der Länge. Die Zähne daran sind 5 Zoll lang, und stehen anderthalb Zoll von einander. Sie bilden mit dem Stiele einen Winkel von 45 Graden. Der Stiel ist 7 bis 8 Fuß lang.

Wenn ich nicht viel über die im Elsaß allgemein üblichen gewöhnlichen Werkzeuge zu sagen habe, so sind die Erfindungen eines dasigen Mechanikers um so wichtiger. Dieser Mann, Herr Quintenz in Strasburg, errichtete im verflossenen Herbste auf dem Landgute des H. Marocco, nahe bei dieser Stadt, eine Wassermaschine, die zur künstlichen Bewässerung der Wiesen an einem Orte bestimmt ist, wo der Lauf des Wassers es unmöglich macht, sich desselben zur Bewegung gewöhnlicher Wasserräder zu bedienen. Die Maschine des H. Quintenz ist ohne Rad, und wird von einem Pferde getrieben. Sie besteht aus zwei kupfernen Schöpfern, jeder von 14½ Cubikfuß Inhalt, welche sich wechselsweise acht und vierzig Mal in einer Stunde erheben, und jedes Mal 14 Cubikfuß

Wasser in einem, neuntehalb pariser Fuß über dem Wasserspiegel erhabenen, Behälter ausleeren. Die auf solche Weise in einer Stunde heraufgebrachte Menge Wasser beträgt 1344 Cubikfuß. Es bedarf nur der Kraft eines Pferdes von mittelmäßiger Stärke, um die Maschine vier Stunden lang in Bewegung zu erhalten, indem das Pferd einen Kreis von achtzig Fuß Durchmesser 48 Mal in einer Stunde durchläuft. Die Maschine ist in freier Luft angebracht, und ihre Einrichtung äußerst einfach. Die Bewegung theilt sich ohne Rad bloß durch Hebel mit, welches sich der Verfertiger mit Recht als eigene Erfindung zuschreiben kann.

Derselbe hat auch die bekannte Brückwage zur Wägung des Viehes, Futters u. s. w. um Vieles vervollkommt. Sie ist nicht allein äußerst bequem und allenthalben leicht anzubringen, sondern auch sehr genau. Sie zeigt das Gewicht von einem Pfunde bis zu 30 Centner Köllnisch an; und diese 30 Centner lassen sich mit Genauigkeit bis auf ein Pfund bestimmen. Sie hat das Vorzügliche, daß die stählernen Schneiden oder Prismen eingeschoben sind, und daher ohne Mühe geschliffen werden können, wenn sie durch einen langen Gebrauch ihre Schärfe verloren haben sollten, welches höchstens eine Stunde Zeit erfodert, und die einzige Nachbesserung ist, die die Wage bedarf. Der Preis davon kömmt mit dem Aufsetzen auf 970 bis 1000 Franken.

Der Dampfapparat, den ich bei dem nämlichen Künstler fand, ist eine zu einer großen Landwirthschaft oder Branntweinbrennerei, auf Kartoffeln sehr passendes Geräthe. Der Dampf wird darin auf denselben Grad der Hitze getrieben, wie in dem papinianischen Topfe. Man braucht dabei die Hälfte der Zeit und zwei Drittel Brennstoff weniger, um das Wurzelwerk zu kochen, als bei dem gewöhnlichen Dampfkochen. Dabei hat diese Maschine die Bequemlichkeit, daß sie sich selbst mit Wasser speist, daher nicht verbrennen kann, und keine Unreinigkeit zulässt.

Da ich den Herrn Verfertiger persönlich und genau kenne, so darf ich seine Arbeiten, in Rücksicht auf Güte, Genauigkeit und Solidität, dem Publikum mit Zuversicht empfehlen.

Man säet im Elsaß nur mit einer Hand, und aus dem Sacke, welcher auf langen Grundstücken wirklich gemächlicher ist, als ein sogenanntes Säekleid, oder gar ein Korb. Bei diesem letztern hat der Säemann die ganze Last des Samens vor sich hängen, statt daß sie bei jenem, zum Theil, auf dem Rücken hängt, also getheilt und leichter zu tragen ist.

Ob man dichter oder dünner säen soll, darüber sind auch im Elsaß nicht alle Landwirthe eins, und ganz sicher wird von Manchen zu viel Samen fruchtlos weggeworfen. Man kann aber darüber keine solche Regeln aufstellen, die das Maaß der Aussaat unwiderruflich feststellen. Es kommt dabei Alles auf eine Reihe Umstände an, worauf ein weiser Landwirth Acht haben, und ab- oder zugeben muß.

Das Werkzeug, dessen man sich bei der Winter-Getreide-Aerndte bedient, ist die Sichel, bei dem

Sommergetreide die Sense; es sei denn, daß der Haser sehr stark wäre. Die Hausense oder Sichte der Brabanter ist im Elsaß gar nicht bekannt. Nach Hrn. Schröder, können zwei Schnitter mit der Sichel einen Acker von 20,000 □ Fuß Wintergetreide in einem Tage abfertigen, Sommergetreide etwas mehr. Mit der Sense aber kann ein rüstiger Mäher nebst einer flinken Frau eine Fläche von 60,000 Fuß niederlegen. Die Arbeit geschieht entweder im Verdinge, oder in Tagelohn. Im ersten Falle zahlt man 3 Franken vom Acker, oder 2 Franken, ein großes Laib Brodt und 1 Maaß Wein. Im letzten Falle hat ein Mann nebst der Kost 80 und ein Weib 60 Centimen. An andern Orten zahlt man den Acker im Verdinge zu 4 Franken und 6 Pfund Brodt; im Tagelohn bei Kost und Wein 2 bis 3 Franken. Der Preis der Arbeit ist nach den verschiedenen Gegenden auch sehr verschieden.

Alle geschnittene Frucht wird in Garben gebunden, die 30 bis 40 Pfund wiegen. Weizen und Rokken werden sobald als möglich eingescheuert. „Der Haser," sagt Schröder, „der schwarze ausgenommen, weil er so gern ausfällt, muß rösten. Die Gerste lassen Einige rösten, Andere nicht. Ob jenes Vortheil bringe, daran zweifle ich; denn wenn auch die Körner dabei etwas dicker werden sollten: so verlieren sie dagegen die schöne weiße Farbe, worauf der Käufer mit Recht sieht, da das Mehl von ungerösteter Gerste besser zum Backen ist, und mehr Mehl giebt."

Die Garben werden sogleich eingescheuert. Man kennt im Elsaß das Kasten des Getreides nicht, welches doch bei nassem Aerndtewetter so sehr vortheilhaft ist. „In dem letzten nassen Sommer," sagt Schröder: „ließ ich allen meinen Weizen hinter der Sichel aufbinden, in Kasten bringen, und vier Wochen darin sitzen. Meine Nachbaren sahen es. Einige ahmten nach, Andere wollten den Erfolg abwarten, und als sie bemerkten, daß mein Weizen nicht nur reichlich scheffelte, sondern auch von meinem Müller hörten, und an meinem Brodte sahen, daß er ein weit schöneres Mehl gab, als der ihrige: so erklärten mir Mehrere, daß sie mir hinführo darin nachahmen würden. Ich habe am besten gefunden, die Haufen nur von sechs Garben zu machen, von denen eine gerade aufgerichtet, viere daran angelehnt, und eine darüber gestürzt wird. Diese letztere oder der Hut wird bekanntlich an dem untern Ende gebunden, die Halme werden in einen Kreis von einander geschlagen, und schnell über den Haufen gestürzt. Die Aehren von fünf Garben finden sich also gedeckt, und da die der sechsten abwärts hangen, so kann ihnen der Regen nichts anhaben."

„Das Kasten," fährt Schröder fort, „hat viele unverkennliche Vortheile; denn 1) kann man das Getreide, das man bei trocknem Wetter abschneidet, wenn es nur nicht allzusehr von Gras durchwachsen ist, sogleich in Garben binden. 2) Kann man es in den Kasten so lange auf dem Felde lassen, als man es für gut findet. In der Wetterau bleibt der Rokken oft bis Michaelis stehen. 3) Reifen die Früchte auf dem Felde vollkommen aus, und bekommen nicht den mulstrigen Geruch, den das nicht ganz trocken eingescheuerte Getreide annimmt. 4) Bekommen Weizen sowol als Rocken ein besseres Ansehen, und geben mehr und schöneres Mehl, und endlich 5) lässt sich der Weizen leichter abdreschen. Bei regnigtem Aerndtewetter halte ich das Kasten für das beste und vielleicht einzige Mittel, um dem Auswachsen vorzubeugen. Nur muß die Aehre, wenn man aufbindet, trocken sein."

„Das ausgedroschene Getreide wird zuerst auf dem Schaukelsiebe (Schollenreuter), von den Aehren und den größern Theilen gereinigt, und dann auf die Fegemühle gebracht. Die Reinigung wird zuletzt noch auf einem Handsiebe vollendet. Auf diesem Siebe läuft der kleine schwere Unkrautssame, welcher der Fegemühle entgangen ist, durch. Das Getreide bleibt darin zurück, und was sich obenher sammelt, Körner, die noch in der Spreu sitzen, werden sorgfältig abgehoben. Vier gute Drescher können auf diese Art 80 bis 100 Garben täglich dreschen und reinigen. Dabei erhält der Mann 24 Sols täglich ohne Beköstigung. Durchgehends aber wird die Arbeit mit eigenen Leuten, selbst Magd und Tochter, vollzogen. An andern Orten zahlt man bis 32 Sols, und reicht dem Manne ein halbes Maaß Wein und drei Pfund Brodt.

Noch will ich hier beifügen, da ich in der Folge

keinen schicklichern Ort dafür weiß, daß man auch im Elsaß die unterirdischen Abzüge kennt. Zu Sulz, wo der Boden an vielen Stellen wassergallig ist, findet man sie häufig. Sie werden mit Steinen, Dornen, am besten mit Rebschößlingen angefüllt. Man öffnet mit dem Spaten einen schmalen Graben, legt das Material hinein, deckt es mit dem ausgegrabenen Grund, und tritt diesen, so fest als möglich, zusammen.

## Eilfter Abschnitt.

### Verschiedene im Elsaß übliche Feldwirthschaftsarten.

---

Wenn wir den Ackerbau des Nieder-Elsasses in Rücksicht auf seine Fruchtfolge betrachten, so können wir dieses Land in zwei Theile theilen, wovon der von Strasburg aus nördlich gelegene Zweifelderwirthschaft, der südlich und westlich gelegene aber Dreifelderwirthschaft treibt. Zu ersterem gehören der Bezirk von Weissenburg, wiewol nicht ganz, und ein Theil der Bezirke von Strasburg und Zabern; zu letzterem der Bezirk von Schletstadt, und der größere Theil der Bezirke von Strasburg und Zabern *).

Ich wage es noch nicht zu bestimmen, was zu dieser wesentlichen Verschiedenheit in dem Ackerbaue einer und eben derselben Provinz hat Anlaß geben können. Der sehr sandige, wenig fruchtbare, von dem südlichen Elsasse höchst verschiedene, Boden, den wir in der Gegend von Hagenau und Bischweyler finden, könnte zwar vermuthen lassen, daß die Dürftigkeit des Bodens und der damit verknüpfte Ab-

---

*) Ich nehme in diesem Werke überall die hohen gebirgigten Gegenden aus, die das Elsaß von Lothringen und dem alten Frankreich trennen, weil ich ihren Ackerbau nicht untersucht habe.

gang an zureichendem Futter auf die Zweifelderwirthschaft hingeleitet habe, und sicher ist sie hier an einem passenden Orte; allein dieser Beweggrund ihrer Anwendung hört auf, wenn wir unsere Augen auf die fruchtbaren Höhen und Tiefen des weissenburger Bezirkes richten, und diese Wirthschaft durchgehends auf dem daselbst befindlichen guten und schweren Boden erblicken; wenn wir sie längst den fruchtbaren und grasreichen Ufern der Zorn, bis tief in den zaberner Kreis, über Hochfelden hinaus, antreffen; wenn wir sie sogar ganz nahe bei Strasburg in einem der fruchtbarsten Streifen des Elsasses zu Hause sehen, ich meine um Ober-, Mittel-, Niederhausbergen, Wendenheim u. s. f., die einen ausgezeichneten Ackerbau treiben, und mit jedem Volke in der Höhe ihrer Cultur um den Preis streiten können.

Außer den beiden angeführten Wirthschaftsarten, hat man noch eine dritte, welche zwischen den beiden andern zu stehen, und die Mitte davon zu halten scheint. Man findet diese Feldwirthschaft auf dem, wegen seiner Fruchtbarkeit, seinem Ackerbaue und seinem Wohlstande berühmten, Kochersberg durchgängig eingeführt. Daher wir ihr auch den Namen der Kochersberger, oder gemischten Wirthschaft geben. Wir wollen nunmehr obige Wirthschaften, jede in einem besondern Abschnitte, vornehmen.

## Dreifelderwirthschaft der Elsasser.

Die ganze, zwischen Strasburg und Schletstadt gelegene, schöne Ebene treibt Dreifelderwirthschaft;

es sei nun, daß wir den feuchten, schweren Theil zwischen dem Rheine und der Jll, das sogenannte Rieth, durchgehen; oder die Richtung zwischen diesem letztern Flusse und den sanften Anhöhen, die den Fuß der hohen Vogesen bilden, nehmen, oder daß wir uns dem Gebirge selbst nähern.

Der Tabacksbau, und nach ihm der Hanfbau machen, nebst dem Weizen und der großen Gerste, die Hauptgegenstände der Cultur aus. Der Rapsbau ist daselbst weniger beträchtlich. An einigen Orten legt man sich mit großem Erfolge auf die Erzielung des Kopfkohls (Weißkrauts). Das Hauptfutterkraut an den meisten Orten ist der rothe Klee. In dem Riethe ersetzt ihn die Luzerne und die Esparcette.

Das wenige Hornvieh, was diese Gegend unterhält, geht beinahe das ganze Jahr auf die Gemeinweide. Das einzelne, im Sommer auf dem Stalle gefütterte, Vieh ist nur als eine seltene Ausnahme zu betrachten.

Grund und Boden sind mehrentheils Eigenthum. Die Grundstücke sind sehr, und oft ins Unendliche, vertheilt. Die Beschaffenheit des Bodens ist durchgehends ein kostbarer körniger Klei, der nach dem Gebirge zu etwas spröder, und in dem Riethe etwas feuchter und schwerer wird.

## Strasburg.

Das Gebiet dieser Stadt, und der weite Bezirk, der sie umgiebt, können im gegenwärtigen Abschnitte nicht in Betracht kommen. Die Beschreibung dasiger Cultur, ob diese gleich mit dem Pfluge vollführt wird, gehört eher zur Gärtnerei, als zum Ackerbau. Man findet hier im Freien ganze Felder voll Wirsing, Blumenkohl, Spargel und aller Art feiner Gemüse und Gewächse, die man blos der Veränderung wegen mit Getreide und Handelsgewächsen abwechseln läſst. Der reiche Zufluß an Dünger, wovon jene große Stadt das Magazin abgiebt, macht hier Alles möglich und ausführbar, wenn es selbst gegen die Regel wäre. Wir werden uns also bei dieser Garten-Cultur nicht aufhalten, und uns auf die Anführung folgender Bruchstücke ihrer Fruchtfolge beschränken:

1. Weizen, 2. Gerste, 3. Bohnen oder Taback.
1. Weizen, 2. Erbsen oder Bohnen.
1. Kartoffeln, 2. Rocken, eher als Weizen.
1. Klee, 2. Hanf, 3. Weizen.
1. Hanf, 2. Taback.

## Lingolsheim.

Man hat

Jahr 1, Weizen,
" 2, Gerste,
" 3, Klee,
" 4, Weizen,
" 5, Gerste,
" 6, Taback oder Hanf.

Man muß hieraus nicht schließen, daß der Klee immer im sechsten Jahre wiederkehre, also noch weniger daraus folgern, als wenn er mit Vortheil bei diesem Fruchtwechsel in so kurzer Zeit wieder kommen könne. Weder hier, noch in irgend einer Gemeinde der ganzen Gegend, die wir in gegenwärtigem Abschnitte vor uns haben, findet sich eine Wirthschaft, wo der Klee den sechsten Theil des ganzen Feldes einnähme. Und was sollte man daselbst mit all' dem Klee anfangen, da man nicht Vieh genug hält, um ihn aufzufüttern?

Ich fand hier noch einen Fruchtwechsel, der gegen obigen nicht wenig absticht; nämlich

Jahr 1, Bohnen,
" 2, Weizen,
" 3, Klee,
" 4, Taback,
" 5, Weizen,
" 6, Gerste.

Die Bohnen erhalten fünf, der Hanf oder Taback sechs Fuder Dünger. Der Klee wird, wie allenthalben im Elsaß, gegipst.

Dieser letzte Fruchtwechsel ist gewiß sehr vortrefflich. Der Klee kömmt in das Sommerfeld, also in einen noch nicht erschöpften und durch das Behacken der, dem Weizen unmittelbar vorhergehenden, Bohnen gereinigten Boden, statt daß, wenn man nach dem Weizen noch Gerste genommen, und in diese, wie bei der höher angegebenen Fruchtfolge geschieht, den Klee eingesäet hätte, diesem nur ein verwildertes und zum Theil erschöpftes Land zugefallen wäre. — Ein gutes Kleefeld ist, wie jeder weiß, eine herrliche Vorbereitung zu jeder folgenden Frucht, und gewissermaßen die Basis der ganzen Rotation. Der Taback, der in diese Kleestoppel im folgenden Jahre eintritt, ist die glücklichste Auswahl, die man dafür treffen kann, wie bei der Beschreibung des Anbaues dieses Handelsgewächses gezeigt werden wird.

Einzelne Bruchstücke von hier üblichen Fruchtfolgen sind:

1. Weizen, 2. Klee, 3. Hanf, 4. Taback.

1. Mohn, gedüngt, 2. Weizen.

1. Mais, 2. Weizen, ungedüngt.

## Entzheim.

Die kleinen Bauern haben durchgehends:

Jahr 1, Weizen,
" 2, Gerste,
" 3, Taback,

also alle drei Jahre Taback auf demselben Felde. — Die größern Landwirthe bauen:

Jahr 1, Taback,
" 2, Weizen,
" 3, Gerste,
" 4, Bohnen,
" 5, Weizen,
" 6, Gerste,
" 7, Klee,
" 8, Weizen,
" 9, Gerste,

also reine Dreifelderwirthschaft mit angebaueter Brache. — Wer im Vorsommer 1813 durch die Flur dieser Gemeinde gekommen ist, und so, wie ich, die Gerstenfelder mit weißem Hederich wie mit einer Schneedecke überzogen sah, der bedarf keines andern Beweises der Unzulänglichkeit der daselbst üblichen Fruchtfolge.

### Bläsheim.

Auf Boden erster Klasse:

Jahr 1, Weizen,
" 2, Kopfkohl oder Taback,
" 3, Hanf.

Auf Boden zweiter Klasse:

Jahr 1, Weizen,
" 2, Gerste,
" 3, Taback oder Pferdebohnen,
" 4, Weizen,
" 5, Gerste,
" 6, Klee.

Dieser Fruchtwechsel wäre, wenn man ihn ununterbrochen so beobachtete, eben so schlecht, als der von Entzheim; allein da man die widrigen Folgen davon sattsam erfahren hat, so nimmt man schon seit geraumer Zeit den folgenden zu Hülfe, nämlich:

Jahr 1, Weizen,
" 2, Kartoffeln oder Mais,
" 3, Taback,
" 4, Weizen,
" 5, Gerste,
" 6, Klee.

Man stößt also alle neun Jahre ungefähr die Gerste ein Mal aus dem Sommerfelde, und nimmt Mais oder Kartoffeln an ihre Stelle. Da nun im folgenden Jahre Taback oder sonst eine Hackfrucht auf demselben Felde vorkömmt, so hat man sich durch dieses zweijährige Rühren und Hacken des ewigen Hederichs erwehrt, und bewirkt dadurch, daß die Gerste in der Regel ein starkes Drittel mehr giebt, als sie sonst bei der ununterbrochenen Dreifelderfolge auf dem unreinen Acker gegeben hätte. — Wer von Bläsheim aus in die Gemarkung von Inlenheim eintritt, wo noch immer die Felder von Hederich strotzen, der kann sich von dem Unterschiede zwischen einer schlechten und bessern Fruchtfolge, zwischen einer fleißigen und vernachlässigten Cultur ohne Mühe überzeugen. Ich gebe aber diesen fleißigen Ackerleuten, die nun ein Mal auf dem Wege des Bessern sind, auf, zu überdenken: ob es nicht noch besser wäre, den zuletzt angegebenen Fruchtwechsel auf folgende Weise umzuschaffen:

Jahr 1, Weizen, darauf Rüben,
" 2, Kartoffeln oder Mais,
" 3, Gerste,
" 4, Klee,
" 5, Weizen, darauf Rüben,
" 6, Taback.

Die Veränderung wäre leicht. Ich lege es daher jedem braven Manne ans Herz, einen Versuch damit zu machen.

### Meistratzheim.

Auf Boden erster Gattung:

Jahr 1, Kopfkohlpflanzen mit untergesäeten Möhren,
„ 2, Weizen oder Hanf.

Werden die Kohlpflanzen ohne Möhren ausgesäet, so folgt noch in demselben Jahre, nach dem Auszuge der Setzlinge, Taback oder Kopfkohl. Zu den Kohlpflanzen wird auf jedem Fall äußerst stark, das ist, mit 6 bis 10 Fuder gedüngt.

Auf Boden zweiter Gattung:

Jahr 1, Weizen,
„ 2, Gerste,
„ 3, Klee — Kopfkohl,
„ 4, Weizen,
„ 5, Hanf, Kartoffeln, Mais, Vitsbohnen,
„ 6, Taback — Bohnen,
„ 7, Weizen,
„ 8, Gerste,
„ 9, Taback — Bohnen — Möhren.

Eine Wirthschaft von 60 Acker hat bei diesem Fruchtwechsel ungefähr folgende Feldeintheilung:

| | | |
|---|---|---|
| an Weizen . . . | 20 | Acker |
| „ Gerste . . . | 13⅓ | „ |
| „ Klee . . . | 4⅔ | „ |
| „ Bohnen . . . | 4⅓ | „ |
| „ Hanf, Kartoffeln u. s. w. | 6⅔ | „ |
| „ Taback . . . | 8 | „ |
| „ Möhren mit Kohlpflanzen | 1 | „ |
| „ Kopfkohl . . . | 2 | „ |
| Zusammen . | 60 | Acker. |

Vor einigen zwanzig Jahren konnte man in dieser Gegend bei der genauen Befolgung der Dreifelderwirthschaft, des Hederichs wegen, keine Gerste erzielen. Seitdem ist man aber dazu gelangt, indem man alle sechs, längstens alle neun, Jahre die Fruchtfolge unterbricht, und ein Mal in diesem Zeitraume Hackfrüchte sowohl ins Sommerfeld, als ins Brachfeld, also unmittelbar hinter einander, nimmt, eben so, wie wir schon bei Lingolsheim und Bläsheim gesehen haben.

Zu dem Ende bauet man noch zu Meistratzheim in dieser Folge:

| | | | |
|---|---|---|---|
| Jahr 1, | Weizen, | Jahr 1, | Weizen, |
| = 2, | Pferdebohnen, | = 2, | Vitsbohnen, |
| = 3, | Taback. | = 3, | Pferdebohnen. |

Man sieht darauf, daß man auf mehr abgetragenem Boden eher Bohnen, als andere Brachgewächse bringt, weil man sie für weniger ausmagernd hält. Sonst hinterläßt der Mais unter allen Hackfrüchten das reinste Land.

Man hat auf Boden dritter Klasse einen Fruchtwechsel, der sich weniger empfiehlt:

Jahr 1, Taback,
= 2, Weizen,
= 3, Gerste,
= 4, Klee,
= 5, Weizen,
= 6, Hafer.

Ich denke aber, daß auch dieser Umlauf von Zeit zu Zeit unterbrochen wird. — Ein Acker, der diese letzte Fruchtfolge zwei Mal hinter einander aushält, kann kein schlechter Acker sein. Uebrigens weiß man in diesem Theile des Elsasses nicht, was ein schlechter Boden sei.

Der Taback erhält 4 bis 5 Fuder Dünger. Manchmal wird zum Weizen nach Klee nicht gedüngt; alsdann aber muß zu der darauf folgenden Gerste gedüngt werden.

### Oberenheim.

Jahr 1, Taback, Hanf, Mais, Runkeln, Kopfkohl,
" 2, Weizen,
" 3, Gerste,
" 4, Klee,
" 5, Weizen,
" 6, Gerste.

Also reine Dreifelderwirthschaft mit allen ihren Fehlern. Dagegen fand ich hier einen andern Fruchtwechsel, der alle Aufmerksamkeit verdient:

Jahr 1, Kartoffeln,
" 2, Gerste,
" 3, Klee,
" 4, Taback, Bohnen,
" 5, Weizen,
" 6, Gerste.

Man bringt die Gerste in diesem Umlaufe nach den Kartoffeln, weil sie vortrefflich, der Weizen aber schlecht darnach geräth. Hauptsächlich befindet sich der Klee hier an seinem rechten Orte, das heißt, auf einem durch den Kartoffelbau gelockerten, völlig reinen und noch in seiner Kraft stehenden Boden. Der auf dem Klee folgende Taback kann nicht anders, als von der ersten Qualität sein, und der durch einen vortrefflichen Kleewuchs bereicherte, darauf durch den Taback von neuem gereinigte, Boden ist unstreitig die beste Vorbereitung, die man dem Weizen geben kann.

Das Einzige, was sich mit Billigkeit an diesem Fruchtwechsel aussetzen lässt, ist nicht, daß er in sechs Jahren nur drei Getreideärndten hat, statt daß die Dreifelderwirthschaft in diesem Zeitraume ihrer vier darbietet, sondern es ist, daß sich unter jenen drei Aerndten nur eine einzige Wintergetreideärndte befindet. Dieser Fruchtwechsel scheint also weniger für einen starken Weizen-, als guten Gerstenboden gemacht. Indessen bin ich überzeugt, daß er auch noch auf jenem mit Vortheil betrieben werden könnte. Da die Gerste den Boden weniger angreift, als der Weizen, so wird auch weniger Dünger dabei erfodert. Wo in sechs Jahren nur ein Mal Weizen auf demselben Felde vorkömmt, wo dieser Weizen auf zwei unmittelbar hinter einander folgende Brachfrüchte kömmt, wovon jede schon unter die besten Vorbereitungen zum Weizen gehört, da muß das Weizenfeld ein Drittel mehr tragen, als bei der gewöhnlichen Feldwirthschaft, wo Weizen, Gerste, Bohnen, — Weizen, Gerste, Klee ununterbrochen folgen. Dann kömmt in obigem Umlaufe ein Mal Gerste nach Kartoffeln, und diese Gerste kann keiner Weizengerste gleichkommen. Endlich haben wir in demselben Umlaufe ein Mal Kartoffeln, und dieses giebt, nebst dem vorzüglichen Klee, der ganzen Wirthschaft, die solchen Fruchtwechsel treibt, einen unglaublichen Ausschlag. Wird dieser Klee, werden die Kartoffeln zu Hause verfüttert: so kann die Wirthschaft beinahe alles Graswuchses entbehren, und doch Dünger im Ueberflusse haben, um sich aufrecht zu halten. Hätte sie aber überdies noch eine Zulage von Wiesen, welche ihr die ganze Kleebenutzung überflüssig machen würde: so könnte sie die Hälfte des Kleefeldes nach dem ersten Schnitte umbrechen, und das Land wie Brache zum Rapse behandeln, oder gar auf gutem, in voller Kraft stehenden, Boden Taback in die Kleestoppel des ersten Schnittes pflanzen, und Hanf oder Mohn im Jahre darnach nehmen.

Freilich dürfte bei einer solchen Wirthschaft nicht viel Stroh verfüttert werden, weil man sonst zum Einstreuen daran Noth litte.

### Fegersheim und Lipsheim.

Jahr 1, Weizen,
" 2, Gerste,
" 3, Taback,
" 4, Weizen,
" 5, Gerste,
" 6, Hanf.

Auch hier findet man, daß es mit dem ewigen: 1 Weizen, 2 Gerste, 3 Brachfrucht, nicht fort will, und sieht sich genöthigt, alle neun Jahre, mehr oder weniger, zwei Mal Brachfrüchte hinter einander zu bringen, und die Gerste in diesem Zeitraume ein Mal wegzulassen. Geschähe dieses regelmäßig alle sechs

Jahre, wie 1. Weizen, 2. Mais. 3. Taback, 4. Weizen, 5. Gerste, 6. Klee: so wäre gegen diesen Fruchtwechsel nichts einzuwenden, als daß der Klee darin in die zweite Saile oder Frucht kömmt, woher denn die bei Lingolsheim und Oberenheim belobten Fruchtwechsel den Vorzug verdienen.

Jener, alle sechs Jahre unterbrochene, Umlauf beut noch überdies den Vortheil dar, daß man das Weizenfeld, auf welches Brachfrüchte und keine Gerste folgen, ungestraft mit Stoppelrüben besäen kann, welches bei den Dreifeldern, ohne großen Nachtheil der Gerste, nicht geschehen darf, wiewol es da, wo man der Rüben nicht entbehren kann, nur allzuoft geschieht.

Hipsheim.

Jahr 1, Taback, sechs Fuder Dünger,
" 2, Weizen,
" 3, Mais, Kartoffeln, Kopfkohl,
" 4, Hanf, acht Fuder Dünger,
" 5, Weizen,
" 6, Gerste,
" 7, Klee gegipst, oder Bohnen mit vier Fuder Dünger,
" 8, Weizen,
" 9, Gerste.

Der Taback kömmt häufig auch nach sechs Jahren wieder.

Wir sehen, daß man auch hier von dem strengen Dreifeldersysteme abweicht. Nicht allein die Gerste erheischt diese Abänderung, sondern auch der Taback.

Bei seinem öftern Zurückkommen leidet er nicht selten von dem Ervenwürger (Orobanchis ramosa), den man im Elsaß Hanfblume nennt. Diese Schmarotzer-pflanze erscheint zwar niemals unter dem Getreide, und doch kann sie nicht anders als durch das Weglassen der Gerste und einer zwei Jahre hinter einander be-hackten Brache getilgt oder gemindert werden.

Einzelne Zweige des hier üblichen Fruchtwechsels sind: 1. Klee, 2. Klee, 3. Hanf. Dieser geräth, und zwar bei wenig Dünger, vortrefflich auf solchem zwei-jährigen Kleeacker.

So wird auch vorzugsweise der Hanf nach Kar-toffeln genommen, das ist, 1 Jahr Kartoffeln, 2 Jahr Hanf.

Weizen will unmittelbar nach Mais nicht wohl gedeihen, daher pflanzt man: 1. Mais, 2. Bohnen, 3. Weizen. Es giebt keine bessere Folge, um das Feld von Grund aus zu reinigen.

Man hat auch:

1. Mais oder Kopfkohl, 2. Hanf, 3. Weizen.

Soll auf den Mais Getreide folgen, so ist es die große Gerste, also: 1. Mais, 2. Gerste.

Brächte man in solche Maisgerste den Klee, und nicht in die Weizengerste, so würde man den Schlüssel zu einer guten Fruchtfolge haben.

---

Es würde überflüssig sein, noch mehrere Ort-schaften anzuführen, da der Fruchtwechsel sich in der ganzen Gegend zwischen der Jll und dem Gebirge, mit wenigen Abweichungen, gleicht. Wir wollen nur noch einige Gemeinden in dem Riethe berühren. Wir finden auch hier, wiewol auf feuchterem und schwererem Boden, noch immer die Dreifelderwirthschaft.

### Herbzenheim.

1. Taback, Hanf, Kartoffeln, Mais, Klee,
2. Weizen,
3. Gerste.

### Boſzheim

hat durchaus den nämlichen Fruchtwechsel. Man bauet wenig Raps, weil er dem Honigthaue zu viel unterworfen ist, von welchem diese Gegend leidet, und welchen man den Rheinnebeln zuschreibt. Aus eben der Ursache wird auch der Rocken hier nicht allein gesäet, sondern mit Weizen gemischt. Dieses Mengkorn wird auf Boden gesäet, den man für Weizen zu schlecht hält. Man säet hier auch Hafer, aber doch mehr Gerste.

Soll Hanf in höher gedachten Umlauf kommen, so wird die Gerste weggelassen, und der Hanf unmittelbar nach dem Weizen gebracht, in welchem Falle er vortrefflich geräth. Es heißt dann:

1. Weizen, 2. Hanf, 3. Brachfrüchte oder Weizen.

Da der Klee in der Gerste, die unmittelbar auf den Weizen kömmt, hier nicht fort will, so säet man:

1. Hanf, 2. Weizen, 3. Klee.

Auf diese Weise führt die Noth den Menschen nicht selten auf den Weg des Bessern; wenn er ihn nur immer wahrnehmen und das Wahrgenommene befolgen wollte; aber kaum lässt ihm die Natur das Gängelband ein wenig schießen, so entfernt er sich sogleich von ihren Wegen, und sündiget auf ihre Rechnung los.

Auf sehr gutem Boden hat man:

Jahr 1, Hanf, gedüngt,
" 2, Weizen,
" 3, Hanf, gedüngt,
" 4, Weizen,

und so fort. Kartoffeln und Mais werden nie auf solchen Boden gebracht, weil sie die Weizenärndten, als für welche er hauptsächlich geeignet ist, verschlechtern.

Diese Fruchtfolge ist vielleicht die stärkste, die sich denken lässt. Sie beweiset, was ein Boden vermag, wenn man ihn nichts tragen lässt, als wozu er geeignet ist, und ihm keine zwei Halmfrüchte hinter einander aufbürdet. Man weiß, daß die Grafschaft Kent in England seit undenklichen Jahren nichts, als Weizen und Bohnen ein Jahr um's andere bauet. Die angeführte Fruchtfolge ist noch stärker, als die Kentsche; sie kann aber unmöglich, wie diese, die Basis einer Landwirthschaft ausmachen, und daher nur auf einzelnen Grundstücken betrieben werden, indem sie vielen Dünger erheischt, und, außer dem Weizenstroh, durchaus keinen erzeugt. Uebrigens ist der Hanf eine mit sich selbst sehr verträgliche Pflanze, und kann auf ihm angemessenen Boden eben so, wie die Bohnen, sehr schnell wiederkommen. Ich fand sogar in dem Luxenburgischen und auch anderswo Felder, die seit Menschengedenken alle Jahre ununterbrochen Hanf tragen, und daher auch Hanfstücke heißen.

Auf dem Neubruche eines schwarzen Bodens säet man zu Boßzheim:

Jahr 1, Hafer,
» 2, Hafer,
» 3, Hanf. Zu diesem leßtern wird gedüngt.

## Markolsheim.

Jahr 1, Reine Brache,
» 2, Weizen,
» 3, Gerste,
» 4, Taback, Hanf, Bohnen, Mais, Kartoffeln.
» 5, Weizen,
» 6, Gerste.

Auf strengem Boden wird statt des Weizens Mengkorn genommen.

Diese Dreifelderwirthschaft mit reiner Brache kömmt im Elsaß — es sei denn da, wo man sie des Rapses wegen hält — sehr selten vor, wiewol sie derjenigen, wo die Brache immer und ewig bestellt wird, bei weitem vorzuziehen ist.

Auch hier bestellt man den Neubruch mit Hafer. Klee kömmt wenig oder gar nicht vor, desto stärker die Esparcette.

---

Ich verlasse nun mit meinen Lesern den südlichen Theil des Niederelsasses, und schlage mich mit ihnen westlich und nordwestlich. Sie werden mit mir beobachtet haben, daß die Dreifelderwirthschaft der meisten Dörfer jener Gegend auf einer so hohen und untadelhaften Stufe stehe, daß man ihre Betreiber als Musterwirthe in ihrem Fache ansehen kann, und daß sie, weit entfernt, unsern Tadel zu verdienen, gegründete Ansprüche selbst auf den Beifall eines unpartheiischen Wechselwirthes hat. Es verhält sich aber nicht eben so mit der Gegend, die wir nunmehro betreten werden. Ich meine diejenigen Cantone des zaberner und weissenburger Bezirkes, die noch an einer strengen Dreifelderwirthschaft kleben.

Wäßlenheim und Ballbron.

Jahr 1, Weizen,
" 2, Gerste,
" 3, Klee,
" 4, Weizen,
" 5, Gerste,
" 6, Kartoffeln, Mohn, Bohnen, etwas Flachs, und hauptsächlich Hanf.

Wird ein Luzernfeld umgebrochen, so bestellt man den Umbruch mit Kartoffeln oder Hanf.

Zabern.

Jahr 1, Weizen,
" 2, Gerste,
" 3, Rübsen, Raps, Hanf, Mohn, Bohnen, Kartoffeln.
" 4, Weizen,

Jahr 5, Gerste,
6, Klee.

Der Rübsen nach Gerste, der in dieser Fruchtfolge vorkommt, wird auffallen, noch mehr aber der Raps, welches weder Sommerraps, noch verpflanzter Winterraps ist. Dieser letztere wird geradezu in die Gerstenstoppel gesäet. Ich habe die Aerndte davon nicht gesehen, glaube auch nur, daß sie an den Ufern des Nils auf diese Weise und in diesem Zustande gerathen kann; was ich aber rings um Zabern sah, waren Felder voller Quecken und Unkraut, die unausbleibliche Folge einer solchen Feldwirthschaft, wenn ihr nicht durch eine außerordentliche Anstrengung zu Hülfe gekommen wird, und eine solche Anstrengung ist bis jetzt wohl nur bei den Belgiern zu Hause.

## Allweyler — Aßweyler.

Jahr 1, Weizen,
" 2, Gerste,
" 3, Klee,
" 4, Weizen,
" 5, Hafer,
" 6, Kartoffeln.

Würde man hier 1. Kartoffeln, 2. Gerste, 3. Klee, 4. Weizen, 5. Mengkorn, 6. Hafer nehmen, so würde man ungezweifelt besser dabei stehen, und nicht eine Kornärndte dabei verlieren. Wann wird man doch begreifen, daß die Gerste sich besser, als der Weizen, nach Kartoffeln schickt! Daß von einem guten Kleefelde Alles abhängt, und daß der Klee nur da gut gerathen kann, wo der Boden rein und in Kraft ist! Beides aber findet sich nur in der Regel bei demjenigen Getreide, das unmittelbar nach behackten Brachfrüchten kommt.

In der von mir vorgeschlagenen Umänderung müßte zu Kartoffeln stark gedüngt werden. Der Klee wird, der Gewohnheit nach, gegipst. Der Weizen käme in die ungedüngte Kleestoppel, und das auf ihn folgende Mengkorn erforderte eine halbe, oder nach Umständen eine ganze Düngung, die auf den darauf folgenden Hafer noch fortwirken würde. Stoppelrüben aber müßten aus diesem Umlaufe wegfallen, und man kann ihrer bei den vielen Kartoffeln ohne Mühe entbehren.

Ich sah nicht ohne Verdruß, daß das erschöpfende System der Dreifelderwirthschaft mit angebauter Brache sich auch über einen Theil des, übrigens so gut und fleißig cultivirten, weissenburger Distriktes erstreckt *). Wenn das Beispiel ansteckend ist, warum ist das Gute es nicht mehr, als das Schlimme? Warum suchen jene einzelne Gemeinden nicht eher in den angrenzenden Cantonen von Candel, Sulz, Lauterburg u. dergl., die Muster einer vernunftmäßigen

*) Sobald man sich von Weissenburg aus nordwärts begiebt, so hört das gute Felbersystem auf, das man von der Zorn an bis zu jener Stadt findet, und das sich von dieser Richtung rechts nach dem Rheine zu ausdehnt, und die Dreifelderwirthschaft kommt unter mancherlei Gestalten wieder zum Vorschein.

Cultur, als sie sich nach dem trägen Schlendrian Anderer richten, die noch so weit von einem guten Ackerbau entfernt sind.

Bergzabern.

Jahr 1, Spelz,
" 2, Rocken oder Weizen,
" 3, Hafer,
" 4, Klee.

Welche barbarische Mißhandlung des wohlthätigsten aller Futtergewächse! Wo soll der Klee in diesem erschöpften Boden die Kraft herholen, um durch eine starke Bestockung dem Wuste von Unkraut zu widerstehen, welches drei hintereinander folgende Getreideärndten erzeugt, geschützt und hinterlassen haben? Keiner Pflanze unter den Brachgewächsen ist in Rücksicht der Reinlichkeit weniger zu Hülfe zu kommen, als dem Klee, der kein Pflügen, kein Hakken, noch Jäten zulässt; keinem ist die Unreinlichkeit schädlicher als ihm, indem er in einem Jahre sich zwei bis drei Mal hervorbringen, also auch zwei oder drei Mal das immer unter ihm umgreifende Unkraut bekämpfen muß; bei keiner Frucht endlich sind die Folgen nachtheiliger, weil man von dem Klee nicht allein einen reichen Ertrag an Futter, sondern auch eine wohlthätige Einwirkung auf die darauf folgenden Gewächse erwartet. Diese zweifache Erwartung aber scheitert bei einem übelbestockten und verunreinigten Klee. O! wer nur immer Ohren hat, zu hören, der höre und begreife, daß Kraft und

Reinlichkeit die unbedingten Gesetze bei dem Kleebaue sind, und daß man ohne ihre Beobachtung besser und weiser thut, reine Brache zu halten.

Man gab mir hier folgende Fruchtfolge für guten Boden an:

Jahr 1, reine Brache, vier Mal gepflügt, stark gedüngt,
" 2, Raps, an Ort und Stelle gesäet,
" 3, Spelz,
" 4, Weizen,
" 5, Hafer,
" 6, Klee.

Wie verschwenderisch wird nicht hier die, durch eine reine, wohl bearbeitete Brache errungene Kraft vergeudet? Wird dieser Fruchtwechsel, woran ich jedoch zweifeln muß, mit dem Klee beschlossen, das heißt: fängt man nach dem Klee unmittelbar wieder mit der Brache an, so handelt man freilich sehr consequent, weil ein so verunreinigter Kleeacker wohl einer Brache nöthig hat, um gebührendes Getreide hervorzubringen; man handelt aber eben so unökonomisch, weil das Kleejahr, als Brachjahr betrachtet, dadurch verloren sein würde. Es wäre auch eben so widersinnig, drei Brachjahre ununterbrochen voranzuschicken, und dann drei Getreideärndten nach einander zu nehmen. Wir dürfen also das nicht untersetzen. Dem sei nun, wie ihm wolle, so frage ich, ob es nicht rathsamer sei, ohne eine einzige obiger Feldfrüchte auszuschließen, die Sache auf folgende Art zu vertheilen:

| | | | |
|---|---|---|---|
| Jahr | 1, | reine Brache,. | oder reine Brache, |
| „ | 2, | Raps, | Weizen, |
| „ | 3, | Spelz, | Klee, |
| „ | 4, | Klee, | Raps, |
| „ | 5, | Weizen, | Spelz, |
| „ | 6, | Hafer, | Hafer. |

Gegen jede dieser beiden Fruchtfolgen würde wol nichts einzuwenden sein, und sie würden auf schwerem Boden jeder andern die Waage halten.

Auf sandigem oder schlechtem Boden bauet man in Bergzabern:

Jahr 1, Kartoffeln,
„ 2, Rocken,
„ 3, Hafer oder Gerste,
„ 4, Klee,
„ 5, Spelz.

Auch dieser Fruchtwechsel ließe sich ohne Mühe, noch um Vieles verbessern, wenn man 1. Kartoffeln, 2. Gerste, 3. Klee, 4. Spelz, 5. Rocken nähme, wie zum Theil auch wirklich in Bergzabern geschieht.

## Herxheim.

Der hier gebräuchliche Umlauf empfiehlt sich auf keine Weise. Er heißt:

Jahr 1, Spelz,
„ 2, Gerste,
„ 3, Mohn — Kartoffeln,
„ 4, Rocken,
„ 5, Hafer,
„ 6, Klee.

Man hat hier noch einen andern Fruchtwechsel:

Jahr 1, Raps oder Hanf,
" 2, Spelz,
" 3, Gerste,
" 4, Klee.

Fängt nach dem Klee, wie sehr wahrscheinlich, die Reihe wieder mit dem Rapse an, und wird dieser fleißig behackt, und der Boden tief erbrochen, so ist nichts dawider einzuwenden. Sollte der Klee in diesem kurzen Umlaufe nicht so oft wiederkommen können, so kann man ihn im achten Jahre weglassen, und Wicken zum Grünfutter dafür aufnehmen. Diese Fruchtfolge ist sehr reich. Sie soll an einigen Orten in der Pfalz Statt haben.

## Jnflingen.

Jahr 1, Spelz,
" 2, Gerste,
" 3, Klee,
" 4, Raps — Hanf — Kartoffeln,
" 5, Spelz,
" 6, Gerste oder Hafer.

Ist der Boden nicht im guten Stande, so werden im sechsten Jahre Kartoffeln genommen und dazu gedüngt. In diesem Falle geht also jene Dreifelderwirthschaft in eine Zweifelderwirthschaft über. Die Folge des Rapses, des Hanfs, der Kartoffeln nach Klee sind zwar vortrefflich; allein der Klee selbst, der doch die Grundlage und Hauptstütze der

Wirthschaft ist, steht nicht am gebührenden Orte. Wo der Pfeiler wankt, da steht das ganze Gebäude nicht fest, und es kann nur durch beständiges Ausbessern und Nothstützen aufrecht gehalten werden.

## Schillersdorf.

Auf schwerem Boden:

Jahr 1, Weizen,
" 2, Gerste oder Hafer, oder auch Bohnen, jedoch dieser letztern wenig.
" 3, Klee, und nach den Bohnen Kartoffeln.

Auf Sandboden:

Jahr 1, Rocken oder Mengkorn,
" 2, Gerste,
" 3, Hanf, Kartoffeln, Maysamen, Rübsen *).

„Ich glaube nicht," setzt Schröder hinzu, „daß man eine vortheilhaftere Feldeintheilung annehmen kann." Um aber zu sehen, was für eine Wirkung eine solche Fruchtfolge hervorbringt, wollen wir hören, was der gute Schröder über das Unkraut sagt, welches sich in seinem Banne vorfindet. Er soll selbst sprechen.

---

*) Dieser letztere wird in nicht ganz magere Gerstenstoppel gesäet. Nach der Abärndtung des Rübsen wird das Land noch mit Kartoffeln bestellt, und diese bei dem Behäufeln gedüngt.

„Die Unkrautsarten, womit der hiesige Bann *) besonders belästiget ist, sind:

1) Weißer und gelber Heberich **). Diesen findet man in dem rothen, schweren, jenen in dem weißen, leichteren Lehmboden. Man sieht daher hier Aecker, von denen der eine Theil, wenn der Herich in die Blume tritt, ganz gelb, der andre ganz weiß ist. Wenn sich das Sommerfeld gut bauen und rein eggen lässt, so sticht er, besonders seit einigen Jahren ***), in unglaublicher Menge hervor. In dem letzten Frühjahre (1804) kam er so dichte zum Vorschein, daß ein wohlbesäeter Flachsacker nicht dichter stehen kann. Auf vielen Feldern erstickte er den Hafer gänzlich, so daß man von einem Acker von 20 ares kaum zwei Viertel Hafer ärndtete. Es würde selbst von der ganzen Sommerfrucht nicht ein Halm aufgekommen sein, wenn die rauhe Witterung den Heberich nicht gehindert hätte, sich gehörig zu bestocken. Er schoß also nur spitz auf und trieb schnell

---

*) Von Schillersdorf.

**) Man bedient sich im Elsaß des Worts Heberich ohne Unterschied, sowohl um den Ackerrettich (Raphanus raphanistrum) als den Ackersenf (Sinapis arvensis) zu bezeichnen. Jener trägt im Elsaß weiße Blumen, und erhielt daher den Namen weißen Heberich; dieser trägt gelbe Blumen, und man nennt ihn den gelben Heberich.

***) Ohnfehlbar seit Abschaffung der reinen Brache, und dem starken, in Schillersdorf alle drei Jahre zurückkehrenden, Kleebau.

in die Blüthe. Der weiße Hederich ist schädlicher, als der gelbe denn dieser hört zu wachsen auf, wenn er blüht; jener aber wächst und blühet immer fort."

„2) In nassen Sommern, besonders wenn es im Brachmonat viel regnet, kommt auch die Vogelwicke sehr häufig hervor, überzieht alsdann ganze Fluren, und erstickt den Weizen, so daß er nur kleine und magere Körner giebt. In weniger nassen Sommern ist sie auch weniger schädlich."

„3) Die Erdmauswicke *) kommt in manchen Jahren sehr häufig. Sie würde sich noch weit mehr ausbreiten, wenn nicht die Schweine, welche ihrer Wurzel sehr nachstellen, dieselbe auf den Weizenstoppeln aufsuchten und sie verzehrten."

„4) Ackerläuse (?) verunreinigen nur den Acker des sorglosen und trägen Landwirths. Ihr Same wird von den Tauben aufgelesen, so widrig auch sein Geschmack ist."

„5) Die Quecken, die in unserm Banne häufig sind, machen unsern Landleuten desto mehr Mühe, besonders bei feuchtem Wetter."

„6) Auch der Windhafer (avena fatua) hat sich seit etwa zehn Jahren in unserm Banne eingefunden, und schnell vermehrt."

So weit Schröder. Nun möchte ich den guten, würdigen Mann fragen, wenn er noch lebte: ob

*) Vermuthlich Erdnüsse, Erdmäuse (Lathyrus tuberosus).

er ein Feldsystem, das alle diese Feinde nicht aufkommen lässt, und die schon aufgekommenen besiegt, nicht für besser halte, als das seiner Dreifelderwirthschaft, welche jenes fürchterliche Unkrautsheer herbeiführt und begünstigt? — Er schreibt zwar die Vermehrung des Hederichs der Verminderung der wilden Tauben, die seit der Revolution Statt hatte, zu, und sie mögen auch wol vormals etwas zum Vortheile der Reinlichkeit geleistet haben; allein bannte er auch alle Turteltauben von dem Hellesponte herbei, sie würden den Hederich in zehn Jahren in seinem Dorfe nicht tilgen.

Die Quelle des Uebels steckt einzig und allein in der Fruchtfolge, und wo die nicht abgeändert, oder doch alle 6 Jahre ein Mal unterbrochen wird; wo man fortfährt, den Klee alle drei Jahr auf demselben Felde vorkommen zu lassen, und von keiner reinen Brache wissen will, da werden Hederich, Quecken und Windhafer, Klapperkraut, Flachsseide, Hanfblumen und Vogelwicken nicht aufhören zu wuchern, und die Enkel werden dermaleinst mehr Unkraut als Getreide nach Hause tragen. Ich selbst sah 1814 in einigen Dreifeldergegenden im Elsaß, was ich sonst noch nirgend gesehen habe, nämlich, daß nicht allein das Sommergetreide, sondern auch das Wintergetreide und die Kleefelder nicht von Hederich frei waren. Und was würde es gewesen sein, wenn die Spatfröste, die wir in demselben Frühjahre hatten, nicht den Hederich beinahe gänzlich zerstört hätten? Das Sommerfeld in den Dreifeldergegenden war vor jenem Froste so voll von Hederich, daß man an vielen Orten alle Hoffnung zu der Sommer-Getreideärndte aufgab *).

*) Man hat neuerdings in der Provinz Ostfriesland die auffallendste Erfahrung von der Schädlichkeit des Hederichs, welchen man das eigenthümliche Unkraut der Dreifelderwirthschaft nennen kann gemacht. Sowohl die öffentlichen Blätter, als die Privatnachrichten sprechen davon. Sie schlagen die dadurch bewirkte Verminderung des Bodenwerths, für die Provinz, auf mehr als eine Million Thaler an. Ein Diemath (etwas über 2 berliner Morgen) der davon angesteckt ist, wird um zwei Thaler weniger verpachtet, als ein anderes von gleicher Güte, der davon frei ist. Die Beschreibung von den Verheerungen, welche dieses Unkraut daselbst unter dem Sommergetreide und Rapse anrichtet, ist wirklich erschreckend.

# Zwölfter Abschnitt.

## Zweifelderwirthschaft der Elsasser.

Ich gehe mit meinen Lesern nunmehr zu einer andern Wirthschaft über, die eben so sehr geeignet ist, die Fruchtbarkeit des Bodens zu unterhalten und die Reinlichkeit darauf zu befördern, als es die Dreifelderwirthschaft ohne reine Brache ist, den Boden auszusaugen und in einen Unkrautsanger zu verwandeln.

Ich ermüde nicht, zu wiederholen, daß es nicht der Dünger allein *) ist, der den Acker anhaltend in gutem Stande erhalten kann. Es wird auch eine zweckmäßig, zur rechten Zeit angewendete Bearbeitung dazu erfodert, und um zu dieser Zeit und Muße zu gewinnen, gehört vor Allem eine gute Feldeintheilung dazu. Wo man ohne Aufhören Weizen, darauf in demselben Jahre noch Rüben, dann Gerste, dann Klee, dann Weizen, dann Gerste, dann Hanf, und endlich wieder Weizen hat, da mag der gute Gaul sich leicht außer Athem laufen. Es giebt bei einer solchen Bestellungsart kaum so viele Zwischenzeit, daß man die

*) Doch hat auch dessen der Zweifelderwirth bei weitem mehr, und zwar so viel, daß er von außen her keines Düngerzuschusses bedarf, weil er Futter genug hat, um allen Mist zu Hause selbst zu erzeugen, und das ohne irgend eine, oder doch ohne einen beträchtlichen Zusatz von Wiesen, dessen der Dreifelderwirth durchaus nicht entbehren kann, und welches seinen Vortheil um Vieles verringert.

Oberfläche des Bodens umkehren kann, damit wenigstens dieselbe Krume nicht immer zu tragen gezwungen sei. Wird auch Taback statt des Hanfes genommen, der wirklich vieles Hacken und viele Pflege erfodert, so reicht dieses doch auf eine Folge von sechs Jahren nicht zu, und der Acker verwildert, ehe die Reihe wieder an den Taback kömmt.

Die bessern und weisern Dreifelderwirthe des Elsasses sind daher auch, wie wir an mehrern Orten des vorhergehenden Abschnittes gezeigt haben, von dem gewöhnlichen Wege ihres Systems abgewichen. Sie lassen alle sechs, neun, oder zwölf Jahre eine Sommerfrucht, die Gerste, weg, und nehmen dafür eine behackte Brachfrucht, zum Beispiel Mais oder Kartoffeln, an ihre Stelle. — Die Noth lehrt beten! — Dadurch gewinnen sie denn Zeit, den Acker durch und durch zu reinigen; allein sie bedenken nicht genug, daß dieses nur ein Palliativmittel ist, zu dem sie nach einiger Zeit von neuem greifen müssen, sie daher besser thäten, für immer eine andere Fruchtfolge anzunehmen, die selbstständig und gebrechenlos ist, und keines Ausflickens mehr bedarf.

Uebrigens erreichen sie bei all' ihrem Streben und ihrem Nachhelfen doch nie vollkommen ihren Zweck. So wird z. B. bei ihrem Fruchtumlaufe der in ein halb ausgesogenes, durch zwei hinter einander folgende Getreideärndten verunreinigtes Land gesäete Klee nie die Stärke, Dichte und Vollkommenheit haben, die er auf einem Boden, wie der, den wir bei diesen Dreifelderwirthen im Elsaß finden, haben könnte und müsste, wenn er in die erste Halmfrucht gesäet worden wäre. Der auf jenen mittelmäßigen, oft schlechten, Klee folgende Weizen würde besser sein *), wenn er auf kraft- und prachtvollen Klee gefolgt wäre, und das Feld weniger Dünger erheischen. Käme alle zwei Jahre eine Brachfrucht, die mit ihrer wohlthätigen Ueberschattung vieles Unkraut erstickt, oder durch das Hacken, das sie fodert, es von Grund aus zerstöhrt, so würde nicht leicht eine Hanfblume der Tabackspflanze ihre Lebenssäfte entrücken; so würde die Flachsseide sich nicht verderbend um die Bohnen schlingen, noch Klee- und Luzernfelder verheerend überstricken; die Gerstenfelder zumal würden nicht mehr von gelbem und weißem Hederich strotzen, wie ich dieses alles in jenen Gegenden sah, wo die Dreifelder, ohne reine wohlbearbeitete Brache, zu Hause sind.

Ich weiß wohl, daß man durch eine angestrengte Industrie, so wie sie bei den Belgiern Statt hat, den Nachtheilen, die aus der Verunreinigung des Ackers entspringen, begegnen kann, und daß der arbeitsame Elsasser, der Tag und Nacht mit Weib und Kind auf dem Felde liegt, auch zum Theil dahin gelangt; allein warum sucht er auf einem weit be-

*) So fand ich, daß man, wider die allgemeine Erfahrung, den Kleeweizen an vielen Orten in dem Elsaß nicht unter die besten zählt. Allein so wie zwischen Klee und Klee ein großer Unterschied ist, so mag auch leicht unter Kleeweizen und Kleeweizen ein bedeutender Unterschied obwalten.

schwerlichern Wege, was er mit weniger Mühe auf einem andern finden könnte? Warum schafft er nicht für immer seinen Fruchtwechsel ab, dessen Unzulänglichkeit er längst anerkannt hat? Denn am Ende reichen doch alle Arbeit, aller Fleiß und alle Sorgen nicht zu, um alles Mangelhafte seiner Wirthschaft auszugleichen. Dazu gehört ein ganz anderes Pflügen, eine ganz andere Feldbereitung, ganz anderes Ackergeräth, als die, welche man im Elsaß antrifft. Hätten die Bewohner dieser fruchtbaren Gegend den undankbaren Boden unter ihrer Hand, den mancher belgische Pächter in dem Schweiße seines Angesichts zu pflegen hat; müssten sie sich, wie dieser, ohne Weiden und Wiesen herumschlagen, und hätten dabei jedes Jahr, das Gott kommen lässt, also immer und ewig, dasselbe Feld zu düngen: ich weiß gewiß, die elsasser Dreifelderwirthe würden bei ihrem Systeme nicht bestehen.

Gesetzt auch, sie kämen durch ein ununterbrochenes Hacken und Jäten mit der Reinlichkeit des Feldes zu Stande, so giebt dieses dem Acker doch weiter keine Kraft. Zu einer starken Getreideaussaat gehört auch ein starker Aufwand von Dünger, und, um diesen zu erlangen, ein großer Vorrath von Futter; und unglücklicher Weise ist das gewöhnliche Dreifeldersystem nicht im Stande, sich diesen letztern zu verschaffen. Der Klee, in die zweite Frucht gesäet, ist, wenn ihm der Boden nicht außerordentlich zuspricht, nur schwach, oder schlägt gar zurück, daher er auch auf einem minder vortheilhaften Boden bei der Dreifelderwirthschaft überdüngt werden muß. Ein schwacher Klee giebt nur weniges Futter, und weniges Futter erzeugt wenigen Dünger. Das immer auf einander folgende Getreide erheischt aber vielen. Es kränkelt und schmachtet also nothwendig Alles in einer solchen Wirthschaft. Diese Entkräftung ist auf mittelmäßigem, und mehr noch auf schlechtem, Boden weit fühlbarer, als auf dem, den die Hand der Natur mit solcher Fülle, wie den im Elsaß, gesegnet hat. Verzärtelt durch diese Muttermilde, gelangen aber auch die Bewohner solcher fruchtbaren Gegenden oft am letzten auf den Weg des Wahren und des Bessern. Was wird aber aus diesen etwas verdorbenen Schooßkindern werden, wenn es ihnen dermaleinst an überflüssigen Händen zur Arbeit, zumal an Zuschuß von Wiesen, Almänden und Weiden, oder an Mitteln zum Düngerankauf gebrechen sollte? Werden sie nicht auch beten lernen? Aber wie? Wird man mir hier nicht den blühenden Wohlstand der Provinz, deren Ackerbau zu beschreiben ich übernommen, ihre prachtvollen Aerndten, ihren Ueberfluß an Getreide und allen Gattungen von Produkten entgegenstellen, die doch großen Theils das Erzeugniß der Dreifelderwirthschaft des Niederelsasses sind? — Noch mehr, wird man den Verfasser der Anleitung zur Kenntniß der belgischen Landwirthschaft nicht im Widerspruche mit dem finden, was er zum Besten der Dreifelderwirthschaft in gedachter Anleitung ausgesprochen hat? Hierüber muß ich mich erklären. Wenn man zum ersten Mal die blühenden Gefilde des Elsasses, wo die Dreifelderwirthschaft zu Hause ist, durchreiset, und die reichen Aerndten erblickt, welche den Boden von Strasburg aus bis Schletstadt und von da bis Colmar und noch weiter ununterbrochen decken; so kann man nicht anders, als über die Fülle und Pracht dieser Fluren erstaunen, und man ist geneigt, sie für die Frucht und Folge der allerhöchsten Cultur zu halten. Wem dürfte bei diesem Anblicke einfallen, eine Wirthschaft oder eine Feldeintheilung zu tadeln, die solche herrliche Aerndten erzeugt hat? Dringt man aber weiter ein; übersieht man die großen Strecken eines fruchtbaren, öde liegenden Landes, die man zur Erzwingung dieser Aerndten auf dem übrigen Theile gebraucht; untersucht man die unschätzbare natürliche Güte des Bodens; berechnet man den kostspieligen Düngerankauf, der noch überdies nöthig ist, um die Feldwirthschaft auf einem solchen Boden aufrecht zu halten; schlägt man den außerordentlichen Aufwand von Kräften und Arbeit hinzu, der erfodert wird, um den ein Mal angenommenen Fruchtwechsel zú befolgen; legt man alles dieses gegen den rohen Ertrag der Ackerfelder in die Wagschale: so könnte, glaube ich, der Ausschlag nicht zum Ruhme des Wirthschaftsystems ausfallen.

Die natürliche Güte des Bodens und eine nicht zu ermüdende, darauf verwendete Industrie können unter günstigen Umständen einer fehlerhaften Wirthschaft noch wol die Wage halten und die Nachtheile ausgleichen, die sie mit sich führt; allein sie können ihrem Betreiber nicht den gebührenden Lohn für seine

Anstrengung gewähren; sie können noch weit weniger bei ungünstigen Umständen verhindern, daß er ohne Schaden davon komme, und, halten solche Umstände an, darüber zu Grunde gehe.

Unter die günstigen Umstände zähle ich: ausgedehnte und wenig oder nichts kostende Weide- oder Gras-reviere; Gelegenheit zum Düngerankauf; hohe Getreidepreise; eine sehr starke Bevölkerung, die Hände genug zur Arbeit darbietet; einen mit einem vortheilhaften Absatze verbundenen Anbau der Handelsgewächse, die wenigstens einen Theil des angekauften Düngers und der auf die Cultur verwendeten Arbeit decken. Da nun dieser Dünger den auf die Brachfrüchte folgenden Getreideärndten zu gute kömmt; da die auf jene Früchte fallende Arbeit den Acker auch zur Erzeugung dieser Aerndten vorbereitet: so kann unter solchen Unständen die Sache noch wol und selbst mit einigem Vortheile bestehen. Verändern sich aber ein Mal diese Umstände, wie schon zum Theil geschehen; wird die Hut und Trift auf den Gemeindeplätzen eingeschränkt, oder gar aufgehoben und die Almänden verkauft; nimmt die Bevölkerung und mit ihr die überflüssigen Hände zur Arbeit ab; fehlt es durch Hemmung der Ausfuhr, durch Einschränkungen, Verbote und andere Hindernisse an der Erzeugung oder dem vortheilhaften Absatze der Handelsgewächse, wie Hanf, Taback u. s. w., alsdann stockt die ganze Wirthschaft, sie kränkelt, und zumal die kleinere geht darüber zu Grunde.

Wenn sich das Dreifeldersystem in einem der bestcultivirten Länder von Europa, ich meine, Belgien, noch immer auf einem mittelmäßigen, oft schlechten, Boden aufrecht hält und befriedigend lohnt; so ist es nicht diesem Systeme, sondern einer Reihe zusammentreffender glücklicher Umstände und örtlicher Verhältnisse, und hauptsächlich der ungewöhnlichen Industrie seiner Einwohner zuzuschreiben. Durch ein rastloses Bestreben, ein unablässiges Jäten und Reinigen, ein tiefes und meisterhaftes Pflügen, und endlich durch eine ewige Stallfütterung bekämpft der Belgier mit Gewalt den Boden und siegt über alle Hindernisse. Seine Wirthschaft ist und bleibt aber nur eine erkünstelte Wirthschaft, die so zu sagen in einem fortdauernden Streite mit dem Gange der Natur steht, die also einer ungewöhnlichen und immerwährenden Anstrengung bedarf. Sollte diese je unterbrochen werden; sollten andere günstige Ortsverhältnisse durch irgend eine große Veränderung aufhören; so bin ich überzeugt, daß auch die belgische Wirthschaft herunterkommen, und der ihrer Nachbaren nicht viel nachgeben wird.

Wenn ich aber, in einem andern Werke, dieser Wirthschaft das Wort geredet habe, so geschah es keineswegs, weil ich ein Anhänger der Dreifelder bin, oder je war, sondern es geschah aus einer gerechten Bewunderung des Wohlstandes, der unvergleichlichen Feldercultur, der reichen Aerndten meiner belgischen Nachbaren, und zwar auf einem Boden, der an vielen Orten dem meinigen um vieles nachstand. Die Ansicht ihrer Industrie verkleinerte sogar in meinen Augen, was ihre Wirthschaft in Rücksicht auf den Fruchtwechsel für andere Gegenden, nur nicht für die ihrige, Fehlerhaftes haben konnte. Ich sah nicht, daß es der ganzen Industrie, deren nur ein Belgier fähig ist, und einer Menge seiner Gegend eigenen Verhältnisse bedarf, um aus einem mangelhaften System ein befriedigendes Resultat zu ziehen. Um mich von meinem günstigen Vorurtheile zu heilen, bedurfte ich der Ansicht des Elsasses.

Was mich, mehr als sonst etwas, von der Unzweckmäßigkeit der Dreifelderwirthschaft überzeugt hat, ist die Beobachtung, die ich häufig in diesem letzten Lande gemacht habe, daß man bei dem kostbaren Boden, dem starken Düngerzukauf, bei dem vielen Hacken und Rühren zwischen den Brachfrüchten, worunter der Taback, als das vorzüglichste Reinigungsmittel, gehört, daß, sage ich, bei allen diesen glücklichen Verhältnissen und Vorrichtungen man es doch nicht verhindern kann, daß die ganze Gerstenflur in sichern Jahren von Hederich strotze, oder der Acker unter anderm Unkraut verwildere. Daher, wie wir schon mehrmals erwähnt haben, nicht allein einzelne verständige Wirthe, sondern auch ganze Gemeinden von Zeit zu Zeit den Gang ihrer Dreifelder unterbrechen, die Sömmerung weglassen und zwei Mal hinter einander Brachfrüchte nehmen. Durch dieses zweijährige Brachfeld wird dann die gute Sache wieder in etwas hergestellt, und dem überhand nehmenden Unkraute für einige Zeit gesteuert. Diejenigen, welche dieses nicht beobachten, suchen sich zwar durch das Jäten des Gerstenfeldes zu helfen; da solches aber im Elsaß nicht mit der Genauigkeit, wie in den Niederlanden, geschieht, wo das Unkraut eben so gewissenhaft aus dem Getreide, als aus dem Flachse, gezogen wird, und vorzüglich da in dem Elsaß, weder zu derselben Tiefe, noch mit derselben Sachkenntniß, wie in Belgien, gepflügt wird; so reicht das Jäten allein nicht zu, und der Acker verwildert je länger je stärker *).

Schon nahe bei der Hauptstadt, und so zu sagen an den Thoren von Strasburg nördlicher Seite, fängt die in unsern Tagen so berühmt gewordene Fruchtwechselwirthschaft an. Es gereicht dem Elsasser zu keiner geringen Ehre, die Muster der vollkommensten

*) Indem ich dieses schreibe, weiß ich gar wohl, welchem Widerspruche ich mich von Seiten der Vertheidiger der Dreifelderwirthschaft aussetze; allein ich schreibe bloß für Wahrheit, und werde sie, zu keinem Preise von der Welt, verhehlen oder unterdrücken. Ich habe die Thatsachen, worauf sich meine Meinung gründet, weder aus den Schriften Arthur Young's, noch Albrecht Thaer's gezogen, sondern zwei Jahre über in einem der bestcultivirten Länder des Continents (denn darunter zähle ich das Elsaß) unter Augen gehabt. Es sind keine Calculs und Berechnungen, die so oft trügen, oft so unzulässig, oft so local sind, sondern es sind 1) die Verwilderung ganzer Feldfluren bei einem sorgfältigen Baue; 2) das dadurch hervorgebrachte Schwanken aller soliden Dreifelderwirthe in jener Gegend zwischen ihrem System und einem andern; und endlich 3) eine so große Beihülfe von Wiesen und Weiden, die jenes System selbst auf gutem Boden fodert, die mich bestimmten. Der Leser, dem es, so wie mir, um Wahrheit und nicht um Partheisucht zu thun ist, mag untersuchen, ob jene Gründe zureichen, auch seine Meinung zu bestimmen

aller Fruchtfolgen im Großen aufzeigen zu können, und sich dieselbe, ohne Vorgänger, selbst geschaffen zu haben. Bedürfte die Güte dieses Systems einer Gewährleistung, so würden wir die Ungläubigen auf die Cantons von Brumath, Hausbergen, Hochfelden, Sulz und Candel verweisen, wo jene Wirthschaftsart seit undenklichen Zeiten allgemein eingeführt ist, und mit dem glücklichsten und lohnendsten Erfolge unter dem Namen der Zweifelderwirthschaft betrieben wird *).

Man nennt sie Zweifelderwirthschaft, weil sie die

---

*) Ich kann nicht umhin, einen kleinen unverschuldeten Irrthum zu rügen, den ich so eben in dem Meisterwerke unsers Thaer's, unter dem Titel. Leitfaden zur allgemeinen landwirthschaftlichen Gewerbslehre, entdecke. Es heißt darin §. 214: „Andere befolgen die längst anerkannte, aber von den neuern Britten erst aufgestellte und zur Ausführung gebrachte Regel des Fruchtwechsels, welche darin besteht: zwischen zwei Getreidesaaten eine andre, ihrer Natur nach verschiedene Frucht — in dieser Hinsicht gleichviel, ob zur Viehfütterung, oder zum unmittelbaren Gebrauch — zu nehmen, die den Boden in einem der folgenden Saat angemessenen Zustande hinterläßt, und zwar so oft, als nöthig, eine solche, welche durch ihren Anbau den Boden lockert, lüftet und reiniget, die Brache mithin unnöthig macht." Es passt diese angegebene Regel, wie der Leser sogleich sehen wird, so genau auf die elsasser Zweifelderwirthschaft, daß man glauben sollte, der Herr Verfasser habe sie aus diesem Lande herausgeschrieben. — Mag wol den neuern Britten der Ruhm bleiben, sie durch die Feder einiger ihrer Schriftsteller bekannt gemacht und daher verbreitet zu haben, so gehört ihnen doch nicht der Ruhm: als wenn sie allein jene Regel festgestellt und in Ausführung gebracht hätten! Allein, warum hatte das Elsaß keine A. Young's, um sein Gutes ans Licht zu bringen?

Flur wirklich in zwei Felder, ein Getreide- und ein Brachfeld theilt. Diese Benennung scheint mir auch wirklich die passendste, und im Gegensatz mit der Dreifelderwirthschaft die verständlichste zu sein. Man hat dieser Wirthschaft in den neuern Zeiten auch wol den Namen Wechselwirthschaft oder Fruchtwechsel gegeben, und ich würde diesen letztern, durch den ersten aller landwirthschaftlichen Schriftsteller sanctionirten Namen angenommen haben, wenn ich nicht zugleich für die Classe einer Gegend schriebe, welcher dieses Wort ungeläufig, und dagegen mit dem Zweifelder-Ausdruck durchaus bekannt ist, welche also den richtigen Begriff ohne Mühe damit verbindet.

Wir wollen zuerst die sandigen und schlechten Gegenden vornehmen, und dann zu den bessern übergehen.

## Zweifelderwirthschaften auf Sandboden.

### Hoerdt.

Der Boden, ein rother Sand, ist hier so schlecht, die Industrie der Einwohner so groß und außerordentlich, daß ich mich genöthigt sehe, von dieser interessanten Wirthschaftsart einen besondern Artikel zu machen, welchen man zu Ende dieses Abschnittes finden wird. Ich begnüge mich daher, hier bloß die Fruchtfolge derselben anzugeben, und die Bemerkungen darüber an jenem Orte nachzubringen.

Jahr 1, Kartoffeln, gedüngt,
" 2, Rocken, in grünem Dünger; darauf Rüben mit Stalldung,
" 3, Mais, gedüngt,

Jahr 4, Sommerweizen, in grünem Dünger,
" 5, Kartoffeln, gedüngt,
" 6, Rocken, wie im zweiten Jahre,
" 7, Erbsen,
" 8, Sommerweizen, in grünem Dünger.

## Gries.

Auf Sandboden, der jedoch besser ist, als der zu Hoerdt.

Jahr 1, Taback,
" 2, Rocken, darauf Rüben,
" 3, Kartoffeln, Hanf, Mais, Raps, Erbsen, Topinamburs,
" 4, Rocken, dann Rüben.

Auf schwerem Boden, dessen es aber nicht viel in dieser Gemeinde giebt:

Jahr 1, Taback,
" 2, Weizen, dann Rüben,
" 3, Hanf, Taback, Bohnen, Klee, Raps,
" 4, Weizen.

Die Topinamburs, von welchen früher die Rede ist, kommen nur auf dem schlechtesten und sandigsten Boden vor. Man lässt sie auch wol ununterbrochen drei bis vier Jahre auf solchen Feldern vorkommen.

## Bischweyler.

Grauer mit weißem Kies gemischter Sandboden:

Jahr 1. 2, Krapp,
" 3, Rocken, dann Rüben,
" 4, Kartoffeln,

Jahr 5, Rocken,
" 6, Mais, Topinamburs, Hanf.

Wo der Boden etwas schwerer ist, nimmt man, nach dem Krapp, Weizen statt Rocken. Auf andern Feldern, wo kein Krapp vorkommt, hat man auf Sandboden:

Jahr 1, Rocken,
" 2, Kartoffeln;

auf Lehmboden:

" 1, Weizen,
" 2, Kartoffeln, Hanf, Taback.

Einzelne Zweige hiesiger Fruchtfolge sind:

Jahr 1, Kartoffeln; 2, Kartoffeln, gedüngt;
" 1, Topinamburs; 2, Kartoffeln, gedüngt.
" 1, Kartoffeln; 2, Gerste, gedüngt.

Die wenige Gerste, die hier vorkommt, folgt stets nach Kartoffeln.

## Hagenau.

Sandboden.

Jahr 1. 2, Krapp,
" 3, Weizen,
" 4, Klee, gegipst;

oder:
" 1. 2, Krapp,
" 3, Rocken,
" 4. 5, Krapp,
" 6, Rocken,

und so fort. Es giebt Felder, wo dieser Fruchtwechsel, seit Menschengedenken, ununterbrochen Statt hat. Wo kein Krapp gepflanzt wird, da hat man:

Jahr 1, Kartoffeln,
" 2, Rocken,
" 3, Mais,
" 4, Rocken.

Es kömmt auch manchmal Klee in diesen Umlauf; aber nie folgen sich zwei Getreideärndten nach einander. Man findet auch wol:

Jahr 1, Kartoffeln,
" 2, Rocken,

und so fort, ohne daß die Kartoffeln sich verschlechtern.

Da in allen Sandländern die Winterung sehr spät, selbst bis zum halben Jenner gesäet werden kann, so stehet ihr die Kartoffelärndte nicht, wie auf schwerem Boden, entgegen, und beide wechseln ohne Hinderniß mit einander ab.

Lauterburg.

Auf schlechtem Sandboden:

Jahr 1, Rocken, dann Rüben,
" 2, Kartoffeln,
" 3, Rocken, dann Rüben,
" 4, Mais.

Auf besserm Sandboden:

" 1, Hanf, stark gedüngt,
" 2, Rocken oder Weizen,
" 3, Hafer,
" 4, Kartoffeln, gedüngt,
" 5, Rocken,
" 6, Klee.

Es ist dieses eine reiche und unverbesserliche Fruchtfolge auf gutem Sandboden; und wird der Hafer weggelassen, so wird sie auf mittelmäßigem Sandboden noch anwendbar sein.

### Zweifelderwirthschaft auf Lehmboden.

Wir bleiben hier gleich bei Lauterburg stehen, wiewol der anzugebende Fruchtwechsel ein Erzdreifelder ist, oder vielmehr, der zu keiner Regel gehört. Man findet nämlich hier einen schweren tiefgelegenen Boden, auf welchem man 1. Hanf, gedüngt, 2. Weizen, 3. Hafer, 4. Weizen bauet. Man behauptet, daß dieser Haferweizen oft besser, als der Hanfweizen, ist. Noch andere Felder tragen mit Vortheil zwei Jahre hinter einander Weizen. Es heißt also wol: Alles ist gesund für denjenigen, der einen guten Magen hat. Jedem Andern könnte so etwas übel bekommen. Ausnahmen bilden keine Regel; dagegen wäre es auch unbillig, ihnen eine aufdringen zu wollen, und eben so lächerlich, sie zu tadeln, als sie anderswo nachzuahmen.

## Sulz.

Gegend uneben und bergigt; der Boden durchgehends schwer, zum Theil wassergallig. Die Gegenstände der Cultur sind: Weizen, Hafer, doch nur wenig, Hanf, Raps, Mais, Bohnen, Erbsen, Linsen, Runkeln, Rüben, Kartoffeln und Klee. Wahrscheinlich, daß der Boden nicht für Gerste geeignet ist.

Weizen und Brachfrüchte wechseln hier ununterbrochen mit einander ab. Man hat also:

Jahr 1, Weizen,
" 2, Klee,
" 3, Weizen,
" 4, Brachfrüchte.

Der Klee kommt alle sechs oder acht Jahre wieder. — Zu Mais wird stark, zum Hanf am stärksten gedüngt. Kartoffeln machen unter den Brachfrüchten den Hauptgegenstand aus.

Tiefenbacher Hof.

Berühmt in der Gegend wegen seiner Cultur, die von Mennonisten betrieben wird.

Jahr 1, Brache, vier Mal gepflügt, stark gedüngt,
" 2, Raps. Die Stoppel davon werden zweimal gebrochen zu
" 3, Spelz oder Weizen,
" 4, Rocken, im Nothfalle etwas gedüngt,
" 5, Klee, gegipst. Die Stoppel einjährig gestürzt zu
" 6, Weizen.

Die kleine Umänderung: 3. Spelz, 4. Klee, 5. Weizen, 6. Rocken würde, glaube ich, die Güte dieses Fruchtwechsels noch erhöhen. Diese musterhaften Ackerleute haben auch:

Jahr 1, Klee gegipst, die Stoppel mit Hürdenschlag belegt zu
" 2, Raps, darauf Rüben,
" 3, Kartoffeln,
" 4, Hafer.

Wenn man diese Fruchtfolge als einen Nebenschlag ansieht, weil es ihr für sich allein an Stroh gebricht, so wäre sie als solcher ein vortreffliches Mittel, eine Dreifelderwirthschaft auf die höchste Stufe der Kraft zu erheben. Es ist kein anderer Fruchtwechsel möglich, der so viel Futter abwirft; wo der Klee besser geräth; der zu dem Rapse so gut passt, und verhältnißmäßig so wenig Dünger erfodert, als jener kleine Umlauf.

## Schobusch.

Ein von Mennonisten betriebener, auf der Höhe von Weissenburg gelegener, Hof. Er hat schweren, zum Theil kalten Lehmboden.

Jahr 1, Spelz,
„ 2, Brachfrüchte.

## Candel.

Sehr guter Lehmboden.

Jahr 1, Spelz, darauf Rüben,
„ 2, Hanf, gedüngt,
„ 3, Spelz oder Rocken,
„ 4, Klee, gegipst,
„ 5, Spelz oder Weizen. Letzterer wenn der Boden nicht allzu üppig ist,
„ 6, Kartoffeln oder Brachrüben, gedüngt,
„ 7, Gerste oder Hafer,
„ 8, Klee, gegipst.

Wenn der Klee in diesem Fruchtwechsel alle vier

Jahre mit Vortheil wiederkommen kann, wie ich gar nicht zweifle, so gehört diese Feldeintheilung unter die schönsten und besten, die sich denken lassen. Das einzige, was man allenfalls daran aussetzen könnte, ist, daß der Spelz unmittelbar nach Hanf kommt, da doch auch hier die Erfahrung gelehrt hat, daß derselbe nicht zum besten nach dieser Gespinstpflanze geräth. Unterdessen mögen andere, mir unbekannte, Umstände verursachen, daß die wackern Ackerleute dieser Gegend hier gegen ihre eigene Erfahrung zu Werke gehen.

## Schleithal.

Auf schlechtem Boden:

Jahr 1, Kartoffeln oder Rüben, gedüngt,
" 2, Hafer oder Gerste,
" 3, Klee, gegipst,
" 4, Rocken.

Auf Mittelboden:

Jahr 1, Mohn, Kartoffeln, Mais, stark gedüngt,
" 2, Weizen,
" 3, Klee,
" 4, Rocken oder Weizen,

Ist der Acker nicht im guten Stande, so wird der zweite Kleeschnitt untergepflügt, wenn das Feld Weizen haben soll. Es bleibt also immer wirthschaftlicher, Rocken auf einen solchen Boden zu nehmen, weil es den Boden weniger ausmagert, und zugleich mehr Stroh zum Düngen abwirft.

Auf gutem Boden:

Jahr 1, Reine Brache, stark gedüngt,
" 2, Raps,
" 3, Spelz,
" 4, Rocken,
" 5, Klee,
" 6, Weizen, oder Spelz.

Diese Fruchtfolge könnte vielleicht noch besser sein, wenn man 1. Brache, 2. Raps, 3. Spelz, 4. Klee, 5. Weizen oder Spelz, 6. Rocken nähme. Ich weiß übrigens, daß ich diesen vortrefflichen Ackerleuten hier nichts Neues sage, weil sie jene Regel in folgender Fruchtfolge auf gutem Boden beobachten, wo sie

Jahr 1, Hanf,
" 2, Spelz,
" 3, Klee,
" 4, Weizen

haben. Sie haben also außer Zweifel eine besondere Ursache, in jener Fruchtfolge anders zu verfahren, und es wäre ein wenig gewagt, Meister in der Kunst, wie diese, zu tadeln.

Hierhin, in diese Gegend, müssen die Herren Dreifelderwirthe kommen, und lernen, wie man sich auch ohne Jäten und ohne außerordentliche Mühe, bloß durch eine vernunftmäßige Feldeintheilung, des Hederichs entledigen, und den Acker auch ohne Düngerzukauf in Kraft erhalten kann. Hier mögen sie sehen, ob es den Einwohnern, der verringerten Körnerauссaat wegen, an Getreide und Wohlstand gebricht? — Es ist aber nicht Schleithal allein, wovon ich hier spreche, es ist die ganze Gegend zwischen der Sauer und dem Bienenwalde, die diesen herrlichen Fruchtwechsel treibt, den ich mich freue, aus seiner Dunkelheit zu ziehen, und zur Ehre des Elsasses in ganz Europa bekannt zu machen.

### Weyersheim — Geudertheim.

Der Tabacksbau macht den Hauptgegenstand der Cultur dieser Gemeinden aus. Da sie dabei einen guten Weizenboden haben, so ist ihr beständiger und unaussetzlicher Umlauf:

Jahr 1, Taback,
2, Weizen, darauf Rüben.

Man säet sehr wenig Gerste, und nicht mehr Rocken, als man zu Strohbanden braucht. Die angeführte Fruchtfolge hat eines starken Zukaufs von Dünger nöthig. Das Kraut der Rüben wird hier ebenfalls zum Dünger verwendet.

### Brumath.

Jahr 1, Weizen,
= 2, Klee,
= 3, Weizen,
= 4, Bohnen,
= 5, Raps.

Wenn Bohnen und Raps, wie ich nicht zweifle, behackt werden, so ist dieser Fruchtwechsel eben so reich, als vortrefflich. Kommen Kartoffeln in dem Umlaufe vor, so lässt man den Weizen darauf weg, und säet Mengkorn. Gerste und anderes Sommergetreide wird hier nicht gebauet.

### Wendenheim.

Jahr 1, Hanf, Taback, Raps. Beide erstere Gegenstände mit acht, letzterer mit sechs Fuder gedüngt,
" 2, Weizen, dann Rüben,
" 3, Bohnen,
" 4, Weizen,
" 5, Klee,
" 6, Weizen, dann Rüben.

Ein reicherer Fruchtwechsel lässt sich wohl nicht denken, wenigstens kann die Dreifelderwirthschaft einen gleichen nicht aufzeigen. Auch hat man hier:

Jahr 1, Hanf, Taback,
" 2, Weizen,
" 3, Gerste,
" 4, Klee,
" 5, Raps,
" , Weizen.

Bei dieser Fruchtfolge kann der Klee ungestraft in das zweite Getreide kommen, und sollte es nicht, so ließe sich der Sache durch eine kleine Umsetzung abhelfen. Nämlich: 1. Taback, 2. Weizen, 3. Klee, 4. Raps, 5. Weizen, 6. Gerste. So stände Alles an seinem Orte. Der Klee würde ohne Zweifel besser sein, und der durch diesen Klee hoch verbesserte, und durch den zwei Mal behackten Raps gereinigte Boden gestattet ohne Noth, daß man beim Schlusse des

Umlaufs, das heißt im fünften und sechsten Jahre, zwei Getreideärndten hinter einander davon abnimmt. Die Verunreinigung, welche die Gerste nach dem Weizen mit sich führt, ist ohne Folgen, weil sie durch den unmittelbar darauf folgenden stark behackten Taback wieder schwindet. In dem Falle aber, daß Hanf statt des Tabacks gebauet wird, so halte ich den angegebenen Fruchtwechsel von Wendenheim dem Hanfe zuträglicher, als denjenigen, den ich vorgeschlagen, weil der Hanf ungleich besser nach Weizen, als nach Gerste kommt.

Auch hat man hier:

Jahr 1, Hanf, Taback, Raps,
" 2, Weizen,
" 3, Bohnen,
" 4, Weizen.

und fängt dann wieder von vorn an. Der Raps kommt in diesem Umlaufe in die Weizenstoppel.

Oder auch:

Jahr 1, Taback,
2, Weizen,
3, Klee,
4, Weizen.

Der Weizen nach Hanf und Taback giebt mehr Korn, der Weizen nach Raps mehr Stroh. Man findet hier auch manchmal Rocken nach Gerste und Kartoffeln, und dieses ist freilich nicht das Beste, das man zu Wendenheim thut. Vielleicht geschieht es auch nur im Nothfalle und bloß von armen Leuten.

Manchmal folgen auch die Kartoffeln drei bis vier Jahre hintereinander und ununterbrochen. Dieses kann freilich nur auf abgesonderten Stücken Statt haben, und beweiset bloß, daß die Kartoffeln in der Fruchtfolge mit sich verträglicher sind, als man es gewöhnlich glaubt.

## Bischheim,

ganz nahe bei Strasburg gelegen, hat folgenden freien, etwas unbändigen, Fruchtwechsel, den man nur auf ähnlichem Boden und in einer ähnlichen Lage durchführen kann.

Jahr 1, weißer oder schwarzer Senf, gedüngt,
" 2, Weizen,
" 3, Bohnen oder Bockshorn (foenum graecum),
" 4, Weizen, darauf Rüben,
" 5, Taback, gedüngt,
" 6, Weizen, darauf Rüben,
" 7, Hanf, gedüngt mit sechs Fuder Mist und zehn Säcken Malzkeimen,
" 8, Weizen,
" 9, Gerste,
" 10, Klee, gegipst,
" 11, Weizen, darauf Rüben,
" 12, Kartoffeln, gedüngt,
" 13, Weizen, mit sechs bis acht Säcken Federn gedüngt.

Der Senf wird hier für eine bessere Vorbereitung gehalten, als der Hanf. Obgedachte Wirthschaft bezieht, wie sich leicht denken lässt, vielen Dünger aus Strasburg.

### Oberhausbergen.

Musterhafte Wirthschaft, regelmässige, sehr schöne Fruchtfolge.

Jahr 1, Taback,
" 2, Weizen, darauf Rüben,
" 3, Kartoffeln,
" 4, Mengkorn,
" 5, Hanf,
" 6, Gerste,
" 7, Klee,
" 8, Weizen, darauf Rüben.

Zu allen Brachfrüchten, den Klee ausgenommen, wird gedüngt.

Die Folge des Mengkorns nach Kartoffeln, und der Gerste nach Hanf, ist merkwürdig, da man doch diese eben so leicht nach Kartoffeln, und jenes nach dem Hanfe folgen lassen könnte. Worauf sich diese Wahl gründet, weiss ich nicht.

### Niederhausbergen *).

Der hiesige Fruchtumlauf ist von dem vorherge-

*) Eine Probe der hier genommenen Ackererde gab nach dem Sieben:

58, 87 p. C. abschwemmbare Theile;

hierunter waren:

18, 37 p. C. Kalk.

Der Humusgehalt zeigte sich bei einmaliger Abkochung mit Kali-Lauge beträchtlich stark.

henden nicht sehr verschieden. Nur lässt man hier die Gerste nach den Kartoffeln, und Weizen nach Hanf folgen.

Man richtet die Vertheilung so ein, daß das Land in zehn Jahren vier Mal gedüngt wird. Zu Hanf und Taback gehören sechs, zu Mohn vier, zu Kartoffeln zwei bis drei Wagen Dünger. Die Pferdebohnen erhalten keinen, werden aber zwei Mal behackt. Schlägt der junge Klee unter der Gerste durch irgend einen Zufall zurück, so wird nach dem Abbringen der Gerste sogleich gepflügt, von neuem Klee gesäet und derselbe mit dem Rechen untergebracht. Wintert der Klee aus: so säet man Wickgerste, füttert den ersten Schnitt ab, und begipst den zweiten. Je besser der Boden ist, je mehr Wirkung will man von dem Gipse spüren. Man gipst am liebsten bei regnigtem Wetter, wenn der Klee zwei bis drei Zoll hoch ist.

Die Wirthschaft des Hrn. Hickels enthält 80 Acker. Davon sind gewöhnlich:

| | | |
|---|---|---|
| 34 | Acker | mit Weizen, |
| 8 | — | — Gerste, |
| 8 | — | — Bohnen, |
| 3 | — | — Kartoffeln, |
| 8 | — | — Klee, |
| 7 | — | — Hanf, |

---

Sie enthielt 40, 5 p. C. Sand, der aber so fein war, daß er großen Theils nur nach dem Auskochen abgesondert werden konnte.

1 Acker mit Raps,
3 — — Taback,
8 — — Mohn.

Er hält zu ihrer Betreibung 6 Pferde, 3 Kühe, 4 bis 6 Mastochsen, welche letztere mit Rüben und geschrotenen Bohnen und Gerste gefüttert werden. Die Pferde erhalten im Sommer Klee, im Herbste und Frühjahr bei der Arbeit täglich ein Maaß geweichter Bohnen mit Häcksel gemischt. Im Winter bekommen sie Stroh und den Abfall aus der Scheune, aber weder Heu noch Körner. Diese Wirthschaft hat keine Wiesen, kauft keinen Dünger, und hat noch daneben Dünger an zehn Acker Reben abzugeben. — Man vergleiche das mit einer Dreifelder- und Weidewirthschaft.

Hochfelden.

Auf gutem Boden:
Jahr 1, Weizen,
" 2, Klee,
" 3, Weizen,
" 4, Raps,
" 5, Weizen,
" 6, Hanf, — 6, Kartoffeln,
" 7, Weizen — 7, Mengkorn,
" 8, Mohn, — 8, Bohnen.

Auf Mittel- und schlechtem Boden:
Jahr 1, Weizen,
" 2, Gerste, — zur Hälfte Wickgerste,
" 3, Brachfrüchte, gedüngt.

Dieses wäre also eine förmliche Dreifelderwirthschaft. Es ist auffallend, daß man auf geringerem Boden den dreijährigen Fruchtwechsel treibt, da er ein besseres System nöthiger hat, als der gute, und mehr mit dem öftern Wiederkommen des Getreides geschont werden müßte, als dieser. Es beweiset aber auch, daß man hier überzeugt ist, daß die Zweifelderwirthschaft auch auf dem besten Boden befriedigend lohne, und daß die Güte des Bodens, weit entfernt, ein Beweggrund zu sein, die Dreifelderwirthschaft darauf einzuführen, gerade der Beweggrund ist, warum man sie nicht mag, und der Zweifelderwirthschaft, als besser lohnend, den Vorzug giebt.

### Schwindratzheim.

Milder, sehr guter Boden. Fleißige Cultur.

Jahr 1, Mohn und Hanf, gedüngt,
" 2, Weizen,
" 3, Bohnen,
" 4, Weizen,
" 5, Klee, gegipst,
" 6, Weizen,
" 7, Raps,
" 8, Weizen.

Und erst nach Verlauf dieser acht Jahre wird von neuem gedüngt. Kommt aber kein Klee in dem Umlaufe auf einem Felde vor: so muß für das fünfte Jahr wieder gedüngt werden. Kann etwas mehr für die verbessernde Kraft des Klees beweisen? Kommen Kartoffeln in den Umlauf: so folgt Gerste darauf. Diese geräth hier absonderlich wohl nach Klee, statt daß der Weizen nicht zum besten darauf geräth; vermuthlich, weil die Kleewurzeln den an sich schon milden Boden zu locker machen. Man hält hier die Bohnen und nach ihnen den Raps für die beste Vorbereitungsfrucht zum Weizen. Doch beobachte man, daß die Bohnen hier zwei Mal behackt werden. Man hat zu Schwindratzheim die Erfahrung gemacht, daß der Raps, den man, nach der angeführten Fruchtfolge, im siebenten Jahre nach der Düngung auf Kleeweizen folgen lässt, besser einschlägt, als wenn man ihn im dritten Jahre nach der Düngung auf Hanfweizen hätte folgen lassen. — So viel vermag also die richtige Auswahl der Stelle, die man jedem Gegenstande in der Fruchtfolge anweiset!

Wenn wir die Zweifelderwirthschaft zu Hoerdt, Bischweyler, Hagenau und Lauterburg finden, so könnte man geneigt sein, solches der Dürftigkeit des Bodens beizumessen. Treffen wir sie hingegen auf einem guten Boden, wie der von Candel, Schleithal, Schwindratzheim und Hochfelden: so wird man es vielleicht der Entfernung von beträchtlichen Städten, folglich der Unmöglichkeit zuschreiben, einen Zuschuß von Dünger daher zu beziehen. Man bedenkt aber in beiden Fällen nicht, daß nichts mehr für die Güte einer Wirthschaft spreche, als wenn sie sich auf einem schlechten Boden, oder auf einem andern ohne Düngerzuschuß selbst aufrecht halten kann; eine Sache, deren sich die Dreifelderwirthschaft in dem Elsaß bei dem

Anbaue von Handelsgewächsen, ohne eine starke Zulage von Wiesen zu haben, nicht rühmen kann.

Was für eine Ursache aber mögen die Dreifelderwirthe angeben, wenn wir ihnen die Gemeinden von Hausbergen, Wendenheim u. s. w. aeweisen, die sich eines guten Bodens erfreuen, in der Nähe von Strasburg liegen, also ohne Umstände einen Düngerzuschuß von daher beziehen können, und ihn, bei ihrem starken Handelsgewächsbau, auch wirklich daher beziehen? Was kann diese Ackerleute in ihrer doppeltglücklichen Lage bewegen, der Zweifelderwirthschaft den Vorzug zu geben? Es ist wol nicht die Noth, sondern eine freie, wohlüberdachte Wahl; es ist Ueberzeugung von der Vortrefflichkeit dieser Wirthschaft.

Und warum ist dieses vortreffliche System im Niederelsaß noch nicht allgemein angenommen, und beschränkt sich bloß auf acht bis neun Cantons? Warum haben es Andere, die von der Hand der Natur so sehr gesegnet sind, noch nicht eingeführt? Warum findet man es nicht in der, alle Vorstellung übertreffenden, schönen und fruchtbaren Ebene, die sich von Strasburg hinauf nach der Grenze des oberrheinischen Departements erstreckt? In einer Gegend, wo, Vorurtheil und Schlendrian ausgenommen, nichts dieser Wirthschaft entgegensteht; wo die Arbeitsamkeit der Bewohner sie leicht, und der Anbau der vorzüglichsten Handelsgewächse, Hanf und Taback, und deren öfteres Wiederkommen die Zweifelderwirthschaft mehr, als anderswo, nöthig macht?

Doch vielleicht sind wir von dem glücklichen Momente nicht fern, wo sich ein besseres System der Cultur auch über diesen Theil des Elsasses erstrecken wird. Die große Stütze des Dreifeldersystems fängt an zu wanken. Die ausgedehnten Weiderevìere, die, zur Schande dieser Provinz, die schönsten aller Gegenden decken und in den Augen der Industrie verunehren, sind zum Theil kleiner geworden, und werden, wahrscheinlich vor und nach, gänzlich eingehen. Alsdann wird der kleinere Bauer keinen Dünger mehr an den größern zu verkaufen haben, und dieser wol auf sein Ewiges: Taback, Weizen, Gerste, Hanf, Weizen, Gerste Verzicht thun müssen, um auf seinem Acker nebenher etwas zu erzielen, womit er sein Vieh im Stall erhalten und den nöthigen Dünger selbst erzeugen kann. Er wird seinen Acker nicht mehr unausgesetzt mit erschöpfenden Dingen plagen, weil er nicht Mist genug von Außen herbeischaffen kann, um die abgehende Kraft zu ersetzen. Er wird die Unzulänglichkeit seiner veralteten Dreifelderwirthschaft fühlen, zu der zweifeldrigen übergehen, und mehr dabei gewinnen.

So lange aber diese Ueberzeugung nicht allgemein ist; so lange man sich nicht gemeinschaftlich zur Abänderung der ein Mal hergebrachten Fruchtfolge versteht; so lange wird es, bei der starken Zerstückelung der Güter, jedem einzelnen Bürger schwer, und oft unmöglich, für sich allein von dem alten Wege abzugehen, und aus einem Dreifelderwirth ein Zweifelderwirth zu werden, indem Noth und Umstände ihn zwingen, die Art seiner Nachbaren einzuhalten, und seinen Fuß in ihren Schuh, er mag nun passen oder nicht, zu stecken. Es lässt sich aber für einen einzelnen, auf die Verbesserung seiner Cultur bedachten, Bürger ein Mittelweg finden, um sich mitten in dem ihn umgebenden Strome der Dreifelderwirthschaft zu einem gesünderen Systeme zu erheben, und dieses Mittel glauben wir in einer auf dem Kochersberge üblichen Wirthschaftsart gefunden zu haben, wie wir zu Ende des folgenden Abschnittes zeigen werden.

## Feldwirthschaft des Dorfes Hoerdt.

Es ist keineswegs meine Absicht, landwirthschaftliche Topographien in diesem Werke aufzustellen, weil solches mich ins Unendliche führen würde. Nur das einzige hier genannte Dorf soll, seiner Eigenheiten und seiner seltenen Industrie wegen, eine kurze Ausnahme machen.

Man geht manchmal weit umher, und sucht mit vieler Mühe auf, was man ohne Mühe, und so zu sagen, an seiner Thürschwelle finden könnte. Es giebt Leute, die glauben, daß man über die See schiffen müsse, um aus England die Muster einer guten Cultur herzuholen. Sie sehen daher den vaterländischen Boden und die heimischen Gebräuche nur mit Verachtung oder Mitleiden an. Es giebt aber, meiner Meinung nach, im Elsaß nicht allein einzelne Dörfer, sondern ganze Cantons, wo selbst die Engländer noch Vieles lernen könnten. Der nördliche Theil des niederrheinischen Departements könnte uns eine Menge Beläge dazu liefern; wir wollen uns aber bloß auf einen einzigen einschränken, und es allen in dem höhern Ackerbau Erfahrnen überlassen, uns zu sagen: ob sie etwas Aehnliches in ganz England auffinden können? Ja, ich bin überzeugt, daß selbst Flandern, welches man mit Recht für den Garten von Europa hält, nichts Besseres aufzuzeigen hat.

Man führt diejenigen, die den Ackerbau des Elsasses ansehen wollen, in die schöne, fruchtbare, alle Begriffe übersteigende Ebene, die sich von Strasburg nach Schletstadt zu ausdehnt. Man zeigt dem staunenden Fremden den üppigen Weizen, der sie deckt; die unübersehbaren Tabacks- und Hanffelder, mit welchen sie prangt, und der Unbewanderte schreibt das der Industrie allein zu, woran die natürliche Güte des Bodens doch einen so großen Antheil hat. Ich bin weit entfernt, den wackern Landwirthen jener Ebene den Theil von Verdienst abzusprechen, den sie an dem Segen ihrer Fluren haben; allein wenn man wissen will, was Fleiß, was rastloses Streben, was die höchste Anstrengung von Industrie, was die Allmacht der Cultur vermag: so verlasse man jene fruchtbaren Gefilde, wo die Natur ohne Mühe gebiert, und wende seine Augen auf die trostlosen Felder, die ihr Fluch zu treffen schien. Man folge mir in die Wüste, wo ein rother, nicht zusammenhängender Sand, der bloß aus feinen und einigen groben glasigen Kieseln zusammengesetzt ist *), dem Menschen

*) Die agronomisch-chemische Untersuchung einer mitgenommenen Probe der Ackererde ergab:

alle Hülfe versagt, wenn er nicht alle Jahre gedüngt wird; wo der Boden bei jedem starken Regen auseinander fließt und beschlägt, daher die Getreidestoppeln vor Winter durchaus nicht gestürzt werden dürfen; wo der Klee höchstens nur in nassen Sommern gedeiht, der Mensch rastlos mit einem Heere von schädlichen Unkräutern *) zu kämpfen hat, und jede Aerndte mit stürmender Hand erobern muß; mit einem Worte: ein Boden, wie man ihn zu Hoerdt, einem anderthalb Meilen unterhalb Straßburg gelegenen Dorfe findet. Und wenn dann die Erde an einem solchen Orte alle Jahre trägt; wenn sie ganz befriedigende Aerndten darbietet; wenn die Miethe und der Preis der Felder in einem beinahe übertriebenen Preise stehen; wenn die Einwohner sich in einem sichern Wohlstande befinden: dann kann man kühn schließen, daß der Ackerbau an diesem Orte die höchste Stufe erreicht habe, deren er unter ähnlichen Verhältnissen fähig ist.

Die Wirthschaften, die man zu Hoerdt findet, sind klein, und können es auch nur sein, sowohl der

---

13, 13 p. C. abschwemmbare Theile, worunter 1 p. C. Kalk, 86, 87 p. C. Sand, der ohne Sieben durch Schlemmen abgesondert werden konnte.

Die Abkochung mit Kali-Lauge zeigte einen für trockenen Sandboden beträchtlichen Humusgehalt. Auch enthielt der Boden viele unzerstörte Fasern.

*) Namentlich mit dem Katzenklee, trifolium arvense, dem Flöhkraut, erigeron canadense, und dem triticum repens, Quecken.

unausgesetzlichen Arbeit, als der Beschwerlichkeit wegen, sich Futter, also Dünger, zu verschaffen. Sie enthalten 10 bis 30 Acker (8 bis 24 Morgen), und haben 2 bis 3 Pferde und 2 bis 3 Kühe. Ungeachtet dessen herrscht hier ein auffallender Wohlstand, und Hoerdt bildet ein sehr schönes Dorf. Da der aus jenem Viehstande hervorgehende Dünger unmöglich zureichen kann, einen so gierigen Boden zu befriedigen: so nehmen die Einwohner zu dem vegetabilischen Dünger ihre Zuflucht, und kaufen vielen Mist in Strasburg.

Der Hauptgegenstand hiesiger Cultur sind die Kartoffeln, welche größtentheils nach der Stadt verkauft und daselbst besonders geschätzt werden. Dieser Verkauf, wodurch von dem Erzeugten nichts wieder zu dem Acker zurückkehrt, wäre freilich tadelhaft, wenn er nicht wieder durch den Ankauf von auswärtigem Dünger gedeckt würde. So aber sind diese Landleute nicht allein befugt, ihre Kartoffeln nach Außen zu verkaufen, sondern können es auch mit dem größten Nutzen thun, obgleich Strasburg anderthalb Meilen von Hoerdt entfernt ist.

Ich habe die hier übliche Fruchtfolge ihres Ortes schon mit einigen Worten berührt. 1. Kartoffeln, 2. Rocken, 3. Mais, 4. Sommerweizen, 5. Kartoffeln, 6. Rocken, 7. Erbsen, 8. Sommerweizen, ist mehr, als der Mensch von einem solchen Boden zu fodern berechtigt ist, und nur die Beobachtung einer weisen Ordnung, verbunden mit dem höchsten Grade von Industrie, kann ähnliche Ansprüche geltend machen. Wer nur immer die schlechte Qualität des angeführten Bodens beherzigt, der wird auch begierig sein, zu wissen: durch welche Mittel man ihm eine solche Reihe erschöpfender Gegenstände, die darauf vorkommen, abzuzwingen weiß. Wir wollen daher dem Hoerdter Landwirthe in seinen Verrichtungen von Jahr zu Jahr und von Aerndte zu Aerndte folgen.

1stes Jahr, Kartoffeln.

Die Stoppeln des Getreides, nach welchen Kartoffeln folgen sollen, werden nach Winter ein Mal, oder, wenn der Acker sehr verqueckt ist, zwei Mal umgepflügt. Aeußerst selten, daß man so viel Dünger hat, um das ganze Feld damit überstreuen zu können. Man begnügt sich also, bloß etwas davon in die Löcher oder Stufen zu bringen, in welche die Kartoffeln eingelegt werden sollen. Die Stufen werden mit der Haue aufgehauen, und fallen einen starken Schritt ins □ von einander. Die Pflanzkartoffel (man nimmt nur eine) kömmt nicht unmittelbar auf den Mist zu liegen, sondern man tritt von beiden Seiten gegen den Mist an, und legt den Setzling auf den also angetretenen Sand. Dann scharret man mit den Füßen vollends zu. Die Kartoffeln werden zwei Mal behackt und ein Mal behäufelt. Der Mittelertrag ist 30 Viertel vom Acker (76 Scheffel vom Morgen).

2tes Jahr, Rocken.

Auf einem Sandboden, wo man noch bis zur Hälfte des Winters Getreide säen kann, und solches erst um Martini zu säen pflegt, darf der Rocken ohne Anstand nach Kartoffeln folgen, wiewol nicht ohne neuen Dünger. Stallmist würde hier aber übel angebracht sein. In dem verweseten Zustande würde er den Boden zu locker, zu trocken machen, in dem frischen würde er zu lange liegen, ehe er den Wurzeln des Getreides würde frommen können. Grüner und vegetabilischer Dünger, der schnell in Verwesung geht, und die Feuchtigkeit anhält, ist hier an seinem Orte. Das Laub der Rüben, die auf einem andern Acker, als Nachfrucht, erzogen worden, wird beigefahren, ausgestreuet und untergepflügt. Allein das selbst gezogene Laub reicht in Hoerdt allein nicht zu; man sucht also sich dessen noch von andern Dörfern her zu verschaffen, und bezahlt das Fuder mit 6 bis 10 Franken. Kein anderer Dünger kömmt, nach der Beobachtung hiesiger Landwirthe, unter solchen Umständen dem grünen Dünger gleich. Nachdem die Rübenblätter auf gedachte Weise einfährig untergepflügt worden, wird der Rocken gesäet und untergeegget. Im Frühjahre egget man das Rockenfeld noch ein Mal.

Auf diesen Rocken folgen im nämlichen Jahre noch Rüben; allein der Acker ist dazu schon zu sehr erschöpft. Der grüne Dünger hinterlässt keine Spur mehr von seinem Dasein. Es muß also zu jenen Stoppelrüben mit 3 bis 4 Fuder Stallmist gedüngt werden. Die Rüben werden später zwei Mal behackt.

3tes Jahr, Mais, Welschkorn.

Das Feld wird durchaus auf die nämliche Art

zubereitet, gedüngt und bepflanzt, wie bei den Kartoffeln, und läßt man die Hörste des Mais einen starken Schritt auf den Zeilen, und die Zeilen selbst anderthalb Schritt von einander fallen. Der Mais wird drei Mal behackt und ein Mal angehäufelt. Man schätzt den Mittelertrag auf 5 Viertel ($12\frac{2}{3}$ Scheffel vom Morgen). Die dazwischen gepflanzten Schminkbohnen geben 2 Sester (14 Metzen vom Morgen). Die Maisstengel werden auf dem Felde in kleine Haufen gegen einander angestellt, bis sie trocken sind, und dienen den Kühen im Winter zum Futter.

### 4tes Jahr, Sommerweizen.

Hiezu werden vier Wagen Dünger, und zwar am liebsten im Winter, aufgebracht und untergefahren. Das Land wird im Frühjahr darauf nicht mehr gepflügt, sondern bloß aufgeegget, der Weizen gesäet und mit der Egge untergebracht. Sobald er 3 bis 4 Zoll hoch ist, wird er mit zwei Zoll breiten und anderthalb Zoll langen Hauen behackt. Der Stiel dieser Hacken ist von gewöhnlicher Länge.

### 5tes Jahr, Kartoffeln.

Durchaus ähnliche Behandlung, wie die, welche wir für das erste Jahr angegeben haben. Das jedesmalige Hacken, wenn es im Verdinge geschieht, kostet 5 Franken vom Morgen.

### 6tes Jahr, Rocken.

Gleiche Behandlung, wie im zweiten Jahre.

Eben so mit den Rüben, die als Nachfrucht in demselben Jahre auf den Rocken folgen.

7tes Jahr, Erbsen.

Sie sind die einzige Frucht, zu welcher nicht gedüngt wird. Man säet sie gegen den März über das abgeeggete, aber nicht gepflügte, Land, also auf den festen Acker, so wie ihn die Rüben vor oder im Winter hinterlassen haben. Der Samen wird drei Zoll tief untergepflügt. Man egget nicht eher, als bis die Erbsen einen oder zwei Zoll über der Erde sind. Haben sie später 4 Zoll, so werden sie zum ersten Mal, und vierzehn Tage nachher, oder ehe sie zusammenlaufen, zum zweiten Mal mit oben gedachten schmalen Hauen behackt, und auf einen halben Fuß auseinander gesetzt. Man schneidet bei der Aerndte die Erbsen nicht ab, sondern harkt sie mit dem Rechen aus, indem man diesen immer auf sich anzieht und seitwärts vorrückt. Dadurch winden sich denn die Erbsen in Rollen oder Wülste. Dieses Abziehen geschieht während dem Thaue, um das Ausfallen zu verhüten. Drei Personen fertigen auf diese Art einen Morgen in drei Stunden ab. Man beobachtet zu Hoerdt, daß die Erbsen nur alle acht Jahr mit Vortheil wiederkommen können.

8tes Jahr, Sommerweizen.

Man findet, daß der Sommerweizen besser nach Erbsen geräth, als der Rocken. Sobald die Erbsen von dem Felde sind, wird das Land umgepflügt,

Raps über die rauhe Furche gesäet und eingeegget. Da er nicht zum Samentragen bestimmt ist, so wird er, noch ehe ihn der Frost zerstört, untergepflügt, um dem darauf folgenden Sommerweizen zum Dünger zu dienen *). Man zählt auf zwei Scheffel Ertrag vom Morgen mehr nach solchem grünen Dünger, als nach gewöhnlichem Stallmist. Da, wo das Feld in schlechtem Zustande ist, reicht dennoch der grüne Dünger allein nicht zu, und man muß ihn noch mit zwei Fuder Mist unterstützen.

Die Bestellung des Weizens verhält sich grade so, wie im vierten Jahre. Man hält zu Hoerdt den Sommerweizen für weniger ausmagernd, als die Gerste, daher man jenem den Vorzug giebt. Der Leser wird bemerkt haben, daß das Feld in diesem sonderbaren Lande in dem Umlaufe von acht Jahren neun Mal, nämlich fünf Mal mit Stallmist und vier Mal mit grünem Dünger, gedüngt wird; daß man das Feld in jenen acht Jahren funfzehn Mal behackt; und endlich, daß der Stallmist nie mit dem Getreide in unmittelbare Berührung kommt, sondern jedes Mal eine Hackfrucht dazwischen geschoben wird.

Die Pferde erhalten hier weder Hafer, noch Gerste, sondern Mais. Im Winter werden sie mit Rüben und rohen Kartoffeln, nebst etwas Mais, gefüttert. Bei Mangel an diesem letztern überstreuet

*) Auch nach Frühkartoffeln pflegt man Raps zu säen, und diesen, wenn er eine Hand lang ist, unterzupflügen. Der Rocken wird über die rauhe Furche gesäet und eingeegget.

man die zerstoßenen Kartoffeln mit etwas Kleie. Daß die Kühe Jahr aus Jahr ein auf dem Stalle gefüttert werden, versteht sich wol von selbst.

Schließlich möchte ich hier den wackern Landleuten von Hoerdt ein, auf Sandboden alle andern Futterkräuter übertreffendes, Gewächse anempfehlen. Dieses Kraut fodert als Nachfrucht nicht allein keinen Dünger, und greift den Boden auf keine Weise an, sondern verbessert ihn vielmehr, wenn es von dem Viehe auf dem Felde selbst abgeweidet wird. Es giebt dabei die beste Milch und die fetteste Butter, die man kennt. Dieses Kraut ist nichts anders, als der in den Sandländern von Belgien und dem nördlichen Deutschland so bekannte Spörgel. Auch grün untergepflügt, bin ich überzeugt, daß er das Rübenkraut und den Raps bei weitem an Düngkraft übertreffe. Er könnte also in der Hoerdter Wirthschaft so schön die Stelle des Rapses nach Erbsen vertreten, und auch die Felder, die aus Abgang an Dünger nicht mit Rüben bestellt werden können, könnten alle mit diesem herrlichen Kraut angesäet werden. So würde in dem ganzen Banne von Hoerdt im Herbste nicht eine Hand breit unbenutzt liegen bleiben dürfen. Ich versprach diesen braven Leuten Samen zum Versuche, und gedenke mein Wort zu halten.

# Dreizehnter Abschnitt.

## Kochersberger Wirthschaft.

Unter allen Pflanzen, welche die Hand des Menschen bauet, ist der Weizen unstreitig die edelste. Es ist also kein Wunder, wenn der Mensch auf dazu geeignetem Boden sein Hauptaugenmerk auf den Weizen richtet, und ihm alles Andere unterordnet. Ein solcher Boden findet sich nnn durchgehends im Elsaß, daher man den Weizen mit Recht daselbst so oft wiederkommen läßt, als es nur der Boden mit Vortheil vertragen will. Der Dreifelderwirth bringt ihn in jedem dritten Jahre, und der Zweifelder wünscht ihn in jedem zweiten Jahre zu haben. Allem Anschein nach ist das schneller zu bewirkende Wiederkommen jener schönen Frucht an vielen Orten im Elsaß eine Hauptursache, warum man daselbst dem Zweifeldersystem den Vorzug giebt Auch haben wir in den, in dem vorhergehenden Abschnitte angeführten Rotationen auf Weizenboden nur selten Gerste vorkommen sehen. Man hält daselbst die Gerste, so gut sie auch ausfallen mag, nicht für lohnend genug, um sie auf eine Brachfrucht folgen zu lassen, und ihr einen solchen Hauptplatz in dem Fruchtwechsel einzuräumen.

Ich selbst gestehe, daß ein Fruchtwechsel, oder eine Wechselwirthschaft, die in acht Jahren nur eine

Wintergetreideärndte und drei, oder gar nur zwei Sommergetreideärndten darbietet, wie wir deren so oft angeführt finden, mir auf keine Weise genüget, es sei denn auf sehr schlechtem Boden. Wenn man ein Jahr über's andere das Land brachet, oder mit Brachfrüchten bestellt, und darauf hackt und wirkt, um sich erst nach 6, 7, 8 Jahren eine gute Weizen- oder Rockenärndte zu verschaffen: so heißt dieses doch wol, die Ziege um den Abfall hüten. Es haben einige Anhänger der Wechselwirthschaft ganz gewiß die Sache darin übertrieben, und ihr daher im Allgemeinen mehr geschadet, als genützt. Ein allzuschnelles und ein allzuseltenes Wiederkommen des Getreides sind beide gleich schädliche Extreme, und ich gestehe, daß ich so gern in der Mitte stehen mag. Denn so ein aufrichtiger Anhänger ich auch von der Zweifelderwirthschaft bin, so sah ich doch stets mit Widerwillen, wenn A. Young z. B. einen Fruchtwechsel nur in dem Grade besser findet, als weniger Getreide darin vorkommt. Wenn dieses seine Richtigkeit hätte: so könnte die Weissagung der Verfechter der Dreifelder wol in Erfüllung gehen, und wir könnten, wenn ein solches Feldsystem allgemein würde, am Ende mehr Turnips, als Brodt zu essen haben. Glücklicher Weise ist ein solcher getreideloser Umlauf nicht das unbedingte Gesetz für die Wechselwirthschaft, wie wir uns dessen im Elsaß überzeugen können; und ich glaube nicht, daß ein Dreifelderwirth, in welchem Theile der Welt er auch hause, der elsasser Zweifelderwirthschaft einen Abgang an Getreide vorwerfen, und jeder vielmehr sich glücklich schätzen würde, in der Lage zu sein, eine gleiche bei ihm einführen zu können.

Indessen ist gleiches Glück nicht jedem Lande beschieden. Auch auf dem Kochersberge fand man, daß es mit dem Weizen über das andere Jahr nicht fort wollte. Man suchte also seinen Anbau in etwas einzuschränken, ohne jedoch in die Fehler der Dreifelderwirthschaft zu fallen. Man fing an, den Weizen an einigen Orten in fünf, an andern in sechs Jahren nur zwei Mal vorkommen zu lassen, statt daß er vorher eben so oft in vier Jahren vorgekommen war. Daher entstanden denn die beiden vortrefflichen Fruchtwechsel, die wir heut zu Tage in jener Gegend finden.

Der erste, oder der

fünffeldrige Fruchtwechsel,

ist außer dem Weizen hauptsächlich auf Oelgewächse (Raps und Mohn) berechnet. Die Eintheilung davon ist folgende:

| | | |
|---|---|---|
| 1. Jahr oder Feld: | Weizen. | |
| 2. = = = | Raps. | Bohnen. |
| 3. = = = | Weizen. | |
| 4. = = = | Gerste. | |
| 5. = = = | Mohn. | Klee. |

Man kann diesen Fruchtwechsel auch als einen zehnjährigen ansehen, und ihn so auseinander setzen:

1. Jahr: Mohn, gedüngt.
2. „ Weizen, darauf Rüben.
3. „ Bohnen, gedüngt.
4. „ Weizen.
5. „ Gerste.
6. „ Klee, gegipst.
7. „ Weizen.
8. „ Raps.
9. „ Weizen, gedüngt.
10. „ Gerste.

Ich nehme eine Wirthschaft an, wie die, welche ich bei Hr. Weinling zu Pfetisheim gesehen habe. Sie hat außer einigen Reben 250 Acker (200 Morgen) Ackerland. Davon stehen jährlich:

| | | | | |
|---|---|---|---|---|
| 100 | Acker | in | Weizen, | |
| 20 | „ | „ | Gerste, | } 50, |
| 30 | „ | „ | Wickgerste, | |
| 25 | „ | „ | Klee, | |
| 25 | „ | „ | Mohn, | |
| 30 | „ | „ | Raps, | |
| 20 | „ | „ | Bohnen. | |

Als Nebensache hat sie noch 20 Acker mit Rüben, die in die Weizenstoppel, auf welche im folgenden Jahre Bohnen folgen sollen, gesäet werden.

Zu dieser Wirthschaft werden gehalten: 10 Arbeitspferde, 10 Kühe, einige 20 Schafe und eine gute Anzahl Schweine. Man düngt bloß zu Bohnen, zu Mohn und zu demjenigen Weizen, der auf Raps folgt, weil zu diesem nicht gedüngt wird. Man hat also alle Jahr etwa 75 Acker, oder den dritten Theil des Ganzen zu düngen. Ueberdies hat diese Wirthschaft jährlich noch mehrere Wagen Dünger an die Reben abzugeben. Man kauft keinen Dünger auswärts. Die Mohn-, Raps- und Bohnenstengel werden zur Feuerung verwendet *). Dessen ungeachtet hat die Wirthschaft einen solchen Ueberfluß an Stroh, daß ich im October 1814 noch zweijähriges darin antraf.

Die ganze Wirthschaft ist in einem vortrefflichen Zustande, und erhält sich durch ihre eigenen Kräfte. Sie hat aber auch einen guten Boden, ohne welchen sie bei ihrem geringen Viehstande dennoch nicht würde bestehen können **). Wäre aber auch der Boden das nicht, was er ist, und nur mittelmäßig, so könnte jener Fruchtwechsel doch noch befolgt werden. Man dürfte nur den Mohn aus dem fünften Felde verdrängen, und solches ganz mit Klee bestellen, wodurch der Viehstand bedeutend vermehrt werden könnte.

Noch muß ich bemerken, daß der Raps hier nicht verpflanzt, dagegen zwei Mal vor Winter behackt

*) Diese Gegenstände gewähren einen so starken Vorrath, daß alles Brodt der Wirthschaft dabei gebacken, der Ofen einer großen Stube damit geheizt, und zum Theil das Feuer auf dem Heerde damit unterhalten wird. Der Eigenthümer schlägt die dadurch erwirkte Holzersparniß zu 300, und die daraus gewonnene Asche zu 200 Franken an.

**) Die Zerlegung des Bodens nach einer Probe ergab: 52,75 p. C. nach dem Sieden abschwemmbare Theile, darunter waren 7,25 p. C. Kalk, und nach der Abkochung mit Kali-Lauge zu urtheilen, nicht besonders viel Humus.

wird. Da der Raps das Land nun frühzeitig verlässt, und dadurch alle Zeit zur vollkommenen Behandlung des Bodens so gut, als eine Brache, gestattet; da er, man mag dagegen schreiben, was man will, den Boden äusserst wenig angreift: so ist dieser Bau eine sehr zuträgliche Vorbereitung zu dem darauf folgenden Weizen. Der Klee kömmt zwar in jenem Umlaufe in die zweite Halmfrucht, welches wir anderswo als einen Fehler gerügt haben; allein da der Boden durch das vorläufige zweimalige Behacken der Bohnen und das dreimalige Behacken des Mohns hinreichend gereinigt worden ist, so wird der Klee hier noch immer ein reines Land finden. Der Heberich z. B., der die guten Dreifelderwirthe gewöhnlich so sehr plagt, ist auf dem Kochersberge eine seltene Erscheinung.

Mit einem Worte, ich wüsste für Boden, der den Kohlraps, ohne zu verpflanzen und ohne vorhergehende reine Brache, vorbringen will, keinen reichern und bessern Fruchtwechsel anzugeben, als den, welchen wir eben auseinander gesetzt haben. Wir finden aber, wie oben gesagt worden, auf dem Kochersberge noch einen

sechsfeldrigen Fruchtwechsel,

dem man den Namen einer gemischten Wirthschaft geben könnte, weil sie die Mittelstraße zwischen der zwei und dreifeldrigen hält, und aus einer Mischung von beiden zu bestehen scheint; denn nimmt man auf die Rückkehr des Weizens, welche alle drei Jahre darin Statt hat, Rücksicht: so möchte man geneigt sein, sie für eine Dreifelderwirthschaft zu halten; da aber die Bohnen und Kartoffeln, die man unter die Brachfrüchte zählt, in das Sommer- oder Gerstenfeld kommen, und mehr als die Hälfte dieses Feldes einnehmen: so kann diese Wirthschaft durchaus für keine Dreifelderwirthschaft gelten.

Das Wesentliche dieser gemischten Wirthschaft besteht darin, daß alle drei Jahr ein Winterfeld vorkommt, und das darauf folgende Sommerfeld getheilt und halb mit Gerste und halb mit Brachfrüchten bestellt wird. Daraus entsteht denn folgender Fruchtwechsel:

| | | |
|---|---|---|
| 1. Jahr | Wintergetreide, | |
| 2. " | Sommergetreide | Brachfrüchte, |
| 3. " | Brachfrüchte, | |
| 4. " | Wintergetreide, | |
| 5. " | Brachfrüchte | Sommergetreide, |
| 6. " | Brachfrüchte. | |

Das Ganze trägt also in sechs Jahren:

zwei Mal Wintergetreide,
ein Mal Sommergetreide,
drei Mal Brachfrüchte.

Eine besondere Regel, die man bei diesem Fruchtwechsel beobachtet, ist, daß man auf den Antheil des Sommerfeldes, der der Gerste entzogen wird, keine andere Brachfrucht, als Pferdebohnen und Kartoffeln, nimmt. Ich beobachte auch, daß hier von Bohnen die Rede ist, die auf Reihen gesäet und zwei Mal behackt werden; denn sonst würden sie beinahe eben so nachtheilig auf die Fruchtfolge einwirken, als die

Gerste, deren Stelle sie vertreten, und daher die Sache um nichts bessern.

Größerer Deutlichkeit halber wollen wir eine Wirthschaft von 99 Acker annehmen, wie es ihrer mehrere auf dem Kochersberge giebt. Darin finden wir folgende Feldeintheilung:

| | | | |
|---|---|---|---|
| 1. Feld, | | Weizen, | |
| 2. „ | Gerste | Bohnen | Kartoffeln |
| 3. „ | | Brachfrüchte. | |

Man richtet, wie man leicht denken kann, die Sache so ein, daß, wo in dem zweiten Jahre die Gerste stand, in dem fünften die Bohnen und zum Theil die Kartoffeln zu stehen kommen. Wäre dieses nicht, und die Gerste käme mit jedem dritten Jahre auf demselben Platze wieder: so hätten wir auf diesem Theile des Feldes nichts als eine gewöhnliche Dreifelderwirthschaft, wodurch die ganze Absicht verfehlt würde.

Bestimmen wir alle in der angeführten Wirthschaft vorkommende Gegenstände nach der Ausdehnung, die sie darin haben, so geben sie uns jährlich

| | | | |
|---|---|---|---|
| an | Weizen . . | 33 | Acker |
| „ | Gerste . . | 15 | „ |
| „ | Bohnen . . | 15 | „ |
| „ | Kartoffeln . . | 3 | „ |
| „ | Klee . . . | 11 | „ |
| „ | Raps . . | 11 | „ |
| „ | Mohn und Hanf | 11 | „ |

Das Quantum dieser drei letzten Gegenstände leidet

ohne Zweifel seine Ausnahmen, und wird durch Zeit und Umstände, oder willkührlich modifizirt.

Einzelne Zweige in diesem Fruchtwechsel in Bezug auf die Folge der Brachfrüchte sind:

1. Weizen, 2. Bohnen, 3. Raps oder Hanf.
1. Weizen, 2. Kartoffeln, 3. Mohn oder Hanf.
1. Weizen, 2. Gerste, 3. Klee.

Auch weicht man manchmal von der gewöhnlichen Ordnung ab, und nimmt: 1. Weizen, 2. Bohnen, 3. Weizen, 4. Gerste, 5. Klee, 6. Raps; oder man bringt den Raps unmittelbar zwischen zwei Weizenärndten. Wir werden uns aber bei diesen Abweichungen nicht aufhalten, sondern mit unserer Untersuchung bei der Regel stehen bleiben.

Diese Wirthschaft hält, wie wir gesehen haben, die Mitte zwischen der Zwei- und Dreifelderwirthschaft. Sie gleicht der letztern darin: daß die Winterung in dem dritten Jahre auf demselben Felde wiederkommt; daß die Gerste unmittelbar nach der Winterung folgt; daß sich der ganze Umlauf mit zwei Mal drei Jahren endiget. Sie gleicht aber noch mehr der Zweifelder- oder sogenannten Wechselwirthschaft dadurch: daß die Bohnen und Kartoffeln unmittelbar nach der Winterung genommen werden, und hauptsächlich daß gerade die Hälfte der Aecker mit Getreide, die andere mit Brachfrüchten besetzt ist. Durch diesen letzten Umstand weicht diese Feldeintheilung am stärksten von dem Dreifeldersysteme ab, wo das Getreide zwei Drittel und oft mehr, von dem Felde wegnimmt, und den Brachfrüchten nur ein Drittel überlässt.

Die Vorzüge dieser sechsfeldrigen Wirthschaft gegen die der dreifeldrigen, scheinen außer allem Zweifel. Hat sie gleich etwas weniger Gerste, so hat sie ungleich bessere Gerste, weil der Acker bei ihr reiner gehalten wird. Der Abgang derselben wird übrigens hinreichend durch die Bohnen, sowohl an Korn als Stroh, gedeckt. Dabei hat sie bei gleicher Aussaat auf dem Antheile, der zwei Jahre hintereinander Brachfrüchte trug, zuversichtlich mehr Weizen, als die Dreifelderwirthschaft. Bei ihr kann der Acker in vollkommenem Zustande gehalten und zureichendes, und, wenn man will, überflüssiges Futter erzielt werden. Sie hat also nie eine Erschöpfung zu fürchten, und kann sich bei dem Baue mehrerer Handelsgewächse, ohne Zukauf von Dünger, aufrecht halten, wie dieses auf dem Kochersberge der Fall ist. Eine Sache, deren sich die Dreifelderwirthe in der schönen, oberhalb Strasburg gelegenen, Fläche nicht rühmen können. Auch scheinen die weisesten unter diesen sich dem kochersberger Fruchtwechsel zu nähern. Schon längst fühlten sie die Nothwendigkeit, wie wir bei den Artikeln Lingolsheim, Bläsheim, Meistratzheim, Fegersheim, Hipsheim erwähnt haben, ihren dreijährigen Fruchtumlauf zu unterbrechen, und von Zeit zu Zeit statt der Gerste eine Brachfrucht ins Sommerfeld zu nehmen.

Eine traurige Erfahrung führte also die wackern

Ackerleute dieser und noch mehrerer Gemeinden allmählig auf den Weg des Bessern. Es bleibt nur übrig, zu bedauern, daß sie nicht Muth oder Standhaftigkeit genug besitzen, bei der anerkannten Wahrheit zu bleiben, und sich auf immer der Dreifelderfessel zu entledigen. Hingerissen durch die Gewohnheit, und das unüberlegte Beispiel ihrer Ahnen, kehren sie sogleich wieder auf die fehlerhafte Bahn zurück, peitschen von neuem auf ihr altes Steckenpferd los, bis es nicht mehr fort will, und die Noth den Reiter zwingt, es auf ein Jahr auf die Seite zu stellen. Oder mit andern Worten: jene Landwirthe dreifeldern so lange fort, bis der Boden nach neun oder zwölf Jahren keine Gerste mehr mit Vortheil tragen will, oder der Taback unter der Hanfblume, der Klee und die Bohnen unter der Flachsseide vergehen. Alsdann sehen sie sich wol gezwungen, aus der Noth eine Tugend zu machen, und ihre geliebte Dreifelderwirthschaft wieder auf ein Jahr zu unterbrechen. So schwanken sie dann vom Fehlerhaften zum Guten, und vom Guten zum Fehlerhaften, Sie sehen dasjenige für ein vorübergehendes Heilmittel an, was auf dem Kochersberg festes System und gesunde Natur ist.

Es liegt aber doch noch ein anderer wesentlicher Unterschied zwischen der zeitlichen Abänderung, nach der gedachte Dreifelderwirthe greifen, und der Kochersberger Wirthschaft: weil in dieser nichts als Bohnen und etwas Kartoffeln ins Sommerfeld gebracht werden. Die Bohnen sind es aber eben, die sich hierzu am besten schicken, theils weil sie den Boden weit weniger, als Hanf und Mais angreifen, theils weil sie durch ihr Stroh und Korn den Abgang der Gerste in dem Innern der Haushaltung gänzlich ersetzen, welches der Mais nicht ganz und der Hanf gar nicht thut; theils auch weil sie die Einführung dieses Fruchtwechsels auf dazu geeignetem Boden überall möglich machen, wie wir sogleich zeigen werden.

Ob die gemischte Wirthschaft endlich der zweifelbrigen die Waage halte, ihr nachstehe, oder, wie man dieses auf dem Kochersberge glaubt, sie übertreffe, das wage ich nicht zu entscheiden. Es wird wol dabei alles auf den Boden und andere Wirthschaftsverhältnisse ankommen; daher auch ihre Nachbaren von Hausbergen, Wendenheim, Brumath u. dergl. der Zweifelderwirthschaft den Vorzug geben, und ohne Zweifel haben diese die Erfahrung für sich, daß ihr Boden ein schnelleres Wiederkommen des Weizens besser verträgt, als der Boden auf dem daranstoßenden Kochersberge.

So weit übrigens auch diese kochersberger Wirthschaft über die gewöhnliche und selbst über die beste Dreifelderwirthschaft erhaben ist, so hat ihr Fruchtwechsel und ihre Feldeintheilung doch einige Mängel, denen man aber ohne besondere Mühe abhelfen könnte. Zuerst finden wir bei ihr nur ein Neuntel in Klee, welches freilich für das Elsaß schon viel ist, womit man sich aber in andern Gegenden, oder auf schlechterem Boden nicht begnügen würde. Er setzt voraus, daß die Wirthschaft noch nebenher einigen Graswuchs besitzt; denn sonst könnte sie mit dem Futter, folglich mit dem Dünger nicht zureichen. Hat sie also diese Zulage von Wiesen nicht; oder kann sie diese, wie oft geschieht, auf eine andere Art höher benutzen, so müsste durchaus der sechste Theil in Klee liegen, welches jedoch durch die Verringerung des Anbaues der Handelsgewächse nach Belieben geschehen kann.

Eine etwas größere Schwierigkeit bietet der Klee selbst dar, der hier, wie bei der Dreifelderwirthschaft, in das zweite Getreide gesäet wird, welches nicht ganz ohne Nachtheil jener Pflanze geschehen kann, wie wir schon an mehreren Orten berührt haben. Man hätte aber zwei Wege, diesem Uebel auszuweichen. Entweder: daß man den Klee in den Weizen säete, und ihn also in das Sommerfeld brächte. Dann könnte man

Jahr 1, Weizen,
" 2, Klee,
" 3, Bohnen,
" 4, Weizen,
" 5, Gerste und Kartoffeln,
" 6, Handelsgewächse und andere Brachfrüchte

haben; oder noch besser, und ohne im geringsten die Feldordnung zu stören, man ließe den Klee in dem Brachfelde und säete ihn bei dem zweiten Behacken unter die Bohnen. Dabei würde der Klee ausnehmend gewinnen, und man hätte:

Jahr 1, Weizen, darauf Rüben,
" 2, Bohnen, gedüngt,

Jahr 3, Klee, gegipst,
" 4, Weizen,
" 5, Gerste und Kartoffeln,
" 6, Handelsgewächse und andere Brachfrüchte, gedüngt.

Ein Fruchtwechsel, der das dreijährige Wiederkommen des Weizens mit den Vortheilen des Zweifeldersystems verbindet, und also alle Parteien befriedigen könnte. Nur findet der Raps in dieser Abänderung keinen Platz, weil er nach Gerste nicht wohl folgen kann, es sei denn, daß er in ihre Stoppel gepflanzt und nicht hineingesäet würde; eine Vorrichtung, die ich auf jeden Fall anrathen, und wodurch dieser Fruchtwechsel auf jedem Weizenboden anwendbar werden würde.

Wollte man endlich aus dem Rapse den einzigen Gegenstand der Cultur der Handelsgewächse machen, (und man ist dabei durch die Feldeintheilung seiner Nachbaren nicht gehindert) so würde es vortheilhafter sein, den Klee in den Weizen zu säen, und den Raps nach dem Klee folgen zu lassen. Alsdann stände die Eintheilung:

| | | | |
|---|---|---|---|
| Jahr | 1, | Weizen, | |
| " | 2, | Klee, | |
| " | 3, | Raps, | |
| " | 4, | Weizen, | |
| " | 5, | Gerste, | Kartoffeln, |
| " | 6, | Bohnen, | Hanf oder Etzfutter *). |

*) Unter Etzfutter verstehe ich Wicken, oder Wickgerste, oder Wickhafer, welche grün verfüttert werden.

Unter allen Fruchtwechseln scheint mir dieser dem Rapsbaue am angemessensten, und die ganze Wirthschaft würde dabei zu ewigen Zeiten bestehen können; da aber, wo wegen der Dreifelderwirthschaft der Nachbaren der Klee nicht ins Sommerfeld kommen darf, lässt man den Raps unmittelbar nach dem Weizen folgen und säet den Klee in den Raps. Bei diesem Fruchtwechsel hätte man in einer Wirthschaft von 96 Acker ihrer

32 in Weizen,
12 in Gerste,
16 in Klee,
4 in Eßfutter oder Hanf, Flachs,
12 in Bohnen,
4 in Kartoffeln,
16 in Raps.

Man sieht ein, daß der Klee unter einem zwei Mal behackten Rapse nicht anders als rein und gut kommen kann. Da der Raps überdies das Feld sehr früh räumt, so liefert der Klee schon im ersten Jahre einen guten Schnitt, welches in einer Wirthschaft von keinem geringen Vortheile ist, sowohl dieser Benutzung selbst wegen, als dadurch, daß man die alten Kleefelder um so früher zur Weizenbestellnng umbrechen kann.

Wir sagten zu Ende des vorhergehenden Abschnittes, daß wir ein Mittel kennten, jedem einzelnen, auf die Verbesserung seines Ackerbaues bedachten, Dreifelderwirthe eine Verbesserung in seinem Feldsysteme möglich zu machen, und ihn der Fessel zu entledigen, wodurch seine Industrie gehemmt wird. Dieses Mittel glauben wir in dem angegebenen sechsfeldrigen Fruchtwechsel des Kochersberges gefunden zu haben.

Es findet sich, wie man weiß, bei der Einführung der Zweifelder- oder sogenannten Wechselwirthschaft in einer Gegend, oder in einem Dorfe, wo die Flur in drei Feldern liegt, ein anerkanntes, oft unübersteigliches Hinderniß; das nämlich: daß jeder die Art Blume, oder wie man es sonst auszudrücken pflegt, einhalten muß, die seine Nachbarn befolgen, ohne welches er sich unvermeidlichen Schaden zuzieht, oder in die Nothwendigkeit versetzt wird, ihn Andern zuzufügen. Wollte da Einer für sich allein heraustreten, so würde er nicht selten Brachfrüchte in einer Feldflur zu bauen haben, die schon ganz mit schossendem Wintergetreide bedeckt ist. Wie soll er dabei auf seinen Acker kommen, wenn dieser nicht gerade auf einen Weg anstößt? Und stößt er auch von einer Seite auf den Weg an, wie soll der Pflüger an der entgegengesetzten Seite mit seinem Gespann wenden, wenn der Acker nicht allda wieder auf einen andern Weg anläuft. Da dieser doppelte Fall aber selten ist, so muß er auf seinem eigenen, oft nur zehn oder zwanzig Schritte breiten, Acker die Kehre nehmen. Es bleibt also ein Stück davon ungepflügt, das er mit dem Spaten oder der Hacke beschaffen muß, wenn es nicht unbenutzt bleiben soll. Bald treten wieder andere Schwierigkeiten ein. Noch ehe seine Sommer- oder Brachfrucht reif ist, kommt chon das Ablegen und Abfahren der Winterungs-rndten seiner Nachbaren; das darauf folgende Um-rechen ihrer Felder, oft die zweite Benutzung der-elben; oder gar die Behütung des Stoppelfeldes nit dem Viehe der Gemeinde, oder auch nur einzelner brivatleute, und alle damit verknüpfte Unannehm-chkeiten für Alles, was ihrer Ausführung im Wege eht. — Mit einem Worte, es ist dem unter em Joche der Dreifelderwirthschaft seufzenden Land-eirthe nicht erlaubt, an eine dauerhafte Verbesse-ung zu denken. Die Zweifelderwirthschaft ist für en nur ein schönes Ideal, das er bewundern kann, nd nicht nachahmen darf.

Diesem Uebel aber wird durch die angeführte echsfeldrige kochersberger Wirthschaft gänzlich abge-olfen. Da sie den Gang der Geschäfte der Drei-lderbestellung beibehält, theilt sie beinahe alle Vor-beile, die der Zweifelderwirth aus der seinigen zieht. Die Winterung und das Brachfeld treffen in beiden Wirthschaften immer zusammen, und das Sommer-ld, das bei der Dreifelderwirthschaft mit Gerste stellt wird, wird in der gemischten Wirthschaft it Pferdebohnen bestellt. Beide Gegenstände gehen ber ungefähr gleichen Gang, und hindern einander eder bei ihrer Bestellung, noch bei ihrer Abärnd-ng. Auf diese Art kann auch der kleinste Land-irth, bei der stärksten Zerstückelung der Felder, itten in einer Dreifelderflur ungestraft und unge-ndert hausen.

Mit einem Worte: Ich bin geneigt zu glauben,

daß diese kochersberger Wirthschaft gemacht ist, eine allgemeine Umschaffung der Dreifelderwirthschaft hervorzubringen, und dieses veraltete, mangelhafte, und leider nur zu sehr ausgebreitete System bei jedem ämsigen nachdenkenden, und sein wahres Interesse verstehenden Volke zu verbannen. Das Elsaß, das schon so große Fortschritte im Ackerbaue gemacht, und besonders der edle Theil desselben, der sich von Strasburg aus bis zu dem Jura hin erstreckt, und so viele aufgeklärte Landwirthe zählt, die schon längst das Fehlerhafte der Dreifelderwirthschaft gefühlt haben und sich nicht selten von ihrem steifen Gange loswinden, das Elsaß, sage ich, wird nicht das letzte sein ihr völlig den Abschied zu geben, und sich zu einer höhern Stufe zu erheben.

# Vierzehnter Abschnitt.

## Anbau des Wintergetreides.

### I. Weizen.

Der kostbare körnige Klei, den man durchgehends in dem Nieder-Elsasse antrifft, macht dieses Land zu dem Weizenbau vorzüglich geeignet. Auch wird der Weizen daselbst als Hauptprodukt angesehen, dem alle andere untergeordnet sind, oder ihm als Vorbereitung dienen müssen. Er macht die allgemeine Nahrung in den Städten, und mit einem Zusatze von Gerste, auch auf dem Lande aus. Er ist daher die gangbarste Handelswaare, nach der sich auch der Preis der übrigen Getreidearten richtet.

#### Weizengattung.

Der Weizen, den man hier bauet, ist der gewöhnliche gelbe Winterweizen ohne Grannen. Nur in der Gegend von Lauterburg, und vielleicht auch in andern Cantons des weissenburger Bezirkes findet man begrannten Weizen. Man behauptet zu Lauterburg, daß der unbegrannte nicht so gut daselbst fortkomme. „Bei mir," sagt Schröder, „bauet man den gewöhnlichen braunen Weizen, der mehr Stroh giebt, als der weiße, nicht so leicht ausfällt und wirklich auch schwerer und dabei dünnhäutiger ist, als dieser."

#### Vorfrüchte zum Weizen.

Man bauet den Weizen nach Taback, Hanf, Pferdebohnen, Mais, Kartoffeln, Weißkohl, Mohn, Raps, Klee und in der Brache; wiewol letzteres sehr selten in der Regel vorkommt.

Der Taback wird allgemein für die beste Vorfrucht zum Weizen gehalten, und man rechnet den Ertrag davon um einen siebenten Theil stärker, als nach einer andern Frucht. Zwei Umstände tragen dazu bei: die starke und gute auf dem Taback verwendete Düngung, und das öftere sorgfältige Behacken, welches sein Anbau erheischt. Obgleich nach einem kühlen, dem Taback ungünstigen, Sommer erst spät gesäet werden kann; so erzielt man dem ungeachtet vorzüglichen Weizen auf einem solchen Felde.

Das Hanfland giebt dem Tabackslande als Vorfrucht zum Weizen wenig nach: besonders an den Orten, wo zum Hanfe noch stärker, als zum Taback gedüngt wird. Der Hanf hinterlässt bekanntlich, auch ohne Behacken, dessen er nicht bedarf, ein reines Land. Ich glaube dennoch, aus älterer Erfahrung, daß der Hanfweizen an Stroh etwas zurücksteht.

Einen Zurückschlag an Stroh will man auch bei dem Weizen nach Weißkraut oder Kopfkohl bemerken. Dagegen rechnet man, daß 120 Garben so viel Korn abwerfen, als 150 Garben vom Weizen, der auf Taback folgt.

Die beste Zubereitung auf schwerem Boden möchte aber immer noch die reine Brache bleiben. Fehlt es zuweilen zu Geudertheim an hinreichendem Dünger zum Taback, und man sieht sich gezwungen, das Land den Sommer zu brachen, so zählt man auf ein Viertel Weizen pro Acker mehr.

Man hält gewöhnlich die Pferdebohnen für eine sehr gute Vorbereitung zum Weizen; im Elsasse aber ist man durchgehends der Meinung, daß der Bohnenweizen weniger und ein leichteres Korn gebe, als der nach Taback, Hanf und Mohn. Daher kommt es vielleicht zum Theil, daß man auf dem Kochersberge die Bohnen ins Sommerfeld aufnimmt, und zwischen ihnen und dem Weizen noch eine andere Brachfrucht einschaltet.

Nach dem Mais giebt der Weizen ein schönes Korn; aber nur halb so viel Stroh, als nach anderen Gegenständen. Doch fand ich auch Gegenden, wo der Weizen gut, sowol im Korn als Stroh, nach dem Mais gerathen soll, und wieder andern, wo man den Maisweizen für den schlechtesten hält.

Eben so vielen Widerspruch hörte ich über den Klee. Bald wird er für die beste, häufiger aber nur für eine mittelmäßige Vorfrucht zum Weizen gehalten. Es wird wol dabei, wie bei andern Dingen gehen, nämlich: wie man's treibt, so hat man's. Nach schlechtem Klee wird es nirgends guten Weizen geben. Ueber eins scheint man einverstanden; daß nämlich der Kleeweizen unter allen der strohreichste sei.

Auch nach dem Raps soll der Weizen ergiebiger an Stroh, und geringer an Korn ausfallen.

Der Mohnweizen wird an einigen Orten geschätzt, und dem Klee- und Bohnenweizen vorgezogen.

Kartoffeln werden durchgehends, und sicher nicht mit Unrecht, für die schlechteste aller Vorfrüchte zum Weizen gehalten. Nur Leute, die vollauf Dünger haben, und nach der Kartoffelärndte noch etwas Mist aufführen können, dürfen sich an einen solchen Fruchtwechsel wagen. In einigen Gegenden des Elsasses, wo man Zweifelderwirthschaft treibt und über das andere Jahr den Weizen auf demselben Felde wiederkommen lässt, trägt man kein Bedenken, ihn nach den Kartoffeln zu säen. Hat es an Dünger zu diesen gefehlt, so düngt man zum Weizen.

Nach Krapp kann selbst auf leichtem Sandboden Weizen gesäet werden, wenn das Land nur gehörig fett ist. Ich fand davon Beispiele im Elsaß.

Daß man den Weizen nach Getreide säe, ist mir aber daselbst nicht vorgekommen; es sei denn nach Spelz, doch auch darnach sehr selten.

## Feldzubereitung zum Weizen.

Sobald der Taback geblattet ist, werden oder sollten doch die Strunken sogleich ausgehauen werden, weil sie sonst sogleich wieder neue Gitzen treiben, und den Acker stark aussaugen. Die Strünke werden, wenn man den Grund von der Wurzel mit der Egge, oder auf eine andere Art getrennt hat, auf die Seite geworfen, damit sie beim Pflügen nicht hindern; später, wenn der Weizen gesäet ist, streuet man sie wieder über das Feld her, weil man ihnen eine vortheilhafte Wirkung auf die junge Saat zuschreibt. Gegen das Frühjahr werden sie gesammelt und nach Hause geführt. Andere pflügen sie vor Winter zum Weizen unter, behauptend, daß derjenige, der die Tabacksstrünke vom Felde wegführt, demselben einen Wagen Dünger pro Acker raube. Zum Einlegen der Strünke in die Furche gehört ein Mädchen bei jeden Pflug. Man beobachtet, die Wurzeln dem Pfluge entgegen zu legen, ohne welches sich die Stiele aus dem Boden erheben würden. Beim Eggen hält man die entgegengesetzte Richtung ein.

Gewöhnlich wird nach Taback nur ein Mal gepflügt, nach Bohnen drei Mal, nach Mais und Kartoffeln ein Mal, nach Hanf zwei Mal, an einigen Orten auch drei Mal; das erste Mal tief, die zwei andern Male sehr flach. Mit der letzten Furche wird zugleich der Weizen untergebracht.

Da an mehrern Orten, wo die Dreifelderwirthschaft herrscht, zu Mais, Bohnen und Kartoffeln nicht gedüngt wird, so muß nothwendig zum Weizen gedüngt werden. Nach Bohnen werden 4, nach Kartoffeln und Mais aber 6 Wagen Dünger auf den Acker erfodert. Wenn man zu Bischheim den Weizen nach Kartoffeln folgen lässt, so düngt man den Acker mit Federn, und braucht 6 bis 8 Säcke dazu. Sie bringen sehr guten Weizen hervor, winken aber nur auf ein Jahr.

Eine größere Mannigfaltigkeit findet sich in der Zubereitung der Kleestoppel zum Weizen. Es macht nämlich einen wesentlichen Unterschied: ob das Kleefeld stark bestaubet und rein, oder ob es schlecht besetzt und unrein war. In jenem Falle wird gewöhnlich ein Mal, in diesem zwei bis drei Mal gepflügt. Die starke, fette Kleestoppel bedarf keines Düngers; die magere aber wird ein wenig überstreuet, wozu 2 Wagen Dünger auf den Acker gehören. Man lässt gern den dritten Kleeschnitt etwas heranwachsen, ehe man das Land stürzt, welches dann ebenfalls statt einigen Düngers dient.

Wird zwei Mal gepflügt, so wird die Kleestoppel zuerst nur abgeschält, und hernach tiefer umgefahren. Räumt der Klee zeitig genug das Feld, so zieht man ein dreimaliges Pflügen vor. Jede dieser Pflugarten geht tiefer, als die vorhergehende. Man findet zu Hochfelden, daß der Weizen nach einmaligem Pflügen mehr Stroh, nach dreimaligem aber mehr Korn vorbringe. Zu Truchtersheim fährt man die Kleestoppel, nachdem sie mit etwas Dünger überstreuet worden, drei bis vier Zoll tief um, säet den Weizen auf die rauhe Narbe, und bringt ihn durch starkes Eggen mit eisernen Zinken unter.

Eine eigene und merkwürdige Art, den Weizen zu säen, fand ich zu Wasselingen. Man streuet nämlich einen Theil des Samens über die noch nicht umgebrochenen Kleestoppeln aus, pflügt dann flach um, säet den übrigen Weizen über das Land und egget alles scharf unter einander. Dieses soll sehr guten Weizen geben. Die Methode scheint mir neu und auf einem leichten Boden äußerst anpassend. Ich zweifle nicht, daß man dadurch Weizen auf einem Boden erzielen kann, der so wenig zusammenhängend ist, daß er, auf die gewöhnliche Weise behandelt, keinen tragen wolle.

Wahl und Zubereitung des Samens.

Es kömmt bei allem Getreide, besonders aber bei dem Weizen, vieles auf ein gutes Saatkorn an. Wir wissen, daß der Weizen nicht selten von dem Brande leidet, und obgleich der Stoff zu dem Staubbrande oder dem sogenannten Butze nicht in dem Korne selbst liegt, so ist doch ein schlechter, unvollkommener oder dumpfig gewordener Same jener Krankheit mehr ausgesetzt, als ein guter, reifer und wohlgehaltener.

Ob man den Steinbrand im Elsaß kennt, weiß ich nicht, wenigstens lassen mich alle eingezogenen Erklärungen schließen, daß das, was man daselbst Butz nennt, nichts anders, als der Staubbrand sei. Die Ursache von dieser letztern Krankheit liegt aber, wie gesagt, nicht in dem Korne selbst, weil alle Körner, die davon ergriffen sind, auch ganz zerstört werden, der Staub den gesunden nicht schadet, die Krankheit also sich auf keine Weise forterben kann *). Die

*) Der Hr. Verfasser der Grundsätze der rationellen Landwirthschaft sagt zwar, daß, nach seinen und Anderer Beobachtungen, von dem Staubbrande nicht nur die ganze Aehren, sondern auch immer die ganze Pflanze ergriffen wird; allein meine Erfahrungen stimmen damit nicht überein, weil ich nicht ein Mal, sondern sehr oft in den Niederlanden brandigen Winterweizen gefunden habe, wo weder die ganze Pflanze, noch selbst die ganze Aehre von dem Uebel befallen war. Auf einigen Halmen waren die Körner nur auf der einen und nicht auf der andern Seite der Aehre zerstört;

wahre Quelle davon kann man zwar bis jetzt noch nicht mit Genauigkeit angeben; doch weiß man, daß ein feuchter, überfetter Boden, warme, mit vielem Regen abwechselnde Witterung, üble Bestellung, schlecht behandelter Same *), vielleicht auch eine gewisse Gattung von Dünger, einzeln oder vereint dazu Anlaß geben können. So hat man z. B. zu Candel erfahren, daß der Weizen nach einer gedüngten Kleestoppel leicht brandig wird, daher man daselbst in dem Falle, wo man sich wegen Dürftigkeit des Bodens gezwungen sieht, die Kleestoppel zu überdüngen, den Weizen wegläßt und Spelz dafür aufnimmt **).

---

bei andern waren alle Spelzen oder Bälglein der obern Hälfte der Aehren mit schwarzem Staube gefüllt, während die untere Hälfte mit gesunden Körnern besetzt war. Ich zog eine Weizenstaude mit der Wurzel aus der Erde, wusch den Grind sorgfältig im Wasser davon ab, um mich zu überzeugen, ob ich auch nur eine einzige Pflanze hätte. Hier fand ich nun, daß aus einem und ebendemselben Wurzelbüschel vier Halme hervorgegangen waren, wovon zwei ganz brandige und zwei ganz gesunde Aehren getrieben hatten. Man würde Unrecht haben, daraus folgern zu wollen, daß also der Sitz des Uebels im Korne liege, weil die gesunden Aehren eben so viel für das Gegentheil beweisen.

*) Ein gescheidter und erfahrner Landwirth im Elsaß versicherte mir, daß er seinen Weizen nie beize. Dagegen lasse er den zur Saat bestimmten auf dem Felde überreif werden. Dadurch habe er sich gänzlich von dem Butze befreiet. — Es ist merkwürdig, daß der Staubbrand den unter Rocken gesäeten Weizen nicht befallen soll, obgleich dieser auch nicht gebeizt wird.

**) Man hält und mästet in Candel äußerst viele Schweine. Die Untersuchung wäre zu machen, ob der davon gewonnene Mist nicht Anlaß zu dem Staubbrand des Weizens in den damit überdüngten Kleestoppeln gebe?

Jedoch macht dieses für einen andern Boden oder eine andere Lage keine Regel.

Ich füge hier einige merkwürdige Beobachtungen von Hrn. Schröder bei. „Es giebt Jahre," sagt er, „wo man den Butz auf allen Aeckern häufig antrifft; andere, wo nur hier und dort ein Acker damit behaftet ist, während die benachbarten davon frei sind; und sehr oft findet man sie auf allen Aeckern eines und eben desselben Eigenthümers, sie mögen liegen, wo sie wollen. In dem ersten Falle ist es offenbar, daß die Hauptursache der Erzeugung dieser Krankheit in der Atmosphäre liege; in den beiden andern scheint das Uebel entweder von der nachlässigen Auswahl des Samens, oder der Bestellung des Bodens, oder des Düngers, oder von der Vereinigung dieser drei Ursachen herzurühren."

„Daß die Witterung zu der Zeit, wo der Weizen zu schossen anfängt, vorzüglich zu der Entwickelung oder Abwendung der Krankheit beitrage, gründet sich auf eine, meiner Meinung nach, unleugbare, Erfahrung, die ich im vorigen Jahre, wo es so viel Staubbrand gab, zu machen Gelegenheit gehabt habe. Ich ließ allen Weizen, den ich im Herbst 1803 säete, auf das Sorgfältigste zubereiten. Der größte Theil meiner Aecker wurde zwischen dem 20sten September und dem 12ten Oktober besäet. Auf allen diesen Aeckern fand sich zwar weniger Brand, als auf den meiner Nachbaren; allein es gab dessen doch noch immer genug, um den Ertrag der Aerndte zu vermindern und den Weizen unscheinbar zu machen.

Andere meiner Felder, für welche der Samen auf die nämliche Weise zubereitet, die aber erst nach dem 20sten Oktober eingesäet worden, also auch später zum Schossen kamen, hatten viel weniger Staubbrand und die Frucht ein besseres Ansehen. Endlich hatte ich noch einen Acker, den ich erst im November, und zwar mit unzubereitetem Weizen, ohne alle Beize einsäen ließ. Dieser schoßte sehr spät, und ich fand darauf auch nicht eine brandige Aehre."

„Im Herbst 1804 hatte ich fünf Aecker, die den Sommer über gebracht und stark gedüngt worden waren. Sie wurden 14 Tage vor Michaelis besäet. Ich nahm dazu von dem brandigen Weizen, den ich in demselben Jahre eingeärndtet hatte, und den ich stark einbeizen, wiewol nicht waschen ließ. Auf diesem Acker zeigten sich in diesem Jahr (1805) hin und wieder einige brandige Aehren, die aber der Masse nicht schadeten. Auf einem andern Platze, der Klee getragen, den ich, als er einen Fuß hoch war und in Blumen stand, als vegetabilischen Dünger untergefahren hatte, säete ich vom nämlichen Samen, jedoch etwas später, und ich kann versichern, daß dieses ganze Stück, welches doch an die 30 Aecker enthält, auch nicht eine brandige Aehre zeigte. Eben so verhielt es sich auf einem andern Brachacker, der aber erst acht Tage nach Martini besäet und nicht gedüngt worden war. Auf diesem Felde ärndtete ich meinen schönsten Weizen. Ich raufte einen Stock aus, der 21 Aehren hatte, und 846 Körner gab."

„Aus diesen Erfahrungen glaube ich nun folgende Resultate ziehen zu dürfen.

1) Man kann ohne Bedenken vom Staubbrande geschwärzten Weizen, wenn er nur gesund und vollständig ist, zur Aussaat nehmen.

2) Das Beizen ist kein sicheres Mittel, dem Uebel vorzubeugen; es ist also überflüssig.

3) Eine späte Saat, welche im Frühjahr also auch später zu schossen anfängt, scheint dem Brande weniger unterworfen *).

4) Die Ursache der Krankheit steckt nicht im Samen, sondern in einer äußern Ursache.

5) Der Mist scheint etwas zur Fortpflanzung des Uebels beizutragen.

6) Der vegetabilische Dünger ist in dieser Rücksicht dem animalischen vorzuziehen. Man hat also Unrecht, wenn man die Kleefelder kurz vor der Einsaat noch ein Mal kahl abschält, und solches durch aufgefahrnen Dünger zu ersetzen sucht."

Obgleich ein gutes gesundes Weizenkorn keine Beize nöthig hat, wie auch mehrere aufmerksame Landwirthe im Elsaß davon überzeugt sind, und das

*) Dies ist freilich nur eine Muthmaßung; denn liegt die Quelle des Uebels in einem sichern Zustande der Luft: so könnte geschehen, daß sich dieser Luftzustand manchmal früher, manchmal später ergäbe; daher könnte denn bald der früh, bald der spät gesäete Weizen seinem Einfluß entgehen. Nur die Erfahrung von einer Reihe Jahren könnte ergeben, ob das späte Säen gegen den Brand sichere.

Einbeitzen gegen den Staubbrand, oder eigentlichen Butz, wenig oder gar nichts hilft: so will ich desselben doch hier erwähnen, weil es Fälle giebt, wo die Anwendung davon nützlich werden, oder doch denen dienen kann, die von dem Einbeitzen nicht abgehen wollen. Man bedient sich im Elsaß zu diesem Zweck gewöhnlich des Salzes und des Kalkes. Der zur Saat bestimmte Weizen wird einige Mal gewaschen, auf dem Boden ausgebreitet, die Masse mit einem Vierling (1/24) zerfallenen Kalk und 1 Maaß (1/96) Salz für's Viertel bestreut, und das Ganze wohl umgestochen.

Das Waschen bei dieser Vorrichtung ist sicher gut, wenn man so viel Wasser dazu nimmt, daß es einige Zoll hoch über den Weizen aufstehet, weil bei dem Umrühren viele taube und unvollkommene Körner, so wie auch sicherer Unkrautssamen, an die Oberfläche kommen und darüber herschwimmen, wo man sie dann mit einem Schaumlöffel wegnehmen kann. Man thut also wohl, wo man daran gewöhnt ist, dabei zu bleiben, und es wäre zu wünschen, daß man es mit allem Getreidesamen so machte. Das bei obiger Einbeizungsart angebrachte Salz macht zwar, daß der Kalk sich fester an die Körner anhängt; ob es aber sonst einige Wirkung hervorbringe, daran zweifle ich. Uebrigens ist es in unsern Tagen sehr theuer. Besser und wirksamer ist, wenn man statt des Salzes Asche nimmt. Nachdem nämlich der Same, es sei nun durchs Waschen, oder durch Uebergießen mit etwas kaltem oder warmem Wasser angefeuchtet ist, nimmt man auf 12 Maaß Saatkorn 1 Maaß an der Luft zerfallenen Kalk und ein halbes Maaß gute Holzasche. Die beste, welche man dazu gebrauchen kann, ist die aus verbrannten Taback- oder Mohnstengeln. Man streuet den Kalk sammt der Asche über das Getreide her, arbeitet Alles so unter einander, daß jedes Korn davon überzogen werde, und läßt es 8 bis 12 Stunden ruhig im Haufen liegen; breitet es dann aus einander, läßt es abtrocknen, und füllt es, doch nur nicht feucht, in die Säcke.

Man pflegt in dem Elsaß immer neues Korn zur Einsaat zu wählen, da doch das überjährige nicht allein eben so gut dazu, sondern auch dem Brande weniger ausgesetzt ist, weil die schlechten und kränklichen Körner, während der Frist von einem ganzen Jahre, ihre Keimkraft verloren haben, also dem übrigen Getreide keinen Schaden bringen können.

In dem Riethe verändert man auch wol alle 2 oder 3 Jahre den Samen, und bezieht ihn vom linken Ufer der Ill her. Dadurch gewinnt man nicht selten ein Viertel mehr vom Acker. Die Samenveränderung ist überall anzurathen, wo man keinen eigentlichen Weizenboden hat, das heißt, da, wo der Weizen durch fleißige und zweckmäßige Bestellung zwar gewonnen werden kann, aber nie die volle Kraft, wie in den eigentlichen Weizenländern, erreicht. Auf einem solchen Boden wird der Weizen von Jahr zu Jahr schwächer, und die davon gewonnenen Aerndten werden minder ergiebig.

### Zeit der Weizenaussaat.

Die gewöhnlichste Saatzeit für den Weizen ist 8 Tage vor bis 3 Wochen nach Michaelis. Ob man gleich die Erfahrung gemacht hat, daß der früher gesäete Weizen durchgehends besser einschlägt: so thut man es doch nicht oft, weil das Unkraut auf dem früher besäeten Acker zu stark wuchert. Das spätere Säen, als gedachte Frist, schlägt nur in wenigen Jahren zu Glück; denn wenn gleich der Weizen stark und kraftvoll wächst, so bleibt er doch lange grün, und nothreift dann im Sommer, wodurch viele Aehren taub bleiben. Daher das elsasser Sprichwort: Wenn die Allerheiligensaat geräth, so soll es der Vater den Kindern nicht sagen.

Nach Hanf und Taback treibt der Weizen schneller aus der Erde, als nach andern Gegenständen. Kleeweizen will zwei bis drei Wochen früher, als jeder andere, gesäet sein, ohne welches er leicht taub wird.

### Stärke der Weizenaussaat.

Sie schwankt im Elsaß zwischen 2 und 3 Sester, und wird an einigen Orten auf 4 Sester getrieben. Das eigentliche Medium der Einsaat ist aber 2½ Sester trockenen Weizen pro Acker, (242 Litres pro Hektar, 18 Metzen pro Morgen). Dieses stimmt ziemlich genau mit dem allgemeinen Medium überein, welches Hr. Staatsrath Thaer für alle Nationen und alle Gegenden angiebt; es scheint mir aber für den guten Weizenboden, so wie man ihn durchgehends im Elsaß antrifft, zu stark, und 2 Sester guten trockenen Samen würden im Durchschnitt daselbst zureichen *).

Es ist zu bewundern, wie nahe liegende Dörfer, auf demselben Boden und bei derselben Bauart, in der Stärke der Aussaat oft um ein ganzes Drittel von einander abweichen, so daß man in dem einen 193, in dem andern 290 Liter auf den Hektar säet. Es herrscht darin ein Mißbrauch, den mehrere gute Landwirthe daselbst anerkennen; sie nehmen daher auch gewöhnlich etwas weniger Samen, als ihre Nachbaren. Ich fand selbst bei ihnen Beispiele einer äußerst sparsamen Einsäung. So besäete ein Mal Hr. Stommer, Maire in Euchenheim, wo man 3 Sester nimmt, einen Acker mit anderthalb Sester, und wieder einen halben Acker mit einem halben Sester, und band auf letzterm im Jahr 1812 hundert und achtzig Garben auf. Ich sah 1813 zu Meistraßheim bei Hr. Bodmer einen Acker, der mit einem Sester besäet war, und vollkommen dicht und äußerst schön stand. Dieser Weizen stand aufrecht, da auf dem daran stoßenden, nach dem gewöhnlichen Maaße besäeten, Acker die Frucht großen Theils lagerte. Ich begehre übrigens keineswegs, diese Versuche als Muster aufzustellen, und noch weniger, sie einem nachlässigen Landwirthe bei schlechter Bestellung und auf magerm Boden aufzudringen. Es

*) Ich fand einige Oerter, wo man nach dem Klee einen Sester Weizen mehr säet, als nach dem Taback.

sollen nur Beispiele sein, die manchen wackern Landwirth auf die Stärke seiner Einsaat aufmerksam machen und ihn zu Versuchen leiten können, um zu sehen, ob er im Ganzen nicht zu viel Samen auswerfe, und sich durch eine weisere Anwendung desselben jährlich einige Viertel Weizen ersparen könne *).

### Unterbringen der Weizensaat.

Man pflügt durchgängig im Elsaß einen Theil der Saat mit flachen, schmalen Schnitten unter, und nennt solches vorsäen. Das Vorgesäete besteht bald aus dem Drittel, bald aus dem Viertel, bald aus der Hälfte des Samens, den man zu nehmen gedenkt. Darauf wird der übrige Theil über das umgepflügte Land hergestreuet und eingeegget. Es giebt aber auch Oerter, wo nichts vorgesäet, sondern Alles untergeegget wird.

Man glaubt durch das Vorsäen das Auswintern des Weizens zu verhindern, und das Getreide gegen die scharfen Winde zu schützen. Das Vorsäen hat auch im Riethe, also auf feuchtem, schwerem Boden, Statt. Man hält es daselbst auf wohl gebauetem Lande für vortrefflich, auf rauhem, schlecht bearbeitetem aber für nachtheilig. — Zu Hochfelden

*) Auch für den Staat ist die Beobachtung einer gehührenden Oekonomie in der Aussaat nicht gleichgültig; denn nehmen wir an, daß im Durchschnitt auch nur ein Vierling pro Acker erspart würde, so thut dieses für das einzige Departement des Niederrheins eine jährliche Ersparung von 10000 Hektoliter Weizen.

wird bloß auf leichtem Boden vorgesäet, besonders bei trockener Saatzeit. Dieses Unterpflügen schützt im Frühjahr das Getreide gegen das Verwehen scharfer Winde. Man wendet es daselbst vorzüglich auf solchem Boden an, der über einer steinigen Unterlage nur eine seichte Krume hat. Man könnte, meiner Meinung nach, eben so füglich allen Samen unterpflügen. Uebrigens wird das Unterpflügen auch auf keinem Boden schaden, da der Weizen eine Decke von 3 Zoll Erde vertragen kann.

Auf einem Boden, wie der im Elsaß, nimmt man auf das Wetter bei dem Säen wenig Rücksicht. Hat es auch einen ganzen Tag geregnet, so kann man ein Paar Stunden darauf den Pflug ohne Nachtheil wieder ansetzen. Sonderbar ist es, daß man zu Boßzheim und Sassenheim im Riethe das feuchte, und sogar das nasse, Wetter bei der Weizeneinsaat vorzieht.

## Befahrung und Wartung des Weizens im Winter

Es giebt Gegenden im zaberer Bezirke, wo man den Weizen im Herbste mit ausgelaugter, auch Seifensieder-Asche, zu 5 bis 6 Viertel auf den Acker, überstreuet. Zu Lauterburg überfahren Einige den schon ausgelaufenen Weizen mit langem Dünger *).

*) Indem ich dieses niederschreibe, wird mir eine Idee, die ich aber auch bloß als eine solche vorlege, wünschend, daß man irgendwo den Versuch damit mache. Es giebt Gegen-

In den guten Gegenden des Elsasses weiß man von dem Auswintern des Weizens nichts, es sei denn da, wo das Wasser sich nicht verlaufen kann, oder wo auf hohen, fehlerhaft angeschossenen, Feldrücken der Wind den Grund wegweht. In dem langen und frühen Winter 1812 bis 1813, wo die Kälte so schnell einbrach, der Boden mit Wasser übersättiget, und der Weizen zum Theil eben im Aufgehen, zum Theil noch in Keimen lag, und zum Theil erst gesäet wurde, that der Frost nicht den geringsten Schaden daran, und wir hatten eine der ergiebigsten Aerndten.

## Wartung des Weizens im Frühjahr.

Wir treten nunmehro mit dem Weizen aus dem Winter. Der träge Landwirth glaubt jetzt das Seinige gethan zu haben, und lässt ihn wachsen; der fleißige aber begnügt sich nicht damit. Er sucht die Erziehung zu vollenden, die er angefangen hat. Dank-

---

den, wie ich z. B. eine in dem jetzigen Großherzogthum Niederrhein kenne, wo die Winterfrucht sehr oft durch den Frost aus der Erde gehoben wird, und dann eine schlechte oder gar keine Aerndte giebt. Hier wäre zu versuchen, ob das Ueberdecken der Frucht im Winter mit langem Miste nicht gegen dieses Uebel schützen sollte? Wenigstens scheint mir, daß, wenn der Mist auch nicht das Ausheben aus dem Boden hindern könne, er doch die Wurzeln der ausgehobenen Pflanzen genugsam gegen das Austrocknen schützen würde, wodurch sie Zeit gewönnen, wieder in die Erde einzugreifen. Da aber dazu ziemlich viel Mist gehört, so müsste man das Land zur Saat nur kärglich misten, um den meisten zum Ueberdecken zu erübrigen.

bar ist die Hand der Natur, und reichlich lohnt sie den, der ihr bei ihrer Arbeit zu Hülfe kömmt! Man wälzet, man jätet, man zieht oder sticht die Disteln aus; doch geschieht das Jäten im Elsaß bei weitem nicht mit derselben Sorgfalt, wie in den Niederlanden. An manchen Orten verrichtet man es gar nicht, oder überlässt es den armen Leuten, die etwas Futter daraus für ihr Vieh holen.

Ich fand zu meinem Vergnügen im Elsaß auch einige Spuren des so nützlichen Weizeneggens im Frühjahr. Man bedient sich dazu der Egge mit eisernen Zähnen, und verfährt dabei mit aller der Strenge, die Hr. Staatsrath Thaer dazu empfiehlt. Diesem Eggen haben es die Einwohner von Brumath vielleicht zu verdanken, wenn ihr Weizen über jedes andere Jahr so gut auf demselben Felde geräth. Soll Klee in den Weizen kommen; so wird er vor dem Eggen gesäet. Die Gewohnheit des Weizeneggens ist hier noch nicht sehr lange bekannt. Der Zufall, dem der Mensch so Vieles verdankt, führte sie ein. Es säete ein Landwirth Klee über seinen Weizen, und da er fürchtete, daß er nicht aufgehen möchte, so eggete er. Er fand nachher zu seiner Verwunderung, daß dieser Weizen schöner stand, als der, den er nicht geegget hatte. Der Versuch wurde im folgenden Jahre wiederholt, und da er bewährt gefunden wurde, so wurde der Gebrauch des Weizeneggens im Frühjahr allgemein, und das nicht allein des Klees wegen, sondern auch dann, wenn kein Klee über den Weizen gesäet wird.

Wir haben oben gesehen, daß man an einigen Orten im Elsaß den Weizen im Herbste mit Asche überstreuet; ich bin aber überzeugt, daß diese Asche, im Frühjahre vor dem Eggen aufgebracht, von ungleich stärkerer Wirkung sein würde. Auf jeden Fall sollte ein guter Landwirth etwas Asche, es sei nun ausgelaugete Holzasche, oder Steinkohlenasche, nebst Tauben- oder Hühnermist, vorräthig haben, um durch Ueberstreuen einem schwächlichen oder kränkelnden Weizenfelde im Frühlinge nachhelfen zu können. Ein Hülfsmittel, dessen Wirksamkeit ich mehrere Male erprobt habe.

## Schröpfen, Abhüten.

Auf einem guten und kraftvollen Acker treibt der Weizen nicht selten so mastige Blätter und Nebenschüsse, daß man Lager befürchten muß; alsdann nimmt man im Elsaß, so wie auch anderswo, zum Schröpfen oder zum Abhüten seine Zuflucht. Das Schröpfen besteht darin: daß man, ohne das Herz der Pflanze zu berühren, die Blätter, wenn sie etwa eine Hand lang über den Boden hervorragen, mit der Sichel abkürzt. Dieses Abschneiden muß bei gutem und gelindem Wetter, nie bei Nord- oder Nordostwinde geschehen, sonst wird die Saat gelb. Tritt auf das Schröpfen schlimme Witterung ein, so wäre es freilich besser gewesen, dasselbe unterlassen zu haben. Man muß sich also nicht leicht dazu verstehen. „Groß," sagt Schröder, „ist übrigens der Vortheil des Beschneidens nicht, denn der Weizen treibt nachher gewöhnlich nur einen schwachen Halm, und schwere Regen im Junius und Julius drücken ihn leichter auf die Erde, als den, der nicht abgeschnitten worden. Unterdessen wird es doch manchmal nothwendig. — Wenn man das Schröpfen nicht mit eigenen Leuten vollführen kann, und fremde Weiber und Tagelöhner dazu anstellt; so muß man sich wol in Acht nehmen, ihnen das Abgeschröpfte zu überlassen, oder es ihnen gar als Ablohnung zu bedingen: sonst könnte die Sichel leicht tiefer eindringen, als es dem Eigenthümer des Getreides lieb ist.

Da das Schröpfen viele Zeit wegnimmt, so ist es auf großen Weizenfeldern nicht wohl anwendbar, und es geht leichter, wenn man den Weizen durch das Vieh abhüten lässt. Es geschieht anderswo durch die Schafe; da man sich aber im Elsaß nicht stark auf die Schafzucht legt, so bedient man sich daselbst der Pferde zu diesem Zwecke, aber nicht des Rindviehes. Herr Reibel in Benfelden ließ im Jahre 1812 einen Acker mit allzuüppigem Weizen vierzehn Tage lang mit den Pferden abweiden, und, da dieses nicht zureichte, später noch schröpfen. Dieser Weizen war nachher einer der schönsten im ganzen Felde.

Das Abhüten mit Schafen muß vor dem Mai geschehen. Man lässt alles kurz an der Erde und schnell, das ist, mit vielem Viehe auf ein Mal, aber auch nur ein Mal, abfressen. Leider aber wird von den Herren Schäfern, die sich wenig um das Getreide bekümmern, wenn die Wolle nur auf dem Rücken ihrer Thiere wächst, und die Lämmer zunehmen, aus dem Gebrauche dessen, was nur ein Hülfsmittel für einen allzuüppigen Acker sein soll, ein festes System gemacht, und gut und schlecht, ein Jahr wie das andere abgehütet. Da möchte sich nun die gute Ceres beide Augen ausweinen!

In einem Jahre, wie 1813, wo der Weizen außerordentlich stark ist, sieht man im Elsaß noch wohl gern, wenn er ein wenig von dem Honigthaue oder braunen Flecken befallen wird. Dadurch wird seine Vegetation in etwas gehemmt, und das Lagern verhindert. „Tritt," sagt Schröder, „nach jenem Befallen eine fruchtbare, feuchte, warme Witterung ein, so ist der Nachtheil davon geringe; aber groß ist der Schaden, wenn die Witterung rauh und trokken wird."

Noch einen andern Feind hat der Weizen in der Gegend von Strasburg an den Heuschrecken, die gewöhnlich ein Jahr übers andere erschienen, und an dem Weizen, wenn er in die Milch trat, außerordentlichen Schaden anrichteten. Sie sind im Lande einheimisch, kommen also nicht aus der Ferne. Sie legen ihre Eier in den Boden der Luzernefelder, Grasplätze, begraseten Wege, mit einem Worte an solche Oerter, die nicht oft umbrochen werden; doch nicht nahe bei den Dörfern. Seit einigen Jahren hat indessen diese Plage nachgelassen, und zum Glücke, denn wir hatten so viele andere zu ertragen!"

## Reife-Ertrag des Weizens.

Die Aerndtezeit des Weizens im Elsasse fällt um

Jacobi. Man hält die späten Aerndten oft für die besten, weil die frühen, durch starke Hitze übertrieben, nicht selten ein unvollkommenes Korn geben.

Man muß sich hüten, die Aerndte zu lange zu verschieben; denn außer der Gefahr die man läuft, daß der Weizen bei trockenem, windigem Wetter ausfalle, so ist das überreife Korn auch nicht so schön und gut, als das, was früher eingeschnitten worden. — Sobald die Milch in den Körnern zu Mehl geworden, diese aber doch noch weich sind, so ist es Zeit zum Einschnitte. Den zur Aussaat bestimmten Weizen läßt man im Gegentheile durch und durch reif werden. Auch bei regnigtem Aerndtewetter ist es besser, den Weizen ganz reifen zu lassen; theils weil alsdann kein Ausfall der Körner zu befürchten ist; als weil der früh geschnittene Weizen eher ausläuft, als der vollkommen reife.

Ich übergehe das Aerndtegeschäft, da wir seiner schon an einem andern Orte gedacht haben.

Ich finde mich nicht im Stande, besondere Angaben über den Ertrag des Weizens aufzustellen. Außer daß solche Angaben oft äußerst widersprechend sind, und von der Wahrheit absichtlich oder zufällig abweichen; so hatte ich noch einige besondere Ursachen, mich nicht angelegentlich darnach zu erkundigen. Ich glaube jedoch mit ziemlicher Gewißheit den Mittelertrag eines Ackers von 20 Ares (4/5 eines berliner Morgens) für den e i g e n t l i c h e n W e i z e n b o d e n des Nieder-Elsasses zu 4½ Viertel (26 Hectoliter pro Hektar, oder 12 Scheffel 3 Metzen vom

Morgen) annehmen zu können. Dieser Ertrag stimmt mit dem, der aus meinen Noten über die Niederlande hervorgeht, völlig überein. In den Grundsätzen der rationellen Landwirthschaft werden 12 Scheffel für einen guten, 8 für einen geringen, also 10 für einen mittelmäßigen Ertrag auf gutem Weizenboden, und bei üblich guter Bestellung angenommen.

Von allem Getreide ist der Weizen dasjenige, das die meiste Kraft aus dem Boden zieht. Wer also viel Weizen säen will, der muß sich auch in den Stand setzen, dem Felde vielen Dünger zurückgeben zu können; sonst wird er besser thun, den Weizen nicht so oft wiederkommen zu lassen. Nicht dasjenige, was auf den ersten Augenblick, sondern was auf die Dauer den meisten Vortheil bringt, ist das Bessere, was der Weise wählt, und wobei seine Kinder zunehmen.

## II. Rocken.

Was der Weizen für schweren Boden ist, das ist der Rocken für leichten. Auf einem Boden, der so trocken und sandig ist, daß kein einziges Getreide, selbst kein Buchweizen, darauf gedeihen will, wächst noch immer Rocken. Daher ist er für solche Gegenden das Geschenk einer milden Vorsehung. Er kommt aber, wie man leicht denken kann, auch besser auf besserem Boden, und bezahlt ihn reichlich durch seinen Ertrag an Korn und Stroh. Ich gestehe, daß ein schwerer kalkhaltender Boden höher durch den Weizen benutzt werden kann; dagegen wird der Rocken auf einem leichteren kalklosen Boden mehr Nutzen, als der Weizen, gewähren. Dabei hat er vor dem Weizen den Vortheil, daß er den Boden weniger angreift, und dabei mehr Stroh abwirft, als dieser, oder sonst irgend eine Getreideart. Berücksichtigen wir also jenes mindere Kraftausziehen und diese stärkere Rückgabe an Stroh, die das Mittel wird, die ausgezogene Kraft in einem sichern Grade wieder zu ersetzen, so können wir ohne Scheu annehmen, daß vier Rockenärndten den Boden nicht mehr erschöpfen, als drei Weizenärndten. Das niederländische Sprichwort, daß der Rockenbauer den Weizenbauer auswinne, möchte also wahr bleiben, das ist, auf Boden, der für beide Getreidearten eben gleich geeignet ist. Spricht aber der Boden durch seine Schwere oder Feuchtigkeit nicht für den Rocken, so geht nothwendig aus der Cultur des Weizens mehr Vortheil hervor. Daher man sich im Elsasse, einige Gegenden ausgenommen, mit Recht ausschließlich darauf legt, und dem Rocken nur solches Land einräumt, welches für den Weizen zu geringe ist; oder allenfalls so viel, als man des Rockenstrohes bedarf. Uebrigens hat der Rocken daselbst auch noch das Unangenehme, daß er keinen so sichern und schnellen Absatz als der Weizen hat. Oft ist keine Nachfrage darnach, und auf dem Markte zu Strasburg wird man des Rockens mit Mühe los.

Die Zubereitung des Ackers, das Quantum und die Zeit der Einsaat, sind ungefähr die nämlichen, wie für den Weizen, nur kann er das Unterpflügen nicht vertragen, und wird selbst auf Sandboden untergeegget.

Zu Hoerdt, wo der Rocken bei der Zweifelderwirthschaft nach behackten Bradfrüchten folgt, wird der rothe, leichte Sand nur ein Mal umgepflügt; der Rocken darüber hergesäet, und eingeegget. Mit dem Pflügen wird zugleich der grüne Dünger untergebracht, wie wir bei der Beschreibung der Feldwirthschaft dieses Dorfes dargethan haben.

Auch zu Hoerdt hörte ich mit Vergnügen, daß man den Rocken im Frühjahre scharf mit der Egge durchzieht. Wenn dieses Eggen auf einem solchen sandigen Boden anwendbar und nützlich ist, wie viel anwendbarer und nützlicher muß es nicht auf schwerem Boden sein? Ueberhaupt ist die Wirthschaft in diesem Dorfe eine sehr interessante Wirthschaft, und ich kann mich nicht enthalten, seinen Bewohnern dieses Lob hier öffentlich beizulegen.

In dem Riethe, das ist auf dem Landstriche, der zwischen der Ill und dem Rheine herläuft, säet man wenig Rocken, und diesen selten allein. Er bleibt oft taub, und giebt nichts als Stroh, welches man den Rheinnebeln zuschreibt. Ob dieses Uebel aber das Verbleichen, Verscheinen, oder eine Folge des Honigthaues sei, kann ich nicht sagen, weil ich keinen befallenen Rocken daselbst gesehen habe.

## III. Mengkorn.

Häufiger, als bloßer Rocken, kommt im Elsaß das Mengkorn, unter dem Namen Molser, vor.

Es ist ein Gemisch von Weizen und Rocken. Auf Boden, der mehr dem Weizen zusagt, nimmt man am besten mehr Weizen, als Rocken, und das Gegentheil auf Boden, der mehr für Rocken geeignet ist.

Das Gerathen des Mengkorns ist beinahe sicherer, als das jeder einzelnen Getreideart allein. Es lagert nicht so leicht, und der Rocken soll dem Verbleichen und dem Honigthau nicht so stark, und der Weizen dem Brande nicht unterworfen sein. Leidet auch eine beider Getreidearten etwas von der Witterung, so bleibt die andere meistens verschont, und greift dann um so stärker um sich. Der Ertrag davon bleibt sich also mehr gleich. Gerathen beide eben gut, so giebt der Acker einen Ertrag, den man von keinem bloßen Weizenacker erwarten kann. Gewiß ist es, daß derjenige, der ein Viertel Weizen und ein Viertel Rocken unter einander säet, mehr davon einärndten wird, als wenn er jedes für sich allein gesäet haben würde: eben so, wie Holzarten verschiedener Gattung dichter neben einander aufkommen und zunehmen, als Holzarten, die ohne Mischung mit andern den Boden allein besetzen.

Auch ist es eben so merkwürdig, als gewiß, wie ich in den Niederlanden an verschiedenen Orten gesehen habe, daß, wenn Mengkorn unmittelbar nach Weizen gesäet wird, solches, das heißt nicht allein der Rocken, sondern auch der damit gemischte Weizen, recht gut geräth; statt daß, wenn man diesen allein, also lauter Weizen nach Weizen gesäet hätte, dieser zweite Weizen durchaus nicht, oder nur sehr schlecht, gekommen sein würde. Ich wollte zwar nicht, daß man daraus eine Regel für die Fruchtfolge machen solle. Eine solche Beobachtung kann nur im Fall der Noth auch dem Landwirth im Elsaß einen Wink geben. In Jahren z. B., oder in Gegenden, wo der Weizen durch Hagel, Verheerungen oder andere Zufälle zu Grunde gegangen, oder andere Umstände einen Brodtmangel, oder eine Brodtheurung nach sich ziehen, da kann das Mengkorn, durch Weglassung der Gerste im folgenden Jahre, ein kostbares Hülfsmittel abgeben, weil man es kühn auf den Weizen folgen lassen darf.

Man säet im Elsaß das Mengkorn vorzugsweise nach Kartoffeln; weiser ist es aber, nach denselben Gerste zu säen, wie der Zweifelderwirth es immer thun kann. Das Mengkorn kann jedoch auch da mit Vortheil nach den Kartoffeln folgen, wo der Boden so sandig ist, daß die Winterung noch unbeschadet im November gesäet werden darf.

Das Mengkorn giebt bekanntlich ein sehr gesundes Brodt, welches dem Weizgerstenbrodte vorzuziehen ist. Außerdem, daß der Rocken nahrhafter als die Gerste ist, so enthält seine Hülse, nach Hr. Thaer *), eine aromatische Substanz, welche die Verdaulichkeit zu befördern und eine besonders erfrischende und stärkende Einwirkung auf den thierischen Körper zu haben scheint. Diese Substanz geht

*) Grundsätze einer rationellen Landwirthschaft IV. §. 83.

freilich größtentheils bei dem fein gebeutelten Mehle verloren; man kann sie aber dem Brodte, nebst dem angenehmen Geruch und Geschmack, wiedergeben, wenn man die Kleie mit heißem Wasser auslauget, und sich dieses Wassers zum Einteigen bedient.

## IV. Spelz.

Der Spelz ist eine Weizengattung, die häufig in dem Weissenburgischen und der Pfalz gebauet wird. Der Spelz nimmt zugleich mit einem geringeren Boden vorlieb, und kann einen fetteren als der Weizen vertragen. Er geräth vorzüglich, und, wie wir an einigen Orten gesehen haben, besser nach Raps, als nach Hanf; daher man daselbst auf den Hanf erst Raps nimmt, und dann Spelz folgen lässt; und wird weder zu dem Rapse, noch zu dem Spelz in dieser Ordnung gedüngt, so geräth der Spelz doch ungleich besser, als wenn er unmittelbar nach dem Hanfe gesäet worden wäre. Durch diese Fruchtfolge gewinnt man, außer dem stärkeren Ertrag des Spelzes, den Raps auf gewisse Weise als Zugabe. Ich will zwar nicht behaupten, daß dieses überall zutreffe; aber überall, wo Hanf und Spelz Gegenstände der Cultur ausmachen, da lohnt es sich der Mühe, das Gesagte zu versuchen. Ich erinnere noch, daß hier von verpflanztem Rapse die Rede ist, weil der Hanf das Feld zu spät verlässt, als daß man noch Raps darnach säen könnte.

Zu Schleithal pflüget man zu dem Spelze, der nach Raps folgt, zwei bis drei Mal; folgt er nach

Kartoffeln, wie manchmal zu Inflingen geschieht, so wird das Land nicht gepflügt, sondern der Spelz gesäet und eingeegget, oder nach Beschaffenheit auch untergepflügt. Letzteres wird dann besser sein, wenn die Kartoffeln nicht rein gehalten worden sind. Wenn man auf magerem Boden nach den Kartoffeln noch etwas düngen muß, so wird der Dünger vor dem Säen aufgebracht, und samt dem darüber hingesäeten Spelze untergepflügt.

Man nimmt im Elsaß, wie allenthalben, das Doppelte an Samen, was man vom Weizen nehmen würde, weil der Spelz mit den Hülsen ausgesäet wird. Man säet ihn auch sehr gut mit Rocken als Mengkorn aus *), und in diesem Fall halte ich für zweckmäßig, den Spelz allein vorzusäen und unterzupflügen, alsdann den Rocken auszusäen, und diesen mit der Egge unterzubringen. Dieses Gemenge hat den Vorzug vor dem gewöhnlichen Mengkorn, daß der Spelz sich ohne Mühe von dem Rocken absondern lässt, welches bei dem Weizen unter dem Rocken nicht derselbe Fall ist.

Der Spelz in der Hülse ist ein vortreffliches Pferdefutter. Korn und Kaff finden sich bei einander. Ich weiß nicht, ob der Spelz im Elsaß dazu verwendet wird? In den Gegenden, wo die Strohhüte im Gebrauch sind, wird das Spelzstroh dazu gesucht.

*) Hr. Fellenberg säet häufig Spelz und Rocken unter einander.

# Funfzehnter Abschnitt.

## Anbau des Sommergetreides.

### I. Gerste.

Was der Weizen unter dem Wintergetreide ist, das ist die Gerste für das Elsaß unter dem Sommergetreide. Da der Boden vorzüglich für sie geeignet ist, so ersetzt sie nicht allein den Hafer bei den Pferden, sondern dient auch dem Menschen zu einem seiner Hauptnahrungszweige, weil sie, mit der Hälfte oder gar nur einem Drittel Weizen gemischt, das gewöhnliche Brodt für das Landvolk bildet.

### Gattung der Gerste.

Die zweizeilige oder große Sommergerste ist beinahe die einzige, die im Elsaß gebauet wird. Ich erinnere mich nicht, die kleine Gerste daselbst gesehen zu haben; auch die Wintergerste wird selten da angetroffen. Wir schränken uns also bloß auf die Beschreibung des Anbaues der großen Sommergerste ein.

### Vorfrüchte zur Gerste.

In demjenigen Theile des Elsasses, wo die Dreifelderwirthschaft zu Hause ist, folgt die Gerste auf den Weizen. Gerstenfeld und Sommerfeld sind hier gleichviel bedeutende Worte. Da, wo man gute

Gerste erzielen will, nimmt man sich wohl in Acht, Rüben in die Weizenstoppel zu säen, wenn Gerste darauf folgen soll. Denn obgleich diese Rüben sorgfältig, oft zwei Mal, behackt werden, so schlägt doch die Gerste darauf um ein Drittel, sowohl an Korn, als Stroh, zurück.

Die beste Vorbereitung zur Gerste sind und bleiben die behackten Brachfrüchte, wie solches bei der Zweifelderwirthschaft Statt hat. Sie allein können der Gerste einen gehörig aufgelockerten und zu Pulver verarbeiteten Boden verschaffen, durch welchen ihre schwachen Blattspitzen ohne Mühe hervorstechen, und in welchem ihre Wurzeln nach Gefallen um sich greifen können. Nach solchen Früchten allein wird sie den Boden gehörig gereinigt finden, und mit keinem Heere von Hederich, Ackersenf und Klapperkraut zu kämpfen haben, wie wir schon an einem andern Orte zeigten, und welches zu wiederholen wir nie ermüden werden. Uebrigens sind die Dreifelderwirthe im Elsaß längst überzeugt, daß die Gerste mehr einen reinen, als fetten, Boden begehrt, und daß sie durch das Düngen nicht besser, sondern im Gegentheil, wenn der Mist frisch ist, schlechter werde. Es heißt aber leider bei ihnen: das Bessere weiß ich, das Schlechtere befolg' ich.

### Feldzubereitung zur Gerste.

Man sieht es im Elsaß als eine Hauptbedingung, um gute Gerste zu haben, an, daß die Weizenstoppel sogleich nach der Aerndte umgepflügt werde. Läßt man sie auch nur einen Monat unberührt liegen, so schlägt die Gerste danach schon merklich zurück. Die Stoppel wird zuerst flach umgebrochen, dann wird vor Winter noch ein Mal gepflügt. Die dritte und letzte Pflugart hat endlich, so bald man im Frühjahre zu Felde kann, Statt.

Zu Candel wird auch bei der Zweifelderwirthschaft der Kartoffelacker vor Winter gestürzt, im Frühjahr noch ein Mal umgepflügt, und das Land mit der Egge geebnet. Die Gerste wird etwas später nachher gesäet und untergepflügt. Dann säet man den Klee, egget ihn ein und walzt.

## Stärke der Einsaat.

Man nimmt ein Drittel, auch wol die Hälfte Gerste mehr, als man Weizen nehmen würde: also 3 bis 3½ Sester auf den Acker von 20 Ares. Es giebt auch Oerter, wie Schillersdorf, wo man 2, und andere, wo man 4, ja 5 Sester und noch mehr nimmt. Man kann also 3½ Sester als das Medium betrachten. Auf den Hektar fallen also 338 Liter, etwas über 25 Metzen auf den Berliner Morgen.

In dem Riethe befindet man sich wohl, wenn man den Samen alle drei Jahr verwechselt, das ist, aus einer andern Gegend her bezieht.

Da die Gerste oft vielen Unkrautssamen mit sich führt, und dieses ihr so sehr nachtheilig wird, so sucht der weisere Landwirth die zur Saat bestimmte Gerste durch Sieben und Abschwemmen so viel, als möglich, davon zu reinigen.

## Zeit der Gerstensaat.

In der ganzen, von Strasburg aus südlich gelegenen, Gegend fällt die Saatzeit in die Hälfte des Märzes. Man säet je früher, je lieber, und manchmal schon im Hornung. Die später gesäete Gerste steht der frühern immer um etwas nach. Der Landstrich, der längs dem Gebirge hinläuft, macht eine Ausnahme. Man säet daselbst eben so, wie auf dem Kochersberge, um einen Monat später, also in der Mitte des Aprils. Zu Schillersdorf, sagt Schröder, säet man die Gerste auf schwerem hitzigen Boden im März oder Anfangs April, auf kaltem Lehmboden gegen Ende dieses letzten Monats, auf Sandboden im Mai.

Die Kälte schadet auch der ganz früh gesäeten Gerste auf gutem kalkhaltigen Boden nicht. Im Jahr 1788 schneite und fror es im Elsaß unmittelbar auf das Säen, und es gab vorzügliche Gerste. 1813, wo wir im Frühjahr noch einen sehr starken Frost hatten, war die Gerste schon allenthalben gesäet und zum Theil schon im Hervorsprossen, ohne daß ihr die Kälte im geringsten nachtheilig gewesen wäre. Sie lagerte vielmehr später wegen allzuüppigen Wuchses.

Kömmt die Gerste auch schlecht im Frühjahre, so giebt man im Elsaß die Hoffnung zu einer guten Aerndte doch nicht auf. Sie erholt sich gar leicht im Junius, welches der eigentliche Monat zu ihrem Gedeihen ist.

## Unterbringen der Saat.

Man hält das Vorsäen bei der Gerste für nothwendig; daher wird durchgehends ein Drittel des Samens untergepflügt, und das Uebrige untergeegget. Es giebt aber auch Gegenden, wie um Zabern, wo Alles untergeegget, und andere, wie Candel, wo Alles untergepflügt wird. Auf leichtem Boden hat das gänzliche Unterpflügen bei der Gerste gewiß Vorzüge. Sie kann ganz gut eine Decke von 3 bis 4 Zoll vertragen.

Ueber die Witterung, die man sich zur Gerstensaat wünscht, ist man verschiedener Meinung. Einige wollen einen feuchten, ja nassen Boden. Sie lieben es, wenn das Wasser beim Unterpflügen des Samens dem Pfluge nachläuft, und finden, daß die bei trockener Zeit gesäete Gerste um ein merkliches schlechter wird. Sie haben ein Sprichwort, welches heißt:

Wer Rocken unterstäubt,
Die Gerste unterkleibt (einschmiert),
Den Weizen säet in Schollen:
Der hat Alles im Vollen.

An andern Orten säet man die Gerste in trockenen Boden, und man hält das Wetter um so günstiger dazu, je trockener es ist.

„Zu dem Säen des Sommergetreides,“ sagt Schröder, „wählt der Landwirth bei mir gutes Wetter. Wird die Gerste eingeschmiert, so ist sie mehr als zur Hälfte verloren; denn da jedes Korn mit einer Kruste überzogen, und daher bei erfolgtem trockenen Wetter gleichsam eingemauert wird, so können die ersten Wurzelfasern diese Kruste nicht durchdringen. Das Wetter muß also gut und der Boden etwas abgetrocknet sein, wenn gesäet werden soll. Bei der Winterfrucht hingegen ist es, besonders in ganz schwerem Boden, nicht nöthig, daß man so behutsam dabei verfährt. Zur Zeit ihrer Einsaat ist das Wetter mehr feucht, als trocken; die Erde wird daher nicht mehr zu fest, und wenn sie sich auch ballte, so hat man Hoffnung, daß die Winterfröste sie wieder auflösen und mürbe machen."

Es fällt freilich schwer, allgemeine Regeln über den Ackerbau, selbst über den Anbau eines einzigen Gewächses, aufzustellen, weil die Erfahrungen, woraus man sie herleitet, oder worauf sie sich gründen, nicht selten im Widerspruche unter sich selbst stehen. Es geschieht aber sehr oft, daß das, was Widerspruch scheint, kein Widerspruch, sondern die richtige Folge ungleicher Umstände ist, welche wir nicht kennen können, oder die wir uns die Mühe nicht nehmen, zu untersuchen. Daher kömmt es denn, daß wir mit unsern Erfahrungen anlaufen, wenn wir sie unter andern Umständen unbedingt anwenden, oder Andern aufdringen wollen. Ein Fehler, in den Anfänger gewöhnlich verfallen, den aber jeder rationelle Landwirth zu vermeiden weiß.

Untersuchen wir die sich entgegenstehenden Meinungen über den zur Gerstensaat tauglichsten Zustand von Feuchtigkeit, so finden wir wirklich, daß beide sich auf eine lange und nicht zu bezweifelnde Erfahrung gründen. Daraus folgt aber keineswegs, daß man die Gerste nach Belieben in den Staub säen, oder einschmieren könne; wol aber, daß das Eine besser an einem, das Andere besser an einem andern

Orte sein kann. Liegt die Ursache dieser Verschiedenheit weder im Clima, noch in der Behandlung: so muß sie wol im Boden liegen, und darin liegt sie wirklich im Elsaß. Wenn man die Gerste auf den mittlern Streifen der Landfläche zwischen Strasburg und Schletstadt in den feuchten Boden säet, so geschieht es, weil es auf einem körnigen kalkhaltigen Klei, der sogleich an der Luft wieder abtrocknet und in Staub zerfällt, ohne Anstand geschehen darf, und vielleicht selbst geschehen muß, weil sonst der Boden, der sich nie mit Feuchtigkeit übersättiget, vielleicht zu trocken für das Keimen und Fortkommen der jungen Saat sein könnte. Im Riethe hingegen, wo man ohnehin schon mit der Feuchtigkeit zu kämpfen hat, auf dem Landstriche, der längs dem Gebirge hinzieht, und einen zähern Lehmboden hat, hütet man sich, die Gerste einzuschmieren, und wartet, bis die Erde hinreichend abgetrocknet ist. Auf solche Weise hat das Verfahren beider Parteien, unter den ihnen eigenen Verhältnissen, ihren guten Grund. — Tritt aber auf zäherm lehmigen Boden, gleich nach der Aussaat, ein heftiger Regen ein, der den Boden zuschlägt, so muß das Land unmittelbar nach der Abtrocknung, und ehe noch die Gerste aus dem Boden ist, mit der Egge überzogen werden, damit die Kruste erbrochen werde, durch welche die Spitze des Gerstenblattes nicht würde dringen können *).

---

*) Grundsätze der rationellen Landwirthschaft, IV. §. 90.

## Wartung der Gerstensaat.

Sobald die Gerste einen Finger lang über der Erde ist, wird gewalzt. Etwas später werden Distel und Hederich ausgezogen; doch wird bei weitem nicht mit der Sorgfalt gejätet, wie in den Niederlanden geschieht, und bei der Dreifelderwirthschaft überall geschehen sollte. Daher kann der Hederich in sicheren Jahren auf eine unglaubliche Weise unter der Gerste überhand nimmt, wie ich im Jahre 1813 nicht ohne Grausen und Unmuth an mehreren Orten im Elsaß sah. An vielen Orten, unter andern zu Schillersdorf, wird gar nicht gejätet. „Der Mißbrauch," sagt Schröder, „den die Armen von dem Jäten machen, wenn man ihnen erlaubt, Futter auf den gesäeten Feldern zu suchen, ist Ursache, daß die Bauern dieses nicht dulden, so nothwendig und nützlich es auch wäre: da jetzt, wo ich dieses schreibe (den 1 Junius 1805) das ganze Sommerfeld mit weißem und gelbem Hederich überzogen ist." Die Art, wie die vernünftigsten Dreifelderwirthe diesem Uebel etwas zuvorkommen, oder ihr Land wieder davon reinigen, haben wir schon an mehrern Orten dieser Schrift dargethan. Auf dem Kochersberge hat kein regelmäßiges Jäten Statt; auch bin ich überzeugt, daß bei der daselbst üblichen Fruchtfolge das Jäten nicht nothwendig wird.

Im Junius zeigt sich an einigen Orten, zwischen Strasburg und Schletstadt, noch ein anderes sehr schädliches Unkraut, das Klapperkraut oder der Hahnenkamm (Rhinantus crista galli) welches ich in den Niederlanden blos auf feuchten Wiesen angetroffen habe. Hier aber treibt es auch unter der Gerste. Das Ausziehen ist um so beschwerlicher, als sich das Kraut erst dann sichtbar genug zeigt, wenn die Gerste schon in den Aehren ist, und dennoch darf diese mühsame Verrichtung nicht unterlassen werden, weil der Unkrautssame plötzlich reif wird, und das Ausfallen desselben, auch nur von einigen wenigen Stöcken, im Stande ist, ein ganzes Feld zu verderben.

Man will an einigen Orten im Elsaß eine vortreffliche Wirkung des Gipses auf magern Gerstenäckern, an andern aber gar keine davon gespürt haben.

## Aerndte der Gerste.

Die Aerndte fällt manchmal vor, manchmal mit, manchmal nach der Weizenärndte. Wird die Gerste zugleich mit dem Weizen reif, so fertigt man sie zuerst ab, welches kein bedeutendes Hinderniß verursacht, indem sie gemähet wird, und dazu gewöhnlich nur zwei Tage darauf gehen. Sie kann acht Tage auf dem Schwade liegen bleiben. Man läßt sie gern auf dem Felde durchaus trocken werden, weil sie bei einer frühern Einscheuerung leicht eine rothe Farbe annimmt. Die Gerste wird nicht gebunden, sondern den Tag vor dem Einfahren mit Gabeln in kleine Haufen gebracht, des andern Morgens beim Thaue aufgeladen und eingefahren. Zu dem Ende wird der Aerndtewagen mit einem großen Tuche bekleidet. Da bei der gemähten und nicht gebundenen Gerste nothwendig vieles auf dem Felde liegen bleiben würde, so harket man mit besondern Rechen nach. Diese Rechen haben 14 bis 15 Dezimeter (4 1/2 Fuß rheinl.) in der Länge. Die hölzernen Zähne sind 5 1/2 Zoll lang, und stehen unter sich 1 1/2 Zoll von einander. Der Stiel ist 7 Fuß lang, und steht in einem Winkel von 45 Grad gegen die Zähne eingeschoben. Ungeachtet alles Nachharkens gesteht man doch, daß durch das Abmähen und Nichtbinden viel verloren geht. Unterdessen findet man die Kosten beim Schneiden mit der Sichel zu groß, und die gewöhnlichen Weizenschnitter wollen sich nicht zu demselben Preise dazu verstehen.

## Ertrag der Gerste.

Man drischt die Gerste vor dem Weizen, und verkauft sie so früh, als möglich. Man rechnet im Durchschnitte auf 5 Viertel pro Acker (29 Hektoliter pro Hektar, 14 Scheffel pro Morgen.) In guten Jahren hat man auch wol das Doppelte. Ein alter und wohlerfahrner Zweifelderwirth in Sulz, gab mir als Beispiel eines außerordentlichen Ertrages an, daß er ein Mal von einem gestrichenen Sester Einsaat 100 Garben und 29 Sester Gerste eingeärndtet habe, welches, wenn wir annehmen, daß ein halber Acker damit besäet war, 24 Scheffel auf den berliner Morgen beträgt. Diese Gerste war mit Klee auf einem sehr fetten Felde ausgesäet, und, da sie allzuüppig wuchs, zwei Mal abgeschnitten worden.

Man nimmt den Werth der Gerste zur Hälfte gegen den des Weizens an. Sie wird zum Brodte,

Bier und Pferdefutter verwendet. Das Stroh dient zur Fütterung für Kühe und Pferde. Auf dem Kochersberge säet man insbesondere sehr häufig Wicken und Gerste untereinander. Es giebt dieses ein vortreffliches Pferdefutter, das auch in der Pfalz unter dem Namen Eßfutter bekannt ist.

## II. Sommerweizen und Hafer.

Wir bringen beide Gegenstände in einem Paragraph zusammen, weil wir nur wenig darüber zu sagen haben.

### Sommerweizen.

Nur an einem einzigen Orte im Elsaß, zu Hoerdt nämlich, fand ich, daß der Sommerweizen einen regelmäßigen Antheil an der Fruchtfolge hat. Es ist sonderbar, zu sehen, daß man sich bei dem dürren und kraftlosen Boden dieser Gegend auf die Erzielung eines Getreides legt, das doch gerade die entgegengesetzten Bodeneigenschaften verlangt. Reich an alter Humus, und gebührend feucht muß, nach H. Thaer, ein loser Boden sein, wenn er mit Vortheil Sommerweizen tragen soll, wie ich indessen auch überzeugt bleibe. Dem ungeachtet trifft weder das Eine noch das Andere in Hoerdt zu, denn sonst würde man nicht alle Jahre daselbst zu düngen gezwungen sein, und der Klee würde auch in nicht nassen Jahren gerathen, welches doch der Fall zu Hoerdt nicht ist. Ich weiß bis jetzt das Gerathen des Sommerweizens keiner andern Ursache, als dem grünen Dünger, zuzuschreiben, dessen man sich dazu bedient. Vielleicht daß dieser dem dürren Boden mehr Feuchtigkeit, und dem losen Boden mehr Zusammenhang mittheilt, als der gewöhnliche Mist. Der Sommerweizen wird hier mit 2 Zoll breiten, und 1 1/2 Zoll langen Häkchen mit kurzen Stielen behackt. Hoerdt ist der einzige Ort im Elsaß, wo mir die Verrichtung des Getreidehackens vorgekommen ist *).

## Hafer.

Da man sich im Elsaß durchgehends eines guten Gerstenbodens zu erfreuen hat, so wird nur wenig Hafer gebaut. Zu Boßzheim, im Riethe, säet man den Hafer, vorzugsweise, in den Neubruch eines schwarzen Bodens. Man pflügt vor Winter ein Mal um, zerreißt die Narbe im Frühjahre mit scharfen eisernen Eggen, und säet den Hafer darüber her. Nach der Haferärndte wird wieder ein Mal gepflügt, und im folgenden Frühjahre, ohne zu pflügen, zum zweiten Mal Hafer gesäet. Dieser Hafer wird untergeak-

*) Herr Fellenberg, dessen Sommergetreide bekanntlich aus Sommerweizen besteht, säet ihn in der ersten Hälfte des Marz, und hält solches für die beste Zeit. Um den Sommerweizen in seiner Stärke zu erhalten, der sonst vor und nach ausartet, säet er vón Zeit zu Zeit etwas vor Winter davon an, und bedient sich dann des davon gewonnenen Samens zur Bestellung seiner Sommerfelder. Daß er aber den eigentlichen Winterweizen im Frühjahre aussäet, wie Einige gesagt haben, das ist nicht der Fall.

kert. Will man im dritten Jahre Hanf hinbringen, so muß dazu gedüngt werden. Es giebt sehr guten Hanf.

Zu Sassenheim, ebenfalls im Riethe, säet man auf sandigem Boden lieber Gerste als Hafer, weil er nur klein bleibt, und bestimmt für diesen den schweren und feuchteren Boden. Man nimmt 6 Sester Hafer Einsaat auf den Acker.

„Orientalischer Hafer," sagt Schröder, „wird nicht geachtet, (warum? das spricht er nicht aus) ungeachtet er schöner im Korn und Stroh ist, als der gewöhnliche. Zuweilen säet man auch von dem frühern schwarzen Hafer. Weil er aber bei seiner Reife gern ausfällt, so giebt man sich nur selten damit ab."

# Sechszehnter Abschnitt.

## Anbau des Mais oder Welschkorns.

Der Mais, den man richtiger amerikanisches, als welsch- oder türkisches Korn nennen würde, ist nach den Kartoffeln das kostbarste Geschenk, das wir der neuen Welt zu verdanken haben. Glücklich, wenn sie, statt Gold und edler Steine, nur Mais und Kartoffeln hervorgebracht hätte! Ihre Einführung bei uns hätte den guten Amerikanern kein Blut, und der Menschheit keine Thränen kosten dürfen. Die fromme Ceres hat nur Hände zum Wohlthun, nicht zum Verderben.

Der Mais ist nunmehr in dem ganzen südlichen Europa einheimisch, und sein Anbau würde sich auch über das ganze nördliche erstrecken, wenn diese Pflanze weniger empfindlich für die Kälte wäre. Das Clima des Elsasses selbst kann sie nicht ganz dagegen schüzzen. Dennoch wird der Mais in ansehnlicher Menge daselbst gebauet. Man kann die im Nieder-Elsaß damit besamten Felder zu 1900 Hektar (7432 Morgen) und den Ertrag davon zu 40000 Hektoliter annehmen. Der Mais hat in der Fruchtfolge seinen angewiesenen Platz, und auf den Getreidemärkten, wie jede andere Frucht, seinen Preis und sichern Absatz. Aus dieser Ursache werden wir uns bei der Beschreibung seines Anbaues etwas länger verweilen.

## Gattung.

Man bauet im Elsaß keinen andern, als den gewöhnlichen großen gelben Mais. Da der kleinere Mais um einen Monat eher reif wird, als jener, daher dem Froste weniger ausgesetzt ist, so wäre sein Anbau bei uns wol sicherer; allein da viele Landwirthe im Elsaß den Ertrag des großen Mais selbst nicht lohnend genug finden *); so würde es der kleine noch weit weniger für sie sein. Ob die aus der Mischung dieser zwei Maisarten hervorgehende dritte Gattung befriedigender sein könnte, wie Herr Parmentier muthmaßet; oder ob er die Fehler beider Arten, den des späten Reifwerdens, und den des geringern Körnerertrags, großen Theils vereinigen würde, wie ich fürchte, müsste noch durch genaue Versuche erprobt werden.

## Boden.

Ein kraftvoller, mehr leichter, als schwerer Boden ist das Element des Mais. Uebrigens nimmt er auch mit einem mittelmäßigen Boden, ja häufig mit einem bloßen, oft schlechten, Sandboden vorlieb, vorausgesetzt, daß man ihn düngen kann. Da man das Welschkorn im Elsaß für stark aussaugend hält, so wird ihm nicht leicht ein Boden von der ersten Classe angewiesen, es sei denn, daß dieser verwildert wäre, und man ihn durch den Maisbau reinigen

*) Welches jedoch auf einer falschen Berechnung beruhen mag.

wollte. Häufiger trifft man ihn daher auf Mittelboden, und noch häufiger auf Sandboden an.

## Stelle in der Fruchtfolge.

Da man im Elsaß den Mais für eine schlechte Vorbereitung zum Weizen hält, so nehmen die dasigen Dreifelderwirthe ihn ins Sommerfeld auf, und lassen eine andere Brachfrucht, wie Taback oder Bohnen, darauf folgen. Ich erinnere mich nicht einen einzigen Fruchtumlauf daselbst getroffen zu haben, wo er die Stelle der Brache als Vorbereitung zum Weizen, wol aber zum Spelze, einnehme. Dieses streitet aber keineswegs mit dem, was wir von dem mittägigen Frankreich wissen, wo Mais und Weizen ununterbrochen mit einander abwechseln, welches nach Arthur Young der höchste Ertrag ist, den die Erde zur Nahrung der Menschen und Thiere abwerfen kann. Der Boden, hauptsächlich aber das Clima, machen hier einen gewaltigen Unterschied. Wo man keinen Frost im Mai zu befürchten hat, und den Mais also um einen Monat früher, als im nördlichen Deutschland, pflanzen kann; wo überdieß die Hitze der Atmosphäre ihn schneller zur Reife bringt: da fällt seine Aerndte so früh, daß sie einer gehörigen Feldzubereitung zur Aufnahme des Weizens nicht entgegensteht. Dieses ist aber keineswegs der Fall im Elsaß. Nur da, wo man den Mais bei uns auf Sandboden bauet, der Rocken also bis spät in den Winter ohne Nachtheil gesäet werden kann, läßt man diesen auch ohne Bedenken auf den Mais folgen.

Geräth aber der Weizen im Elsasse nicht unmittelbar nach dem Mais, so geräth der mittelbar, das heißt, im zweiten Jahre darnach gesäete ganz vortrefflich. Zu andern Früchten aber, wie Taback, Bohnen, vorzüglich aber zu Hanf und Gerste ist er eine herrliche Vorfrucht, so daß man von dieser letztern sieben Viertel vom Acker zu erwarten hat, wenn sie ihrer nach Weizen nur fünf gegeben haben würde. Warum giebt diese, von den Dreifelderwirthen anerkannte, Wahrheit denselben nicht einen Wink, sich von ihrem sklavischen Gange loszuwinden? Aber, keinesweges! Nach Brachfrucht muß Wintergetreide, es mag nun wollen oder nicht, folgen; denn so schreibt es der Koran der Dreifelderwirthschaft vor. Doch bleibt auch bei dieser Wirthschaft der Mais, ob er gleich nicht als Brachgewächse in ihre Rotation paßt, das vorzüglichste Mittel, dem Boden die verlorne Reinlichkeit wiederzugeben, und den schädlichen Folgen davon vorzubeugen, wie wir an verschiedenen Orten in der Lehre über die Fruchtfolge dargethan haben.

## Feldzubereitung.

Wenn bei der Dreifelderwirthschaft der Mais, wie manchmal geschieht, ins Brachfeld kommt, so muß nothwendig, und um einen vierten Theil stärker, dazu gedüngt werden, als wenn's für Weizen wäre. Kommt er aber ins Sommerfeld, also an Statt der Gerste, so wird nicht zu dem Mais gedüngt. Doch, da in diesem Falle gewöhnlich Rüben in die Stoppel der vorhergehenden Winterfrucht gesäet werden, so giebt man das Rübenlaub, wenn man es entbehren kann, dem Felde gern zurück, und pflügt es vor Winter unter, welches dann eine sichtbare Wirkung auf den Mais hervorbringt. — Auf Sandboden, wie zu Hoerdt und Lauterburg, wird jedes Mal zum Mais gedüngt; aber bloß in die Gruben, doch nicht so stark, als zu Kartoffeln. Wir werden das Verfahren dabei später anführen.

Auf gebundenem oder Lehmboden wird vor Winter ein Mal, auch wol zwei Mal umgefahren. Im Frühjahre wird das Land noch ein Mal gepflügt, und der Mais darauf entweder mit der Haue verpflanzt oder flach eingepflügt. Die ersten drei Pflugarten werden sehr tief gezogen *). — Zu Hoerdt wird das Land nur ein Mal, und zwar im Frühjahre umgefahren, oder zwei Mal, wenn es verqueckt ist. Man hat die Erfahrung gemacht, daß das Pflügen vor Winter auf dasigem rothen und losen Sandboden dem Mais äußerst nachtheilig sei, daher man die Rockenstoppel den Winter über unangerührt liegen läßt.

## Saatzeit und Zubereitung des Samens.

Die gewöhnliche Saatzeit des Mais ist um Georgi, also gegen Ende vom April. Ihn früher zu säen, ist, der Maifröste wegen, durchaus nicht räthlich: später läuft man Gefahr, daß er nicht reif wird. Auch sollte man billig dabei auf den Zustand der

*) Wenn ich sage: sehr tief, so verstehe ich darunter das, was man im Elsaß damit ausdrückt. Das hiesige Tiefpflügen würde in den Niederlanden kaum für eine Mitteltiefe gelten.

Wärme des Bodens und der Luft Rücksicht nehmen; denn liegt der Same lange, ohne zu keimen, in der Erde, so fault er, oder wird ein Raub der Mäuse und Reitwürmer. Wir Europäer pflanzen nur gar zu gern nach dem frankfurter oder strasburger hinkenden Boten, oder sonst einem gedruckten Kalender: die Wilden in Amerika, oft weiser, als wir, halten sich an den großen Kalender der Natur. Sie schließen von dem Austreiben sicherer Gewächse, oder dem Zuge wandernder Fische auf die Zeit, wo sie ihren Mais pflanzen sollen.

Da aus einem gesunden und vollkommenen Korne nothwendig auch ein gesunderer Stamm hervorgehen muß, als aus einem schmächtigen, so würde ich meinen Freunden und Collegen im Elsaß, wenn sie es nicht schon zu thun gewohnt sind, anrathen, ihren Mais zum Säen nicht von dem großen ausgekörnten Haufen abzunehmen, sondern zu dem Zwecke eine gebührende Menge der reifsten Kolben, welche die dicksten Körner haben, auszulesen, und selbst von diesen nicht alles untereinander zu mengen, sondern die Körner die oben und unten an den Kolben sitzen, und stets etwas unvollkommener als die übrigen sind, auf die Seite zu bringen. Man hat beobachtet, daß die Maiskörner, die nicht zu völliger Reife gekommen sind, in der Erde verfaulen, wenn nach der Einsaat langes Regenwetter eintritt.

So viel ich weiß, legt man den Samen trocken in die Erde; doch wollen sich auch Einige wohl dabei befinden, ihn einige Stunden ins Wasser zu legen, und ihn dann mit gepulvertem Gipse zu überstreuen. Für ein so hartes, hornigtes Korn, wie das des Mais, reichen ein Paar Stunden sicher nicht zu, um es nur etwas zu erweichen. Unterdessen hat diese Vorrichtung doch das Gute, daß sich die leichten unvollkommnen Körner in dem Wasser von den schweren absondern, und sich leicht wegnehmen lassen; dann hängt sich auch der Gips durch die Feuchtigkeit an den Samen an. Ob dieser dem jungen Keime nachher in der Erde fromme, weiß ich nicht, er könnte aber immer das Korn gegen die Maulwürfe und Reitwürmer sichern *). Ein längeres Aufweichen im Wasser würde allerdings das schnellere Austreiben des Maises befördern; allein ob eine solche Beförderung nützlich sei, hängt von andern, nicht vorherzusehenden, noch zu verändernden Umständen, ich meine von dem Wetter, ab. Man könnte auch früher säen, wenn man ein früheres Aufkommen der Pflanzen beabsichtigte, und würde es auch sicher thun, wenn man sich vor den Nachtfrösten im Mai nicht zu fürchten hätte; denn daß der Frost dem jungen Mais nicht schade, ist ein eben so grober als gefährlicher Irrthum, den man nur aus übertriebener Vorliebe für den Mais hat ausbreiten können. Das Nichteinweichen könnte auf allen Fall wol sicherer

*) Zu demselben Zwecke bedient man sich in der Provinz Roussillon, nach Hrn. Parmentier, einer Lauge von Asche von frischem Holze, und bäht den Samen nachher in Schwefelblüthe. Man kann sich auch dazu eines Absuds von Koloquinten, oder von weißer Nießwurz, Ellebor, bedienen.

sein; um die Pflanzen nicht vor der Zeit über der Erde zu haben. Das Einweichen (ich spreche hier immer von einem, von ein Paar Tagen) könnte dann anwendbar werden, wenn man sich mit dem Pflanzen über die gewöhnliche Zeit verspätet hätte. Doch dürfte auch hier diese Vorrichtung bei trockenem Wetter schädlich werden, weil der erkünstelte Keim aus Mangel an Feuchtigkeit im Boden leiden, oder gar zu Grunde gehen könnte.

### Unterbringen der Saat.

Man bringt im Elsaß den Mais sowohl mit dem Pfluge, als mit der Haue unter.

Das Unterpflügen muß nur sehr flach ausgeführt werden. Man legt den Samen in die vierte Furche, das heißt, wenn in eine gelegt worden, so werden zwei andere leer gelassen, und die darauf folgende oder vierte Furche wird wieder bepflanzt. Dadurch fallen die Reihen drei Fuß von einander. Die Entfernung der Pflanzen auf der Reihe selbst ist ungefähr die nämliche. Man legt den Samen nicht auf den Boden der Furche, weil die Körner durch das eine Pferd zu tief eingetreten werden könnten, sondern in den Hang des umgewendeten Erdstriches. Es kommen jedes Mal 4 bis 6 Körner zusammen zu liegen. Nach dieser Art zu säen braucht man anderthalb Vierling Mais auf den Acker (36 Liter pro Hektar, 3 Metzen pro Morgen).

Da gewöhnlich weiße Bohnen zwischen die Maisreihen gepflanzt werden, so bringt man sie zu glei-

-her Zeit mit dem Mais unter. Sie können aber eine stärkere Bedeckung ertragen, als dieser, daher werden sie auf den Boden der Furche gelegt. Damit die Bohnen aber, so viel möglich, in die Mitte zwischen die Maislinien fallen, so bringt man sie in die erste Furche ein, die den Mais so eben gedeckt hat, legt sie aber darin auf die entgegengesetzte Seite, das ist, in den Winkel, den der Boden der Furche mit der Landseite bildet. Die Bohnen werden ebenfalls horstweise, zu 5 bis 6 beisammen, gepflanzt, und zwar so, daß sie mit den Maishörsten im Verbande stehen. An einigen Orten fertiget man die Sache mit weniger Umständen, aber auch nicht so gut, ab. Die Bohnen werden breitwürfig über das Feld hingesäet, und werden durch den Pflug bei dem Maispflanzen untergebracht.

Die Bohnen, wovon hier die Rede ist, sind die kleinen Schminkbohnen (Faseolen), die nur einen Fuß hoch werden, und keiner Stütze bedürfen. Die größere Gattung zwischen den Mais zu pflanzen, wie Einige thun, scheint mir weniger rathsam, weil dieselbe wol an den Stengeln des Mais aufklettern, aber auch eben dadurch in feuchten Sommern das Reifwerden der Kolben verspäten können.

Nachdem der Acker auf gedachte Weise mit Mais und Bohnen bestellt ist, wird meistens noch etwas Hanfsamen, ein Maaß pro Acker (6 Liter pro Hektar, eine halbe Metze pro Morgen) ausgesäet. Darauf wird Alles gleich geegget. Andere säen den Hanfsamen, wie die Faseolen, vorher über das Feld, und pflügen ihn beim Maispflanzen unter. — Daß der Hanf dem Mais keinen Nutzen bringe, weiß man wol; das gilt aber gleich, wenn der Landwirth den seinigen dabei findet. Die Ursachen dieser Verrichtung werden wir bei dem Hanfbau berühren. Uebrigens wird ohne Zweifel ein solches Land durch eine dreifache Aerndte von Mais, Bohnen und samentragenden Hanfstengeln, wiewohl dieser nicht gar viele sind, stark angegriffen, welches der Misthaufen wieder gut zu machen hat. — Zu Sulz sucht man das Maisfeld noch höher zu benutzen, und bringt außer den Faseolen auch Weißkraut, Kohlrüben und anderes Gemüse hinein. Es ist für das Jahr zugleich der Garten des Landwirths, daher auch weder Arbeit, noch Dünger daran gespart, und die größte Sorgfalt darauf verwendet wird.

Soll der Mais mit der Haue gepflanzt werden, welches auf sandigem, auch wol manchmal auf gebundenem, Boden Statt hat; so wird das Land nach dem letzten Pflügen im Frühjahr nicht abgeegget, damit die Furchenlinien dem Arbeiter zur Richtung dienen. Dieser hauet dann auf einer solchen Linie die Löcher ein. Ihre Entfernung richtet sich nach der hintersten Fußstapfe des Arbeiters, welche durch die Länge des Stiels der Hacke, mit der er einhauet, von selbst und ohne weiteres Abmessen bestimmt wird. Auf solche Art fallen die Gruben einen starken Schritt von einander. Zu der Entfernung der Reihen unter sich überschlägt man so viele Furchen, als man mit anderthalb Schritten abtreten kann. Die Gruben werden 3 bis 4 Zoll tief nach einander aufgehauen, und Mist in dieselben eingeworfen. Darauf kömmt der Pflanzer, und tritt von beiden Seiten den Grund oder vielmehr Sand gegen den Mist an, und legt die Samenkörner so, daß sie nicht durchaus über dem Miste, sondern an den Rand desselben zu liegen kommen. Alsdann scharrt er mit den Füßen etwas Sand darüber her, um sie zu decken.

### Behacken und Häufeln der Maispflanzen.

Der Mais hat das Hacken und Behäufeln eben so nöthig, als der Taback. Sobald er eine Hand lang über der Erde steht, wird er zum ersten Mal, und wenn er 10 Zoll hoch ist, zum zweiten Mal behackt. Bei diesem Behacken wird er dann zugleich auch ein wenig behäufelt und die überflüssigen Pflanzen werden weggehauen; denn man lässt dieser nicht mehr als eine, oder, bei weiten Zwischenräumen, zwei stehen. Hat der Mais endlich die Höhe von anderthalb Fuß erreicht, so hat das letzte Behäufeln Statt. Dieses geschieht gewöhnlich um Johannis. Auf dem losen Sandboden zu Hoerdt hat das Hacken mit Inbegriff des Häufelns vier Mal Statt. — Man beobachtet bei dem Behacken, daß es durchaus nicht bei feuchtem Wetter geschehe. Das Behäufeln ist bei dem Mais eine unumgänglich nothwendige Verrichtung. Die Haufen können dabei nicht zu hoch angelegt werden, sowohl das Ausstoßen der obern Wurzeln an dem Stamme zu befördern und sie gegen die Nässe zu beschützen, als den Stamm selbst gegen die Windstöße zu sichern.

Das Behacken des Maises geschieht manchmal im Verdinge. Man bezahlt auf Sandboden, wie zu Hoerdt, 4 Franken für das Beschaffen von einem Acker, also 80 Fr. für das viermalige Behacken und Häufeln eines Hektars. Diese Unkosten sind groß; es wäre aber unbillig, sie auf die Rechnung des Maises allein anzusetzen, weil der Nutzen davon für einige Jahre auf die folgenden Früchte fortwirkt. Sie lassen sich aber in einer etwas größern Wirthschaft um Vieles verringern, wenn man das Behäufeln, wie bei den Kartoffeln geschieht, mit dem Gespanne ausführte, und der Maisbau würde dabei eben so gut, und vielleicht noch besser betrieben werden können. Zu dem Ende dürfte man nur eine leichte Veränderung ihn zu pflanzen anbringen, und man müsste sich einige Werkzeuge, einen Schaufel- und einen Häufelpflug, zurichten. Die Anschaffung dieser Werkzeuge würde sich in einer Wirthschaft, die auch nur einen Hektar Mais pflanzte, in ein oder zwei Jahren durch die Ersparung an Tagelohn und um so sicherer ersetzen, als die nämlichen Werkzeuge, auch durchaus zum Kartoffelbau, so wie zum Rapse, gebraucht werden können.

Die Art, den Mais zu dem Ende zu pflanzen und zu behandeln, ist folgende: Man legt den Mais, wie gewöhnlich, in 3 Fuß entfernte Reihen, mit dem Unterschiede jedoch, daß die Körner einzeln auf einen halben Fuß von einander gelegt werden. Da keine außerordentliche Genauigkeit dabei nöthig ist, so kann man, statt des mühsamern Legens, sie mit etwas Vorsicht streuen. Eine Säemaschine für den, der sie hat, ist freilich besser. Die Zwischenräume der Furchen werden nun später, statt der Handhacke, mit der Pferdeschaufel vom Unkraute rein gehalten. Wann die Pflanzen die Höhe von 8 bis 10 Zoll haben, werden die überflüssigen Pflanzen auf den Reihen ausgezogen oder ausgehackt, so daß die stehenbleibenden in eine Entfernung von zwei Fuß kommen *). Das Behäufeln geschieht in zwei oder drei Malen mit dem Häufel- oder doppelten Streichbrettspfluge, und zwar besser und vollkommener, als es mit der Handhacke würde geschehen können. Statt daß also der Mais gewöhnlich auf runden Haufen

*) Ihn näher zu pflanzen, z. B. in Reihen auf 2 Fuß Entfernung, und die Pflanzen 15 bis 18 Zoll unter sich, wie in den Grundsätzen des rationellen Ackerbaues IV §. 353. gesagt wird, würde ich durchaus widerrathen. Außerdem, daß es schwer fallen dürfte, den Mais bei seinem Heranwachsen gehörig zu bearbeiten, so würde dieser gedrängte Stand das Reifwerden des Maises in feuchten Jahren hindern, und den Boden allzustark angreifen, wie man dieses letztere in Italien erfahren hat. Dadurch würde dann der Nebenzweck der Mais-Cultur, als Vorbereitungsfrucht zum Getreide, zugleich verfehlt und das Sprichwort wahr werden können, welches sagt. Wer den Mais dünn säet, ärndtet dicht, und wer dicht säet, ärndtet dünn. Auf einem Boden von großer Kraft könnte man, um mehr Futter zu gewinnen, jedoch immer unter der Voraussetzung: daß der angegebene Raum von 3 Fuß zwischen den Reihen beibehalten werde, die zu unterdrückenden Pflanzen bis auf anderthalb Fuß heranwachsen lassen, ehe man sie wegschaffte.

steht, so steht er bei dieser Bauart auf lauter hoch aufgeworfenen Kämmen, die von einem Ende des Feldes zum andern reichen.

Ich will die angegebene Art doch nur auf schmalen oder Feldern von gewöhnlicher Breite empfehlen. Auf ganz breiten ist folgende vorzuziehen: Nachdem das Land gehörig gepflügt und mit der Egge geebnet ist, wird alle 3½ oder noch besser, alle 4 Fuß ein flacher Zug mit dem Pfluge, der kein, oder doch nur ein kleines, Streichbrett hat, über die Länge des Feldes, und darauf eben so über seine Breite hergezogen. Auf jedem Punkte, wo sich diese Züge durchkreuzen, lege man 4 bis 5 Maiskörner, scharre den Grund darüber her, und trete ihn ein wenig an. Auf diese Weise wird man später mit dem Schaufel- und Häufelpfluge, sowohl in die Länge, als Breite, durchziehen, und das Land auf das Vollkommenste bearbeiten können. Jeder Maishaufen wird, wie gewöhnlich, für sich allein stehen; man lasse aber darauf nicht mehr als zwei Pflanzen aufkommen. Das Zwischensäen der Bohnen und des Hanfes findet hier keine Anwendung, weil man ihnen mit den Pferden und Instrumenten nicht so, wie mit der Hacke, ausweichen kann; dafür aber wird der Mais auch einen höhern und sicherern Ertrag, und zwar mit weit geringern Kosten, als gewöhnlich, geben, und das Land in den vollkommensten Zustand versetzt werden, dessen der Boden fähig ist.

## Ausbrechen der Nebenschossen und Entfahnen des Maises.

Der Mais treibt nahe an der Erde ein Paar Schossen aus, die nur schwache und oft gar keine Kolben tragen, und, wo nicht dem Hauptstamme unnützer Weise einige Kraft benehmen, doch sicher den Boden stärker erschöpfen. Man zieht sie daher mit Recht aus, und lässt sie dem Viehe als ein vortreffliches Futter zu gute kommen. Man lässt dem Stamme selbst nicht leicht mehr, als zwei Aehren oder Kolben, die übrigen werden zugleich mit jenen Erdschossen ausgebrochen. Man kann aus diesem Abfall auch einen vortrefflichen und bessern Sirup, als aus den Runkelrüben, bereiten.

Wenn die Haarbüschel der Fruchtkolben anfangen, welk zu werden, so ist die Befruchtung vollbracht, und die Blüthewimpel werden überflüssig. Man pflegt sie dann etwas über dem obersten Kolben abzuschneiden, jedoch so, daß man noch ein Blatt über diesem Kolben am Stamme lässt. Man nennt solches entfahnen.

Ueber den Nutzen dieser Verrichtung sind die Meinungen der Landwirthe im Elsaß getheilt. Einige halten dafür, daß es besser sei, das Entfahnen zu unterlassen; Andere behaupten, daß es die Zeitigung der Frucht beschleunige, daher sie es vorzugsweise in denjenigen Jahren unternehmen, wo die Zeitigung sich verspätet. Es ist nicht unwahrscheinlich, daß die Pflanze durch die Wunde, die ihr dabei versetzt wird, in ihrem fernern Zunehmen gestört werde, die Thätigkeit des Saftumlaufes stocke, die Gefäße erhärten, und die Frucht aus Abgang oder durch Verminderung des Zuflusses frischer Säfte schneller trocken werde. Daraus fließt freilich, daß das Entfahnen mit einiger Verminderung des Volums der Körner verbunden sein kann; im Nothfall ist es doch besser, etwas weniger Korn in einem guten Zustande, als etwas mehr in einem schlechtern nach Hause zu bringen. In wärmern Gegenden mag sich die Sache anders verhalten; aber im Elsaß, wo der Mais nicht immer zu seiner Reife kommt, halte ich das Entfahnen für nützlich. In jedem Falle wird auch allenthalben dasjenige, was vielleicht auf das Korn verloren geht, durch das ungleich kräftigere Futter, das die grün abgeschnittenen Wimpel vor dem Dürren gewähren, reichlich ersetzt werden.

Der Mais ist zwei Uebeln unterworfen; das erste ist der Brand oder ein brandiger, monströser Auswuchs, wodurch ein Theil oder das Ganze des Kolbens zerstört wird. In guten Maisjahren findet er sich häufiger ein, als in schlechten. Da er aber nur einzelne Stöcke befällt, so ist der Verlust wenig beträchtlich. — Weit schädlicher, als der Brand, ist der Wurm, der oft die Hälfte der Aerndte zerstört. Er greift nicht allein die Körner in den Kolben, sondern auch den Stiel selbst an, der sie trägt, daher dieser der Last des Kolbens nachgiebt, und der Kolben, statt aufrecht zu stehen, wie eingeknickt sich nach der Erde zusenkt.

## Aerndte.

Die Maisärndte im Elsaß tritt um Michaelis, und manchmal erst gegen Ende Oktobers ein. Die Zeit der Reife des Maises erkennt sich gar leicht. Die Blattspitzen der Hülsen werden weiß, öffnen sich und das Korn kommt zum Vorschein. Tritt aber die Kälte noch vor diesem Zeitpunkte ein, so muß er, reif oder unreif, vom Felde geschafft werden. Die Blätter welken und erbleichen, die Körner schrumpfen ein. Es ist keine Zeitigung mehr für sie zu hoffen.

Da die Herbstreife oder Nachtfröste in Niederungen häufiger als anderswo eintreffen, so ist es bei uns nicht räthlich, daselbst Mais zu pflanzen: ohne welches er vielleicht das nützlichste Gewächs sein würde, welches man in ausgetrockneten Sümpfen und Fischteichen, wo das Getreide gewöhnlich Lager wird, anbauen könnte.

Das Abbringen des Maises geschieht mit der Sichel, indem man die Stämme über der Erde abschneidet. Man bringt ihn sogleich nach Hause, bricht die Kolben ab, und setzt die Stengel zum Trocknen der freien Luft aus. Doch brechen auch Andere die Kolben von dem noch stehenden Stamme ab, ziehen alsdann die Stengel aus, stellen sie in Haufen gegen einander an, und lassen sie auf freiem Felde bis zum Winter stehen.

## Aufbewahren und Entkörnen der Kolben

Der Mais ist mehr, als jede andere Getreideart, sich zu erhitzen geneigt. Das dichte Aufeinandersitzen seiner Körner sowohl, als die festanliegenden Deckblätter, hindern die Verdünstung seiner, selbst nach der Reife noch vorhandenen, Feuchtigkeit. Das erste also, was gethan wird, wenn man die Kolben nach Hause gebracht hat, ist, sie jener Deckblätter zu berauben. Sie sind aber noch nicht in dem Zustande, wo man sie entkörnen könnte. Die Körner müssen durch ein längeres Verdunsten etwas an ihrer Dicke abnehmen, und durch dieses Einschrumpfen den allzugedrängten Stand verlieren, der sich dem Entkörnen widersetzt.

Um sie zu diesem Grade der Trockenheit zu bringen, und bis zu dem Zeitpunkte aufzubewahren, wo man sich, ohne Nachtheil für andere Geschäfte, mit dem Entkörnen abgeben kann, bedient man sich im Elsaß der allgemeinen bekannten Vorrichtung, die Maiskolben paarweise zusammen zu binden, und sie unter dem Dachvorsprunge der Gebäude, oder einem Thoreingange, oder allenthalben, wo Luftzug und Schutz gegen den Regen Statt haben, aufzuhängen. Um solches bewerkstelligen zu können, streift man die Paar Blätter, die man zu dem Ende an den Kolben gelassen hat, in die Höhe, bindet sie daran, vermittelst eines Bindfadens oder einer Weide zu 8, 10, 12 zusammen, und hängt sie dann auf Stöcken, oder an Nägeln auf. Es ist dieses ohne Zweifel die beste und älteste Weise, den Mais zu trocknen, die auch von den Wilden in Amerika ausgeübt wird, von da sie durch die Spanier auf uns überbracht wurde.

Bei einem starken Maisbaue kann aber diese Vorrichtung nicht allein beschwerlich, sondern oft unmölich werden, daher man in den englischen Colonien in Amerika ein anderes Verfahren angenommen hat. Man errichtet nämlich im Freien und in einer sichern Entfernung von andern Gebäuden kleine Magazine, die statt solider Wände, mit Latten, oder auch nur mit Stangen bekleidet sind. Diese stehen so weit von einander, daß keine Maisähre durch kann. Die Länge und Höhe des Magazins ist willkührlich, und richtet sich nach dem Bedarf. Gewöhnlich haben die Magazine der englischen Colonisten die Länge von 17 bis 18 Fuß. Ihre Breite aber darf durchaus nicht stärker als von 2 bis 3 Fuß sein. Wollte man sie breiter anlegen, so würde die Luft nicht genug durch die Aehren streifen können, und der ganze Zweck des Magazins wäre verfehlt. Das Dach, welches aus einigen über einander gehefteten Brettern besteht, muß sich abnehmen oder öffnen lassen, weil die Maiskolben von der Höhe eingeschüttet werden. Der Boden des Magazins besteht ebenfalls aus Latten, und befindet sich in einer Entfernung von 3 Fuß über der Erde, theils um dem Ganzen mehr Luft zu verschaffen, theils um den Mäusen und Ratten den Eingang in das Magazin zu verwehren. Jene Erhöhung reicht aber allein zu diesem letzten Zwecke nicht zu, wenn man nicht zugleich um jeden Pfosten, der die Erde berührt, eine breite, horizontal liegende runde Platte unmittelbar unter dem Boden des Magazins anbringt. Sie kann von starkem Eisenblech, oder auch von Holz mit dünnem Bleche von unten bekleidet sein, und muß von allen Seiten so weit über den Pfosten hervorragen, daß keine Ratte sie mit ihren Pfoten erreichen kann. — Bei Errichtung eines solchen Magazins wird man beobachten, die Latten, oder wenn man will, die Stöcke, welche die zwei langen Seiten bekleiden sollen, nicht von Außen, sondern von Innen anzuschlagen, ohne welches sie später durch den Druck der Maiskolben weggesprengt werden könnten. Will man sich aber das Anbringen einiger Thüren unten an dem Magazine ersparen, die zum Ausnehmen des Maises nöthig sind, und immer einige Kosten verursachen, so kann man die Latten an dem obern und untern Ende des Magazins von Außen anschlagen, um sie dann losbrechen, und zu dem Mais gelangen zu können, wenn man ihn entkörnen will *).

Kommt der Mais in unreifem Zustande nach Hause, so ist er äußerst schwer aufzubewahren, und von geringem Werthe. Das Beste, was man damit thun kann, ist, wenn man einen Theil vom Felde bringt, ihn mit einem Stampfmesser zu zerstoßen, und zu verfüttern. Hat man aber desselben zu viel, so muß man ihn durch das Feuer zu trocknen suchen, wie wir sogleich zeigen werden.

Die Maiskolben können in großen Wirthschaften allerdings gedroschen werden, in kleinen aber hat das Ausbrechen mit der Hand Statt, und zwar mit weniger Mühe und Zeit, als man glauben sollte. Einige reiben zwei Kolben gegen einander an; die Mei-

*) Wahrscheinlich haben die ungarischen Koschen mit den beschriebenen Magazinen viele Aehnlichkeit.

sten aber bedienen sich dazu eines Eisens oder einer alten Messerklinge, die der Länge nach mit der Schneide an das obere Ende einer Bank oder eines Schemels eingeschlagen ist, doch so, daß der Rücken desselben noch etwa einen halben Zoll über dem Holze hervorragt. An diesem Messerrücken reiben sich die Körner ohne Mühe aus. Es ist im Winter die Abendarbeit für das Gesinde. Zwei Personen fertigen in zwei Stunden ein ganzes Viertel, über 2 Scheffel, Körner ab.

## Ertrag, Werth und Gebrauch.

Der Ertrag des Maises schwankt im Elsaß zwischen 2 und 8 Viertel. Man hat auch schon 10 Viertel und mehr gehabt. Der Mittelertrag wäre also 5 Viertel von einem Acker von 20 Ares (29 Hektoliter vom Hektar, 14 Scheffel vom Morgen.) Es ist also der nämliche Ertrag, wie der, den wir für die Gerste angegeben haben *). Im Werthe wird

*) Herr Andrieu, der den Mais seit 31 Jahren im Großen bauet, hatte in diesem Zeitraume 20 Jahre, wo der Hektar ihm 27 bis 30 Hektoliter gab; 9 Jahre von 18 Hektoliter, 1 Jahr (es war 1811) von 48 Hektoliter, und 1 Jahr, wo die Aerndte, wiewol bloß durch seine Schuld, fehlschlug. Der Durchschnitts-Ertrag für die 31 Jahre wäre also 25 1/6 Hektoliter. Das Gut des Hrn. Andrieu liegt 9 Meilen südwärts von Paris. Der Boden ist ein trockener, sandiger Lehm, der keine gehörige Tiefe hat, und auf einem dichten Felsen ruhet. Es ist auffallend, daß er, nach seinem Berichte an Hrn. Parmentier, das Feld erst dann mit der Egge ebenen läßt, wenn der Mais schon über der Erde ist. Es scheint also, daß das Eggen den jungen Pflanzen nicht schade, und in dem Falle hat das Eggen zur Zerstörung des Unkrautes seinen Nutzen, weil dadurch

der Mais um ein Fünftel höher geachtet, als die Gerste. Andere schätzen ihn den Pferdebohnen gleich, und ob er gleich manchmal von der Kälte leidet, so ist sein Ertrag im Ganzen doch noch sicherer, als der dieser letztern. Außerdem kann auf einem Maisacker, wenn kein Hanf darauf gesäet wird, noch nebenher ein Viertel weiße Bohnen gewonnen werden, welche dem Weizen im Werthe, oder zwei Viertel Gerste, gleich stehen. Der Ertrag eines Maisackers verhält sich also zur Gerste wie 7 zu 5, das heißt, 5 Acker Mais geben so viel Ertrag als 7 Acker Gerste, und das Futter, welches der Mais abwirft, kommt wenigstens dem Stroh der Gerste gleich. Es ist daher unrecht, wenn einige der Dreifelderwirthe im Elsaß den Mais auf gutem Boden nicht lohnend genug finden, da sie doch denselben Boden für Gerste und Bohnen nicht zu kostbar achten. Freilich erfordert der Mais ungleich mehr Arbeit, als die Gerste; aber dafür hinterlässt er auch einen äußerst reinen Acker, und muß oft wieder gut machen, was die Gerste daran verdorben hat. Uebrigens, wiederhole ich noch ein Mal, würde es Unrecht sein, die Bearbeitung des Maises, die auf eine Reihe von Jahren

ein Behacken erspart wird. Auch behackt er seine Pflanzen nur ein Mal: dann nämlich, wenn sie die Höhe von 1 Fuß haben. Das Behäufeln hat unmittelbar vor der Rockenärndte Statt. Er verwendet 4 bis 5 Dekaliter Samen auf den Hektar, und um diesen möglichst vollkommen zu haben, so lässt er allen dazu bestimmten Kolben, vor dem Entkörnen, einen guten Theil der Spitzen abbrechen, damit sich keine unvollkommene Körner unter dem Samen einschleichen.

auf die folgenden Früchte fortwirkt, demselben allein zur Last schreiben zu wollen.

Der Mais wird in dem Nieder-Elsaß wenig oder gar nicht zu dem Genusse der Menschen verwendet, sondern einzig und allein dem Viehe, und vorzugsweise den Schweinen, überlassen. Er übertrifft, nach der Meinung der Elsasser, Alles, was man außer ihm zur Mastung dieser Thiere zu verwenden pflegt. Dabei hat der Mais das Gute, daß die Schweine sich nicht daran den Ekel fressen, wie bei den Bohnen manchmal geschieht. Zur Ochsenmast aber, wenn man nicht für eigene Consumtion, sondern zum Verkaufe mästet, will man den Mais nicht so vortheilhaft finden, weil er den Ochsen nicht sichtbar genug für das Auge auseinander treibt: der Käufer ihn daher nicht gebührend zu würdigen weiß. Auch den Pferden wird er an einigen Orten im Elsaß statt des Hafers und der Gerste gegeben.

Ueberhaupt hält man den Mais, der einigen Frost überstanden hat, für das Vieh gedeihlicher, als den frischen. Nur derjenige, den man zum Samen bestimmt, dessen Kolben werden keinem außerordentlichen Froste ausgesetzt.

Man hält die äußern Deckblätter der Kolben für ein vortreffliches und besseres Futter für die Kühe, als das Grummet von den Wiesen. Die dünnen innern Schalen, die unmittelbar auf den Kolben anliegen, werden sorgfältig gesammelt, verzupft, und geben gute Betten für's Gesinde ab. Alles, was von dem Maise kömmt, und wenn es auch noch so dürre wäre, ist dem Viehe angenehm. Die ausgezogenen und trocken gewordenen Stengel werden im Winter entweder ganz in den Raufen vorgeworfen, und so von dem Viehe verzehrt; oder man schneidet sie auf der Häckfellade und untermischt sie mit gestoßenen Kartoffeln. Andere, die mit Futter hinlänglich versehen sind, bedienen sich der Stengel bloß zum Einstreuen, oder, wenn es an Holz mangelt, zum Verbrennen.

## Anwendung des Maises zur Nahrung des Menschen *).

Daß der Mais eine eben so gesunde, als stärkende Nahrung für den Menschen abgeben könne, ist durch das Beispiel der Amerikaner, Italiener, Spanier und eines großen Theils von Frankreich außer allem Zweifel gesetzt. Ob aber gleich der Mais mit einem starken Zusatze von Weizen zu Brodt gebacken werden kann, so scheint er doch dazu weniger empfehlungswürdig, als zu anderweitigem Küchengebrauche, namentlich zur Anfertigung der Suppen und eines Breies, den die Franzosen gaudes, und

*) Da der Gebrauch des Maises zu diesem Zwecke bei uns wenig bekannt ist, weil doch anderswo ganze Nationen sich großen Theils mit dieser edlen Frucht nähren: so werden es mir meine Landsleute vielleicht Dank wissen, wenn ich sie mit der Zubereitung einiger Speisen bekannt mache, und ihrer Hauswirthschaft diesen kleinen Paragraph weihe. Da ich keine eigene Erfahrungen darüber habe, so sei es mir erlaubt, dem Leser einige von denjenigen mitzutheilen, die der verdienstvolle Parmentier gesammelt hat.

die Italiener polenta nennen. Wir werden uns daher auch bloß auf die Beschreibung der Zurichtung dieser Speisen beschränken.

In Burgund und der Franche-Comte wird der Mais, den man zu der Nahrung der Menschen bestimmt, oder auch der, den man sehr lange oder in großen Haufen aufbewahren will, in dem Backofen getrocknet. Dadurch verliert er zwar seine Eigenschaft, mit dem Zusatze von anderm Getreide in Brodt verwandelt werden zu können, sein Mehl erhält aber einen Wohlgeschmack, dem auch der beste Mais aus den mittägigen und heißesten Provinzen nicht gleich kommt. Es übertrifft zur Zubereitung der Speisen, vorzüglich aber des Breies und der Suppen, das Mehl von allen andern Getreidearten. Es verhält sich zu dem Mehle des nicht gedarrten Maises, wie der gebrannte Kaffee zu dem ungebrannten. Auch sind es nur die unbemittelten Leute, die aus Mangel an Holz sich in jenen Provinzen des nicht gedarrten Maises bedienen. Ihre Art, ihn zu dörren, ist folgende:

Man heizt den Backofen etwas stärker, als es zum groben Brodte nöthig ist, kehrt ihn aus und bringt die abgeblätterten Maiskolben hinein. Nach einer Stunde öffnet man den Ofen, und kehrt den Mais mit einer eisernen Schaufel um, so daß die zu unterst liegenden Aehren in die Höhe kommen. Dann legt man noch etwas glühende Kohlen, wenn man sie hat, an den Eingang des Ofens, und verschließt ihn von neuem. Nach einigen Stunden wiederholt man das Umschaufeln zum zweiten Mal, und lässt nun den Ofen geschlossen. Es werden 24 Stunden zu dem völligen Ausdorren erfodert. Man muß nicht fürchten, daß nach obiger Art der Ofen zu heiß sein möge. Die Ausdünstung der großen Menge Maiskolben, die man hineinlegt, mäßigt gar bald die Hitze. — Es ist am besten, wenn man den Mais sogleich entkörnt, wie er aus dem Ofen kömmt, weil diese Verrichtung alsdann ohne die geringste Mühe von statten geht. Man hat auch Versuche gemacht, die Kolben vorher zu entkörnen, um dann die Maiskörner allein in den Ofen zu bringen, aber sich nicht wohl dabei befunden.

Man unterscheidet das aus dem gerösteten Maise gemachte Mehl von dem ungerösteten durch den Namen gaudes, wiewol dieser Name eigentlich nur dem Breie zukömmt, der aus diesem Mehle gemacht wird. Dieser Brei macht in den vorhin gedachten zwei Provinzen im Winter die Hauptnahrung des Landvolkes, sein allgemeines Frühstück aus, und weder Knecht, noch Magd, würden daselbst dienen wollen, wenn ihnen dieses nicht zugesagt wird. Dieser Maisbrei wird, um ihn recht gut zu haben, aus einem Theile Mehl und drei Theilen Milch verfertiget. Nicht selten wird auch ein guter Theil der Milch durch Wasser ersetzt. Das Mehl wird kalt und mit Vorsicht damit angerührt. Darauf bringt man es über ein gelindes Feuer, und lässt es eine halbe Stunde lang kochen. Der Brei ist nun fertig; ehe man ihn aber von dem Feuer nimmt, und nicht viel früher, setzt man etwas Salz hinzu *).

Die Zubereitung der Polenta der Italiener hat mit der der Gaudes einige Aehnlichkeit. Auf 4 Pfund Maismehl werden 3, auch 4 Pinten Wasser genommen. Man lässt das Wasser mit 5 bis 6 Loth Salz zum Kochen kommen; alsdann rüttelt man mit der einen Hand das Mehl vor und nach hinein, während man mit der andern einen runden hölzernen Stößel unaufhörlich darin herumdreht. Man fährt mit dem Umrühren auch dann noch fort, wenn schon alles Mehl im Topfe ist. Dieses wird schnell anfangen, sich zu verdicken und auf den Boden anzuschlagen; alsdann muß der Stößel mit beiden Händen angefasst und mit Macht gerührt werden. Nach einer Viertelstunde, oder etwas drüber, ist der Brei fertig. Da er sehr dicht und steif ist, so wird er nicht, wie die Gaudes, auf einer Schüssel servirt, sondern man gießt ihn in Italien auf das Tuch, womit der Tisch gedeckt ist. Die Hausleute setzen sich nun um denselben, und verzehren ihre Polenta. Sie wird stark von dem gemeinen Volke gegessen, und man findet sie in Stücken von einem Pfunde zum Verkaufe ausgesetzt.

*) Es fehlt aber viel, sagt Hr Parmentier in seiner Abhandlung über den Mais, Seite 244, daß dieser Brei immer so gut zubereitet werde. Oft kann der arme Mann sich keine Milch und nicht ein Mal Salz verschaffen, dieses so nothwendige Gewürz, das die Natur dem Menschen so mildreich darbietet, und das man ihm so theuer verkauft!

Will man sie aber köstlicher machen, welches die Sache der wohlhabenden Klasse ist, so schneidet man die Polenta in äußerst dünne Scheiben, legt sie in eine Kasserolle über einander, und bestreuet sie schichtweise mit zerriebenem Parmesankäse und etwas Butter. Hierüber kommt endlich ein wenig gestoßener Pfeffer, Zimmet und Gewürznägelein. Die Mailänder, welche sehr auf dieses Gericht halten, fügen auch noch Jüs (stark eingekochte Fleischbrühe), Gänselebern und Trüffeln hinzu.

Man kann auch mit den Aehren, die früher ausgebrochen werden, um den Hauptähren um so mehr Kraft zukommen zu lassen, eine sehr leckere Speise verfertigen, wenn man sie nach der Entkleidung der Länge nach spaltet, und sie, gleich den Artischocken, in einem leichten Ueberzuge von Teig bäckt.

Dieselben Aehren können auch, so wie man mit den Gurken verfährt, in Essig eingemacht werden. Nachdem man ihnen die Blätter genommen und sie mit einem Tuche wohl abgetrocknet hat, werden sie zuerst in kaltes, dann in kochendes Wasser gebracht, und so lange darin gekocht, bis man sie zwischen den Fingern zusammen drücken kann, doch so, daß sie immer noch einige Festigkeit behalten, und zwischen den Zähnen krascheln. Darauf wirft man sie in weißen Weinessig, fügt etwas Salz, Schotenpfeffer, Meerfenchel und Dragun (Estragon) hinzu, und lässt sie so lange über dem Feuer, bis der Essig im Begriff zu kochen ist. Alsdann hebt man die Maisähren heraus, legt sie in einen Topf, und gießt den Essig, wenn er erkaltet ist, darüber. Wer das Maiseinmachen im Großen betreiben wollte, wie das an einigen Orten wirklich geschieht, der säe ihn sehr dicht zusammen, so daß die Aehren nicht dicker als der kleine Finger wachsen. Der Ertrag des Feldes wird dabei nicht ohne Vortheil sein, um so mehr, da es zugleich eine große Menge Futter für die Herbstnahrung des Viehes abwirft *).

*) Wir haben über die Cultur und Benutzung des Maises ein Werk von dem Hrn. Professor Dr. Bürger, welches Hr. Thaer als eine vortreffliche, vollständige und scharfsinnige Schrift anrühmt. Die Zeitumstände, in welchen ich, leider! schreibe, verhindern mich, mir sie zu verschaffen.

# Siebenzehnter Abschnitt.

## Anbau der Hülsenfrüchte.

### I. Pferdebohnen.

Dieses nützliche Brachgewächs steht in einer wohleingerichteten Wirthschaft auf schwerem Boden allen andern Hülsenfrüchten vor. Sein aufrecht stehender Wuchs macht das Hacken und jede andere Bearbeitung, die zu einer guten Brache gehören, leicht und ausführbar. Seine starken Wurzeln, seine hohlen Stengel zertheilen den allzufesten Boden, und bringen ihn mit der Luft in Verbindung. Gehörig bearbeitete Bohnen sind eine der besten Vorbereitungen für den Weizen; und da sie an sich selbst wenig zu dem Genusse des Menschen geeignet sind, so hat sich der Boden um so mehr dabei zu erfreuen, als sie in dem Stalle verfüttert, durch den darin hervorgebrachten Dünger, dem Schooße der Erde mehr zurückgeben, als sie daraus gezogen haben.

Die Pferdebohnen werden im Elsaß ziemlich stark angebauet. Sie machen, wie wir gesehen haben, auf dem Kochersberge eine Hauptbasis der Fruchtfolge aus. Man kann annehmen, daß sie daselbst an mehrern Orten jährlich den sechsten Theil aller Felder decken. Da sie ein vortreffliches und kräftigeres Pferdefutter abgeben, als der Hafer, so verdient ihr Anbau um so mehr den Vorzug, als dieser letztere keine Vorfrucht für ein anderes Getreide sein kann; es sei denn bei einem solchen schlechten Landwirthe, der sein Land auszumergeln und in einen Unkrautsanger zu verwandeln gedenkt.

Man säet sie hier selten breitwürfig; also durchgehends zeilenweise, welches letztere das Hacken ungleich erleichtert. Zur Ehre der Elsasser muß ich sagen, daß ich keine unbehackte Bohnen bei ihnen fand. Sie überlassen eine solche widersinnige Cultur meinen ehemaligen Nachbaren in den Departements der Ourte und Niedermaas, denen es an Heberich gebrechen würde, wenn sie ein Mal im Jahre zu einer Hacke greifen müssten.

Die Stoppeln des zu Bohnen bestimmten Landes werden meistens schon vor Winter gestürzt. Dagegen wird im folgenden Frühjahre nicht mehr gepflügt. Man säet so früh man kann, oft schon im Hornung, und diese Regel ist allgemein. Es giebt zwar Jahre, wo die spät gesäeten Bohnen sehr gut gerathen, so wie sie überhaupt mehr Stroh beibringen; allein die Erfahrung spricht dennoch für das frühe Säen. Man hat gern, daß die Bohnen vor der großen Hitze in die Blüthe treten, weil ihnen ein langsames Blühen, bei etwas kühlem Wetter, gedeihlich ist.

Es wird nicht immer zu den Bohnen gedüngt. Mir scheint aber, daß der Zweck ihres Anbaues, als Brachfrucht, darunter leide. Der Dünger, der zu den Brachfrüchten aufgebracht wird, ist für das Getreide nicht verloren, und eben dadurch, daß er im Brachjahre auf dem Boden wirkt, befördert er auch das Aufkommen des Unkrautsamens, der in demselben steckt, oder mit dem Dünger darauf gebracht worden ist. Dieses Unkraut unterliegt der Hacke, und der Acker wird rein. Uebrigens, je stärker die Brachfrüchte bei frischem Düngen werden, desto stärker wird auch der Vorrath des daraus hervorgehenden Viehfutters, und also um so größer die Düngerhaufen der Wirthschaft, um so mürber endlich wird der Acker. Breitwürfig und dicht gesäeten Bohnen könnte das Düngen auf gutem Boden beim Körneransatze manchmal nachtheilig werden, aber nicht denen, die sich in einer gebührenden Entfernung befinden, oder welche zeilenweise gesäet worden sind. Man nimmt so viel Samen, als von der Gerste, also 338 Liter auf den Hektar (25 Metzen auf dem Morgen). Dieses Quantum der Aussaat stimmt vollkommen mit demjenigen überein, was man auch in den Niederlanden nimmt; es sei nun, daß sie, wie in Brabant, behackt, oder, wie an der Maas, nicht behackt werden. Die Angabe, in den Grundsätzen der rationellen Landwirthschaft IV. 123, von 2 bis 3 Scheffel, scheint mir äußerst stark, und für guten Boden, wenn man sie nicht bloß des Strohes wegen bauen will, sehr unräthlich.

Das breitwürfige Säen der Bohnen geschieht an einigen Orten über die nicht umgebrochene Getreidestoppeln, wo sie dann mit dem Miste, wenn man ihnen welchen giebt, oder ohne Mist untergepflügt werden. Das Reihensäen geschieht mit der Hand in die geöffnete Furche. Man läſſt dabei immer eine leer ausgehen, und faſſt die Furchen ſo ſchmal, daß die Bohnen nicht viel über einen Fuß von einander fallen. Darauf wird das Land mit der Egge geebnet

Wenn die Bohnen über der Erde ſind, wird von neuem geegget. Vierzehn Tage nachher wird gehackt, und nach den folgenden vierzehn Tagen noch ein Mal. Bei dem letzten Behacken wird der Grund zugleich nach den Reihen angezogen. Man richtet es ſo ein, daß das letzte Behacken unmittelbar vor dem Eintritte der Blüthe Statt hat. Während der Blüthe aber darf nicht gerührt werden. An einigen Orten erſpart man ſich auch wol das erſte Behacken, wenn wohl geegget worden, und der Acker rein iſt. Die Erfahrung hat bewieſen, daß kein Eggen, ſo ſtrenge man auch dabei verfährt, den Bohnen ſchade. Werden ſie auch verletzt, ſo erholen ſie ſich ſogleich wieder.

Außer dem Honigthaue und dem Roſte, welchen die Bohnen hier zu Lande, eben ſo, wie anderswo, unterworfen ſind, haben ſie noch einen Feind an einem Unkraute, das ſich an ihrem Stamme hinaufſpindelt, und die ganze Pflanze überſtrickt. Es iſt dieſes die Flachsſeide (Cuscuta europaea), welche man hier Dröſſel nennt. Ich gab ihr im dritten Bande meiner belgiſchen Landwirthſchaft, unrichtiger Weiſe, mit dem H. G. Neufchateau, den Namen des Hanfwürgers (Orobanche major); es ſind aber beide zwei ſehr verſchiedene Pflanzen. Ich lernte dieſe letztere zuerſt im Elſaß kennen, und werde ihrer bei dem Taback erwähnen. Es sei aber durch welchen Feind oder Zufall, daß die Bohnen zu mißrathen drohen, so bedenkt man sich, sagt Hr. Thaer, in den Gegenden, wo man den Werth des Bodens kennt, keinen Augenblick, sie abzumähen, den Acker umzupflügen, und die Bohnen in die Furche zu streuen, weil eine schlechte Bohnenärndte den Abschlag des darauf folgenden Weizens durchaus nicht ersetzen kann; denn es ist allgemein anerkannt, daß nur gut stehende Bohnen (dasselbe gilt auch von allen andern Hülsenfrüchten) den Acker zum Weizen trefflich vorbereiten, wogegen er nach schlecht stehenden fast immer mißräth.

Man läßt die Bohnen nicht allzureif werden, weil sie sonst schwarze Flecke bekommen. Sie reifen im Stroh noch sehr gut nach. Man zieht die Stämme aus, oder schneidet sie über der Erde ab. Befürchtet man ein Ausfallen bei dieser Verrichtung, so nimmt man sie während dem Thaue vor. Die Stämme werden sogleich auf die Strohseile gelegt, in welche sie nachher gebunden werden sollen, welches 3 bis 4 Tage nach dem Abbringen Statt hat. Die Bunde werden zu zehn oder mehr gegen einander aufgestellt, und bleiben einige Wochen auf dem Felde stehen.

Man nimmt im Elsaß den Ertrag der Bohnen im Durchschnitt zu 4 Viertel an (23¼ Hektoliter vom Hektar, 11 Scheffel vom Morgen), und hält sie im Werthe der Gerste gleich. Da die Gerste einen ausgedehntern Gebrauch hat, als die Bohnen, so mag dieses für den Kauf und Verkauf gelten.

Beachten wir aber beide bloß in Hinsicht auf ihren Werth, als häusliche Fütterung der Pferde bei schwerer Arbeit, so übertreffen die Bohnen die Gerste um ein Merkliches. Nach Hrn. Thaer enthält diese 67½ Prozent nahrungsfähige Theile; wiegt also der Hektoliter Gerste 132 Pfund, so giebt er uns nur 86 Pfund nährenden Stoff. Dagegen enthalten die Bohnen 73 Prozent nährende Theile; und da der Hektoliter 198 Pfund wiegt, so haben wir darin 138 Pfund Nahrungsstoff, also einen dritten Theil mehr, als in einem Hektoliter Gerste. Ein kluger Hausvater wird also auf zwei Säcke Gerste einen gewinnen, wenn er sie verkauft und sich für das Geld zwei Säcke Bohnen anschafft.

Es ist übrigens ein Irrthum, zu glauben, daß die Bohnen den Pferden nicht zuträglich seien. Bei jungen Pferden und bei mäßigen Prachtpferden mag solches wol zutreffen; bei stark arbeitenden Pferden erweiset die Erfahrung allenthalben das Gegentheil. Auch werden sie im Elsaß ausschließlich zu ihrer Fütterung und zur Schweinemast verwendet. Sie ersetzen bei jener das Doppelte vom Hafer. Daß man in den Niederlanden die Schafe damit mästet, habe ich schon an einem andern Orte gesagt. — Hr. Bodmer in Meistratzheim hält die Bohnen für ein vorzügliches Futter bei Milchkühen, und achtet ein Maaß (kaum eine halbe Metze) drei Körben Runkelrüben gleich. Er sucht daher diese zu verkaufen, und sich mit dem daraus gelöseten Gelde Bohnen zu verschaffen.

Das Bohnenstroh wird zwar auch an die Pferde verfüttert, aber in dieser Hinsicht nicht viel geachtet. Einige glauben, daß die Kühe und Stuten, welche viel davon erhalten, leicht verwerfen. Es wird auch zur Feuerung verwendet. Arme Leute kaufen es zu diesem Zweck auf, und bezahlen das Bund mit 3 Sols. Noch so viel höher schäzt man die Spreue, und zieht sie dem Kaff oder der Weizenspreue vor. Man mischt sie auch wol mit dieser leztern, und giebt sie den Pferden.

Man hält die Bohnen im Elsaß für keine besonders ausmagernde Frucht; daher, wenn sie auch ohne Dünger gesäet werden, doch zum Weizen nicht stark gedüngt werden darf, weil er sich sonst leicht lagert. Der Weizen geräth durchgehends sehr gut darnach; die Gerste aber, die auf diesen Weizen folgt, schlägt um ein Merkliches zurück. — Wieder ein Wink gegen das Dreifeldersystem meiner Landsleute! Wann eher werden sie doch ihre eigenen Erfahrungen und Beobachtungen zu benuzen suchen, und für immer zu einem bessern System übergehen?

Schließlich erwähne ich noch, daß die Pferdebohnen, nach Hrn. Thaer, bei dem Aufbruche eines Graslandes oder Dreisch angewendet werden können. Werden sie gleich auf die zähe Grasnarbe gesäet, und mit derselben umgewendet, so drängen sie sich doch zwischen den Streifen durch, und bereiten den Boden zum Getreidebaue vor.

III. Zwergbohnen, Phaseolus nanus.

Die kleinen Vitsbohnen, Schminkbohnen, Faseolen oder weiße Faseln, sind allerdings ein würdiger Culturgegenstand in freiem Felde. Ich verstehe hierunter die niedrig bleibenden Arten, die keiner Stütze bedürfen. Sie erfodern nicht mehr Arbeit, als viele andere Gewächse, die der Ackerbau auf seine Rechnung übernimmt, namentlich der Mais, Maisamen, die Rüben und Kartoffeln. Auch ist der Anbau dieser Bohnen im Elsaß unter den gewöhnlichen Landwirthen schon lange gang und gebe, und er verdient es in jeder Rücksicht.

Die Zwergbohne ist sehr geeignet, zwischen andern Gegenständen, die unter sich einigen Abstand erfodern, und den Boden nicht ganz überschatten, wie Mais, Mohn, Kopfkohl, eingeschaltet zu werden, weil sie der Vegetation ihrer Nachbaren nicht im Wege steht, und sich mit dem ihr angewiesenen, ohnehin verlornen, kleinen Plätzchen behilft. Ich fand sie sogar auf dürrem elenden Sande zwischen Topinamburs, und oft konnte man das niedere Plätzchen vor Bohnen nicht sehen.

Für sich allein auf freiem Felde ausgesäet, lohnt sie bei einer angemessenen Behandlung völlig befriedigend. Ihr Ertrag ist sicherer, daher im Durchschnitt stärker, als der der Pferdebohnen, und ihr Werth ist doppelt. Sie ist also allerdings ein würdiger Gegenstand, selbst des höhern Ackerbaues. Die Art, wie man im Elsaß bei ihrem Anbau im Großen verfährt, ist folgende.

Das Feld wird vor Winter zum ersten Mal, zu Ende März oder Anfangs April zum zweiten Mal, und in der Mitte Aprils zum dritten Mal gepflügt. Darauf wird gewalzt. Mist wird nicht erfodert. Gegen Ende Aprils wird endlich zur Saat gepflügt, und der Samen zugleich in die Erde gebracht. Man setzt bei diesem vierten Pflügen den Pflug so ein, daß der damit ausgestochene Grund des einen Schnittes nicht, wie gewöhnlich, dicht gegen den Grund des vorhergehenden Schnittes angeworfen wird. Dadurch bilden sich denn zwischen den Grundstreifen schmale Rinnen, in welche die Bohnen eingeworfen werden. Der Säer lässt nämlich im Gehen der Furche entlang bei jedem kleinen Schritte 6 bis 7 Bohnen auf jede Stelle fallen, und tritt mit dem Fuße darauf. Die Zeilen fallen einen Fuß, und die Bohnenhörste auf der Zeile selbst anderthalb Fuß von einander. Ich sah sie auf Plätzen auch wol noch dichter zusammen stehen. Das Land wird zuletzt eben geegget und gewalzt.

Sind die Bohnen mit ihrem Laube etwas über der Erde, so werden sie zum ersten Mal mit der breiten Haue, und später noch ein Mal mit einer schmälern gerührt und zugleich etwas angehäuft.

Man zieht sie im Thaue auf, lässt sie ein Paar Tage liegen, und bringt sie trocken nach Hause. Um den Verlust zu vermeiden, wird der Karren mit Tüchern überspannt. Man drischt sie gewöhnlich, so wie sie vom Felde kommen. Man pflanzt anderthalb Sester (145 Liter auf den Hektar, 11 Metzen auf den Morgen), und ärndtet im Durchschnitt fünf Viertel (29 Hektoliter vom Hektar, 13 Scheffel, 6 Metzen vom Morgen). Ihr Ertrag steigt manchmal auf 7 Viertel von einem Acker. Die Bohnen stehen in gleichem Werthe mit dem Weizen, und ein Acker derselben wird einem Weizenacker gleich gehalten. Doch ist das Stroh des letztern von einem höhern Belang. Man zieht jedoch das Stroh eines Bohnenackers, mit Inbegriff seiner Spreue, dem Stroh eines Gerstenackers vor. Man hält sie für ein vortreffliches Futter für Kühe und Schafe, wenn sie im Winter verfüttert werden. Die Strohbüschel werden auf der Häcksellade, oder mit einer alten recht stehenden Sense zwei Mal durchgeschnitten, und allein, oder mit Heu und Gerstenstroh gemengt, aufgegeben.

## IV. Erbsen und Wicken.

Ich fasse diese beiden Hülsenfrüchte zusammen, weil ich im Elsaß wenig Gelegenheit gehabt habe, etwas darüber zu beobachten.

### Erbsen.

Die Bewohner von Hoerdt bauen die Erbsen auf ihrem leichten rothen Sande mit eben dem ausgezeichneten Fleiße, womit sie alle andere Gegenstände zu behandeln gewohnt sind. Ihre Fruchtfolge, wie wir schon einige Mal gesagt haben, ist zweijährig; ihr Erbsenbau folgender:

Die Getreidestoppeln werden vor Winter nicht

umgestürzt, und die Erbsen im Frühjahr auf das ungedüngte und nicht gepflügte Feld gesäet und eingeackert. Sobald sie zwei Zoll über der Erde sind, wird geegget. Haben sie vier Zoll, so wird zum ersten Mal, und, ehe sie zusammenlaufen, zum zweiten Mal gehackt. Die Hacke, oder vielmehr das Häckchen, hat nicht mehr als zwei Zoll in der Breite, und anderthalb Zoll in der Höhe. Sobald die Erbsen eingeärndtet sind, wird das Land umgefahren, Raps darüber gesäet, eingeegget, und dieser später, als grüner Dünger, zur Rockensaat untergepflügt. Man sieht leicht, daß jenes Behacken bei einem starken Erbsenbau höchst beschwerlich sein würde; das Eggen aber kann überall geschehen, und ist den Erbsen, wegen der dadurch bewirkten Tilgung des Unkrauts, sehr heilsam. Die beste Zeit zur Erbsen- und Linsenaussaat ist, nach Hrn. Schröder, die Hälfte des Aprils.

Ich fand im Elsaß nur wenig Erbsen und Pferdebohnen unter einander gesäet, ein Gemisch, das in andern Gegenden sehr häufig vorkommt.

Bei Erbsen, die schlecht zu gerathen scheinen, kann man nicht besser verfahren, als sie in voller Blüthe abzumähen, und den Kühen zu füttern. Ich kenne kein Futter, das mehr und bessere Milch giebt, als solches grüne Erbsenkraut. Die Butter hat den Wohlgeschmack der besten Maibutter von Weidekühen. Sind die Erbsen aber vom Mehlthau oder Geschmeiß befallen, so ist es räthlich, sie dem Viehe nicht zu geben, sondern sie unterzupflügen.

Man weiß, daß die Erbsen nicht eingeschmiert sein wollen, und daß es besser sei, sie etwas spät, als früh und dann in den Koth zu säen. Ich glaube schon anderswo gesagt zu haben, daß die Stoppeln aller Hülsenfrüchte, ja, die aller Getreidearten, vorzüglich aber jene, unmittelbar müssen aufgebrochen werden, sobald nur die Aerndte das Feld geräumt hat.

## Wicken.

Einzelne, für sich allein gesäete Wicken sind mir im Elsaß nicht vorgekommen. Dagegen säet man sie auf dem Kochersberge häufig unter die Gerste, und so geben sie mit derselben ausgedroschen ganz gewiß ein vortreffliches Pferdefutter. Ob beide Gegenstände, unter einander gemengt, zugleich ausgesäet werden, weiß ich nicht. Mir scheint, daß das Vorsäen und Unterpflügen der Wicken allein, und das Nachsäen auf die rauhe Furche und Eineggen der Gerste hier sehr zweckmäßig anzuwenden wäre.

Die Wicken verdienen noch unter einer andern Ansicht die Beachtung meiner Landsleute, besonders derjenigen unter ihnen, die ihr Vieh im Sommer auf dem Stalle halten. Es giebt Jahre, wo der Klee nicht geräth, und alsdann sind Menschen und Vieh im Gedränge. Ein Wickenfeld, das man zum Grünabfüttern gesäet hätte, würde da aushelfen. Man kann sie zu diesem Zwecke früh und spät, selbst noch um Johannis, säen. Sieht man also, daß es um den Klee für das Jahr geschehen ist, so sollte man, wenn man kein müssiges Feld mehr für die Wicken übrig hat, das Kleefeld selbst in ein Wickenfeld umschaffen. Dabei thut man am besten, wenn man das Feld nicht auf ein Mal ganz, sondern nur stückweise umpflügt und mit Wicken besäet, das heißt, man besäet nicht eher das zweite Stück, bis die Wicken auf dem ersten schon über der Erde sind, und so weiter das dritte, vierte, oder so viel Eintheilungen, als man zu machen für gut findet. Dadurch wird man immer heranwachsendes Futter haben, wenn man das erste schon unter die Sense nimmt. Man muß nicht eher damit zu füttern anfangen, als bis die Wicken in voller Blüthe stehen. Will man sie aber den Pferden geben, so wird es nützlicher sein, so lange damit zu warten, bis sie größtentheils schon Schoten angesetzt haben.

Die grünen Wicken geben dem Klee an Nahrungsfähigkeit nichts, und im Ertrage nur wenig nach, ungeachtet sie, mit Vortheil, nur einen Schnitt gewähren, und der Klee ihrer zwei giebt. Wem es aber für den Herbst und Winter um noch mehr Futter zu thun ist, der kann die Stücke, die zuerst gesäet, also auch zuerst abgefüttert worden, sogleich umbrechen, und sie mit Rüben, oder auf sandigem Boden, mit Buchweizen besäen. Dadurch wird man dann einen Ertrag an Futter haben, den das beste Kleestück nicht liefern kann. Auf einem Felde aber, das nach Wicken noch Rüben getragen hätte, wäre es unrathsam, Wintergetreide zu säen. Es kann sich bloß zum Sommergetreide schicken. Mehr, als man tragen kann, sollte man billig selbst einem Esel nicht aufladen. Ganz anders verhält es sich mit einem Felde, das nichts als grün abgefütterte Wikken getragen hat. Wird es gleich hinter der Sense umgepflügt, und ich wollte, daß man das Umpflügen nicht um drei Tage verschöbe; so ist das Land nicht allein durch die Wicken nicht erschöpft, sondern wesentlich verbessert und in einem trefflichen Zustande zur Aufnahme jeder Winterung, und selbst des Rapses.

Hätte man endlich der Wicken zur grünen Fütterung zu viel; so lassen sie sich eben so gut, als der Klee, zu kostbarem Heue machen, wenn man sie nämlich zu der Zeit mähet, wo sie anfangen, Schoten anzusetzen.

Wir werden zwar an einem andern Orte auf diese Bemerkungen zurückkommen; allein wie mein Freund, der verdienstvolle Herr Karl Pictet, mir eines Tages schrieb: Man kann das Gute nicht zu oft wiederholen, und muß, es zu thun, nicht ermüden.

# Achtzehnter Abschnitt.

## Anbau der Wurzelgewächse.

### I. Kartoffeln.

Im Elsaß, wie überall, stehen die Kartoffeln unter allen Wurzelgewächsen oben an. Gleich nährend und nützlich für den Menschen, wie für das Vieh, haben sie die Noth, die schwarze Noth des Hungers auf immer von uns entfernt. Um die Pest aus Europa zu verbannen, erbaute man Siechhäuser; um die Hungersnoth zu vertreiben, bepflanzen wir unsere Felder mit Kartoffeln. Sie sind ein ganz fertiges, und so zu sagen schon geschnittenes Brodt, das man nur in die heiße Asche, oder in siedendes Wasser zu werfen braucht, um es genießen zu können. Die bange Mutter, die noch um eilf Uhr nicht weiß, was sie den Ihrigen zum Mittagsessen vorsetzen soll, läuft in den Garten oder auf das Feld, füllt ihre Schürze mit jenen lieben Knollen, und um zwölf Uhr sitzen die Kinder schon darum her, und halten ihre Mahlzeit, bei der sich Alle freuen, und von welcher nie eins erkrankt. — Doch was brauche ich mich über das Lob eines Gewächses zu ergießen, welches das wohlthätigste Produkt bleibt, welches die Erde hervorbringt. Und Dank sei der Vorsehung, die es unsern Tagen schenkte!

„Kartoffeln," sagt Herr Schröder, „sind das einzige Surrogat für den Brodtmangel in schlechten Jahren. Wir Elsasser würden im Jahre 1804, wo die Aerndte bei weitem nicht zum Bedarf unserer Bevölkerung zureichte, wo uns Lothringen, das sonst in guten Jahren aushelfen muß, wenig abgeben konnte, nicht bloß Mangel sondern Hunger gelitten haben; wenn in dem sandigen Gebirge, welches voller Menschen steckt, die nie für einen Monat Getreide bei ihnen erzielen können, die Kartoffelärndte nicht überreich ausgefallen wäre. Manche Haushaltungen bekamen in drei, vier Wochen keinen Bissen Brodt zu sehen; aber die Kartoffeln, die wahre Brodtfrucht von Europa, ersetzte Alles. Man reichte damit bis zur Aerndte aus, und viele tausend Säcke Getreide wurden durch sie erspart. In gewöhnlichen Jahren sieht man jene Gebirgseinwohner täglich zu 30 bis 40 mit Säcken in Schillersdorf ankommen, um einige Sester Getreide zu kaufen, und nach einer so schlechten Aerndte ließen sie sich nicht sehen. Das Getreide war ihnen zu theuer, und sie fanden ihre Rettung bei den Kartoffeln."

Die Kartoffeln sind eins von den wenigen Gewächsen, die in kurzer Zeit ungestraft auf demselben Lande wiederkommen dürfen. Zu Sulz hat man einzelne Felder, worauf man sie über jedes andere Jahr antrifft. Zu Obernheim bringen Einige sie 4 bis 6 Jahr hinter einander auf dasselbe Feld, ohne daß ihr Ertrag abnimmt, wenn nur von Zeit zu Zeit dazu gedüngt wird, welches oft erst alle drei Jahre geschieht. Zu Meistratzheim sprach man von Feldern, die sechs Jahre hinter einander ungedüngt Kartoffeln getragen haben. Nach solchen Kartoffeln hatte man dann bei dem Schlusse noch überaus schöne Gerste. Man versicherte mir anderswo von einem Acker, daß er in zwanzig Jahren ein Mal Gerste und neunzehn Mal Kartoffeln getragen habe. Uebrigens werden meine Leser wol denken, daß ich eine solche Fruchtfolge keinesweges anempfehle, sondern sie nur als eine Ausnahme von der Regel anführe, die mehr zum Lobe der Kartoffeln, als dem Ruhme ihrer Pflanzer gereicht.

Die Beobachtung, daß die Gerste vortrefflich, der Weizen aber nur schlecht nach den Kartoffeln gedeiht, hat man auch allgemein im Elsaß gemacht. Nur wollen die dasigen Dreifelderwirthe nicht alle diese Beobachtung benutzen, weil sie ihr geliebtes Dreifeldersystem nicht aufgeben wollen, es koste auch, was es wolle. Man wählt also lieber das Schlechtere, und handelt gegen eigenes besseres Wissen. Ich sagte: nicht Alle; denn auch unter den Dreifelderwirthen im Elsaß, giebt es viele gescheidte Leute, die, ohne jedoch ihr System abzuschwören, der Winterung zur Liebe, die Kartoffeln in das Sommerfeld aufnehmen, und andere, dem Weizen mehr günstige, Früchte, z. B. Hanf, Taback, Mohn, Bohnen, in dem Brachjahre auf die Kartoffeln folgen lassen. Da, wo dieses alle sechs Jahre, wie auf dem Kochersberge, geschieht, ist solches eine untadelhafte Wirthschaft.

Zu den Kartoffeln, die ins Brachfeld kommen, wird gedüngt; diejenigen aber, die ins Sommerfeld, das ist, unmittelbar nach dem Weizen gepflanzt werden, erhalten keinen Dünger. Zu jenen wird die Gerstenstoppel vor Winter ein Mal, zu diesen die Weizenstoppel zwei Mal umgefahren. Im Frühjahre wird nur ein Mal gepflügt, die Saatfurche, im Falle mit dem Pfluge gepflanzt wird, nicht mit einbegriffen.

Das Pflanzen der Kartoffeln geschieht größtentheils mit der Haue. Man giebt ihr vor dem Pfluge den Vorzug; obgleich dieser auch manchmal dazu gebraucht wird. Man haut die Löcher etwa vier Zoll tief ein. Die Kartoffeln werden zu 2 bis 3 Stükken, auch ganz eingeworfen, und mit dem Grunde, der vermittelst der Haue aus der folgenden Grube gehoben wird, gedeckt. Da das Land nach dem letzten Pflügen nicht abgeegget worden, so dienen die Merkmale der Furchen dem Hauer zur Richtung. Man pflanzt jedes Mal in die dritte Furche, und im Verbande. Nach dem Pflanzen wird nicht geegget. Die Pflanzzeit fängt mit dem April an, und häufig pflanzt man schon im März *). Sie werden später ein Mal behackt und zwei Mal behäufelt. Man wirft an einigen Orten etwas Rübesamen über

*) Dieses so frühe Pflanzen ist gar keine Nothwendigkeit. Ich kenne Gegenden, wo nie eine Kartoffel vor dem Mai in die Erde gelegt wird, und überhaupt muß man den Mai für die beste Pflanzzeit halten.

die Kartoffelfelder, auch wol Hanfsamen zur Samenerzielung, oder man pflanzt Zwergbohnen in die Zwischenräume.

Die Sandländer weichen von der angegebenen Cultur in etwas ab. Man bringt daselbst den Mist in die Gruben, und behauptet, daß vier Fuder, auf diese Weise angebracht, den Kartoffeln mehr Vortheil gewähren, als wenn man das Doppelte über das ganze Feld hergebreitet hätte. Dieses stimmt dann mit dem, was ich im Lande von Waes gesehen habe, vollkommen überein. Es bleibt zwar wahr, daß dieser Dünger auf die folgenden Feldfrüchte nicht so gleichmäßig fortwirken kann, als wenn die Krume der ganzen Oberfläche durchdüngt worden wäre; daher man auch anderswo im Elsaß, und zwar mit Recht, den Mist lieber über das ganze Feld verbreitet. Allein der Boden macht hier den ganzen Unterschied. Im Waeslande, z. B., wie in der brabantischen Campine, und in der brabantischen Campine, wie zu Lauterburg und Hoerdt im Elsaß, hat man baaren Sandboden, dem man, den gefräßigen Kindern gleich, nicht mehr auf ein Mal vorsetzen darf, als er verzehren soll; ohne welches er für den folgenden Tag nichts zurückläßt; statt daß ein guter Lehmboden seine Kraft zu Rath hält, die dann auch noch den folgenden Früchten zu gute kommt. Daher man auf dem Sandboden mit Recht ein alljährliches und sparsames Düngen einem seltnern und reichlichern vorzieht, und dieses heißt auf keine Weise den

Mist verzetteln *), sondern ihn mit einer weisen Oekonomie anwenden.

Man hat noch eine besondere Art, die Kartoffeln zu düngen, welche ich zu Schillersdorf und Mühlhausen gesehen. „Hat man,“ sagt Hr. Schröder, „beim Pflanzen der Kartoffeln im Frühjahre keinen hinreichenden Dünger, so wird derselbe erst bei dem Behäufeln aufgebracht, und sammt der Erde mit der Haue an die Stöcke angezogen. Ist der Mist kurz, so geht die Arbeit sehr leicht, bei langem etwas beschwerlicher. In feuchten Sommern thut diese Art, die Kartoffeln zu düngen, eine vortreffliche Wirkung, und vermehrt um vieles ihren Ertrag.“ Dieselbe Vorrichtung ist mir auch schon in den Niederlanden vorgekommen. Man brachte daselbst mit der Forke den Dünger auf die Stöcke selbst, oder vielmehr mitten hinein, weil man das Laub von einander trennte. Dann warf man etwas Grund auf diesen Mist. Dadurch waren die Kartoffelranken in dem Boden eingelegt, und es ist gar nicht zu zweifeln, daß solches ihren Ertrag vermehre.

Ueber die Stärke der Aussaat und ihre Entfernung fand ich einen großen Unterschied in der Verfahrungsart zu Lauterburg und der zu Hoerdt. An dem ersten Orte pflanzt man die Kartoffeln einen starken Fuß von einander, und wirft 2 bis 3 Knollen

*) Wie ein verehrter und interessanter landwirthschaftlicher Schriftsteller in dem 9ten Bande, Seite 3752, der Annalen des Ackerbaues es nennt.

in jede Grube; doch vermuthe ich, daß sie klein sind. An dem letzten Orte legt man nur eine von mittlerer Größe ein, und bringt die Hörste einen Schritt von einander. Das zu Kartoffeln bestimmte Land wird vor Winter nicht umgepflügt, weil man die Erfahrung gemacht hat, daß solches nachtheilig sei. Selbst nach Winter wird nur ein Mal, oder alsdann zwei Mal gepflügt, wenn das Land verqueckt ist. Die Kartoffeln werden drei Mal behackt. Ihre Cultur gleicht in allen diesen Stücken der des Maises.

Man pflanzt im Elsasse durchgehends 4 Viertel Kartoffeln auf den Acker (23 Hektoliter auf den Hektar, 11 Scheffel auf den Morgen) und ärndtet ihrer im Durchschnitte, auf gutem Boden, 50. (290 Hektoliter vom Hektar, 136 Scheffel vom Morgen). Man gräbt die Kartoffeln gewöhnlich mit dem Karste aus, und stellt zu jedem Karste drei Raffer oder Einsammler. Ich sagte so eben auf gutem Boden, denn ich glaube, daß man für das Elsaß überhaupt nicht mehr, als 40 Viertel pro Acker annehmen darf. Dieser Ertrag sinkt weit unter den herab, den ich in den Niederlanden gefunden habe, und ich kann dieses Minus, zum Nachtheile des Elsasses, nichts anderm, als dem daselbst üblichen flachen Pflügen, zuschreiben. Statt daß man in den Niederlanden 12 bis 14 Zoll zu den Kartoffeln pflügt, so pflügt man im Elsaß kaum zu 6 Zoll. Der Kartoffelbau ließe sich also ohne Zweifel in diesem letzten Lande noch um Manches verbessern.

Die Art, die Kartoffeln im Winter aufzubewahren, gleicht der, die wir bei den Rüben angeben werden; doch macht man für jene die Gruben etwas tiefer, und deckt sie auch mit mehr Stroh. Man schlägt sie im Anfange nicht völlig mit Grund zu, damit die Verdünstung einen Auszug behalte. Bei großem Froste werden die Haufen, die durch nichts geschützt sind, noch mit strohigem Miste, oder Hanfspänen (Acheln) bedeckt. Im Frühjahre bringt man die Kartoffeln in den Keller.

II. Topinambur,

Erdäpfel, Erdartischocken (Helianthus tuberosus) sind ebenfalls ein Geschenk der neuen Welt, und aus Brasilien zu uns gekommen. Sie scheinen früher als die Kartoffeln in Europa bekannt gewesen zu sein, weil Dr. Löber in seiner Anchora sanitatis, die im Jahre 1669 ans Licht trat, sie als ein damals gebräuchliches Gemüse angiebt, und ihrer unter dem Namen Flos solis glandulosus gedenkt. Die nachherige Einführung der Kartoffeln hat wahrscheinlich ihren Anbau in den meisten Gegenden verdrängt, daher man sie allenfalls nur noch hier und da in einem Garten antrifft. In dem Elsaß aber hat man ihren Anbau auf freiem Felde nicht aufgegeben, er wird vielmehr in der Gegend von Hagenau, Bischweiler und an einigen andern Orten stark betrieben.

Die Topinambur sind für diese und alle andern sandige Gegenden ein äußerst nutzbares Gewächs weil sie auch mit einem sehr schlechten Boden vorlieb iehmen; nicht deshalb, weil sie keinen bessern verdienen, ondern weil die meisten andern Gewächse nicht so, wie sie, auf schlechtem Sande gedeihen wollen. Auch ie dürre Sandwüste vergaß der Herr nicht bei sei-em Segen! — Es ist wirklich ein Verlust für die Daidbewohner in Brabant, Westphalen u. s. w., die iese nützliche Pflanze nicht kennen. Möchte meine Gimme bis zu ihnen gelangen, und diese Bekannt-machung ihre Nahrungs- und Hülfsquellen ver-nehren!

Die Cultur der Topinambur ist von der der Kar-ffeln wenig unterschieden. Man pflanzt sie horst-eise, und legt immer einen, oder, wenn sie klein ind, zwei Knollen in jede Grube. Die Hörste allen drei Fuß ins □ von einander. Sie werden uch wol noch näher zusammen gebracht. Die Pflan-nngszeit fällt in den März, oder bis in die Hälfte es Aprils, wo sie zu treiben anfangen. Man braucht nderthalb Sack auf den Acker (3 Scheffel auf den Korgen). Die Löcher werden mit der Hacke auf-ehauen, die Topinambur eingelegt, eine Hand voll Nist darauf geworfen, und mit 2 bis 3 Zoll Grund der vielmehr Sand gedeckt. Sie erfordern nicht so el Dünger, als Kartoffeln, und magern das Land cht so stark aus, als diese.

Man läßt sie in der Regel nur ein Jahr auf nselben Felde stehen, und pflanzt im folgenden ahre Kartoffeln darauf, die vortrefflich darnach ge-then, und durch deren Anbau die Ausschläge der opinambur, die sich immer in Menge zu zeigen pflegen, getilgt werden. Will man sie aber zwei oder mehrere Jahre hinter einander bauen, so ist es nicht nöthig, sie von neuem zu pflanzen. Man darf nur im Frühjahre nach der Aerndte etwas Mist auf das Feld bringen und umpflügen. Die Topinambur werden von selbst von neuem ausschlagen, und das Feld zureichend besetzen. Doch ziehen diejenigen, die Ordnung lieben, ein neues Pflanzen und Grubendüngen vor.

Wann die Topinambur eine sichere Höhe haben, werden sie behackt und zwei bis drei Wochen nachher behäufelt. Ich habe schon anderswo gesagt, daß man auch manchmal kleine Vitsbohnen dazwischen einpflanzt.

Da die Topinambur jedem Froste widerstehen, und sich in der Luft nicht so gut, wie in der Erde, halten, so lässt man sie bis zum Gebrauche auf dem Felde, und verschiebt ihre Aerndte gewöhnlich bis nach Winter, wo sie zur Anwendung oft am willkommensten sind. Sobald man im Frühjahre in den Boden kommen kann, wird der Anfang damit gemacht. Man verfüttert sie vor und nach, wie sie aus der Erde kommen. Daher läuft das Ende der Abärndtung oft bis zu George, Ausgangs Aprils hinaus. Die Wurzeln, die alsdann noch auf dem Felde übrig bleiben, werden auf ein Mal ausgegraben, und in den Keller gebracht. Das Ausgraben geschieht, wie bei den Kartoffeln, mit dem Karst. Man braucht die Stengel nicht abzuschneiden, sie lösen sich im Winter von selbst ab. Diese Ste gel, sammt den daran befindlichen Blättern, geben in gutes Schaffutter, oder dienen zum Brennen. Der Ertrag der Topinambur ist 40, 50, ja 60 Säcke vom Acker (72 bis 110 Scheffel vom Morgen). Gerathen sie wohl, so kann ein Acker, der nicht allzumager ist, bis 80 Säcke geben, die bei der Fütterung so viel als 20 Säcke Hafer werth sind. Man schätzt den Geldwerth eines Sackes zu 2 Franks.

Die Topinambur sind ein vorzügliches Pferde- und Schaffutter. Die Ration für ein Pferd ist ein halber Sester (10 Liter oder 3 Metzen). Roh gehackt und mit etwas Kleie vermischt, ersetzen sie den Hafer. Für das Hornvieh untermengt man sie mit Kartoffeln oder Runkelrüben, und hält sie für sehr gesund und milchvermehrend. Man giebt sie ihm aber nicht leicht allein, weil die Zunge des Viehes leicht davon beschlägt, und es sie alsdann nicht gern frißt. Auch können sie den Menschen zur Nahrung dienen. Auf gleiche Weise, wie die Artischocken, zubereitet, haben sie im Geschmacke mit dem Boden der Artischocke viele Aehnlichkeit, daher ihnen auch, dem Vermuthen nach, der Name Erdartischocken gegeben zu sein scheint.

## III. Rüben.

„Man versteht sich," sagt A. Young in seiner Reise durch Frankreich, „in den Niederlanden besser darauf, dem Lande eine zweite Aerndte abzugewinnen, als im Elsaß." Ich schrieb dieses dem großen Manne nach; wir hatten aber beide Unrecht, und ich bitte meiner Seits den Irrthum den braven Elsassern ab; denn ich finde, daß sie es darin den Belgiern, wo nicht vor, doch gewiß gleich thun. Die Beschreibung ihres Rübenbaues, der doch als zweite Aerndte hauptsächlich in Betracht kömmt, wird es zeigen.

Die Rüben (ich spreche von denen, die in den Stoppeln gebauet werden) sind in dem Elsaß, wie in den Niederlanden, die Hauptwinterstütze der Wirthschaft, und würden es auch in allen Gegenden, wenn man ihren Werth kennte, für alle kleine Wirthschaften sein. In einem stark bevölkerten Lande, oder in einem solchen, wo die Cultur auf einen hohen Grad gestiegen, der Boden folglich in hohem Werthe ist, findet man die Brachrüben nicht lohnend genug *), und wirklich können sie den Kartoffeln, dem Kopfkohl und der Benutzung des Landes zu Handelsgewächsen die Wage nicht halten. Kann man aber daselbst die Rüben als Nachfrucht gewinnen, so ist diese Zugabe ohne Zweifel des Aufnehmens werth, und dieser Werth ist um so größer, als die Bevölkerung stark, der Werth des Bodens groß und seine höchstmöglichste Benutzung wichtig ist. In einem solchen Falle darf selbst die größte Wirthschaft nicht verschmähen, den Pflug sogleich auf ihren Stoppelfeldern anzusetzen, um sich auf den Winter

---

*) Sandländer, wie die Provinz Nordfolk in England, könnten hiervon eine Ausnahme machen, und doch vielleicht nur besonderer Localitäten und Eigenheiten wegen.

einen Vorrath köstlichen und wenig kostenden Futters zu verschaffen. Wie viel wichtiger muß also daselbst diese Cultur für den kleinen Landwirth sein, dem es gewöhnlich an zureichendem Boden fehlt, und der seine Arbeit nicht in Anschlag bringt, wenn er nur Winterfutter für sein Vieh, an dessen Erhaltung sich seine ganze Existenz knüpft, auftreiben kann.

Die Rübengattung *), die am häufigsten im Elsaß vorkömmt, ist die gewöhnliche runde, etwas platt gedrückte Rübe. Man hat auch daselbst die lange oder spindelförmige, die sich länger, als die runde, aufbewahren lässt, und endlich eine schwarze Art, die man, ihrer Farbe und selbst ihrer Gestalt nach, eher für einen Rettig halten sollte. Diese ist die beste von Geschmack, und kann den Winter im Felde ausdauern.

Man säet die Rüben durchgehends nach dem Weizen, manchmal aber auch nach der Gerste, in welchem letztern Falle sie besser von Geschmack, aber geringer im Ertrage sind.

Sobald die Getreideärndte das Feld geräumt hat, muß unmittelbar darauf und ohne einen Tag zu verlieren, die Getreidestoppel gestürzt werden; daher im

*) Seit der Erscheinung des Werkes über den belgischen Ackerbau, haben sich einige Liebhaber des Ackerbaues an mich gewendet, in dem Glauben, daß die Stoppelrüben eine besondere Gattung seien. Die Erfahrung beweiset, daß alle Rüben, vielleicht die schwedische oder Rotabaga allein ausgenommen, dazu dienen können. Jedoch wird es von der Qualität des Bodens abhangen, welche sich am besten für die eine oder die andere Gegend schickt.

Elsaß das Sprichwort: Wer Rüben säen will, muß den Pflug an den Aerndtewagen hängen. Man pflügt das Feld nur ein Mal um, säet sogleich über die rauhe Furche her, und egget flach unter. Auf den Acker wird ein Trinkglas voll Samen erfodert. Zu Bischheim düngt man auch wol die Weizenstoppel vorher mit Federn, und pflügt dann unter. Solches soll schöne Rüben hervorbringen.

Meine Noten geben mir Merlenheim an der Queich als den einzigen Ort an, wo das Eggen der ausgelaufenen Rüben Statt hat; eine Verrichtung, die man in Brabant für so wesentlich bei dem Rübenbau ansieht, und bei welcher man so strenge verfährt, daß derjenige, welcher sie vollführt, nicht hinter sich zu sehen wagt *). Dagegen werden die Rüben im Elsaß allenthalben ein Mal, und oft zwei Mal behackt; wenigstens erinnere ich mich nicht, auch nur ein einziges unbehacktes Rübenfeld getroffen zu haben. Man giebt diesem Behacken den Namen Rühren, und könnte es auch wol Auf- und Umrühren nennen; denn die Pflanze hat dabei keine Ruhe, und wird mit der Haue bald auf die eine, bald auf die andere Seite geschoben, und so sehr von dem Grunde entblößt, daß sie nur noch wie mit einem Faden in der Erde zu haften scheint. Die Rüben, heißt es, wollen gerüttelt sein, wenn sie gedeihen sollen. Bei diesem Be-

*) Belgische Landwirthschaft, II. Band, Seite 45.

hacken werden die Rüben zugleich in die Entfernung von einem starken Fuß gesetzt.

Ich habe die Hauen und die Fertigkeit, mit welcher die Elsasser sich derselben bedienen, bereits früher angegeben *). Was das Rühren bei den Rüben einigermaßen befördert, ist, daß nur bloß mit der Haue um die Pflanzen herumgefahren, und der Grund in den Zwischenraum gebracht wird. Dadurch entsteht an dieser Stelle ein kleiner Hügel, unter welchem das Unkraut nicht hat dürfen weggehackt werden, weil es doch unter der Bedeckung erstickt. Jede Rübe steht nun mehr für sich allein, wie in einem kleinen Becken, und erholt sich in wenig Tagen. Das Rühren eines Ackers im Verdinge kostet 4 bis 5 Franks (5 bis 6 pro Morgen).

Gegen Allerheiligen werden die Rüben ausgezogen. Man nimmt ihnen auf dem Felde das Laub, schneidet es aber nicht gar tief ab, so daß die Rübe noch etwas austreiben kann, wie dann auch manchmal in den Gruben, in welchen sie aufbehalten werden, geschieht. Man behauptet, daß sie sich auf diese Weise besser halten. Was von dem Rübenkraute nicht verfüttert werden kann, wird als grüner Dünger über das Feld hergestreuet. In den Gegenden, wo man Krapp bauet, verwendet man das Laub vorzugs-

*) Wenn mir die Vorsehung einen Ackerbau zu betreiben überließe, so würde ich einen Knecht nach den Niederlanden schicken, um das Pflügen, und einen nach dem Elsaß, um das Behacken zu lernen.

weise auf die einjährigen Krappfelder, die dann im folgenden Frühjahre noch mit Grund überschossen werden. Dieses Düngemittel soll dem Krapp außerordentlichen Vortheil bringen.

Man rechnet den Ertrag eines Ackers Rüben gewöhnlich auf 150 Körbe (165 vom Morgen). Man hat nicht selten Wurzeln darunter, die 5, 6, ja 8 Pfund wiegen. Sie werden auf dem Felde eingeschlagen, und in runde Haufen von 24 oder 30 Körben vertheilt. Die Grube dazu wird etwa einen bis anderthalb Fuß tief in die Erde eingegraben; die Rüben pyramidenförmig darin aufgethürmt, mit Stroh von oben herab gedeckt (3 Haufen erfordern 2 Büschel Stroh) und das Ganze einen halben Fuß dick mit Grund zugeschlagen. An der Giebelseite des Haufens wird eine Oeffnung gelassen, die mit einem Strohwische geschlossen wird, damit die Feuchtigkeit, welche durch die Wärme der auf einander liegenden Rüben nothwendig in Dampf übergeht, ausziehen kann. Tritt die Kälte ein, so wird auch diese Oeffnung mit Grund geschlossen.

Es ist ein Irrthum, zu glauben, daß die Rüben den Boden nicht ausmagern, und auf eine gewisse Weise selbst verschlechtern. Man ist in den Niederlanden so sehr von dem Gegentheile überzeugt, daß man ein ungedüngtes Land, welches nach dem Getreide keine Rüben getragen, besser zu Flachs achtet, als ein Rübenland, selbst wenn es gedüngt worden wäre. Gleiche Meinung herrscht auch im Elsaß, daher kein guter Landwirth Rüben in die Weizenstoppel säet, wenn Gerste darauf folgen soll, weil dieser um 4 bis 6 Sester weniger vom Acker geben würde, als die, welcher keine Rüben vorhergegangen. Man hat sogar die Erfahrung gemacht, daß, wenn selbst die Rüben auf dem Lande faulten und untergepflügt waren, die Gerste doch danach in etwas zurückschlug.

Man wirft auch manchmal etwas Rübesamen über die Kartoffelfelder, wenn diese das erste Mal behackt worden, und schonet sie bei dem Behäufeln, oder hauet sie da, wo sie im Wege stehen, weg. Diese Rüben werden im Sommer gegessen.

Zu Sulz säet man auch wol Rüben in ein gegipstes Kleeland. Nachdem der erste Kleeschnitt abgebracht ist, lässt man den zweiten etwas heranwachsen, pflügt ihn dann unter und säet Rüben, welche sehr vortrefflich gedeihen sollen. — Jedoch, was gedeiht nach dem Klee nicht?

Von der Anwendung der Rüben, besonders bei den Pferden, haben wir anderswo gesprochen.

Die schwedische Rübe, oder Rotabaga, ist bis jetzt im Elsaß noch nicht bekannt.

## IV. Möhren.

Die Cultur der Möhren, Karotten oder gelben Rüben, ist in dem Elsaß bei weitem nicht so ausgedehnt, als sie es, bei dem gewohnten Fleiße seiner Einwohner, sein könnte. Aus den wenigen kleinen, damit besamten Feldern, die ich antraf, muß ich schließen, daß sie nur bloß zum Genusse der Menschon bestimmt sind; da sie doch auch für jede Gattung Vieh die gesundeste und vortheilhafteste Nahrung abgeben. In der Qualität, das heißt, in der Menge der nahrungsfähigen Theile, die sie enthalten, stehen sie, bei gleichem Gewichte, allem Wurzelwerk, und allem grünen Futter vor. Die einzigen Kartoffeln sind hiervon ausgenommen, weil nach Hrn. Thaer 266 Pfund Möhren an Nahrhaftigkeit nur 200 Pfund Kartoffeln gleichen. Dagegen, wenn wir auf die Quantität, in Verbindung mit der Qualität Rücksicht nehmen, wie dieses allerdings geschehen muß; so finden wir, daß ein Acker, der nur 64 Centner Kartoffeln über die Einlage giebt, 144 Centner Möhren geben kann. Reduziren wir nun diese Massen verhältnißmäßig in ihre nahrungsfähigen Theile, so findet sich, daß ein Möhrenacker uns 53, ein Kartoffelacker aber nur 32 Centner dem Heue gleichkommende Nahrung für das Vieh darbietet. Es sind also zwei Acker Möhren bei der Fütterung mehr werth, als drei Acker Kartoffeln.

Die Milch, die aus den Kartoffeln bei den Kühen hervorgeht, ist wässeriger und weniger schmackhaft, als die, welche von Möhren erfolgt. Für Schafmütter und Lämmer giebt es kein besseres Futter. Den Pferden dienen sie zur Kur, ersetzen den Hafer und werden zu dem Ende nicht gekocht, wie bei der Kartoffelfütterung geschieht, sondern roh verfüttert. Bei der Schweinemast bringen sie einen festern Speck hervor, als die Kartoffeln. Ich kann sie unter jeder dieser Ansichten um so zuversichtlicher empfehlen, als mich mancherlei eigene Versuche von ihrem Werthe dabei überzeugt haben.

Zu Obernheim gab man mir folgendes über die daselbst übliche Cultur an. Die Gerstenstoppel wird vor Winter umgestürzt, und das Land mit kurzem Miste, so stark wie ein Hanfacker, überdüngt. Der Mist wird entweder sogleich eingepflügt, oder bleibt auch noch überdieß den Winter durch liegen. Ich halte dieses Letztere bei dem langen, und jenes bei dem kurzen Miste für besser. Im Frühjahre wird so früh als möglich, und wenn es sein kann, schon im Hornung das Land in schmalen Schnitten umgepflügt; der Möhrensamen über die rauhe Furche hergesäet; flach eingeegget und leicht gewalzt. Dieses Pflügen im Frühjahre, welches der Witterung wegen oft verschoben werden muß, und der Feldzubereitung für die große Gerste nicht selten entgegensteht, könnte füglich ganz unterbleiben, wenn man den Boden im Herbste nur tief genug umgefahren hätte; allein das Tiefumfahren, worunter ich eine Tiefe von 10 bis zwölf Zoll verstehe, ist die Sache der Elsasser nicht, und ihre Pflüge sind wenig dazu geeignet. Und doch ist das Tiefpflügen eine Hauptbedingung bei den Möhren. Eine Pflanze, die nur eine einzige Wurzel treibt, welche sich in einem ihr angemessenen Untergrunde, wie ich aus Erfahrung weiß, oft 2 bis 3 Fuß in die Tiefe hinabarbeitet, einer solchen Pflanze, sage ich, ist es weit mehr um ein tieferbrochenes Land, als um eine mürbe, aber seichte Oberfläche zu thun. Durch die Ersparung des Pflügens nach Winter würde weiter gewonnen, daß man die Möhren, so früh man immer wollte, säen könnte, wenn selbst noch das Land mit einigem Schnee bedeckt wäre. Man darf übrigens nicht fürchten, daß der Same alsdann nicht aufgehen würde. Ist der Boden nur noch feucht, so dringt er tief genug hinein. Eine starke Bedeckung braucht der Möhrensame nicht. Sollte der Boden aber trocken sein, so wird das Land vor dem Säen aufgeegget, und nach dem Säen bloß gewalzt. Das Eggen ist alsdann überflüssig. Hat man bei dieser Behandlungsweise den Acker nicht vor Winter düngen können, welches wol meistens der Fall sein wird, so überfährt man ihn einige Tage nach der Möhreneinsaat mit langem, strohigem Miste, und harkt diesen wieder ab, wenn man zum Jäten schreitet.

Das Jäten ist eine unbedingte Nothwendigkeit bei diesem Gewächse, und das Einzige, was seinen Anbau erschwert. Leichter freilich wird das Jäten, so wie das Behacken, wenn man die Möhren auf Reihen säet; allein dazu gehört große Vorsicht beim Samen und bei dem Säen, und doch möchte ich sie nie anders bestellen *). Im Elsaß jätet man auch, oder nimmt statt dieser langweiligen Arbeit zum Bekratzen seine Zuflucht, welches mit einer 2 Zoll breiten Haue geschieht. Späterhin greift man nach einer größeren, und behackt ein oder zwei Mal das ganze Feld. Bei keinem Gewächse ist das Behacken von größerem Nutzen, als bei den Möhren, und doch kenne ich Ge-

*) Vergleiche belgische Landwirthschaft. II. 59.

gegenden, außerhalb dem Elsaß, wo solches nicht geschieht. Es giebt, leider! zu viele Länder, wo der Bauer über dem Pflügen einschläft!

Die Möhren werden im Oktober mit dem Karste ausgethan. Das Kraut wird mit einer Scheibe von der Wurzel abgeschnitten. Man bewahret sie in Gruben, oder in dem Keller, wo man sie schichtweise mit Sand aufthürmt.

Als zweite Frucht kommen die Möhren im Elsaß wenig, oder gar nicht vor. Ich fand nur ein einziges Beispiel davon in Hagenau, wo sie über den Rocken gesäet waren, wie man das bei den Belgiern so häufig antrifft. Sie vertragen sich aber auch nicht gut mit Raps, Flachs, Mohn und Pferdebohnen; da man aber auf solche Gegenstände meistens Wintergetreide folgen lässt: so ist es gerathener, die Möhren über Weizen oder Rocken herzusäen. Solches geschieht zu Ende des Winters. Die Art dabei zu verfahren, so wie die Beschreibung des Möhrenbaues überhaupt, findet sich in der Anleitung zur Kenntniß der belgischen Landwirthschaft vollständig abgehandelt. Es würde mich zu weit führen, solches hier zu wiederholen; ich muß also auf gedachtes Werk verweisen.

Man hat im Elsaß noch eine Art, die Möhren auf dem Felde, gewissermaßen als zweite Frucht, anzubringen, die darin besteht, sie mit Kohlpflanzen auszusäen. Zu dem Ende wird das Land mehr, als zu irgend einem andern Gegenstande, wo möglich vor Winter, gedüngt, und drei bis vier Mal gepflügt. Bei dem Säen werden beide Samen unter einander gemischt. Sobald die Krautsetzlinge ausgezogen und anderswo hingepflanzt sind, wird das Möhrenfeld aufgekratzt, und später mit der größern Haue behackt.

### V. Runkelrüben.

Der Anbau dieses Gewächses, dem die Elsasser den Namen Turnips gegeben haben, ist schon lange bei ihnen bekannt; ohne daß jedoch sein Anbau große Fortschritte gemacht hätte. Die größeren Landwirthe besonders haben eine gewisse, nicht ganz ungegründete, Abneigung dagegen; so wie ich derer auch in den Niederlanden kenne, die lange Zeit die eifrigsten Apostel davon waren, später aber die Widersacher davon geworden sind.

Daß die Runkeln den Boden nicht ausmageren, sondern ihn gar verbesseren, ist wol ein Mährchen, das nur bei denjenigen Eingang findet, die den Pflug hinter ihrem Schreibpult zu führen gewohnt sind *). Als Viehfutter sind sie weder stark mästend, noch viel Milch gebend, und zwei Körbe Möhren sind darin mehr werth als drei Körbe Runkelrüben. Indessen hat ihr Anbau einige beträchtliche Vortheile, die sie auch für die größeren Wirthschaften nützlich machen. Bei gehöriger Cultur ist ihr Ertrag um vieles stärker, als der der Kartoffeln, und in trockenen Jahren, als selbst der der Möhren; sie erfodern, wenn sie ver-

*) Wenn zu Bischheim Weizen nach Runkeln folgen soll, so muß zu jenem gedüngt werden, wenn gleich zu diesen gedüngt worden ist; welches sich bei den Kartoffeln nicht also verhält.

pflanzt und auch wenn sie geärndtet werden, weniger Arbeit als diese letzteren, und diese Arbeit vertheilt sich besser; ihr Laub, ich verstehe das, was man im Herbste davon gewinnt, ist von größerem Werthe als das der Möhren; die Runkeln halten sich länger als andere Futtergewächse, so daß man damit bis zum ersten Kleeschnitt ausreichen kann; endlich ist es für eine große Wirthschaft sicherer, ihren Futtervorrath auf Gegenstände verschiedener Art zu gründen, als sich an einem einzigen zu halten, indem nicht leicht jedes Gewächse in jedem Jahre geräth.

Ein etwas gebundener Boden ist für die Runkelrüben vortheilhaft; auf Sandboden aber thut man ungleich besser, sich an Rüben und Kartoffeln zu halten.

Die Runkelrüben werden meistens im Elsaß verpflanzt, und, meiner Meinung und Erfahrung nach, hat das Verpflanzen nicht zu bezweifelnde Vorzüge vor dem Samenlegen. *) Nur muß die Pflanzschule so früh und gut als möglich angelegt werden, damit man die Setzlinge schon im Mai, oder doch in der ersten Hälfte des Juni ziehen kann.

Das Verpflanzen darf zwar auch später geschehen, so wie man im Elsaß die Runkeln als zweite Frucht nach Raps, oder gar nach der Gerste ins Feld bringt; allein die spät verpflanzten kommen den frühen auf keine Weise bei, und nicht selten trifft das Spätpflanzen mit der Heuärndte zusammen, wo ohnehin alle

*) Ich spreche hier nicht von Gartenbeeten, noch von Feldern, die ihnen ähnlich sind.

Hände beschäfftigt sind, und die Geschäfte sich folglich einander im Wege stehen.

Es haben einige Personen gegen das Verpflanzen eingewendet, daß die aus gesteckten Körnern hervorgehenden Wurzeln ungleich dicker würden, als die verpflanzten, und zum Beweise führen sie als Vergleichstücke diejenige an, die sie nach der Hand in die Lücken eingepflanzt hatten, welche sich unter den gesäeten vorfanden. Da stehen die verpflanzten Runkeln allerdings um Vieles gegen die gesäeten zurück. Allein diese Personen bedachten nicht, daß das Zwischenpflanzen auf einem Boden, der sechs Wochen vorher zum letzten Male gepflügt worden, und durch das erste Jäten oder Bekratzen der gesäeten Runkeln fest getreten ist, kein frischgepflügter und zubereiteter Boden sei, wie dieser bei einer vollständigen Pflanzung Statt hat. Zum Ueberflusse sind die zwischeneingepflanzten Runkeln oft nicht ein Mal auf einem besondern Beete erzielt worden, sondern man begnügte sich, diejenigen dazu zu verwenden, die man auf dem Felde, selbst wo sie zu dichte standen, auszog. Daß solche durch die Störung in ihrem Wachsthume bei dem Verpflanzen ihre Gesellen nicht mehr einholen können, leuchtet auch wol einem Kinde ein. Ganz anders aber verhält es sich mit Pflanzen, die in einer besondern Schule erzogen, und einen starken Vorsprung an Größe und Stärke vor den auf freiem Felde gesäeten haben.

Man stutzt im Elsaß die Blätter und auch die Wurzeln der Setzlinge, welches letztere bei einer langen Pfahlwurzel und dem Verpflanzen mit dem Stocke oft nöthig ist. Bei dem Verpflanzen aber mit dem Pfluge halte ich für besser, die Wurzeln nicht zu berühren, weil sie sonst leicht zackicht werden *).

Wie alle Brachgewächse, so werden auch hier die Runkelrüben, und zwar zwei Mal, behackt. Das erste Behacken hat Statt, wenn sich die Setzlinge etwas erholt haben; das zweite, ehe die Pflanzen mit ihren Blättern das Feld überziehen. Nach diesem zweiten Behacken nehmen die Runkeln erst recht zu. Der Grund wird aber dabei nicht von den Wurzeln abgezogen, wie solches in andern Ländern gebräuchlich ist, wo man das Entblößen für eine Nothwendigkeit zu ihrem Gedeihen ansieht. Diese Meinung ist aber ein bloßes Vorurtheil, wie verschiedene Versuche bewiesen haben.

Denjenigen, welche die Runkelrüben mit dem Pflanzstocke setzen wollen, glaube ich keine bessere Art angeben zu können, als folgende: Man setzt den vorher tief erbrochenen und wohl zubereiteten Acker auf Hohlfuhren, oder, wo man das nicht kennt, schießt man je zwei und zwei Schnitte gegen einander an, und pflanzt auf diese langen Hügel. Bei dem Behacken fällt der Grund zum Theil in die Furchen, die man, wenn man will, später mit dem Häufelpfluge wieder in die Höhe bringt. Die Hacke wird in diesem Falle zum zweiten Mal nicht nöthig sein, dagegen durchzieht man in der Folge die Zwischenräume

*) Das Verfahren bei dem Verpflanzen mit dem Pfluge findet man in der E. zur K. der belgischen Landwirthschaft. II. 75.

noch ein Mal mit dem Häufelpfluge. Dadurch wird die Arbeit schneller und besser von statten gehen, als durch das doppelte Behacken auf flachem Lande.

Das nachtheilige und wenig einträgliche Entblatten der noch wachsenden Wurzeln, das bloß der Geiz, oder die höchste Noth erfunden hat, ist leider auch im Elsaß gebräuchlich. Ich habe mich über seine Unzweckmäßigkeit umständlich an einem andern Orte *) erklärt, wohin ich die Ungläubigen verweise.

Während ich diesen Artikel über die Runkelrüben schrieb, machte ich eine Reise durch die Pfalz, wo diese Pflanze sehr stark angebauet wird. Man verwendet sie zum Füttern der Pferde, hauptsächlich aber zur Mästung des Rindviehes. Man giebt sie mit zerstoßenen rohen Kartoffeln, und behauptet allgemein, daß das Vieh die Kartoffeln auf die Weise lieber fresse, und diese dem Viehe durch die Mischung gesünder werden, indem manches Stück die rohen Kartoffeln nicht vertragen kann. Demnach thue ich den Runkeln hier eine Ehrenabbitte, und bin nun überzeugt, daß ich sie den elsasser Landwirthen auf das nachdrücklichste empfehlen darf.

## VI. Weißkraut,

oder Kopfkohl, wird in mehreren Gegenden des Elsasses stark angebauet; jedoch, so viel ich weiß, bloß zum Gebrauche der Menschen, und zur Verfertigung des Sauerkrauts. Die Art, wie man allda bei seinem Anbau verfährt, ist folgende:

*) E. zur K. der belgischen Landwirthschaft. II. 68.

Die Pflanzen werden auf einem besondern Samenbeete erzogen, auf welchem sie, wie wir schon gesagt, nicht selten mit Möhren ausgesäet werden. Nachdem für diese Pflanzschule gesorgt ist; so wird das Land, welches die Setzlinge später aufnehmen soll, fünf bis sechs Mal umgepflügt, und pro Acker mit 9 bis 10 Wegen Mist, also stärker, wie zu irgend einem andern Gegenstande, gedüngt. Da die Pflanzen einen Schritt nach allen Seiten von einander fallen, so werden ihrer 2000 auf den Acker (2500 auf den Morgen) erfordert. Das Pflanzen geschieht mit der Haue. Der Pflänzling wird in das Loch eingelegt, Wasser mit Jauche eingegossen, trockner Grund mit den Füßen angescharrt, und etwas angetreten. Darauf wird die Pflanze mit der Hand aufgerichtet, und mit Grund umgeben. Später wird die Pflanzung zwei Mal behackt, und zuletzt noch gehäufelt. Wenn der Kohl geräth, so findet man Köpfe darunter, die 20 bis 25 Pfund wiegen. Ein Acker Kohl, der gut gerathen ist, mag 400 Franken werth sein. Der Weizen, der darauf folgt, ist zwar gut, aber nicht ergiebig. Gerste gegentheils geräth vortrefflich darnach.

# Neunzehnter Abschnitt.

## Anbau gras- und krautartiger Futter-Gewächse.

### I. Rother oder breiter Klee.

Ueberall, wo ich mich im Elsaß nach dem Ursprunge der Einführung des Kleebaues erkundigt habe, datirte man seine Epoche von den sechsziger oder siebenziger Jahren des verflossenen Jahrhunderts her, und überall bekannte man einstimmig, daß der Ackerbau sich seitdem um Vieles gehoben, und der Boden verbessert habe. Wir würden, glaube ich, dasselbe in der Pfalz und an den beiderseitigen Ufern des Rheins vernehmen.

„Der rothe oder spanische Klee," sagt Schröder, „ist zwar schon seit beinahe 50 *) Jahren allhier bekannt und eingeführt, wird aber erst seit 1775 stark betrieben. Mein Vater, der im Jahre 1759 eine Reise auf den Hundsrück **) machte, brachte von da den ersten Kleesamen, so wie auch die Luzerne mit. Der Klee gerieth vortrefflich, fand Beifall und Liebhaber. Man wählte die besten Aecker dazu, ließ ihn 3 bis 4

*) Von 1814, 55 Jahre.

**) Eine Gegend zwischen dem Rheine, der Nahe und der Mosel. Sie gehörte in den letztern Zeiten zu dem Rhein- und Mosel-departement.

Jahre stehen, bedeckte ihn jeden Winter sorgfältig mit Mist, und pflügte nach dieser Zeit das Feld wieder um. Man sah es ein, wie groß der Ertrag und der daraus hervorgehende Nutzen von diesem Futtergewächse war; aber weil man ihn für eine gar zärtliche Pflanze hielt, indem, ungeachtet der sorgfältigen Bedeckung mit Mist, mit jedem Winter mehrere Stöcke davon ausgingen, weil bei der unrichtigen Art, ihn zu bauen, die Quecken, womit wir hier ohnehin schon stark geplagt sind, überhand nahmen: so getraute sich niemand mehr, als höchstens einen halben Acker damit anzusäen."

„Im Jahre 1775 machte ich zum ersten Male den Versuch, den Klee nur während einem Jahre, also statt der sonst üblichen Brache, zu benutzen, und alsdann den Acker ohne weitere Zubereitung mit Weizen zu bestellen. Mein Verfahren war neu; meine Landsleute lachten also darüber, und ich ließ sie lachen. Der Acker den ich so bestellt hatte, war einer der schlechtesten im ganzen Banne. Zum Beweise dient, daß ich ihn für 80 Franken gekauft hatte. Ich hatte nur wenig gedüngt, ihn nur ein Mal gepflügt, und doch deckte ihn der schönste Weizen. Der Boden war rein von Unkraut. Die Augen gingen nun auf, und die Herren Lacher wurden meine Nachmacher. Es war dieses die entscheidende Epoche für den Kleebau. Er stieg von diesem Augenblicke von Jahr zu Jahr, so daß jetzt, wo ich dieses schreibe, das ganze Brachfeld *) mit einem grünen Teppich prangt, und

*) Der Ausdruck: das ganze Brachfeld, wird manchem Leser, der nur ein wenig mit der Natur des Klees bekannt ist, auf=

kein unbenutztes Fleckchen die weite Flur mehr entehrt."

Dank also dem verdienstvollen Schubart von Kleefeld! Dank dem ehrwürdigen noch lebenden Hof-Kammerrath Leo, meinem trierischen Landsmanne, Schubarts Schüler, die den Kleebau zu jener Zeit in Deutschland und am Rheinstrome zu predigen anfingen! Dank insbesondere von Seiten der Elsasser, dem würdigen Christian Philipp Schröder, Pfarrer zu Schillersdorf, und seinem braven Vater, die den

---

fallen. Er setzt voraus, daß der Klee alle drei Jahre, und zwar bei der Dreifelderwirthschaft, wiederkommen könne, welches allen Erfahrungen zuwider ist. Es fiel mir auch auf. Ich schrieb an H. Schröder und erhielt keine Antwort. Ich machte mich daher auf den Weg, eine mündliche Erklärung von ihm darüber einzuziehen; allein, leider! die Hülle des guten Mannes war schon lange verfallen. Ich verlor mich von dem Wege, der durch den Bann von seinem Dorfe führte, und schlug das Feld ein, um mich bei einem Manne Raths zu erholen, der mitten in einem schönen Kleestück Futter machte. „Was wird auf diesen Klee folgen?" fragte ich. — „Weizen!" — war die Antwort. — „Und auf den Weizen? — „Gerste!" — „Und auf die Gerste?" — „Klee." — „Klee! Wie? Nach drei Jahren auf diesem nämlichen Stücke wieder Klee?" — Nicht anders! „Unmöglich!" erwiederte ich, „der Klee kann nicht kommen." — Er muß aber, sprach der Mann, und wird es so gewiß, als vor 3 Jahren, und vor 6 Jahren, und vor 9 Jahren, Klee auf diesem und den benachbarten Aeckern stand. — Mein Zweifel, worüber ich den guten Schröder abhören wollte, war jetzt gelöst, und ich dachte: Keine Regel ohne Ausnahme. Worauf sich diese Ausnahme hier gründet, das versäumte ich zu untersuchen. Ich weiß nichts weiter zu sagen: als daß der Boden ziemlich schwer war, und das Land auf einer mäßigen Höhe, also in keiner Tiefe, auch an keinem Abhange, lag.

Klee ins Elsaß gebracht, ihre Mitbürger seinen Anbau gelehrt, und mit seinen unschätzbaren Vortheilen bereichert haben!

Man verzeihe mir diese kleine Ausschweifung, der ich mich nicht erwehren kann, und die ich so gern in die Seele jedes Landwirthes einflößen möchte! Denn, wer nur immer an einem wohlbestandenen Kleeacker vorübergehen kann, ohne daß sein Herz vor Freude dabei schlägt, ohne daß er dieser edeln Pflanze einen kleinen Dank in seiner Empfindung zollt; der, ach! der ist noch kein Freund vom Pfluge!

Ich getraue es mir fast, zu sagen, daß der Fortgang des Ackerbaues gleichen Schritt mit dem des Kleebaues hält, und daß, wenn der belgische Ackerbau schon seit undenklichen Jahren auf der hohen Stufe steht, auf der wir ihn noch erblicken, es hauptsächlich daher kommt, weil der Kleebau seit undenklichen Jahren in den Niederlanden eingeführt ist. Daher er auch mit Recht den Namen brabanter oder spanischer Klee (von den spanischen Niederlanden) erhalten hat. Ich bin überzeugt, daß, so lange Stallfütterung und Klee nicht die Basis der Landwirthschaft im Elsaß ausmachen, diese der niederländischen die Wage nicht halten können. Wenn man nur ein Mal in jenem Lande den Kleebau, so wie er's verdient, zu würdigen wüßte, so würden seine Einwohner nicht mehr ohne Schmerz und Widerwillen die unermeßlichen Weidereviere ansehen, die, als schändliche Reste des Nomadenwesens, noch bei ihnen bestehen, und ihre Industrie und ihren Ackerbau entehren.

Ein gewaltsamer Feind widersetzte sich vor der Revolution der Einführung, oder vielmehr dem Fortgange des Kleebaues im Elsaß. Ein übelverstandener Geiz forderte den Zehnten von einem Gewächse, dessen ganzer Zweck doch einzig auf die mittelbare und unmittelbare Verbesserung des Bodens ausging, und daher schon den Vortheil des Zehntberechtigten bei dem Getreide förderte. Die Art, wie der Zehnte bei dem Klee gehoben wurde, verschlimmerte das Uebel noch weit mehr. Einige der Zehntherren ließen das Land ausmessen, und jede zehnte Ruthe, als ihnen angehörend, bezeichnen. Sie nahmen ihren Antheil, wenn es ihnen einfiel, und zerstörten denn oft mit ihren Leuten und ihren Wägen die übrigen neun Zehntel, worauf sie kein Recht hatten. Andere lasen sich z. B. von einem Stücke von 40 Ruthen die 4 besten aus, sie mochten nun am Ende oder in der Mitte des Stücks liegen. Man erhob Klagen, allein die Zehntherren behielten die Oberhand, und wurden von dem Conseil souverain zu Colmar in ihrem Wesen unterstützt. Mit einem Worte: der Schwächere musste dem Stärkeren, und das allgemeine Wohl der überspannten Begierde einiger Privaten weichen, und so wurde die nützlichste aller landwirthschaftlichen Vorrichtungen unterdrückt. Der Kleebau ging in der Wiege zu Grunde.

Wir gehen zu der Beschreibung der Weise über, nach welcher der Kleebau in dem Elsaß betrieben wird. Ihr Hauptgebrechen haben wir hinlänglich an verschiedenen Stellen, bei Gelegenheit der Untersuchung des dasigen Fruchtwechsels, aufgedeckt.

Man säet den Klee durchgängig in die Sömmerung, doch auch nicht selten in die Winterung. Ueberdies wird er im Hornung, sobald der Boden nicht mehr gefroren ist *); auch im März, oder gar im April gesäet. Man wählt dazu eine etwas feuchte Witterung, und egget weder vor, noch nach dem Säen. Bei trockenem Wetter wird nach der Einsaat gewalzt. Es würde aber besser sein, den Weizen vor oder nach der Kleesaat tüchtig durchzueggen, um so mehr, da ein solches Eggen dem Weizen selbst zum Wohl gedeiht, wie wir bei dem Anbau des Weizens erinnert haben.

Bei der Sömmerung säet man den Klee entweder gleich, wenn die Gerste oder der Hafer untergepflügt und untergeegget ist, und egget ihn dann flach ein (zu Schillersdorf walzt man ihn auch wol ein. Bei regnigtem Wetter wird er von den Meisten weder eingeegget, noch eingewalzt), oder man säet ihn, wenn jene Früchte schon gelaufen und etwa 3 bis 4 Zoll über der Erde sind. Darauf wird gewöhnlich gewalzt, aber nicht geegget. Auf Boden, der bei trockener Witterung leicht ausdorret, bleibt es ohne Zweifel gerathener, den Klee nach der ersten Art zu säen. Scheint übrigens in trockenen

*) In diesem Falle kann man den Klee ohne Anstand säen, wenn selbst der Boden mit etwas Schnee bedeckt wäre, welcher bei dem Schmelzen den Samen in die Erde einspühlt.

Frühjahren der Klee auch auszubleiben, so muß man die Hoffnung nicht aufgeben, weil er bei dem Regenwetter um Johannis noch nachzukommen pflegt.

In den Niederlanden wird der Klee häufig und mit dem besten Erfolge in den Lein (Flachs) gesäet. Auch unter Raps, Bohnen und, nach Hrn. Thaer, unter Buchweizen kann er vorzüglich gedeihen, und dieses letztere ist ein nützlicher Wink für alle sandigen Gegenden.

Man braucht 4, 6, 8 Pfund Kleesamen auf den Acker. Ein halber Vierling (2½ Liter), sagt Schröder, ist die richtigste Proportion. Es kömmt dabei viel auf die Güte des Samens, die Geschicklichkeit des Säers, so wie auf die Reinlichkeit, gute Bearbeitung und Eigenschaft des Bodens an. Je mehr es an dem einen oder dem andern dieser Umstände gebricht, desto mehr Samen hat man nöthig, und umgekehrt. Wenn der Klee über die schon aufgelaufene Saat ausgeworfen wird, so gehört auch schon etwas mehr Samen dazu, als wenn man ihn gleich mit ihr in die Erde bringt.

Der Gips ist im Elsaß das allgemeine Düngungsmittel für den Klee, und nur seit man darauf verfallen ist, hat der Kleebau sich merklich daselbst gehoben. Der Belgier ist nicht mehr für die holländische Torfasche, als es der Elsasser für den Gips ist. Man behauptet sogar daselbst, daß der Klee ohne Gips an einigen Orten nicht gerathen will; daß er ohne ihn gelb, hartstenglich und dem Viehe unangenehm werde. Zugleich aber weiß man, daß bei seiner Verfütterung sorgfältiger, als mit dem ungegipsten Klee, verfahren werden muß, weil das Vieh eher davon auflaufen soll. Dieses ist aber keineswegs die unmittelbare Wirkung des Gipses, sondern des durch ihn bewirkten äußerst üppigen Kleewuchses.

Auf magerm Boden oder bei schlecht gestandenem Klee reicht der Gips dennoch allein nicht zu, und man nimmt außer ihm zu etwas Dünger seine Zuflucht. Nur zu Zabern fand ich, daß man den Klee manchmal im Winter mit langem Miste überfährt, wodurch man zu verhindern glaubt, daß er durch den Frost aus der Erde gehoben werde. Ein solcher überdüngter Klee giebt dann bessern Weizen, als der gegipste. An einigen Orten sagte man mir, daß der Gips auch noch auf die folgenden Saaten fortwirke *), an andern aber muß die Kleestoppel noch mit etwas Dünger zum Weizen übersprengt werden.

Man nimmt in der Regel so viel Gips, als man Weizen gesäet haben würde. Da der Sester Gips ohne die Fracht nicht theurer, als 5 bis 6 Sols zu stehen kömmt, welches auf den Acker 24 Sols (10 Groschen pro Morgen) beträgt, so ist wol kein wohlfeileres Düngmittel denkbar. Glücklich die Gegenden, die damit versehen sind! Nach

*) Dieser Ausdruck scheint mir nicht ganz passend. Der Gips ist es nicht, der auf die folgenden Saaten fortwirkt, sondern der durch den Gips beförderte Wuchs des Klees, welcher eine stärkere Stoppel dem Bodem zum Dünger zurückläßt. Doch vielleicht irre ich mich.

Hrn. Schröder ist das angegebene Maaß des Gipses zu viel. „Man streuet gewöhnlich," sagt er, „zu viel Gips auf die Kleeäcker. Zwei Drittel von dem Maaße des Weizens, den man braucht, sind, wie mich unwiderlegliche Versuche belehrt haben, hinlänglich. Mehr Gips zu säen, ist Verschwendung und dient zu nichts."

Der Gips wird im Frühjahre, wenn der Klee den Boden zu belegen anfängt, ausgestreuet. Man thut es, so viel möglich, bei dem Thaue oder feuchten Wetter, damit der Gipsstaub sich an die Blätter ansetze. Einige wählen, vielleicht irrthümlich, Regenwetter dazu. In den nördlich von Strasburg gelegenen Distrikten wird der Klee durchgehends zwei Mal gegipst. Sobald nämlich das Getreide vom Felde ist, wird die Hälfte, manchmal die zwei Drittel des Gipses, ausgestreuet, und das Uebrige im Frühjahre nachgebracht. Im Ganzen erfordert das zweimalige Gipsen ein Paar Sester mehr, als wenn der Gips im Frühjahre auf ein Mal aufgebracht wird. Zu Bergzabern will man sich wohl dabei befinden, schon den Klee zu gipsen, wenn er etwas unter der Sömmerung aufgewachsen ist. Alsdann wird er aber vor dem folgenden Frühjahre nicht mehr übergipst. „Meyer und mehrere Oekonomen," sagt Hr. Schröder, „wollen, daß man den Gips vor Winter oder im Hornung ausstreuen soll. Nach meiner Erfahrung kömmt es darauf an, ob man den Klee früh zur Fütterung haben will, oder ob er zu Heu gemacht werden soll. In dem ersten Falle haben jene landwirthschaftlichen Schriftsteller Recht, in dem letzten rathe ich, ihn in warmen Frühjahren nicht vor dem April, und in kalten nicht vor dem Mai zu säen, wie mich eine Reihe der sorgfältigsten Versuche gelehrt haben."

Eine merkwürdige Beobachtung, die man an vielen Orten in dem Elsaß gemacht haben will, ist, daß das Gipsen nicht bei der Kälte, oder während daß ein Reif auf den Blättern liegt, unternommen werden darf, weil es alsdann ohne alle Wirkung bleibt. Dasselbe hat auch Statt, wenn zwei, drei Tage nachher Frost einfällt. Daher man durchaus ein gelindes Wetter dazu abwarten muß. Diese Beobachtung ist mir aber an andern Orten widersprochen worden; sie bedarf also fernerer Prüfung. Auf schwerem, nassem Boden soll, wie man mir zu Bofzheim im Riethe versicherte, der Gips dem Klee keinen Vortheil bringen.

Man hat selten so viel Klee im Elsaß, daß man ihn in beträchtlicher Menge zu Heu machen kann. Es wird also grün verfüttert, und zwei bis drei Mal abgeschnitten. Manchmal wird sogar nur ein Schnitt davon genommen, und der zweite untergepflügt. Man benutzt den Klee nur ein Jahr, es sei denn auf äußerst gutem Boden. Erbsen, die man auf einen mißrathenen Kleeacker gesäet, geriethen vortrefflich, und ich glaube, daß das Umbrechen eines schlechten Kleestücks nach, oder selbst vor dem ersten Schnitte, und seine anderseitige Benutzung das Vortheilhafteste ist, was man thun kann. Schlecht bestandener Klee bringt dem Felde eben so vielen Schaden, als gut bestandener ihm Nutzen gewährt. Ersetzt man jenen sogleich durch grün abzufütternde Erbsen oder Wicken, so wird man nicht allein mehr Vortheil von diesem Futter haben, sondern der Acker wird auch viel besser als durch vergraseten Klee zur Aufnahme der Winterung vorbereitet werden.

Auch aus der Erzielung des Kleesamens geht oft ein schöner Gewinn hervor. „Vor einigen Jahren," sagt Hr. Schröder, „drosch ein einziger Bauer in Schillersdorf fünf Viertel Samen von seinem Klee aus, wovon er das Viertel zu 120 Franken verkaufte. In manchen Jahren steigt der Preis davon noch höher, wenn nämlich viele Commissionen für's Ausland gegeben werden. Ich sah den Kleesamen schon zu 192 Franken bezahlen. Man wählt zu seiner Erzielung die Felder, wo die Pflanzen nicht geil, sondern eher mager sind. Ich verkaufte vor zwei Jahren die erste Kleeschur auf einem Acker magern Landes für 8 Franken; die zweite ließ ich stehen, weil ihn Niemand zu kaufen verlangte, und bekam 8 Sester Samen, aus denen ich 112 Franken lösete."

Der grimmige Feind des Klees, die Flachsseide oder der Grind (Cuscuta europaea) dessen ich schon bei den Bohnen erwähnt, und der in Flandern so vielen Schaden anrichtet, hat auch im Elsaß angefangen, sich einzunisten. Da dieses Unkraut erst spät in die Höhe treibt, so thut es dem ersten Kleeschnitte keinen Schaden, den zweiten aber überspinnt es oft ganz, und zerstört alle Hoffnung einer hinreichenden Benutzung. Ich glaube daher, meine Landsleute darauf aufmerksam machen zu müssen, damit nicht dermaleinst die Kinder die Nachlässigkeit oder Unachtsamkeit ihrer Väter bereuen mögen. Schon ist man in einigen Gegenden Flanderns genöthigt, den Klee nicht anders als unter den Lein zu säen, wo er, durch das sorgfältige Jäten dieses letztern, auch zugleich von seinem Feinde befreiet wird. Da aber der Flachsbau in dem Elsaß wenig ausgedehnt ist, so wird man daselbst ein gleiches Hülfsmittel für den Klee nicht haben; man muß also dem Uebel auf einem andern Wege zuvorkommen.

Man hat zwar eine Reinigungsmaschine erfunden, vermittelst welcher der Samen der Flachsseide aus dem Kleesamen gebracht werden kann *); allein der Landwirth kann auch ohne dieselbe, wiewol mit etwas mehr Mühe, damit zu Stande kommen. Sind seine Felder bisher von dem Grinde befreiet gewesen, so suche er seinen eigenen Kleesamen zu erzielen, oder ihn doch bei einem andern Landwirthe zu kaufen, dessen Felder rein von dem Uebel sind. Ist er aber nicht in dem Falle, so bleibt ihm kein Mittel, als den Unkrautssamen durch die Seinigen aus dem Klee auslesen zu lassen. Sollte er auch im Anfange nicht mit dem Ganzen zu Stande kommen, so lasse er we-

*) Herr Fellenberg versichert, daß zwei Männer mit dieser Maschine in einem halben Tage mehr abfertigen, als ohne dieselbe in zwei Monaten würde geschehen können.

nigstens so viel reinigen, als zur Bestellung eines besondern Feldes nöthig ist. Säet er ihn hier unter Flachs, und er nimmt in dem folgenden Jahre den Samen davon auf, so kann er versichert sein, daß dieser von der Flachsseide frei sein wird. Da aber, wo der Leinbau nicht im Gebrauch ist, würde ich rathen, den gereinigten Kleesamen in die Pferdebohnen zu säen, und zwar absichtlich darum, weil diese das Aufkommen der Flachsseide befördern. Diese dürfen aber durchaus nicht zu ihrer Reife gelassen werden, sondern sobald man sieht, daß jenes gehässige Unkraut sie umsponnen, aber noch keinen Samen angesetzt hat, müssen die Bohnen an der Erde abgeschnitten und grün dem Viehe verfüttert werden. Ich müsste mich sehr in meiner Meinung betrügen, wenn sich in den folgenden Jahren Flachsseide unter dem Klee zeigen würde. Das Aufeggen des Klee's im Frühjahre, das demselben sonst so wohl bekommt, ob man es gleich im Elsaß nicht kennt, müsste für dies Mal unterbleiben. Noch wollte ich allen Landwirthen, die mit diesem Uebel geplagt sind, rathen, weder Spreu noch Stroh von reifen Bohnen in den Dünger zu bringen, und selbst nicht ein Mal zu verfüttern, weil der Unkrautssame wahrscheinlich unverdauet durch den Leib der Thiere geht, und so wieder auf das Feld kommt. Das einzige Mittel ist: Alles, was von einem solchen Bohnenfelde kommt, die Bohnen selbst ausgenommen, durch das Feuer zu zerstören.

Wie alles Gute, so hat dann auch der Klee noch einige Widersacher. Selbst den edelsten Mann können alle seine Verdienste nicht gegen die Verläumdung schützen. Es giebt unter den Landwirthen noch immer Köpfe, welche Alter und blinde Anhänglichkeit an die Gebräuche der lieben Vorzeit gewöhnt hat, die behaupten: man habe zur Zeit mehr Weizen geärndtet, als jetzt. Sie haben daher das Sprichwort angenommen: Es führe mancher Bauer seinen Weizen auf dem Kleewagen nach Hause. — Dieses mag nun wol bei einem überspannten, z. B. alle drei Jahre wiederkommenden, oder einem schlecht behandelten Kleebau zutreffen. Der Mißbrauch einer guten Sache aber darf bei ihrer Würdigung nicht in Anschlag kommen. Was den stärkern Kornertrag in der Folge: 1. reine Brache, 2. Weizen, 3. Gerste angeht, so bezweifeln wir ihn nicht; allein rechnen die Herren denn den Klee für nichts, und ist ein Acker wohlbestandenen Klee's nicht wenigstens so viel werth, als die Hälfte eines guten Weizenackers, und wie viel Wirthschaften könnten in unsern Tagen ohne Klee, Luzerne oder Esparsette bestehen? Daher ist es auch kein Wunder, wenn diese alten Widersacher, so gut wie ihre Nachbarn, Klee bauen. Thäten sie das aber, wenn sie nicht die Unrichtigkeit ihrer Widersetzung fühlten, oder wenn sie ihre Wirthschaft ohne Klee in dem nun ein Mal angenommenen höhern Gange zu führen wüßten? Ihre Worte werden also um so weniger Convertiten machen, als selbst der Prediger für gut findet, sie nicht zu befolgen.

## II. Luzerne, Esparsette, Spörgel.

So wie auf einem glücklichen Boden Alles wächst und Alles gedeiht, so wächst und gedeiht auch im Elsaß sowol Luzerne als Esparsette. Es kommt also nicht allein der Ober- sondern auch der Untergrund der Fruchtbarkeit dieses gesegneten Landes zu Hülfe.

Man findet die Luzerne, oder den Spitzklee, blauen Klee sowol in dem Riethe, als in den Bezirken von Weissenburg und Zabern. Nur in der Fläche zwischen der Ill und dem Gebirge wird keine, oder doch nur wenig gebauet; nicht, weil der Boden daselbst keine tragen würde, sondern weil bei der Dreifelderwirthschaft die Zerstückelung und der große Werth der Güter nicht leicht eine Pflanze zulassen, die, wenn sie gebührend lohnen soll, den Boden mehrere Jahre hintereinander besetzt halten muß. Uebrigens stehen auch ihr, so gut wie dem Klee, die unermeßlichen Weidereviere entgegen, welche diese vortrefflichen Pflanzen, leider zum Nachtheile des Ackerbaues, entbehrlich machen.

„Die vortreffliche, alle Gräser und Futterkräuter übertreffende, Luzerne," sagt Schröder, „wird bei uns vernachlässigt; ob sie gleich an mehreren Orten einen Boden finden würde, der ihrem Gedeihen durchaus angemessen ist, selbst da, wo unter der Oberfläche sich Kalksteine befinden *). Schlecht angestellte

*) Ich selbst sah 1814 auf der Höhe von Pfaffenhofen die prächtigste Luzerne über einem rothen Gesteine, das kaum vier Zoll Grund deckte.

Versuche schreckten meine Nachbaren davon ab. Man säete sie zu dünne, und in einen unkrautvollen Acker. Die Luzerne gedeiht nirgends besser, als auf einem Felde, welches das Jahr vorher Krapp trug, und daher fett, rein und tief aufgelockert ist. Ich habe vor mehr als zwanzig Jahren einen solchen Acker mit Luzerne bestellt, und dieselbe nach ihrem Heranwuchs jäten lassen. Sie wuchs so schnell, daß ich sie schon im ersten Jahre fünf Mal konnte abhauen lassen, wobei die dritte, vierte und fünfte Schur schon reiche Aerndten gab. Ich kann sagen, daß ich im zweiten Jahre von diesem Luzernfelde mehr Futter erhielt, als von drei ähnlichen, mit Klee besäeten, Feldern. Sie erreichte eine Höhe von 5 Fuß."

Keine Mähewiese, kein Klee- oder anderes Futterfeld, kann einer gutgehaltenen Luzerne im Ertrage beikommen, so wie sie keinem an Güte des Futters etwas nachsteht. Bei den Pferden übertrifft sie den Klee. Man hat mir versichert, daß man zu Molsheim 40 Centner Luzernheu von einem Acker von 20 Ares gewonnen habe. Dieser Ertrag wird denjenigen nicht ungereimt vorkommen, die wissen, daß man in Deutschland schon über 60 Centner davon gehabt hat. Daß man sie drei bis fünf Mal schneiden kann, giebt diesem Futterkraute einen unglaublichen Werth in jeder Wirthschaft, wo man den Dünger in Ehren, also das Vieh im Stalle hält. Wo nur immer Luzerne wachsen will (denn leider giebt es der Gegenden zu viel, wo sie nicht fortkommt), da sollte kein ordentlicher Wirth ohne ein Luzernfeld sein, bei dem er mit dem Grünfüttern anfängt, und zum Klee übergeht. Nach dem ersten Kleeschnitt kehrt er zu der Luzerne zurück. Indessen wächst der zweite Kleeschnitt heran, und ist dieser seiner Seits aufgefüttert, so ist der dritte Schnitt der Luzerne da, mit welchem er sein Vieh bis zum Froste ausbringt. Eine Wirthschaft, die den Klee zur Haupt- und die Luzerne zur Nebenstütze hat, braucht nicht nach Dünger betteln zu gehen.

Man säet im Elsaß die Luzerne in die Gerste oder den Weizen. Sie dauert 5, 6, an einigen Orten auch 8 bis 10 Jahre. Doch ist die erste Frist die gewöhnlichste. Man gipst sie alle Jahre, wie den Klee. Ob man sie aber egget, das bezweifle ich. Das Eggen ist ihr im Frühjahr äußerst gedeihlich, und oft nothwendig. Je strenger es bei dem Eggen zugeht, um so besser ist es. Ich nehme jedoch das erste Jahr aus, wo man etwas bedachtsamer dabei verfahren, es aber demnoch nicht unterlassen muß. Selbst nach jedem Schnitte, den letzten im Herbste ausgenommen, ist das Aufeggen der Luzerne, besonders auf grasartigem Felde, heilsam.

Das Umbrechen der Luzernfelder geschieht an einigen Orten mit der Haue, an andern mit dem Pfluge, dem man, statt des spitzigen, ein viereckites Schaar aufschiebt. Ich würde die vordere oder schneidende Seite etwas mondförmig nach Innen zu ausschweifen lassen, so wie dieses an der elsasser Haue geschieht. Dadurch würde dem Schaar keine Luzernpflanze ausweichen und entgehen können.

Man gab mir irgendwo *) folgende Verfahrungsmethode bei der Bestellung eines aufgebrochenen Luzernfeldes an: Nachdem man in dem letzten Jahre noch einen Schnitt davon genommen, und den zweiten eine Hand hoch hat heranwachsen lassen, pflügt man das Feld so tief, als möglich, um, so daß die Wurzeln nach der Luft, das Laub nach der Tiefe gekehrt werde. In diesem Zustande bleibt der Acker den Nachsommer, Herbst und Winter liegen. Im folgenden Frühjahre säet man, ohne zu pflügen, Hafer aus, und egget ihn unter. Das Land ist nun ein wahrer Aschenhaufe, und der Hafer geräth außerordentlich darauf. Es ist dieses gewiß ein musterhaftes und nicht genug zu empfehlendes Verfahren. Uebrigens ist kein Zweifel, daß auch Flachs, Hanf und Taback vorzüglich auf diese Weise gedeihen würden.

Einen Unfug darf ich nicht übergehen. Nahe an den Thoren von Strasburg, wo doch der Boden in so hohem Werthe steht, und von solcher Kraft und Güte ist, daß man ganze Anlagen von Blumenkohl und Spargel auf freiem Felde sieht, fand ich mehrere überjährige Luzernfelder, die nur noch durch einige einzelne Pflanzen verriethen, was sie einst gewesen waren, nun aber nichts, als Gras und Quecken, aufzuweisen hatten. Wol eine Versündigung an der

---

*) Zu meinem Verdrusse vergaß ich den Namen des Ortes in meinen Noten aufzuzeichnen; ich glaube, es war zu Waslungen.

Natur, deren sich kein Belgier schuldig machen würde. Zur Entschuldigung gab man mir an, daß diese Felder reichen Leuten gehörten. — Muß denn der Reichthum auch Alles verderben!

Die Luzerne hat im Elsaß eben so, wie der breite Klee, einen grimmigen Feind an der Flachsseide; und da ihre Lebensdauer von mehrern Jahren ist, so wird ihr dieser Feind von Jahr zu Jahr gefährlicher. Schon hat man sich an einigen Orten im Riethe, wie zu Markolsheim, genöthiget gesehen, ihren Anbau aufzugeben, und den der Esparsette dafür einzuführen.

## Esparsette.

Obgleich die Esparsette weder dem Klee, noch der Luzerne an Größe des Ertrags beikömmt, so übertrifft sie dieselbe, nach der allgemeinen Meinung, an Güte des Futters. Sie gewährt in der Regel nur *einen* befriedigenden Schnitt, und der zweite kann nur als Nachweide dienen. Das Jahr 1813 machte davon eine Ausnahme. Man gewann in dem Riethe zwei vollständige Schnitte, deren jeder die Höhe von drei Fuß erreichte. Bis jetzt ist die Esparsette bloß in dem Ober-Elsaß angebauet worden; sie fängt nun auch an, in dem Nieder-Elsaß in Aufnahme zu kommen. In den Vogesen, da, wo man einen kalkhaltigen Untergrund, worunter ich auch Felsen verstehe, findet, sollte man sich billig auf die Erzielung der Esparsette legen, die das Glück und den Wohlstand einiger gebirgigten Gegenden in dem

Luxemburgischen, und die Basis der pfälzischen Landwirthschaft macht.

### Spörgel.

Knöterich, Spergula arvensis, der Segen der Sandländer, scheint mir im Elsaß, selbst in den sandigsten Gegenden, gar nicht bekannt zu sein *). Ich würde seiner also in diesem Werke gar nicht erwähnen, wenn der Wunsch, meine Landsleute damit zu bereichern, mir nicht am Herzen läge. Wenn die Vorsicht dem dürren Sandboden den Klee versagte, so gewährte sie ihm dafür den Spörgel. Ohne ihn würden die nun bevölkerten Sandwüsten der brabantischen Campine noch unbewohnte Sandwüsten sein.

Weit entfernt, daß er als zweite Frucht, wie die Rüben, dem darauf folgenden Getreide Nachtheil bringe, ist er vielmehr, wenn er auf dem Felde von dem Viehe abgefüttert wird, eine wesentliche Verbesserung und gute Zubereitung zur Winterfrucht. Wieder als grüner Dünger untergepflügt, so bin ich überzeugt, daß er von stärkerer Wirkung, als Raps und Rübenkraut, sei; daher ich ihn auch den braven Ackerleuten in allen sandigen Gegenden des Elsasses empfehle. Sie werden dies, wie ich mit Zuversicht von ihrer Industrie erwarte, nicht verschmähen, sondern einige Versuche damit machen.

„Auf unsern Feldern," sagt der aufmerksame

---

*) Ich nehme einen einzigen Versuch von Hrn. Schröder aus, dessen ich am Ende dieses Artikels gedenken werde.

Schröder, „habe ich noch eine Gattung Klee bemerkt, die wol werth ist, daß man mehrere Versuche damit mache. Es ist, meiner Meinung nach, die Medicago ciliaris *). Sie ist zwar nur eine einjährige Pflanze, wächst aber schnell, ist sehr blätterreich und dem Viehe ein angenehmes Futter. Ich machte im Jahr 1805 einen Versuch damit, und säete ihren Samen sammt dem Spörgel in die Weizenstoppeln. Die Aussaat geschah erst in der Hälfte des Augusts, und schon am 24sten September konnte ich sie abmähen lassen, und erhielt ziemlich starke Schwaden davon. Aus diesem ersten, wiewol kleinen, Versuche lässt sich schließen, daß, wenn jener Klee mit dem Spörgel früher gesäet worden wäre, man gegen Michaelis wenigstens einen guten Wagen voll Futter von einem Acker von 20 Ares würde haben abnehmen können. Da aber die Weizenärndte in gedachtem Jahre drei Wochen später kam, als sonst, so konnte der Versuch nicht ganz meiner Erwartung entsprechen. Da dieser Klee reichlich Samen trägt, so darf man nur ein kleines Plätzchen davon reif werden lassen, um so viel zu erhalten, als zur Besamung eines Ackers nöthig ist. Uebrigens müssen mehrere Versuche über den Werth oder Unwerth des gedachten Klees entscheiden."

*) Pedunculis multifloris, leguminibus congestis, globosis, hispidis, stipulis ciliatis. Linée.

## Zwanzigster Abschnitt.

### Wiesen.

So wie die große Gebirgskette, die das Elsaß von einer Seite begrenzt, einer Menge von Thälern das Dasein giebt, so giebt sie diesen durch zahllose Quellen und Bäche Fruchtbarkeit und Leben. Es heißt mit Recht: Da blökt der Berg, da brüllt das Thal dem Herrn, der Alles nährt. Was wär der Ackerbau im Ganzen, was wäre er an den meisten Orten, wenn er der grünen Matte beraubt wäre, die seine Blöße mit ihrem Ueberflusse deckt? Zwar kann der Fleiß des Menschen in den Gegenden, welche die Natur nicht mit so milder Hand gesegnet hat, dem Mangel abhelfen, er kann im Schweiße seines Angesichts auf einem andern Wege von ihr erzwingen, was sie ihm auf dem einen vorenthalten hat; aber wohl dem, welchem sie eine außerordentliche Anstrengung erspart, und ihn auf eine leichtere Weise bereichert! Ich sage, eine außerordentliche Anstrengung; denn ganz arbeitslos wollte und durfte die Natur ihren Günstling, selbst auf der schönsten Matte, nicht lassen, es sei denn in Arkadien! Ihm bleibt die Aufgabe vorbehalten, die wilden Gesträuche auszurotten; die Hügel abzutragen; die Maulwurfshaufen zu zerstören; den Bach, die Quelle den durstigen Pflanzen zuzuführen; die sumpfigen Plätze zu entwässern, und die magern zu düngen. — Aber fruchtlos rieselt an manchen Orten die Quelle, unbenutzt strömt der Bach! Der Mensch verschmäht die Gabe, wenn die Natur sie ihm bloß in die Hand giebt, und nicht auch zugleich an seinen Mund bringt.

Warum habe ich in diesem wesentlichen Stücke nicht viel zu Gunsten eines Volkes zu sagen, dessen Ackerbau ich beschreibe? Es finden sich wol einige Bewässerungen im Elsaß; allein die schöne Kunst, sie gehörig einzurichten, fehlt *). Zu Bergzabern fand ich noch einige gute Wässerungsanstalten. Mehrere Dörfer beziehen auch etwas Wasser aus dem Kanal der Bruche. Man hat ihnen zu verschiedenen Zeiten erlaubt, das Wasser durch Siele daraus abzuleiten. Man düngt auch wol an siechern Orten mit Koth von den Straßen und den Höfen, mit Abfall von Hanf, Unreinigkeiten der Scheuer und ausgelaugter Asche. Es giebt allenthalben Leute, die etwas früher aufstehen, als andere. Im Ganzen kann man aber doch sagen, daß der Wiesenbau im Elsaß nicht auf gleicher Höhe mit dem Ackerbaue stehe.

Freilich hängt die Verbesserung der Wiesen, besonders im Großen, nicht alle Mal von dem einzelnen Bürger ab. Wenn irgendwo die Landesregierung dem Ackerbau zu Hülfe kommen kann, so ist es in diesem Stücke. Hier liegen ganze Reviere, die bewässert werden könnten, wenn man die Kraft

*) Ich werde suchen, die Handgriffe davon in meiner Beschreibung der pfälzer Landwirthschaft auseinander zu setzen.

und Macht hätte, ihr einen Bach oder den Arm eines kleinen Flusses zuzuführen; dort steht eine ganze Gegend unter Wasser, weil man diesem keinen Abzug durch einen Hauptgraben verschaffen kann. Allein jene Zuleitung, dieser Abzug hängen nur selten von dem guten Willen der Privaten ab, oder übersteigen ihren Vermögenskreis. Ich sah an der Queich, was eine väterliche Regierung, wie sonst die pfälzische ist, zum Besten der Unterthanen hierin leisten kann.

Man hatte in dem Elsaß, vor der alles Gute zerstörenden Revolution, den Entwurf gemacht, einen Bewässerungsgraben aus der Moder auf eine Wiese von 1500 Acker zu führen. Diese Wiese ist das oberhofer Rieth, in dem Banne von Bischweyler. Man schließe auf den Segen, den die Ausführung über die daran stoßende sandige Gegend würde verbreitet haben. — Wie viele andere Gegenden in dem Riethe sind nicht alle Jahre ein Paar Mal überschwemmt! Wie viele stehen beständig unter Wasser, weil man ihnen durch gewöhnliche Mittel nicht zu Hülfe kommen kann! — Hier steht nun der Freund des Guten, der Freund des Ackerbaues, vergießt eine Zähre und wendet seine Augen weg!

Doch einen Unfug, der den Privaten zur Last fällt, und zu dessen Steuerung es die Regierung kein Geld, sondern nur ein einziges Machtwort kosten würde, muß ich, da ich selbst Augenzeuge davon war, hier rügen. Der große wohlwollende Präfekt *), dessen

*) Der Marquis Adrian Lezay von Marnesiá, Präfekt des Niederrheins, Commandant der Ehrenlegion, verschied

sen Verlust alle seine Untergebene eben so sehr, als seine Freunde, in dem Augenblicke, wo ich dieses schreibe, bedauern, denn er war Freund und Vater von Allen, würde dem Uebel gewiß gesteuert haben, wenn er gelebt hätte. Der Befehl musste nämlich erneuert werden, im ganzen Riethe die Gräben zu öffnen, bis dahin, wo sich die Ergießung der Gewässer in die Ill oder den Rhein bewirkt. Dadurch allein würden eine Menge Wiesen, die jetzt nur Sümpfe sind, wieder zu Wiesen werden können. Unter jenen Gräben, die in vorigen Zeiten nicht ohne weisen Zweck angelegt, und nur nachher durch die Vandalen unseres Zeitalters vernachlässigt worden, zähle ich namentlich den krummen Graben zwischen Frisenheim, Boßheim und Rheinau; dann einen andern zwischen Sassenheim, Sundhausen und Schönau. Es besteht zwischen den letztern drei Gemeinden ein alter Vertrag zur Unterhaltung des Grabens, der das überflüssige Wasser aus der Ischert nach dem Rheine führt. Dieser Graben ist wirklich, sowol zum unsäglichen Nachtheile der Gemeindeweiden, als auch der Aecker von Sundhausen und Sassenheim, wo oft Alles überschwemmt und verdorben wird, beinahe ganz zugeschlämmt. Die einzige Schuld, sagte man mir, läge an Schönau, welches am wenigsten darunter leidet, und daher nicht der Arbeit beitre-

---

den 9. October 1814, im 46sten Jahre seines Alters. Er war der Beschützer der Landwirthschaft, der Bauern und der Armen, und ewig wird sein Andenken ihnen theuer bleiben.

ten will. Da nun diese letztere Gemeinde an der Mündung jenes Grabens liegt, so wird, da hier der Ablauf nicht befördert wird, alle Arbeit den oberhalb liegenden Dörfern unmöglich.

Da ich selbst über den Wiesenbau im Elsaß nur sehr wenig zu sagen habe, so wollen wir darüber den guten und würdigen Pfarrer Schröder anhören, und sehen, wie es damit in Schillersdorf steht.

„Die hiesige Gemeinde hat sehr viele und sehr gute natürliche Wiesen. Sie sind der Grund des Wohlstandes, in welchem sich Schillersdorf vor der Revolution, dem Kriege und dem Verkaufe der Nationalgüter befand. Verbunden mit dem Kleebau, wurde durch sie die Viehzucht vermehrt, mehr Dünger erzeugt, der Boden verbessert, und alle Produkte vervielfältigt. Der größte Theil unserer Wiesen liegt an dem Abhange der Hügel. Sie haben einen schweren Boden, und geben daher ein schweres, süßes und nahrhaftes Futter. Weißer und rother Klee, verschiedene Gattungen von Hopfenklee, Raigras, Ruchgras, Kolbengras, Wiesenschwingel, Honiggras, vorzüglich aber der vortreffliche Lotusklee (Herrgottsschühlein, nach der Bauernbotanik) sind die Hauptpflanzen, woraus sie bestehen. Wir werden später etwas über die eine und die andere sagen."

„Da unsere Wiesen meistens am Abhange der Hügel liegen, so können sie nicht anders, als durch das von den höher liegenden Aeckern ablaufende Wasser gewässert werden, und jeder ist beflissen, dasselbe von den nächsten Furchen auf seine Matten zu leiten. Sonst kennt man keine andere Bewässerung, und überlässt die in den Tiefen liegenden Wiesen dem Laufe der Natur, welche gewöhnlich in jedem Winter und Frühjahre durch Austretung des Wassers aus dem Graben, der durch das Dorf durchläuft, dieselben hinlänglich düngt. Da die höher liegenden Matten diesen Vortheil nicht haben, so kommt man ihnen zuweilen mit etwas Dünger zu Hülfe, und wählt dazu den Grund aus dem Hofe oder von der Straße, den Staub aus den Scheuern, den Abgang der Hanfstengel bei dem Ausdreschen des Samens. Dieser Abgang besteht aus den Blättern, und ist von ausnehmender Wirkung."

„Eine Erfahrung, die mir der Zufall verschaffte, hat mich vor einigen Jahren ein vortreffliches Düngmittel kennen gelehrt, welches ich seitdem immer mit dem größten Nutzen anwende. — Auf der Höhe des Hügels, woran mein Gut liegt, hatte ich einen Platz mit Lotusklee und mehrern guten Grasarten, von denen ich den Samen auf den Wiesen gesammelt hatte, angesäet. Das Gras hatte schon im zweiten Jahre den Boden mit einem dichten Rasen überzogen. Im Herbste ließ sich's ein Bauer, der eine beträchtliche Menge Kartoffeln daneben erbauet hatte, gefallen, das Kartoffellaub von seinem Felde wegzubringen, und auf meine neue Wiese zu führen. Ein Theil davon wurde also, und zwar ziemlich dicht, mit dem Laube bedeckt. Die Sache war ohne mein Vorwissen und gegen meinen Willen geschehen. Ich besorgte, der Rasen möchte unter der dicken Decke verfaulen oder ersticken. Unterdessen war dem Uebel nicht leicht mehr abzuhelfen. Ich ließ also das Laub auf diesem Theile der Wiese liegen, und düngte den übrigen, theils mit Grund, theils mit Taubenmist. Im Frühjahre wurden die dürre Kartoffelstengel abgeharkt, und dem Viehe eingestreuet. Das Gras wuchs schön auf der ganzen Wiese, aber nirgends schöner, als auf dem Theile, den das Kartoffellaub gedeckt hatte. Es erreichte daselbst eine Höhe von 3 Fuß, und der Lotusklee stand so dicht, daß man den Boden nicht fühlte, und, wenn man dadurch ging, wie auf einen grünen Pelz zu treten glaubte. Seitdem habe ich mein Kartoffellaub zu nichts anders verwendet, und immer den nämlichen Erfolg davon gehabt. Das Laub gewährt durch den Abfall seiner Blätter, durch die äußere Haut, durch den Schleim der Stengel, der durch Luft und Regen aufgelöset wird, einen Dünger, der alles Andere zu übertreffen scheint. Die dürren Stengel sind nicht verloren, und dienen dem Viehe im Frühjahre zur Streu. — Indessen sehen meine Nachbaren mein Verfahren, sie bewundern die Vortrefflichkeit des Heues, das ich alljährlich auf jenem dürren Hügel einärndte; sie sehen's und bleiben bei ihrer Gewohnheit, nach welcher das Laub in den Hof muß."

„Um eine große Strecke mit einem kleinen Düngervorrath zu verbessern, ließ ich im letzten Frühjahre meinen Taubenmist auf dem Speicher ausbreiten, daß er durch die Frühlingsluft ganz ausgedörrt würde. Darauf wurde er auf einer Obstmühle zu Staub gemahlen, und gesiebt. Mit diesem Staube wurde eine Wiese, ein Klee- und ein Weizenstück bei einem stillen Morgen nach einem kleinen Regen ganz dünne überstreut. Da ich nicht mehr als 9 Sester (3 Scheffel, 3 Metzen) Staub hatte, und diese für 30,000 □ Fuß zureichen sollten, so kann man leicht erachten, daß nirgends viel hinkam, und er weniger durch seine düngende Masse, als durch seine Eigenschaft, als reizendes Mittel, auf die einsaugende Kraft der Pflanzen wirkte. – Das frische Ansehen, der schnelle Wuchs bewiesen in wenig Tagen seine Wirkung. Der Weizen wurde auf der einen Seite des Feldes, die mit dem Staube überstreuet worden war, um einen halben Fuß höher, als auf der andern. Ein ähnliches ergab sich auf dem Kleefelde und auf der Wiese, worauf ich absichtlich nur die Hälfte ihrer Ausdehnung mit Taubenmist hatte überpulvern lassen. — Doch, wie gesagt, muß diese Vorrichtung bei stillem Wetter, und nach einem Regen, oder bei dem Thaue vorgenommen werden."

„Obgleich unsere Wiesen durchgehends gut sind, so haben wir doch auch einige in den Tiefen, wo auf sandigem Boden sich vieles Schafftheu (equisetum) unter dem Grase befindet. Rindvieh und Schafe verschmähen das davon gewordene Heu, weil es ihnen den Gaamen wund macht, und sie folglich am Fressen hindert. Für Pferde im Gegentheile ist solches Heu sehr kräftig, weil, wegen der Zähne in der obern Kimlade, das Schafftheu jene Wirkung nicht äußern kann. Grün verschmähen die Pferde das

Gras von den Wiesen, worauf viel Hahnenfuß wächst."

„Unter die vorzüglichsten Gräser und Kleearten, die von allem Viehe gern gefressen werden, rechne ich das Kolbengras, Raigras, Honiggras, Ruchgras, den Wiesenschwingel und Wiesenfuchsschwanz, den rothen Wiesenklee, weißen Klee, zwei Gattungen vom Hopfenklee, die Medicago ciliaris, und endlich den Lotusklee."

„Das Kolbengras wächst gern auf solchen Wiesen, über welche, wie bei uns, das Wasser von den Aekkern seinen Ablauf hat. Es ist sehr blattreich, giebt also einen reichen Ertrag. Unter allen Gräsern ist es das erste, das in Aehren schießt. Sein Same wird begierig von den Vögeln gefressen, weil er mehlreich ist."

„Das Raigras, so wie das Honiggras, findet sich allenthalben auf unsern Wiesen. Der Wiesenschwingel giebt reiche Aerndte, man muß ihn aber während der Blüthe mähen, sonst wird er zu hart."

„Der weiße Klee ist, dürr und grün, ein vortreffliches Futter, läßt sich leicht zu Heu machen, ist vorzüglich für die Schafe, und, seiner Milcherzeugung wegen, für die Kühe geeignet. Von ihm ist kein Aufschwellen bei dem Viehe zu befürchten. Wird er gehörig dicht gesäet, so giebt er schon im zweiten Jahre reiche Aerndte. Ich habe bemerkt, daß es besser sei, ihn vor Winter zu säen, als damit bis zum Frühjahre zu warten. Er trägt reichlich Samen. Man weiß, welchen Handel die pfälzischen

Pächter damit treiben. Er liebt vorzüglich den so=genannten Schlackgrund, weißen Lehm, und könnte also in mehreren Gegenden des Elsasses mit Vortheil gebauet werden. Bleibt auch bei einem rauhen Frühjahre der erste Trieb dieser Kleeart nur schwach, so kann man desto gewisser auf den zweiten zählen."

„Die beiden Gattungen von Hopfenklee, sowohl der größere (trifol. agrar. spicis oval. imbric. caule erecto), als der kleine (trifol. procumbens), finden sich häufig auf unsern Wiesen. Diejenigen, die am stärksten mit diesen Kleearten besetzt sind, geben das vorzüglichste Schaffutter."

„Vor allen Kleearten aber, die sich auf unsern Wiesen vorfinden, gebe ich dem gelben Lotusklee (Lotus corniculatus, Herrgottsschühlein) bei weitem den Vorzug. Man hat von jeher die Wiesen, auf denen er wächst, für die besten gehalten, und ihn doch bei der Anlegung einer neuen Wiese immer vernachlässiget. Er giebt ein sehr feines und reichliches Futter. Selbst dann, wenn man glaubt, es befinde sich nur wenig auf der Wiese, so giebt er dennoch dicke Schwaden. Er wächst auf jedem Boden, am Berge, und selbst im Wasser. Seine Wurzeln dringen tief in die Erde, daher bleibt er grün und frisch, wenn in heißen Sommern alle andere Gras- und Kleearten schmachten. Das Wasser schadet seiner festen Wurzel nicht. Selbst eine immerwährende Weide kann den Lotus nicht vernichten. Durch den alljährig ausfallenden Samen, der beim Aufspringen der Schoten nach allen Seiten spritzt, erzeugt er sich immer wieder von selbst, wenn auch hier und da einige Stöcke vor Alter ausgehen."

„Die Erfahrung hat mich so sehr von dem Nuzzen, den dieses vortreffliche Futterkraut gewährt, überzeugt, daß ich seinen Anbau meinen Landsleuten nicht genug anempfehlen kann. Zu dem Ende bemerke ich, daß man besser thut, den Saamen vor Winter unter den Weizen zu säen, als im Frühjahre unter das Sommergetreide. Im leztern Falle geht er gewöhnlich erst im Herbste auf, und kömmt auch etwas davon im Frühjahre, so bleibt er doch klein, und man muß ein Jahr länger warten. Ist er dagegen auf ein gut gedüngtes Land unter den Weizen gesäet worden: so hat man sich schon im zweiten Jahre eine reiche Aerndte davon zu versprechen, besonders wenn man ihn im Herbste etwas überdüngt, und im Frühjahre mit Gips bestreuet. Ein Plaz von 60000 □ Fuß, auf den ich ihn vor zwei Jahren, mit etwas Grassamen vermischt, unter den Weizen säete, gab in diesem Jahre 30 starke Wagen Heu und eben so viel Grummet, also 120 Centner Heu. Ein anderes daneben liegendes Feld, worauf ich ihn mit dem Hafer unterbrachte, verspricht mir nur erst im künftigen Jahre eine befriedigende Heuärndte."

„Es reicht also, auf erst gedachte Weise, ein einziges Jahr zu, um sich vermittelst des Lotus und einiger ausgewählten Grassamen eine gute und dauerhafte Wiese zu verschaffen, statt daß auf die gewöhnliche Weise, wie der Bauer bei der Anlegung einer Wiese verfährt, der den spanischen Klee mit

Grassamen von seinem Heuboden dazu nimmt, 4 bis 5 Jahre erfordert werden, ehe der Boden gehörig mit Grase belegt ist."

„Der Samen von dem Lotus ist leicht zu erzielen; aber es hält schwer, seiner habhaft zu werden. Wenn's nicht allzulange während seiner Blüthe regnet, so setzt er häufigen Samen an. Er blühet indessen 4 bis 6 Wochen über; seine Schoten werden also vor und nach reif. Sie springen sogleich auf, und spritzen den Samen mit Gewalt um sich her. Wollte man also bis dahin warten, daß alle Schoten reif sind: so würde man den besten Samen verlieren. Man lasse ihn also bei der zweiten Schur, welche mehr Samen gewährt, als die erste, nicht länger stehen, als bis ein großer Theil der Schoten gelb wird. Ist er abgehauen, welches bei gutem Wetter geschehen muß, so darf er nicht allzulange liegen bleiben, sonst springen die meisten Schoten auf. Auch müssen die Schwaden nicht gebreitet, sondern sehr sorgfältig gewendet werden. Der Lotus hat übrigens die Natur aller runden Samenkörner; was noch nicht reif ist, reift durch die innere Erhitzung auf dem Stocke nach."

„Die Wiesen werden bei uns, wenn sie zum zweiten Mal gemähet sind, mit dem Viehe betrieben. Man wartet nach der Grummetwerbung noch 8 bis 14 Tage, ehe das Vieh darauf gelassen wird, damit das Gras etwas Zeit habe, heranzuwachsen. Alles Vieh wird in einer Heerde ausgetrieben, und Keinem erlaubt, das seinige auf einem besondern

Platze weiden zu lassen. Diese Herbstweide ist nicht ohne Werth, wenn man bedenkt, daß sich einige hundert Stück großes Vieh von der Mitte Septembers an bis Ende Oktobers darauf erhalten, solches bei den Kühen eine merkliche Vermehrung der Milch, und bei dem güsten Viehe das Fleischansetzen befördert. Für die ärmere Klasse zumal ist solches ein erheblicher Vortheil; und dieses mag denn wol andere daraus entspringende Unannehmlichkeiten ausgleichen. Denn daß die Herbstweide den Wiesen gar keinen Nachtheil bringe, lässt sich mit Wahrheit nicht sagen. Lehrt uns doch die Erfahrung, daß ein abgesonderter Grasplatz, der nach der Grunmetwerbung nicht abgeweidet worden, mehr Heu trägt, als einer, wo man das Gegentheil beobachtet, und noch ein Mal so viel, als wenn man den Nachwuchs nach dem Grummet gar abgemähet hätte. — Auch bei nassem Herbstwetter thut das Abweiden, besonders mit Pferden, vielen Schaden. Die Stapfen, welche durch die Klauen oder den Huf eingetreten werden, füllen sich mit Wasser, und die Wurzeln verfaulen über Winter, wie man sich dessen nach der Heuärndte gar wohl überzeugen kann. — Schlimmer aber, als Alles, ist der Schaftrieb im Winter, und besonders im März, wenn die Witterung naß und der Boden weich ist. Obgleich diese Thiere das Gras sehr scharf und kurz an der Erde abbeißen, so würde dieses nicht schaden, wenn sie auf weichem Boden nicht zugleich den Stock selbst so zerträten, daß er sich von der Wurzel lösete und darüber Alles in Fäulniß geriethe. Bei trockenem Wetter schadet die Schafweide wenig."

„Bei sehr nassem Wetter sollte daher die Nachweide allem Viehe um so mehr untersagt sein, da es bei solchen Umständen keinen Genuß davon hat, die Eigenthümer der Wiesen aber vielen Schaden leiden. Schafe sollten nach dem 15ten März, wenn die Witterung naß und gelinde ist, nicht mehr aufgetrieben werden. Sie zertreten alsdann die Wurzeln und beißen die ersten Keime ab; alles zum unsäglichen Schaden der Grundeigenthümer. Bei rauher und trockener Witterung könnte ihnen jedoch die Weide bis zum 15ten April gestattet werden."

## Ein und zwanzigster Abschnitt.

### Anbau des Hanfes.

Was der Lein für Flandern, der Raps für Brabant, der Weinstock für die Ufer der Mosel ist, das war und ist noch zum Theil der Hanf für das Elsaß. Dieser edle Zweig der Cultur ist es, der den Landmann in den Stand setzt, die hohe Pacht seiner Grundstücke zu entrichten, die Steuer an den Staat zu erlegen, und andern dringenden Bedürfnissen abzuhelfen. Es ist aber nicht das rohe Produkt der Erde allein, sondern hauptsächlich der Anschlag der Vergütung von Zeit und Handarbeit, die zu seiner Produzirung und Fabrizirung erfordert werden, welche dem Landmann jene Vortheile gewähren. Es ist die Nutzanwendung leerer, für den kleinen Landwirth meist verlorner Stunden; die Beschäfftigung einer Menge müßiger Hände, welchen es, in einem so stark bevölkerten Lande, wie das Elsaß, sonst an zureichender Arbeit gebrechen würde. Die Ausfuhr des Hanfes bildete von jeher einen der Hauptgegenstände des Handels der Stadt Strasburg, und führte, wie wir sehen werden, eine beträchtliche Summe baaren Geldes in das Reich ein.

Bei der Aufnahme, die der Intendant der Provinz im Jahre 1778 von dem Ertrage dieses landwirthschaftlichen Zweiges machen ließ, ergab sich, daß der weiße Hanf in gewissen Cantons des Nieder-Elsasses allein sich auf 40000 Centner, also 4 Millionen Pfund belief. Unter den 149 Ortschaften, die diesen Bau betreiben, zählt man ihrer 73, die sich mit dem weißen, und 76, die sich mit dem grauen Hanfe abgeben. Nehmen wir die Produktion dieses letztern nur zu der Hälfte des erstern an, so haben wir für das Niederelsaß eine Masse von 60000 Centner Hanf. Im Jahre 1802, wo diese Pflanze der großen Dürre wegen nicht gerieth, schätzte man den Ertrag an weißem Hanfe zu 25000 Centner. Schlagen wir den proportionellen Ertrag des grauen Hanfes nach dem oben angegebenen Maßstabe hinzu, so giebt uns gedachtes Jahr einen Totalertrag von 37500 Centner. Das Medium von beiden Jahren, 1778 und 1802, wäre also 48750 Centner, und wir können es ohne Bedenken zu 50,000 Centner ansetzen.

Von dieser Masse hält jeder Landwirth so viel zurück, als er mit den Seinigen im Winter verspinnen kann. Dieses Gespinst wird in dem Departement selbst auf einzelnen Weberstühlen zu Leinwand verarbeitet, wovon man das sämmtliche Gewebe jährlich auf drittehalb Millionen Ellen anschlägt. Eine ungewöhnliche Quantität für eine Provinz, die sich ausschließlich mit dem Ackerbaue abgiebt, und zu diesem Baue so viele Hände nöthig hat! Eine Segeltuchfabrik, unweit Strasburg, verbraucht ihrer Seits etwa 1500 Centner von jenem Hanfe *). Einige der benachbarten Departements beziehen auch etwas davon; doch suchen sie bloß den grauen Hanf.

Der Absatz des Produktes, der auf diesen drei Wegen gefunden wird, beträgt nicht mehr, als höchstens 20000 Centner; es bleibt also noch ein jährlicher Ueberschuß von 30000 Centner an langem gehecheltem Hanfe, der in dem Innern des Reichs keinen Absatz findet, und daher zur Ausfuhr nach Deutschland und der Schweiz bestimmt ist. Da der Centner davon im Durchschnitt zu 75 Franken angenommen wird, so folgt, daß gedachte Ausfuhr einen reinen Eingang von 2,250,000 Franken an baarem Gelde aus dem Auslande in das Departement, folglich in das Reich, befördert.

Diese Angaben, die sich auf die richtigsten Untersuchungen und Belege stützen, sind unwiderlegbar und so sehr anerkannt, daß die Regierung bei dem Verbote der Hanfausfuhr, wie das vom Jahr 1792 und noch einige Mal nachher, das Elsaß in Rücksicht auf den gehechelten Hanf von dem allgemeinen Verbote ausnahm. Nur im Jahre IX der fränkischen Republik glaubte die Regierung, zum Besten ihres Seewesens, das Verbot der Hanfausfuhr auch über das Elsaß ausdehnen zu müssen. Ein Verbot, das noch bis jetzt besteht, und unter dessen Drucke

*) Es ist das Höchste, was man dafür annehmen kann, und noch ist darin der Hanf mit einbegriffen, den diese Fabrik vorzugsweise von dem rechten Rheinufer her bezieht.

der Hanfbau im Elsaß von Jahr zu Jahr zurückgeht. Dem zufolge ist die Produktion des Hanfes im Jahr 1811 um zwanzigtausend Centner unter die von 1778 herabgesunken. Ein einziger Ort *), der 1793 noch 60 Fabrikanten und 800 Arbeiter zählte, hat ihrer jetzt nur 42, die nicht mehr als 150 Personen Arbeit verschaffen können. Wir müssen hoffen, daß der sanfte Strahl des Friedens und der Ruhe dermaleinst diesen edeln Zweig des elsassischen Ackerbaues von neuem beleben, und ihm seine vorige Kraft wiedergeben werde.

Wir wenden uns nunmehr zu der hier üblichen Cultur und Zubereitung des Hanfes.

## Boden.

Man wählt zum Hanfe einen guten, weichen, mehr leichten als schweren Boden; doch auch diesen, wenn er etwas feucht ist. In einigen Cantons des weissenburger Bezirks weiht man ihm das kostbarste Land, einen mit schwarzem Sande gemischten Kleiboden. Aber auch den etwas feuchten Sand verschmäht der Hanf nicht, und es trifft sich nicht selten, daß man auf bloßem Sandboden, wenn ihm das Wetter günstig ist, den besten Hanf erzielt. Daß er selbst auf morastigem, etwas entwässertem, Boden in trocken gelegten Weyern fortkomme, habe ich schon anderswo gezeigt **).

---

*) Bischweyler.

**) Anleitung zur Kenntniß der belgischen Landwirthschaft. II 123.

## Stelle im Fruchtwechsel.

Der Hanf kömmt bei der Dreifelderwirthschaft stets im Brachfelde vor, also nach der Gerste. Die weiseren Landwirthe lassen ihn aber durchgehends nach Kartoffeln, Mais und Kopfkohl folgen, und nehmen dem zufolge diese letzten Gegenstände ins Sommerfeld mit Weglassung der Gerste. Dieses ist gewiß ein unverbesserlicher Fruchtwechsel für den Hanf. Eben so gut und noch besser geräth er nach überjährigem Klee, und zwar bei kärglicher Düngung; auch wol nach einjährigem Klee. Man hat alsdann 1. Weizen, 2. Klee, 3. Hanf, 4. Weizen, 5. Gerste, 6. Bohnen *).

## Feldbearbeitung.

Ein Hanffeld kann nie zu viel gepflügt, noch seine Krume allzustark verpulvert werden. Ein fünfmaliges Pflügen ist im Elsaß allgemein; Manche pflügen sogar sechs Mal. Zwei dieser Pflugarten werden vor, die andern nach Winter gegeben. War es nicht möglich, das Feld zwei Mal vor Winter zu pflügen, so holt man es im Frühjahre nach und pflügt ein Mal mehr. Man pflügt für den Hanf nicht so tief, als für den Taback. Ich bin aber überzeugt, daß man sich besser dabei stehen würde, die letzte Pflugart vor Winter so tief, als möglich,

*) Als eine Merkwürdigkeit führe ich an, daß ich in dem Luxenburgischen Felder fand, wo der Hanf schon seit undenklichen Zeiten alle Jahre auf demselben Platze wiederkömmt.

auszuführen, und den langen Dünger darüber ausgebreitet liegen zu lassen. Der durch Luft und Frost gemilderte Grund würde dann im Frühjahre zu einer mittleren Tiefe untergebracht werden müssen.

Die zwei letzten Pflugarten werden unmittelbar vor dem Säen mit Recht so seicht, und in so schmalen Furchen, als möglich, vollführt, weil sie bloß dazu dienen sollen, die Oberfläche auf das vollkommenste zu verpulvern. Man beobachtet gewissenhaft nie bei nassem Wetter zum Hanfe zu pflügen. Folgt der Hanf nach Klee, so werden die Stoppeln von diesem vor Winter flach umgebrochen, veregget, gedüngt, und der Mist untergepflügt. Nach Kartoffeln wird das Land abgeegget, Mist aufgebracht, und nur ein Mal vor Winter gepflügt.

## D ü n g e r.

Den Kopfkohl ausgenommen, wird zu keinem Gegenstande so stark, als zum Hanfe gedüngt. Man nimmt durchgehends acht gute vierspännige Fuder Mist auf einen Acker von 20 Ares (10 auf dem Morgen), also zwei Wagen Mist mehr als zum Taback. Ich fand Orte, wo man bis 10 Wagen aufführt. Die eine Hälfte des Düngers wird vor die andere nach Winter aufgebracht. Man hält allgemein das Düngen vor Winter für noch wesentlicher, als das im Frühjahre. An einigen Orten im zaberner Bezirke wird der Mist im Frühjahre nicht untergepflügt, sondern dann erst über das Feld gebreitet, wenn der Hanf schon gesäet ist. Dieses Verfahren scheint mir neu, und verdient eine genauere Untersuchung *).

Obgleich jede Gattung von Mist zu dem Hanfbaue verwendet wird, so schätzt man doch vorzüglich den von den Pferden und Schafen **). Man bemerkt, daß der gewöhnliche Stalldünger zwar starken Hanf hervorbringe, der jedoch keine besondere Höhe hat; wird aber ein Theil Exkremente zugleich zu Hülfe genommen, zum Beispiel zwei Fuder zu sechs Fuder Stallmist, so erreicht der Hanf eine Höhe von 7 bis 8 Fuß. Nimmt man nichts als Exkremente, so reichen vier Fuder vollkommen zu; darauf schlägt aber bei der Dreifelderwirthschaft die Gerste im dritten Jahre zurück, welches bei anderm Dünger nicht Statt hat.

Außer diesen allgemeinen Düngmitteln nimmt man an mehrern Orten noch zu vermoderten Blättern, und hauptsächlich zu Hornspänen, Saubürsten, Schnitzeln von Lumpen und von Pelzwerk seine Zuflucht. Man bringt vier Säcke voll von solchem Abfalle auf einen Acker, und bezahlt den Sack mit 6 bis 7 Franken. Man

*) Seit ich dieses schrieb, erfuhr ich in der Schweiz, daß man daselbst den Mist auf ähnliche Weise anbringt. Zuerst wird gepflügt und das Umgepflügte mit der Haue verhackt. Später wird das Land mit Jauche begossen, und fleißig veregget. Darauf wird gesäet, der Same mit der Egge untergebracht, und zuletzt das ganze Feld mit gewöhnlichem Dünger, der aber hier immer eine Zeit lang in Haufen gestanden, und kurz ist, überstreuet.

**) Man vergleiche damit meine, in dem zweiten Bande der belgischen Landwirthschaft angegebene, darüber angestellte Versuche.

giebt diesen Gegenständen den Vorzug vor allen andern Düngmitteln. Zu Bischheim werden 6 Wagen Dünger für den Hanf aufgebracht, und mit der ersten oder zweiten Pflugart untergeackert. Bei dem dritten Pflügen werden noch 8 bis 10 Säcke Malzkeime ausgestreuet, wovon jeder zu 50 bis 60 Sols in Strasburg bezahlt wird. Man will an einigen Orten von dem Gipsen des Hanfes gute Wirkung, an andern gar keine erfahren haben.

An der Queich wird kein Mist auf den Hanf verwendet, sondern mit Rasen, im Falle man sie zureichend hat, gedüngt. Diese Rasen sind im Jahre vorher in Haufen gesetzt, und im Winter über den Acker hingestreuet worden. Nach Winter werden sie mit der Haue gänzlich zerstückelt und untergepflügt. Die mit solchen Rasen gedüngten Hanffelder, die ich sah, übertrafen wirklich die, welche mit Mist gedüngt worden waren. Es gehören aber auch sechs Mal so viel Fuder Rasen, als Mist zu einer solchen Düngung; dagegen wirken jene auch stärker und anhaltender auf die folgenden Früchte fort, als der Mist. Uebrigens bemerke ich, daß weder Kalk noch sonstige Düng- oder Reizmittel in gedachte Rasenhaufen gebracht werden.

## Samen.

Da der Hanf im Elsaß nicht gefemelt, sondern insgesammt zu gleicher Zeit ausgezogen wird, so kann dieses Ausziehen nicht ohne Nachtheil des Bastes so lange verschoben werden, bis der Same vollends reif ist. Dieser kann also zur Fortpflanzung des Hanfes nur wenig tauglich sein. Man sucht daher den Samen zu diesem Zwecke auf einzelnen Stöcken zu erzielen, die man zwischen dem Mais oder den Kartoffeln aufkommen läßt. Solche einzelne, isolirte, der Luft und Sonne ringsum ausgesetzte, Stöcke gelangen dann zu einer großen Stärke und der daran befindliche Same zu einer hohen Vollkommenheit. Weniger gut ist die Methode einiger Andern, die, nachdem der Hanf ausgezogen ist, auf dem Rande der Felder einige Zeilen länger stehen lassen, und diese aussemeln. Dadurch erhält die, vorher durch den dichten Stand zurückgesetzte, Pflanze zwar noch etwas Luft und Raum, um sich zu verstärken; allein der Same kann doch nicht zu dem Grade von Vollkommenheit gelangen, den der auf den Mais- und Kartoffelfeldern gewonnene bekommt. Uebrigens hat diese Methode beträchtliche Nachtheile für die unmittelbar an solche Hanffelder angrenzende Landstücke, weil die Früchte längs den Rainen, auf welche man den Hanf auf jene Weise hat stehen lassen, um ein Merkliches zurückschlagen. Diese Nachtheile sind um so merklicher, je breiter der Hanfrain ist, und der Schade um so größer, als die Feldstücke lang und schmal sind, wie dieses im Elsaß durchgehends der Fall ist. So sah ich beim Taback, daß die erste an den Hanf angrenzende Zeile durchaus verdorben, die zweite etwas weniger schlecht, und die dritte noch nicht gut war. Die Nachtheile der Nachbarschaft des Hanfes wirkten also auf 5 bis 6 Fuß in das Tabacksfeld hinein. Ein wohldenkender Mann sollte billig einen solchen Schaden seinem Nachbar nicht zufügen, da er den Hanfsamen so leicht auf eine andere Art gewinnen kann.

Ungeachtet der Sorgfalt, die man im Elsaß auf die Erzielung eigenen guten Samens verwendet, so zieht man doch den ausländischen von dem rechten Rheinufer vor, und wenn der inländische 30 Franken pro Viertel gilt, so gilt jener 36 bis 40 Franken. An einigen, wiewol nur wenigen, Orten erneuert man den Samen alle Jahre, an andern, aus Oekonomie, alle drei, vier Jahre. Zu Candel und Lauterburg, welches doch Haupthanforte sind, bedient man sich keines fremden Samens, und bedient sich dessen, den man zwischen dem Mais oder den Kartoffeln gewonnen hat. Hat man dessen nicht zureichend, und man muß noch von dem, den man auf den Hanffeldern gewonnen hat, dazu nehmen, so dürfen beide Samen nicht unter einander gemengt werden, weil dieser letztere später aufgeht, als der Kartoffel- oder Maishanfsame.

Man schlägt die Hanfstengel, deren Same zur Einsaat bestimmt ist, auf eine Egge, die man über einen Schragen legt, an: wodurch nur die vollkommnern Körner ausspringen, und die unvollkommnern die nach den Spitzen der Aehren zu sitzen, zurückbleiben. Diese werden dann nachher zu irgend einem andern Gebrauch ausgedroschen. Es ist dieses allerdings eine sehr löbliche Vorrichtung.

## Säezeit und Einsaat.

Da der Hanf ununterbrochen fortwachsen, und durch
älte oder schlimmes Wetter nicht darin unterbrochen
n will; so kommt Vieles auf das glückliche Tref-
des rechten Zeitpunktes der Saat an, welcher nicht
e Jahre derselbe sein kann. Auf zwei Feldern,
e neben einander liegen, einerlei Boden haben, und
rchaus gleiche Behandlung genießen, sieht man oft
hr verschiedenen Hanf, bloß darum, weil der eine
was früher, der andere etwas später gesäet worden
Die gewöhnliche Zeit fällt in die zweite Hälfte
s Mai's; doch säet man im Riethe schon zu Ende
prils, oder Anfang Mai's.

Die Angaben der Stärke der Aussaat, die ich vor
ir habe, sind höchst verschieden, und schwanken
vischen 125 und 300 Liter pro Hektar, anderthalb
s drei Sester auf dem Acker (zwischen 10 und 22
leßen pro Morgen. Da, wo der Hanf nicht ge-
melt wird, ist ersteres Quantum ohne Zweifel zu
ringe, und da, wo er gefemelt werden soll, letzteres
stark.

Wie Alles, so wird im Elsaß auch der Hanf
m dritten Theile vorgesäet. Dieses geschieht vor
m letzten Pflügen. Die Furchen werden dabei so
mal und seichte, als möglich, gezogen. Die übri-
n zwei Drittel Samen werden demnächst über den
uhen Acker hergesäet, eingeegget, und manchmal
h etwas leicht gewalzt.

Der Hanf wird bei seinem Hervortreten aus der
de nicht gehütet, ein Zeichen, daß die Sperlinge

im Elsaß nicht so grimmig, wie in den Niederlande
hausen. Auch die heftigen Windstürme scheinen da
selbst seltener vorzukommen. Man fürchtet sie an
meisten, wenn der Hanf nicht über zwei bis drei Fu
hoch ist. Der Hanfwürger (im Elsaß Hanfblum
Orobanche ramosa) der unter dem Taback so große
Schaden anrichtet, zeigt sich zwar auch zwischen der
Hanfe, aber ohne besondern Nachtheil; daher ma
diese Pflanze eher Taback- als Hanfwürger nenne
sollte. Durch das Austreten des Rheins im Son
mer 1813 stand der Hanf in einigen Gegenden i
Riethe drei Wochen über zwei Fuß hoch im Wasse
ohne daß es ihm merklich geschadet hätte.

## Aerndte.

Der Hanf wird 12 bis 14 Wochen nach sein
Aussaat, also gegen Ende des Augusts, abgebrac

Ich habe nicht einen Ort im Elsasse angetroffe
wo der Hanf gefemelt wird. Bekanntlich besteht e
Hanffeld halb aus männlichen, halb aus weiblich
Pflanzen. Jene erreichen ihre Vollkommenheit, sobo
sich ihre Staubbeutel geleeret haben; statt daß
weibliche Pflanze zu dieser Zeit nicht viel über
Hälfte oder zwei Drittel ihrer Höhe erreicht h
Gewöhnlich wird dann in andern Ländern der Fem
oder männliche Hanf, für sich allein ausgezogen, wä
rend der weibliche so lange stehen bleibt, bis der Sa
zu seiner Reife gediehen ist. Es ist dieses, ohne Zw
fel, die Weise, den Hanf auf das vortheilhafteste
benutzen, weil beide Theile gerade zu der Epoche a

zogen werden, wo sie den höchsten Grad ihrer
Stärke und Vollkommenheit erreicht haben; in-
ssen scheinen die Elsasser, denen es doch sonst we-
r an Händen, noch an Arbeitsamkeit fehlt, nicht
re Rechnung dabei zu finden. Die Ersparung an
eit und Arbeit, die das Femeln erfordert, mag viel-
icht die Nachtheile aufwiegen, die aus ihrer Me-
ode, den Hanf sämmtlich und auf ein Mal aus-
ziehen, hervorgehen. Daß aber für das Produkt
lbst Nachtheile daraus entspringen, ist wol nicht
läugnen; denn, wird das Ausziehen, der weibli-
en Pflanze wegen, verzögert, so geht, besonders bei
ssem Wetter, die männliche darüber zu Grunde;
, die doch eigentlich den feinsten Bast liefert, und
ch der Rechnung der Niederländer meistentheils
e Kosten aller Handarbeit deckt. Uebereilt man
h aber, aus Vorliebe für die männliche Pflanze, und
eht den Hanf etwas zu früh, so hat der Bast an dem
eiblichen Stocke noch seine gehörige Stärke nicht, und
r Same ist überdieß von keinem Werthe. Im
anzen also wird der weibliche Hanf, der durchfe-
elt und hernach zu seiner gehörigen Reife gebracht
orden ist, um Vieles stärker, und zu dem großen
auwerke für das Seewesen weit tauglicher sein, um so
ehr, da ihm durch das Entfemeln mehr Raum
af dem Felde gewährt ward, wodurch Luft und Licht
ne stärkere Einwirkung auf seine Rinde machen konnten.
s geschah daher nicht ohne Ursache, daß die fran-
sische Marine ihren Hanf aus Norden und aus dem
Breisgau bezog, und zwar zu einem wohlfeilern

Preise, als das Elsaß den seinigen verkaufen konnt
Selbst für die Schiffahrt auf dem Rheine ließe
die Elsasser den groben Hanf von dem rechten Rhei
ufer kommen, und verfertigten daraus ihre schwe
sten Seile.

Der Hanf wird an einigen Orten mit der Sich
an der Erde abgeschnitten, an andern mit der Wu
zel ausgezogen. Man lässt ihn einige Tage auf de
Felde liegen, ehe man ihn zur Rotte bringt. E
könnte zwar sogleich ins Wasser gelegt werden, do
wird er dann nicht so gut und stark, als wenn
vorher abgetrocknet ist. Man hält ihn selbst u
so besser dazu, je trockener er ist.

## Rotten.

Das Rotten ist eine nothwendige Vorrichtung
dem Hanse, um durch die Feuchtigkeit, es sei die d
Luft, oder die des Wassers, den Leim oder Kleis
aufzulösen, der die Rinde mit dem Holze verbind
Sie theilt sich in Thau- und Wasserrotte, und d
ses giebt Gelegenheit zu dem Unterschiede zwisch
dem grauen oder Feld- und dem weißen oder Wass
Hanfe. Die Wasserrotte ist wol überhaupt die
meinüblichste, und würde es auch im Elsaß se
wenn man das Wasser überall zu Gebote hät
Daher man auch beobachtet, daß nur diejenigen G
meinden sich mit der Thaurotte abgeben, denen
an tauglichem oder zureichendem Wasser gebri
Das Rottegeschäft durch das Wasser geht schnel
von statten. Sechs, neun Tage reichen dabei

statt daß bei der Thaurotte drei bis vier Wochen daraufgehen. Ich glaube selbst nicht, daß diese bei sehr starken Hanfstengeln anwendbar sei.

Die Wasserrotte liefert den weißen Hanf, der stärker als der graue ist, den die Thaurotte hervorbringt. Dagegen ist dieser feiner, und wird ungeachtet seiner grauen Farbe bei dem Bleichen weißer, als der sogenannte weiße oder Wasserhanf. Der graue Hanf ist zur Seilerei durchaus nicht zu gebrauchen, und dient bloß zur Verfertigung feiner Leinewand. Zu dem Ende ging er vormals, besonders der längere, nach der Schweiz, von da er versponnen und verwebt zum Theil wieder nach dem Elsaß zurückkam. Der Hirtenstand, der den Schweizern mehr Muße zur häuslichen Privatfabrikation gewährt; der daraus entspringende geringere Lohn der Arbeit; die weichern Finger, die den Hirtenstab, als die, welche den Pflug und die Haue führen; alles dieses trägt dazu bei, daß die Bewohner der Alpen schönere, feinere und wohlfeilere Leinewand liefern können, als man im Elsaß zu produciren im Stande ist; daher man sich hier billig bloß auf die Verfertigung der gröbern Leinwand einschränkt.

Das Verfahren bei der Wasserrotte verhält sich folgendermaßen; Sobald die grünen Hanfstengel gehörig trocken sind, werden sie in Büschel gebunden und schichtweise über's Kreuz über einander ins Wasser gelegt, mit einigen Brettern bedeckt und mit Steinen beschwert. Diese letztern zwei Vorrichtungen werden freilich von einigen Nachlässigen, denen die Steine nicht von selbst in die Hand fallen, unterlassen. Sie begnügen sich, den Hanf mit Rasen zu bedecken, wodurch nothwendig eine Verunreinigung und Verschlechterung der obern Hanfbüschel entsteht, über welchen Mißbrauch die Käufer schon längst geklagt haben. Der Hanf ist zureichend gerottet, wenn sich die Blätter, bei dem Durchstreifen durch die Hand, von dem Stamme trennen. Je wärmer die Temperatur der Luft ist, desto schneller geht es dabei zu. Wenn der Hanf aus dem Wasser ist, so wird er gegen eine Hecke oder Mauer gestellt, oder auch auf dem Felde oder einer Matte zum Trocknen auseinander gelegt, nach ein Paar Tagen gekehrt, und, wenn er trocken ist, eingefahren. Man schichtet ihn in einer Scheuer, oder doch unter Obdach, hoch über einander auf, bis man ihn zur fernern Bearbeitung vornimmt. Je frischer und heller das Wasser war, in welchem die Rotte vorgenommen worden ist, desto weißer wird der Hanf. Diejenigen, welche die Ufer des Rheins und der Ill bewohnen, wissen dem Hanf eine Weiße zu geben, welche die Andern nicht erreichen.

Das Rotten im Thaue geschieht auf Wiesen, oder noch häufiger auf freiem Felde. Sobald der Hanf ausgezogen oder abgeschnitten worden, wird das Land, das ihn getragen, umgepflügt, und der Hanf über die rauhen Furchen ausgebreitet. Je dünner er dabei auseinander gelegt wird, desto weißer und silberfarbener wird er. Liegt er aber zu dick auf einander, so bekommen die zu unterst liegenden Stengel eine röthliche Farbe, und das daraus verfertigte Linnen wird nie recht weiß. Wenn die Bastfäden sich ohne Mühe von dem Holze abziehen lassen, so ist das Rotten vollbracht, und man bringt den Hanf ein.

## Wurzelabschneiden.

Da, wo der Hanf mit der Wurzel ausgezogen worden, muß diese vor dem Brechen abgeschnitten werden. Zu dem Ende legt man einige Bretter in einer gebührenden Höhe von der Erde neben einander. Das vorderste dieser Bretter, auf welchem die Wurzeln zu ruhen kommen, liegt seiner Länge nach einen Zoll von dem zweiten ab. Nachdem die Hanfstengel etwa eine Hand hoch über die Bretter hingelegt sind, so steigt der Arbeiter darauf, tritt mit dem Fuße an, und schneidet vermittelst einer alten Sense, die aber in grader Richtung mit dem Stiele läuft, an dem sie angeheftet ist, die Wurzeln neben seinem Fuße weg. Der zollbreite Spalt, der, wie gesagt, sich zwischen den zwei ersten Brettern befindet, gewährt der Sense Raum, durchzugreifen, und dient dem Schnitte zur Richtung. Es ist nöthig, daß die Sense nicht neu, sondern voller Scharten sei, also eine Art von Säge bilde, wodurch sie besser in die Hanfstengel eingreift. Die Wurzeln geben ein gutes Zündholz ab.

## Dörren.

Damit sich der Hanf brechen lasse, wird erfordert, daß er durchaus trocken sei. Bei sonniger und heißer Witterung geht solches ohne Mühe von statten; außerdem aber muß er auf eine Dörre über's Feuer gebracht werden. Ich maß eine solche Hanfdörre, die in der Erde aufgeführt war, und einen Fuß darüber hervorragte. Sie bildete ein längliches Viereck, bestand aber nur aus drei Mauern. Die vierte an einer der schmalen Seiten fehlte, welches eine Oeffnung zum Eingange bildete. Von oben war sie offen, und mit einigen starken Stangen, über welchen sich dünnere kreuzten, belegt; dieses bildete also eine Art von Rost, worauf der Hanf zu liegen kömmt. Die ganze innre Höhe betrug 26, ihre Länge 40 und ihre Breite 30 Dezimeter. Die Mauern zogen sich nach unten zu stark zusammen, so daß die Dörre unten auf dem Boden, der zum Feuerheerde diente, bei dem Eingange nur 9 Dezimeter mehr maß. An der entgegengesetzten Seite mochte sie etwa 15, und auf den beiden langen Seiten 30 Dezimeter messen. Eine steile, in der Erde angebrachte, Treppe führte zum Eingange.

Ueber dieser Dörre wird der Hanf mit dem dikkern Ende auswärts aufgeschichtet, und zwar so, daß eine Schicht die andere kreuzt. Ich zählte sieben solcher Schichten, die man über einander gelegt hatte. Sie hatten zusammen die Höhe von sieben Dezimetern. Der Haufen ward zuletzt mit einer groben Leinewand oder einem schlechten Tuche bedeckt. Man unterhielt auf dem Heerde ein mäßiges Feuer, und bediente sich dazu der Acheln, d. i. der Spåne, die bei dem Brechen des Hanfes ausfallen. Ein Mann, gewöhnlich der Eigenthümer selbst, sitzt auf der Treppe, und unterhält das Feuer, indem er von Zeit zu Zeit ein Paar Hände voll Acheln in den Ofen wirft. Es erfordert große Behutsamkeit; denn wenn die Flamme auflodert, so würde sie den auf der Dörre liegenden Hanf ergreifen. Daher auch jedes Mal, wenn frisch aufgeschichtet wird, der Hüter eine kleine Leiter in dem Ofen anlegt, und gegen die Decke ansteigt, um die allenfalls herabhängenden einzelnen Hanfstengel oder Fäden, an deren Spitzen das Feuer zünden könnte, wegzuschaffen. Es läuft eine kleine Stunde darauf hin, bis eine Hanflage zureichend gedörret ist. Alsdann wird sie abgenommen, durch eine andere ersetzt, und entweder sogleich auf dem Felde gebrochen, oder nach Hause gefahren. Der Gefahr wegen werden die Hanfdörren stets außerhalb des Dorfes angebracht.

## Brechen.

Von den Dörröfen geht der Hanf unmittelbar zu der Breche über. Zuerst werden die Stengel auf einer Breche mit einem Messer zerquetscht. Hier wird bloß das Holz zerknickt, und die groben Theile desselben von dem Baste gesondert. Alsdann kömmt dieser unter eine Breche mit zwei Messern, wo er vollends gebrochen und alle Holzspäne davon getrennt werden. Das Quetschen und Brechen geschieht durchgehends durch wandernde Arbeiter aus andern Gegenden, wo kein Hanf erzielt wird, die folglich um diese Zeit keine dringende Beschäfftigung in ihrer Heimath haben. Der Taglohn dabei ist für einen Mann 20, und für eine Frau 16 Sols, nebst Kost und drei Schoppen Wein. Die Brechen gehören dem Eigenthümer des Hanfes. Es kömmt eine an fünf Franken zu stehen. Sieben Arbeiter fertigen den Ertrag von einem Acker Hanf in einem Tage ab.

In einigen Cantons wird der Hanf von den Seilern und Hanfbereitern aufgekauft, so wie er unter der Breche hervorkömmt. Doch wird er häufiger von den Bauern selbst noch ferner bearbeitet, und kömmt erst gehechelt in den Handel. Der rohe, das ist der bloß gebrochene, Hanf hat die Länge von 20 bis 23 Dezimeter.

## Reiben.

Von der Breche geht der Hanf gelegentlich zu der Reibmühle, wo ihm unter dem Drucke von zwei Steinen das Zarte und Sanfte für's Gefühl gegeben wird. Das Reiben muß drei Stunden lang anhalten. Je länger und fleißiger der Hanf gerieben wird, desto feiner, seideartiger und silberfarbener wird er. Außer dem Müller gehört die Beihülfe von vier Frauenspersonen dazu, um den Ertrag eines Ackers auszureiben. Die Bezahlung des Müllers ist 3 Franken 12 Sols pro Tag. Nach dem Reiben geht's an das Ausschütteln und Schwingen, und dazu wird wieder die Tagearbeit von vier Frauenspersonen für den Acker erfordert; darauf ist erst der Hanf in dem Stande, gehechelt werden zu können.

## Hecheln.

Der Hanf wird zuerst auf eine grobe Hechel gebracht, deren Zähne zwei Zentimeter von einander stehen; dann auf eine feinere, wo die Zähne nur einen Zentimeter von einander entfernt sind. Auf diesen Hecheln theilt sich der Hanf von selbst in drei Klassen, nämlich: Hanf, Bärtel und Werg. Was in der Hand des Arbeiters zurückbleibt, nachdem es durch die beiden Hecheln gegangen, ist der Hanf; was bei dieser Verrichtung zwischen den Zähnen der Hecheln hangen geblieben, ist der Bärtel; was zur Erde gefallen, ist das Werg. Letzteres dient zu durchaus grobem und schlechtem Tuche; der Bärtel zu gewöhnlicher Leinewand, auch wol zur Seilerei; der Hanf endlich ist das Edelste davon, und wenn man diesen recht schön und fein haben will, so bringt man ihn noch ein Mal auf die Reibemühle, und dann wieder auf die Hechel. Hanf und Bärtel, d. i. langer und kurzer Hanf, können ohne Betrug nicht unter einander gebunden werden, indem der letzte ein Drittel weniger Werth hat, als der erste. Der lange graue Hanf ging vormals nach der Schweiz; der kurze graue, also die zweite Qualität, ging über Frankfurt nach Deutschland und dem Norden.

Zwei Männer mit einer groben und einer mit einer feinen Hechel fertigen in einem Tage einen bis anderthalb Centner ab. Der Preis des Hechelns vom Centner ist vier Franken.

## Schleißen.

Es giebt auch einige Gegenden, wie Markolsheim und im obern Elsaß, wo man den Hanf schleißt, also nicht auf der Breche quetscht, sondern die Fäden mit der Hand von dem Stamme abzieht. Diese Arbeit ist ohne Zweifel viel langweiliger, als das Brechen; dagegen ist der Bast, der dabei nicht, wie unter der Breche, mißhandelt wird, stärker. Das Schleißen ist die Aufgabe der Frauenspersonen in freien Stunden. So sah ich mit Vergnügen in Colmar, der Hauptstadt des Ober-Elsasses, allenthalben Personen an der Hausthüre sitzen, die sich mit dieser Arbeit abgaben. Ich sage: mit Vergnügen; denn dieses erinnerte mich an die gute patriarchalische Zeit, wo man sich in den Städten mehr mit nützlichen Beschäfftigungen, als Modetändeleien, abgab. Aermere Leute, die keinen eigenen Hanf haben, übernehmen diese Arbeit von andern, schleißen ein dickes Bund zu dem Preise von 2 Sols, und behalten die Holzstengel.

Es ist dieses aber nicht, wie man glauben könnte, der eigentliche Schäl-, Schleiß- oder Seilerhanf, der ausgesemelt worden, und dessen weibliche Stämme zu einer Stärke erwachsen sind, daß sie nicht gebrochen werden können. Ein solcher Hanf wird, so viel ich weiß, im Elsaß gar nicht gezogen. Man findet ihn in den Niederlanden und im Badischen *), woher, so wie aus Norden, ihn die französische und holländische Marine bezog. Es ist der einzige, der zur Verfertigung schwerer Schiffsseile tauglich ist.

## Ertrag.

Der Mittelertrag von einem Acker weißen gehechelten Hanfes wird im Elsaß zu 300 Pfund angeschlagen (380 Pf. vom Morgen). Der graue giebt etwas weniger. Unter jenem Gewichte befinden sich 160 Pfund langer und 140 Pfund kurzer Hanf. Außerdem hat man noch etwa einen Centner Werg.

Der Mittelpreis des Hanfes steht im Handel pro Centner, wie folgt:

| | |
|---|---|
| Gehechelter, weißer, langer, an beiden Enden umgeschlagen . . . . . . . | 60 bis 64 Fr. |
| dito kurzer . . . . . . . . . | 42 = 46 — |
| Gehechelter, grauer, langer . . | 66 = 75 — |
| dito kurzer . . . . . . . . | 48 — |

Der Hanf von dem rechten Rheinufer steht etwas höher im Preise, nämlich:

| | |
|---|---|
| Gehechelter, weißer, langer Hanf, an einem Ende umgebogen. . . . . . | 68 bis 70 Fr. |
| dito kurzer . . . . . . . . . | 46 = 48 — |
| Weißer, nicht gehechelter, gebrochener Hanf | 36 — |
| Weißer, nicht gehechelter, geschlissener Hanf | 45 — |

*) Der Hanf erreicht in diesem Lande die Höhe von 10 bis 15 Fuß. Ich maß zu Bischofsheim einen Hanfstengel, der in einem Garten aufgewachsen war. Er betrug 6 3/4 Meter (21 Fuß rhein.) in seiner Länge.

Nehmen wir den Preis für den Landmann, vom langen Hanfe zu 60, vom kurzen zu 40, von dem Werg zu 15 Franken an, so finden wir für den Acker einen Geldertrag von 167 Fr. Dagegen erfordert dieser Acker 8 Fuder Dünger *), wovon jedoch die Hälfte, als den folgenden Saaten zu gute kommend, dem Hanfe nicht zur Last geschrieben werden darf; ein viermaliges Pflügen; Pachtzins und Contribution; außerdem musste der Hanf gerupft, gerottet, geschrödet, gedörret, gebrochen, gerieben, geschwungen und gehechelt werden; lauter Arbeiten, die durch keine Kinder sondern nur durch erwachsene Personen vollführt werden können. Wollten wir demnach die Rechnung machen, und Alles, wie sich gebührt, in Anschlag bringen; so würde sich zeigen, daß bei dieser Cultur wenig oder nichts herauskommt, und dieselbe folglich nicht ohne hohe Marktpreise bestehen kann; welche ihrer Seits nur dann Statt haben können, wenn die Waare in dem Handel einen ungestörten Umlauf und schnellen Absatz hat. Auch findet man, daß, seitdem dieser Absatz durch das Verbot der Ausfuhr gehemmt ist, die Waare sich verschlechtert, und mancher Landmann, leider! auf dem unrechten Wege des Betruges, das wieder einzuholen sucht, was er auf den eigentlichen Werth seiner Waare verliert. Kein Wunder, wenn unter solchen Umständen sich der kurze Hanf verstohlner Weise unter den langen einschleicht; oder die Acheln in dem Baste auch nach dem Hecheln zurückbleiben.

*) Das vierspännige Fuder Dünger für Ankauf, Beifahren und Breiten, muß auf das Geringste zu 20 Fr. angeschlagen werden.

## Zwei und zwanzigster Abschnitt.

### Taback.

Diese Pflanze, die in den letzten Zeiten den Hauptgegenstand der Cultur der Handelsgewächse im Elsaß ausmachte, wurde im Jahr 1620 durch einen strasburger Handelsmann, Namens Königsmann, eingeführt. Er hatte den Samen aus England mitgebracht, und machte mit demselben den ersten Versuch auf einem Landgute, das er in der Nähe von Strasburg besaß, und welches daher noch den Namen des englischen Gartens führt *). Schon zu Ende desselben Jahrhunderts belief sich der in dem Elsaß fabrizirte Taback auf 50000, und im Jahr 1718 auf 80000 Centner. Die Stadt Strasburg allein zählte 72 Fabriken, welche an 8000 Menschen beschäfftigten. Der Ankaufspreis der Blätter, die darin verarbeitet wurden, belief sich auf eine Million Franken, welche in die Hände der Pflanzer floß.

Dieser starke Verkehr hat aber nachher um etwas nachgelassen, weil vor der Revolution nur 6000 Menschen noch bei dem Taback Arbeit fanden. Seit

*) Dieses Gut gehört jetzt dem Hrn. Marocco. Im Jahr 1812 trug der Besitzer desselben den großen Tabackspreis davon, indem der von ihm auf diesem Gute erzeugte Taback als der beste im ganzen Departement befunden wurde.

dem ist die Fabrikation wieder gestiegen, und man konnte den verarbeiteten Taback auf 120000 Centner anschlagen. Da endlich die Privatfabriken gänzlich unterdrückt wurden, und der Staat die Tabacksfabrikation für seine Rechnung allein übernahm, so nahm der Tabacksbau ab, und musste nothwendig abnehmen, und dadurch Armuth, Noth und Bettelei steigen.

Im Jahr 1812 schien das Vorhaben der Tabacksverwaltung zu sein, dem Nieder-Elsaß den Tabacksbau gänzlich zu entziehen, so wie es mit dem Ober-Elsaß und andern Provinzen schon früher geschehen war. Dank aber dem edeln Bestreben des damaligen Präfekten, des um den Bauerstand, Ackerbau und Vater and so hochverdienten Lezay Marnesia, daß dieser für eine unzählbare Menge Familien tödtliche Stoß im Nieder-Elsaß nicht ausgeführt worden ist! Die Bewohner eines großen Theils dieses so sehr bevölkerten und so sehr vertheilten Landes können nun ein Mal nicht mehr durch den bloßen Anbau der Cerealien bestehen. Eine gewöhnliche Cultur, die größtentheils mit dem Gespann ausgeführt wird, und nur wenig Hände erfordert, kann eine so starke Bevölkerung nicht gehörig beschäfftigen. Kann sie dieselbe aber nicht beschäfftigen, so kann sie dieselbe auch nicht nähren; denn nichts ist billiger, als daß derjenige, der nicht arbeitet, auch nicht esse. Der Hanfbau hilft zwar im Elsaß etwas aus; aber er reicht allein nicht zu, weil bei ihm nur erwachsene Leute, und diese bloß in dem Nachsommer, Arbei finden statt daß der Taback ein halbes Jahr hindurch Groß und Klein beschäfftiget, daher allen Händen Nahrung und Unterhalt zufließen lässt. Uebrigens habe ich schon gesagt, daß auch der Hanfbau durch das Verbot der Ausfuhr kränkelt. Ein größeres Unglück, als dieses Verbot, vereiniget mit der Unterdrückung des Tabacksbaues, lässt sich für das Elsaß nicht denken.

Man hat, zur Beschönigung dieser Unterdrückung, dem elsasser Taback seine geringere Qualität vorwerfen wollen; allein es ist eine anerkannte Sache, daß eben dieser Taback vor der Revolution vorzugsweise von den Ausländern gesucht wurde, weil er keinen grundzenden Geschmack bei sich führt, und daher jeden andern annimmt, den man ihm geben will. Man weiß ja, daß es bloß die verschiedenen Mischungen, Beizen und Zusätze sind, durch welche die Fabrikanten dem Taback den Geschmack geben, und sich darin nach den Liebhabern und Abnehmern richten.

Der Taback, den man im Elsaß bauet, trägt alle Merkmale des großen virginischen Tabacks. Hat er aber auch die Größe und Form der Blätter beibehalten, so hat er doch merklich an seiner Qualität verloren, und theilt dieses Loos mit so vielen Pflanzen, die aus einer fernen Gegend in eine andere übergebracht werden. Eine öftere Erneuerung des Samens scheint zwar, allen theoretischen Begriffen nach, das einzige Mittel zu sein, sie wieder ihrem ursprünglichen Zustande näher zu bringen; allein in der Praktik könnte sich solches doch bei einigen Pflanzen anders verhalten. Der verstorbene, aber in dem Andenken seiner Untergebenen unsterbliche, Präfekt Lezay Marnesia hatte zu dem Ende mehr als dreißigerlei Samen aus Amerika und verschiedenen Gegenden Europa's kommen, und damit eine Menge und zwar großer Versuche im Jahr 1812 anstellen lassen. Leider aber haben diese Versuche der Erwartung nicht entsprochen, die man davon gefasst hatte. Die Blätter wurden durchgehends so stark vom Roste befallen, daß die Felder kaum eine halbe Aerndte, zum Theil gar keine, darboten. Das Jahr 1813 war ihnen nicht günstiger, und dieses war mehr, als zureichend, den Landwirth von ferneren Versuchen abzuschrecken. Woran die Schuld lag, ist schwer zu bestimmen. Beide Jahre waren dem Taback überhaupt nicht günstig; indeß gerieth der ausländische Taback denn doch in einer der größten Pflanzungen ziemlich gut. Ich weiß diese Ausnahme nichts anderm, als dem sehr tiefen Pflügen und dem Dünger, der aus überjährten Exkrementen, Kalk und Schutt bestand, zuzuschreiben.

## Säen und Samenbeete.

Zwischen dem 12ten und 18ten März fängt man an, den Samen einzuquellen. Zu dem Ende wird er in ein Glas mit laulichem Wasser gegeben, nach 24 Stunden in ein Säckchen geschüttet, dieses in der Nähe des Ofens aufgehangen und feucht gehalten. Gärtner, die mit warmen Mistbeeten versehen sind, vergraben auch wol das Säckchen darin, wodurch die gehörige Feuchtigkeit und Wärme unterhalten wird. Nach 3 bis 4 Tagen mengt man den Samen mit durchgesiebtem Holzgrunde aus alten Weidenbäumen, und erhält das Gemenge in einer Schüssel an einem warmen Orte feucht. Der Same ist am besten zum Säen, wenn der Keim eben hervorsticht. Das Ganze wird alsdann mit etwas Sand gemischt und ausgesäet." Es geht bei dieser Verfahrungsart, wie bei allem Einquellen des Samens. Bei zusprechendem Wetter ist es vortheilhaft, weil die Pflanzen sogleich da sind und Zeit gewonnen wird. Bei schlimmem Wetter aber bleibt es besser, dieselbe nicht mit Gewalt hervorzutreiben, den Samen also, der auch ungeweicht sehr gut aufgehet, ohne alle Vorbereitung zu säen. Der Same wird entweder ganz leicht untergeharkt, oder ganz dünn mit Holzgrunde übersiebt.

Das Säen geschieht auf besonders dazu eingerichteten Kutschen (Mistbeeten). Zu dem Ende wird zu unterst eine Lage von Acheln (Hanfnägel) angefertigt, um den Maulwürfen das Eindringen zu verwehren. Darüber kömmt eine zwei Zoll hohe Decke von frischem Roßmist, und endlich die Erdschicht. Diese besteht aus gewöhnlichem Feldgrunde, der aber schon in dem vorhergehenden Jahre mit einer Zumischung von Sand und einem Wagen Roßmist dazu vorbereitet worden. Die Kutsche wird erst unmittelbar vor dem Säen errichtet, und so angelegt, daß sie gegen die scharfen Winde gesichert ist. Man wählst dazu einen Platz in dem Hofe oder im Garten, oder manchmal gar auf der Straße.

Nach dem Säen ist es gut, die Kutschen dünn mit Stroh zu überlegen, wodurch die Feuchtigkeit und Wärme besser darin unterhalten, und der hervorstehende Same gegen Frost und scharfe Luft gesichert wird. Vor dem Aufgehen des Samens schadet auch der stärkste Frost nicht. Ueberfällt die schon aufgegangenen Pflanzen ein Reif: so besprengt man, vermittelst einer Gießkanne, die Pflanzen mit kaltem Wasser, und schützt sie gegen die Sonne. Statt des Strohes ist es besser, die Kutschen mit tannenen Reisern zu überdecken.

Es fällt schwer, das richtige Quantum des Samens anzugeben. Gewöhnlich wird er sehr dicht ausgesäet. Findet man, daß die Pflanzen zu gedrängt stehen: so fährt man herzhaft mit einem Rechen durch, verdünnt sie und begießt sie sogleich, wodurch die beunruhigten Pflanzen wieder anwachsen. Ueberhaupt läßt man es den Pflanzen nicht an Wasser ermangeln. Ich habe gefunden, daß die Pflanzen, die man beständig feucht hält, mehr Nebenwurzeln fassen, als die, wo solches nicht geschieht. Da die Pflanze in diesem letzten Falle in der Höhe nicht Feuchtigkeit genug findet, so bringt sie mit ihrer Pfahlwurzel tiefer vor, um sich von da aus mit Wasser zu versehen. Dadurch aber bleiben die Nebenwurzeln, die doch bei dem Verpflanzen am meisten zum Aufkommen beitragen, zurück.

Stelle in der Fruchtfolge.

Es gibt Gegenden im Elsaß, wo der Taback alle zwei Jahre, andere, wo er alle drei Jahre, und wieder andere, wo er nur alle 6 bis 9 Jahre vorkommt. In den ersten beiden Fällen kann die Sache nur durch überflüssigen Dünger erzwungen werden. Verschiedene Personen gestanden mir ein, daß der Taback nirgends besser gerathe, als da, wo derselbe noch nie gestanden hat. So scheint denn, daß das seltene Vorkommen des Tabacks vortheilhafter, als das öftere sein muß. Und wer weiß, ob der häufige, in diesem letzten Falle angebrachte, Dünger der Qualität des Tabacks nicht nachtheilig sei? So lässt sich wenigstens analogisch von manchen, durch den Dünger in den Gärten getriebenen, Gewächsen schließen. Es ist zu vermuthen, daß der schwelgerisch angebrachte Dünger keinen geringen Antheil an dem scharfen Geschmacke und dem fuselichen Geruche habe, den solcher Taback bei sich führt. Auch schreiben einige Personen dem vielen Kuhmist und dem öftern Wiederkommen des Tabacks auf demselben Felde die Rostflecken und Hanfblumen zu. „Der beste Taback,“ sagt Hr. Thaer, „wächst auf Neubruch, vorzüglich, wenn der Rasen gebrannt, und noch mehr, wenn darauf stehendes oder dahin gefahrnes Holz auf dem Platze verbrannt wird *). Hierin liegt wol mehr, als im Clima, der Vorzug

*) Auf gehörig reichem Boden muß also schon die aufgeführte Asche ein sehr gutes Düngmittel sein.

des amerikanischen Tabacks, der selten im Miste, aber zehn bis zwölf Mal nach einander ungedüngt in dem kräftigen abgebrannten Rodeland gebauet wird. Auch wissen es unsere Fabrikanten, daß die auf ähnlichem Boden gewonnenen Blätter in der Milde und im Geruche einen großen Vorzug vor den auf frischem Mist gewachsenen haben; sie wollen dieses aber im Handel nicht zugestehen, um keinen höhern Preis dafür zu bezahlen, wie sie doch billig thun sollten, und wie sie auch thun werden, wenn diese Tabacksvorzüge allgemein anerkannt werden."

Aber auch schon auf einer frisch umgebrochenen, nicht verbrannten Gras- oder Kleenarbe zeichnet sich der Taback vor jedem andern aus. Solchen Taback sah ich zu Zellweiler nach vierjähriger Luzerne. Noch schöner war er auf einem Neubruch zu Niederrhein. Noch in demselben Mai war dieses Stück eine gemeine Viehweide. Der Rasen wurde mit der Hacke umgehauen, und darauf ein Mal gepflügt. Die Kürze der Zeit erlaubte keine fernere Zubereitung. Die Blätter dieses Tabacks hatten die Länge von drittehalb pariser Fuß *). Diese Beobachtung ist nicht unwichtig, weil sie zeigt, wie man den Umbruch eines Graslandes nicht höher, noch schneller benutzen kann, als wenn man ihn mit Taback bepflanzt: wenn gleich der Boden, ohne viele Umstände, erst unmittelbar vor

*) Um Irrthum zu vermeiden, muß ich doch noch sagen, daß die Güte der Blätter nicht in ihrer Größe, sondern in ihrer Dicke und ihrem Fette bestehen.

dem Verpflanzen umgebrochen worden ist. Eine Erfahrung, die man mir anderswo mittheilte, ist: daß der Taback, den man erst im zweiten Jahre nach dem Umbruche auf ein Grasland pflanzt (nachdem dieses nämlich im ersten Jahre schon Hafer oder einen andern Gegenstand getragen), nicht so gut gerathe, als der unmittelbar nach dem Umbruch gepflanzte.

In dem elsasser Dreifeldersystem kommt der Taback immer in die Gerstenstoppel.

Daß der Taback die beste Vorbereitung zum Weizen sei, haben wir schon früher gesagt.

## Zubereitung des Ackers und Düngers.

Einige pflügen die Gerstenstöppel schon vor Winter um; Andere warten damit bis nach Winter. Auf jeden Fall, wird der Acker drei bis vier Mal umgefahren. Man setzt den Pflug zum Taback etwas tiefer an, als zu Weizen und Gerste; allein dieses Tieferpflügen will immer noch nicht viel sagen. Was ein sehr tiefes Pflügen für Nutzen bringe, davon hat man sich bei Herrn Marocco überzeugt.

Das Düngen geschieht sowol im Spät- als im Frühjahre, je nachdem man mit Dünger versehen ist. Dieser wird nicht so, wie er aus der Mistgrube gezogen wird, auf den Taback verwendet. Man setzt ihn vorher auf einen Haufen, feuchtet ihn an, sticht ihn nach einiger Zeit um, und setzt ihn von neuem auf. Hat man nur langen, frischen Mist, so ist nichts räthlicher, als ihn, auf dem Felde gebreitet, eine Zeitlang liegen zu lassen, ehe man ihn unterpflügt.

Die Quantität des Düngers richtet sich nach dem Boden und nach der Eigenschaft des Düngers selbst. Es kommen bald vier-, bald sechs-, bald acht vierspännige Fuder auf den Acker (3 bis 10 auf den Morgen). Braucht man Excremente, so reicht die Hälfte zu. Der Taback wird nach diesen schöner; die Gerste im dritten Jahre aber schlechter, als wenn mit anderm Miste gedüngt worden wäre.

## Verpflanzung.

Man hält den Zeitraum zwischen dem . Mai und dem 18. Juni für die beste Zeit zur Verpflanzung des Tabacks. Ist der Acker in einem gehörigen Zustande von Feuchtigkeit so bepflanzen zwei Personen einen Acker in fünf Stunden; muß aber gegossen werden, so werden sechs Personen dazu erfordert. In diesem Falle wird das Wasser vorher in die Löcher gegossen, und dann gepflanzt. Man bedient sich auch wol einer verdünnten Jauche zum Eingießen, wenn man sie hat. Man rechnet 5 bis 6000 Pflanzen auf einen Acker von 20000 pariser Fuß. Es fallen also 4 □ Fuß auf jede Pflanze, oder eine Pflanze steht nach allen Seiten 2 Fuß von ihren Nachbaren ab. Häufig aber wird noch näher zusammengepflanzt. Diese Art, in gleicher Entfernung zu pflanzen, ist keinesweges die beste. Da die Blätter hier zu Lande äußerst groß werden, und das Feld gänzlich überwachsen; so erschwert das auf gutem Boden den Zugang, der doch zu dem öftern Ausgeizen des Tabacks so nöthig ist. Man würde ganz gewiß besser thun, je zwei und zwei Zeilen um einen halben Fuß näher zu bringen, wodurch die Zwischenräume mehr Spielraum gewinnen, und einen weniger schadhaften Zugang gestatten würden, ohne jedoch, daß nur eine Pflanze weniger auf das Feld zu fallen brauchte. Den Pflanzen noch weniger als 4 □ Fuß Spielraum zu geben, ist bei dem elsasser Taback durchaus widersinnig.

Man setzt hier den Taback nach der Schnur, auf welcher die Entfernungen durch angebrachte farbige Bindfäden angedeutet sind. Gewöhnlich spannt man sie in der Richtung nach der Länge des Feldes. Der Gebrauch aber, den man an einigen Orten hat, über die Breite des Stücks zu pflanzen, verdient gewiß einen Vorzug, weil das folgende Behacken in der Richtung, wie die Pflanzen gesetzt worden sind, vorgenommen wird. Daher geschieht es, daß die Hauarbeit sich mit der des Pfluges kreuzt, der Grund also mehr verpulvert und besser gereiniget wird. Nach dem Verpflanzen muß von Zeit zu Zeit nachgesehen werden, um die Abgehenden zu ersetzen. Maikäferwürmer und graue nackte, sich in die Erde verkriechende Raupen thun am verpflanzten Taback oft vielen Schaden. Zu dem Ende steckt man hier und dort zwischen den Tabackslinien eine überzählige Pflanze, um sich derselben im Nothfalle zum Ausfüllen der Lücken zu bedienen.

## Behacken und Ausgeizen.

Der Taback wird wenigstens ein Mal behackt,

und ein Mal behäufelt. Man wartet mit dem ersten Behacken nicht, bis die Pflanzen einige Größe haben, oder das Unkraut sich stark zeigt, sondern schreitet dazu, sobald die Pflanzen nur angewachsen sind, und das Wetter es zulässt. Durch die Auflockerung des Bodens dringt die Wärme und jede Feuchtigkeit der Luft in die Erde, und nützt den zarten Pflänzchen. Dieses frühe Auflockern ist um so nothwendiger, weil bei dem Verpflanzen das ganze Feld überlaufen und vertreten wird. Das Behäufeln des Tabacks wird im Elsaß für eine nothwendige Bedingung gehalten. Einige behäufeln jeden Stock einzeln, Andere behäufeln zeilenweis, oder in Kämmen. Drei Personen behacken einen Acker in einem Tage; zu dem Häufeln aber werden fünf bis sechs Personen erfordert.

Man lässt dem Taback 6 bis 8 Blätter, die Erdblätter nicht mit einbegriffen, und bricht das darüber Hervorragende ab. Der Mensch bezweckt bei dem Andern nur den Genuß der Blätter, und sucht diese so schön und groß, als möglich, zu haben. Die Natur aber ist auf die Wiederhervorbringung des Samens zur Verewigung ihres angefangenen Werks bedacht. Gestört durch die Hand des Menschen, der, zur Befriedigung seiner Privatabsichten, ihrem großen allgemeinen Zwecke entgegen arbeitet, ihrem Zöglinge den Stengel raubt, den sie mit Blumen zu krönen gedachte, sucht sie diesen Verlust zu ersetzen, und treibt, ohne zu ermüden, neue Stengel zwischen den Blättern hervor, die der Mensch dann wieder wegzuräumen hat, wenn er bei dem Anbaue der Tabackspflanze seinen Zweck erreichen will. Je mehr Zeit er jenen Schößlingen läßt, heranzuwachsen, um so mehr entkräften sie den Wuchs der Blätter. Er durchgeht also vier bis fünf Mal das Feld, und bricht Alles aus, was sich seinem Vorhaben widersetzt.

## Befahrung.

Des Einflusses der Witterung, welchem der Taback nicht weniger als die Weinrebe unterworfen ist, nicht zu gedenken, hat er noch eine Menge Feinde, die ihn bedrohen: Hagel, Frost, Stürme, Heuschrecken, Rost und Hanfblumen, und gegen alle diese Uebel, das letzte ausgenommen, giebt es keine Mittel.

Die Hanfblume (Orobanche ramosa) ist eine Schmarotzerpflanze, die sich unter und zwischen den Wurzeln des Tabacks einnistelt, endlich mit ihrem ästigen Stamme durch die Erde hervorsticht, und ihrem Schutzherrn alle Lebenssäfte aussaugt. Der Taback läßt, besonders wenn sich mehrere solcher Schmarotzer zu seinen Füßen einfinden, die Blätter hängen, als welkten sie von außerordentlicher Dürre dahin. Alle Hoffnung zum fernern Gedeihen ist verloren. Wenig aber schaden solche Blumen dem Taback, wenn sie sich erst dann zeigen, wenn dieser im Begriffe ist, zu reifen. Die Verheerungen dieser fatalen Pflanze sind oft sehr groß; dann aber ist es auch die Folge einer unweisen Behandlung, und der Mensch muß es sich gefallen lassen, wenn die Natur nach der Geißel greift, die er selbst zu seiner Strafe gebunden hat. Eine schlechte Behandlung des Feldes, ein wiederholtes Wiederkommen des Tabacks, und mehr noch, eine schlechte Fruchtfolge sind die Quellen des Uebels. Es fällt also nicht schwer, ihnen zu steuern. Folgt auf den Taback Weizen, und folgen auf diesen zwei Mal hintereinander behackte Früchte, wie Kartoffeln und Mais, so haben die Hanfblumen ihr Spiel verloren.

Die Herbstfröste, die sich im Elsaß, leider! nur allzuoft gegen die Hälfte des Septembers einstellen, sind dem Taback sehr nachtheilig und, greifen sie die Rippen der Blätter selbst an, durchaus zerstörend. Höher gelegene Felder sind dem Froste nicht so stark ausgesetzt, als die, so etwas tiefer liegen. Doch sieht man es auch jenen an einem braunen Scheine an, der sich über die Pflanzung verbreitet, daß es Zeit ist, sie vom Felde wegzuschaffen.

## Aerndte.

Die Blätter des Tabacks bekommen gegen die Zeit ihrer Reife gelbe Flecke; sie werden pergamentartig und krümmen sich nach außen oder unten zu. Die Oberfläche des Feldes gewinnt ein gelbliches Ansehen. Es ist die Epoche, wo geärndtet werden muß. Nur, leider! daß man hier und dort derselben, um das Feld desto eher wieder zu benutzen, zuvorkommt, oder aus Furcht vor dem Froste zuvorkommen muß; wodurch ganz natürlich sich der Taback verschlechtert, und selbst am Gewichte verliert.

Das allmählige Abbrechen der Blätter, welches

man hat einführen wollen, hat viele Schwierigkeiten, weil es nicht ohne Beschädigung der stehenbleibenden und Vermehrung der Arbeit geschehen kann. Uebrigens ist es irrig, zu glauben, daß die obern Blätter, als später ausgeschossen, auch später, als die untern reifen. Was diese im Alter voraus haben, wird bei jenen, als in der Höhe stehend, durch die Einwirkung der Luft und des Lichtes ersetzt, so daß die Reife bei allen Blättern gleichzeitig vorgeht.

So groß vormals die Unordnung im Elsaß bei der Einärndtung des Tabacks war, so groß war in den letzten Jahren die durch die Vorschrift der Regie bewirkte Ordnung bei Klassifizirung der Blätter nach ihrer verschiedenen Größe, Absonderung der Bodenblätter und Geizen, Abbrechung der Blattstorren und aller fernern Behandlung. Bezahlt dann gleich die Verwaltung höhere Preise, als sonst der Taback galt; so bezieht sie auch dafür ungleich bessere Waare, als der Landwirth sonst zu liefern gewohnt war.

Die abgebrochenen Blätter werden auf dem Felde mit Strohseilen in Büschel oder Wellen gebunden, in welchen sie 2 bis 3, zur Noth 4 Tage unbeschädiget bleiben können, je nachdem das Wetter weniger oder mehr kühl ist. Die Strunken der abgeblatteten Tabacksstämme müssen sogleich mit der Haue ausgehauen werden, damit sie dem Boden nicht unnützer Weise einen Theil der übrigen Kraft aussaugen. Die weitere Art, damit zu verfahren, haben wir bei dem Weizen angegeben. Auf Matten und

Klee ausgestreuet, und den Winter über liegen gelassen, äußern sie eine vortreffliche Wirkung. Im Frühjahre werden sie gesammelt und zur Feuerung verwendet. Sie geben eine Asche, welche alle Holzasche an Güte übertrifft. Der Büschel verkauft sich, wie der des Bohnenstrohes, zu drei Sols.

## Behandlung zu Hause.

Es ist nicht genug, daß der Landwirth eine Waare auf dem Felde zu ihrer höchsten Vollkommenheit bringt, wenn er sie nicht auch zu Hause gehörig behandelt, oder sie daselbst gar verderben läßt. Es trifft dieses aber mehr bei dem Taback, als bei allen andern Produkten, ein. Man fädelt vermittelst einer langen Nadel die Blätter auf Schnüren ein, fasst die beiden Enden davon zusammen, und hängt sie an einem Nagel auf. Nach einigen Tagen dreht man diese losen Kränze um, und bringt das, was unten war, oben hin. Wieder nach einigen Tagen hebt man sie ab, und spannt sie auf den Trockenräumen auseinander. Die Ursache, warum man sie im Elsaß nicht sogleich an Ort und Stelle bringt, rührt von der Größe der Blätter her, welche man gern vorher etwas in den Schnüren abwelken läßt, um sie bei dem Aufspannen nicht zu zerbrechen. Man beobachtet, die Blätter auf den Schnüren etwas auseinander zu rücken, so daß zwischen jedem ein Finger breit Raum bleibt, damit sie desto schneller trocknen und nicht auf einander anschimmeln.

Obgleich man im Elsaß jetzt mehrere besondere

Trockenhäuser (Hänken) antrifft, so wird doch bei weitem der größte Theil der Blätter daselbst über den Ställen, und überall, wo es nur ein Obdach giebt, aufgespannt und getrocknet. Von den neu errichteten Trockenräumen, die ich sah, sind die meisten sehr fehlerhaft angelegt, und schlechter, als andere Hauswinkel, wo man gewöhnlich den Taback aufzuhängen pflegt. Sie gleichen eher einem Bienenstande, als einer Tabacksdörre. Da sie von vorn offen und nur 8 bis 10 Fuß tief sind, so sind die Blätter der Sonne und vollen Atmosphäre ausgesetzt. Es mag sein, daß dieses das Trockenwerden auf eine schnelle Weise befördert; aber gewiß befördert dieses schnelle Trocknen keineswegs die Güte des Tabacks. Sein aromatisches, narkotisches Wesen entweicht zugleich mit der Feuchtigkeit. Bilden sich auf den Blättern keine weißen Punkte, Salze, Kristalle, so ist bei dem Trocknen nicht gehörig verfahren worden.

Der Taback (ich rede hier von denen, die ihn gehörig zu behandeln wissen) wird, nachdem er einen Frost auf dem Trockenraume ausgestanden hat, abgenommen, und in einen oder mehrere schmale Haufen aufgesetzt. Sobald sich im Innern eine Hitze erzeugt, welches in den drei ersten Wochen zu geschehen pflegt: so wird der Haufen umgesetzt, welches nachher noch ein oder ein Paar Mal wiederholt wird, bis daß die Blätter völlig zusammengeschrumpft sind. Darauf wird er schließlich in breite und hohe Haufen gebracht. Würde dieses Verfahren überall befolgt; so würde der Taback des Landmanns um-gleich besser und auch schwerer werden *).

## Ertrag und Kosten.

Man kann den Mittelertrag eines Hektars Taback (5 gewöhnliche elsasser Acker) nicht höher, als auf 30 Centner trockene Blätter (750 Pfund pro Morgen) anschlagen, und das versteht sich nur von guter Cultur. Der Preis, den die Verwaltung im Jahre 1812 ansetzte, war für die der ersten Klasse 67 Franken pro Centner metrisch, 56 für die der zweiten, und 45 für die der dritten. Nichts wäre gerechter, als die Verschiedenheit der Preise nach der Verschiedenheit der Waare zu bestimmen, wenn diese gehörig gewürdiget und in eine eigene Klasse gebracht würde; allein man ging von einer unmaß-geblichen Voraussetzung aus, daß 2/10 des Ertrages in die erste, 3/10 in die zweite, 4/10 in die dritte, und das Uebrige zu dem Auswurfe gehörte. Man machte also aus dem, was nur ein vorläufiger Ueber-schlag sein sollte, eine feste und, was das Schlimmste war, eine allgemeine Regel. Der Landwirth also, der seinen Taback auf die vollkommenste Weise ge-halten hatte, und dessen Waare verdient hätte, zur Hälfte in die erste Klasse zu kommen, stand mit dem nachlässigen, der sich weniger Mühe gegeben

*) Ich habe mich in dem Gesagten einer ausführlichen Beschreibung der Manipulation bei dem Tabacksbau enthalten, weil solches allzuweitläufig geworden wäre.

hatte, in der Bezahlung gleich; denn dieser letzte mochte doch leicht ein Fünftel guter Blätter unter seiner Lieferung haben. Die Verschiedenheit der Preise, die absichtlich darum festgesetzt war, um die Industrie unter den Tackspflanzern zu heben, diente also umgekehrt dazu, allen Eifer für Verbesserung der Cultur und Behandlung des Tabacks zu ersticken, weil der Fleißige nicht mehr als der Nachlässige davon trug.

Doch wollen wir das hier beseitigen, und bei der Abschätzung des Ertrags nach dem angegebenen Maßstabe stehen bleiben. Ich will auch übergehen, daß die Aerndte von 1812 zu einer mittelmäßigen gehörte, und nicht mehr als 25 Centner (12½ Centner metrisch) abwarf, daher bei 15 metrischen Centnern stehen bleiben. Demnach kamen zur

| | | | | | |
|---|---|---|---|---|---|
| 1sten Klasse: | 300 Kilogram | zu 67 | Franken | . | 201 |
| 2ten „ | 450 „ | „ 56 | „ | . | 252 |
| 3ten „ | 600 „ | „ 45 | „ | . | 270 |
| Auswurf | 150 „ | p. p. | „ | . | 39 |

Summe des rohen Ertrages eines Hektars in Franken 753

Wir gehen nunmehr zur Berechnung der Unkosten über, die nicht aufs Gerathewohl aufgegriffen, sondern nach der strengsten und gewissenhaftesten Untersuchung und Abschätzung von Sachkundigen aufgestellt worden sind. Da Alles in Geld angeschlagen werden soll, so setzen wir voraus, daß der Pflanzer weder Land, noch Dünger, noch eigenes Gesinde, noch eigenes Fuhrwesen für sich habe, er also alles dies mit baarem Gelde bezahlen müsse.

| | | |
|---|---|---|
| Miethe von einem Hektar Ackerland nach dem Preise der Gegend von Erstein . . | 100 | Fr. |
| Oeffentliche Abgaben . . . | 30 | = |
| Dreißig vierspännige Fuder Dünger, à 24 Fr. — 720. Davon die Hälfte, als den folgenden Früchten zu Gute kommend, wegzulassen. Hier . . . | 360 | = |
| Diesen Dünger auf eine Meile weit beizufahren, à 8 Fr. Hier zur Hälfte . | 120 | = |
| Fünfmaliges Pflügen, jedes mit Inbegriff des Eggens, à 20 Fr. . . . | 100 | = |
| Erzielung von 27500 Setzlingen. Bei dem Ankaufe würden sie mehr kosten . | 60 | = |
| Einen Hektar damit zu bepflanzen . | 15 | = |
| Erstes Behacken . . . . | 15 | = |
| Zweites Behacken und Häufeln . . | 30 | = |
| Köpfen und viermaliges Ausgeizen . | 40 | = |
| Blätterbrechen und Einfädeln . . | 120 | = |
| Arbeit in den Trockenräumen . . | 60 | = |
| Püppeln und Bündeln . . . | 60 | = |
| Miethe eines Trockenraumes . . | 30 | = |
| Schnüre zum Aufhängen . . . | 25 | = |
| Verfahren der grünen Blätter nach Hause und der trockenen nach dem Magazine . | 50 | = |
| Summe aller Unkosten . | 1215 | Fr. |

Verglichen mit dem Ertrage geht ein Schade von 462 Franken hervor. Noch ungleich größer wird dieser Verlust, wenn wir den Verlust der Carenzjahre hinzuschlagen wollten, weil man in acht Jahren ganz sicher auf eines zählen kann, in welchem der Taback gänzlich fehlt. Es müsste also billig der Verlust der auf dieses Jahr fallenden Kosten auf die sieben übrigen vertheilt werden, und da würde das jährliche Deficit noch ungleich stärker. Weiter muß ich bemerken, daß ich zu Gunsten des Landwirths in der Berechnung des Ertrags vorausgesetzt habe, daß seine Waare bei der Ablieferung von den Abnehmern gehörig gewürdiget, und nach dem, wiewol unrichtig aufgestellten, Maßstabe in die ihm zukommenden Klassen gesetzt worden sei. Ob solches geschehen, ist hier der Ort nicht, zu untersuchen. Zweitens habe ich die Preise für das beste Arrondissement im Elsaß angenommen. Die von dem zweiten Arrondissement waren nur für die erste Klasse 60, für die zweite 49, für die dritte 39 Franken. Nach diesen war der Geldertrag eines Hecktars Taback nur 645 Fr.; der Verlust also, da die Unkosten beinahe die nämlichen sind, noch um vieles stärker.

Nach diesen Angaben scheint es unmöglich, ja fast unglaublich, daß man sich noch mit dem Tabacksbaue abgeben könne, wenn man nicht bedächte, daß der Bauer alle darauf fallende Arbeit selbst und mit Frau, Kind und Gesinde vollbringt; daß er darauf alle müssigen Stunden verwendet, daher die Handarbeit nicht anschlägt. Eben so mit der Gespannarbeit, dem Trockenraume, dem Dünger, den der kleinere Pflanzer sich aus seinem Hofe verschafft, u. s. w.

Selbst die Landpacht bringt er, da er das Jahr für ein Brachjahr ansieht, nicht in seine Rechnung. Das heißt aber, in die Nacht hinein wirthschaften, und wir dürfen uns nicht wundern, wenn so viele Tabackspflanzer unvermerkt zurückgehen, und die Zahl der Armen sich mit der der Hände mehrt. Die Rückstände der öffentlichen oder Staatsabgaben beweisen dieses zur Genüge, wenn man den Bezirk von Weissenburg, wo kein Taback gepflanzt wird, mit dem von Schlettstadt vergleicht. Nicht alles ist Gold, was uns bei dem ersten Anblicke entgegenstrahlt!

# Drei und zwanzigster Abschnitt.

## Oelgewächse.

### I. Raps.

Der Raps, Reps, Kohlsamen, Kohlsaat, Rapsaat, wird in dem Nieder-Elsaß nur an einigen wenigen Orten, die nach der Queich zu liegen, verpflanzt. Ich werde daher dieser Methode, die ich anderswo weitläufig genug beschrieben habe, und auf die ich in meiner Beschreibung der pfälzer Landwirthschaft zurückzukommen hoffe, hier nicht gedenken. Ich zweifle übrigens nicht daran, daß da, wo Boden und Clima es vertragen, der Raps ohne vorhergehende reine Brache unmittelbar nach einer andern Frucht folgen kann, ohne dabei Gefahr zu laufen, durchgehends von der Kälte aufgerieben zu werden; daß, sage ich, unter diesen Umständen das nicht Verpflanzen des Rapses vortheilhaft sein kann.

Man säet den Raps im Elsaß entweder nach einer reinen Brache, oder nach Wintergetreide, Pferdebohnen und Klee. Die Brache bleibt wol die sicherste Vorbereitung; sie ist aber auch die kostbarste, weil dadurch zwei Jahre dem Raps zur Last fallen. Indessen gewährt diese Bestellungsart nebenbei alle übrigen Vortheile, die aus einer vier Mal gepflügten und wohl gedüngten Brache hervorgehen müssen, wie Reinlichkeit und Verpulverung des Bodens, Gelegenheit, den Dünger im Sommer auszuführen, u. s. w. Eine andere vortreffliche Zubereitung zum Rapse ist: ihn in die Kleestoppel zu säen, wie solches an mehrern Orten im Bezirke von Weissenburg geschieht. Dabei darf man aber den Klee nicht zwei Mal benutzen, sondern überfährt das Land nach dem ersten Schnitte mit etwas Dünger, lässt den zweiten Kleeschnitt ein wenig heranwachsen, und stürzt ihn dann um. Dadurch gewinnt man einen gar herrlichen Raps. Wie vortheilhaft übrigens der Klee auf dieses Oelgewächs einwirke, ergiebt sich daraus: daß, wenn man Raps nach Kleeweizen bei siebenjähriger Düngung folgen lässt, er besser geräth, als wenn er nach Hanfweizen bei dreijähriger Düngung gesäet wird, wie wir solches bei der Fruchtfolge, Artikel Schwindratzheim, angegeben haben. Auch auf dem Kochersberge wird zu Raps nach dem Kleeweizen nicht gedüngt. — Wozu in aller Welt ist der Klee nicht eine herrliche Vorbereitung?

Soll der Raps nach Wintergetreide, wie Weizen oder Spelz, folgen, so werden die Stoppeln mit Dünger überfahren, gestürzt, der Raps über die rauhe Furche gesäet und eingeegget. Man denkt wol, daß hier von keinem Lande mit Schollen die Rede ist, wo allerdings vorgeegget werden muß. Ist der Boden überhaupt spröde und storrig, so muß mehr, als ein Mal, gepflügt werden, oder vielmehr, den Raps nach Weizen säen, ist daselbst gar nicht anwendbar. Es giebt im Elsaß auch Orte, wie Brumath, wo die Weizenstoppel zum Rapse nicht gedüngt wird.

Die Zeit der Rapssaat ist um Laurentii. Eine Sache, die ohne Zweifel eben so viel, als der Boden, zu dem Gedeihen des unverpflanzten Rapses beiträgt, ist das Behacken, das man dabei vor Winter vornimmt, und welches man im Frühjahre wiederholt. Nur nach Pferdebohnen, die selbst zwei Mal behackt worden sind, pflegt man den Raps nicht zu behacken.

Man kann den Ertrag des Rapssamens zu 4, und wenn er gut geräth, zu 5 Viertel pro Acker annehmen (10½ à 13 Scheffel vom Morgen).

Zu Schleithal findet man, daß der Spelz besser nach Raps, als nach einer reinen Brache, gerathe. Allgemein hat man die Bemerkung gemacht, daß der Spelz unmittelbar nach Hanf schlecht gerathe; gut aber, wenn zwischen beiden verpflanzter, wiewol nicht gedüngter, Raps eingeschaltet wird.

Alles dieses gereicht dem Rapse und seiner wenig aussaugenden Kraft zum Ruhme.

## II. Mohn.

Es wird viel Mohnöl in dem Departement als Speiseöl verzehrt, daher man sich auch stark auf seinen Anbau legt. Das daselbst gewonnene Oel reicht dennoch zu diesem Bedürfniß allein nicht zu, und es wird dasselbe alljährlich noch aus dem Departement von Norden eingeführt.

Der Mohn, der hier gebauet wird, hat geschlossene, etwas längliche und nicht platt gedrückte Köpfe und graue Blumen. Man läßt ihn entweder nach Getreide, oder weit besser, wie solches bei der sechsfelder kochersberger Wirthschaft geschieht, nach Hanf oder Kartoffeln folgen. Da zu Hanf stark gedüngt worden ist, so hat der Mohn weiter keinen Dünger mehr nöthig. Keine Vorbereitung aber spricht dem Mohn mehr zu, als die Kartoffeln. Wenn zu diesen nicht, oder nur wenig, gedüngt worden, so muß solches zum Mohn und zwar stark geschehen. Dieses Oelgewächs kann eben so viel Dünger, als der Hanf, vertragen. Da hat man aber auch die reichste Aerndte nach Kartoffeln, die sich nur von dem Mohn erwarten läßt. Man rechnet in diesem Falle den Ertrag um einen dritten Theil stärker, als von Mohn, der nach Getreide folgt. Außerdem ist die Folge: 1. Weizen, 2. Kartoffeln, 3. Mohn; das Mittel, einen durch die Dreifelderwirthschaft gänzlich verwilderten Acker wieder zu reinigen.

Da, wo man den Mohn nach Getreide folgen lässt, werden 5 bis 6 vierspännige Fuder Dünger auf den Acker (25 bis 30 auf den Hektar, 7 auf den Morgen) erfordert. Es versteht sich, daß zu dem darauf folgenden Weizen nicht weiter gedüngt wird. Ob der Mohn den Boden stark angreife, darüber sind die Meinungen getheilt. Einige glauben, daß er viele, Andere, daß er wenig Kraft ausziehe. Ich kann darüber nicht entscheiden.

Der Mohn wird durchgehends für sich allein gesäet. Das Untersäen mit Möhren, woraus man so viel Aufhebens gemacht hat, bringt selbst im Ertrage wenig Vortheil; denn da, wo eine Möhre steht, kann nicht zugleich auch eine Mohnpflanze wurzeln. Uebrigens stehen die Möhren dem Behacken und Behäufeln des Mohns im Wege, und verderben also seinen gehörigen Anbau.

Zu dem Mohn werden die Getreidestoppeln entweder vor oder nach Winter gedüngt. Besser bleibt immer das erste. Auf jeden Fall wird das Feld vor Winter umgefahren, und im folgenden Frühjahre noch ein Mal. Man säet über die rauhe Furche, egget so fein, als möglich, ein, und lässt die Walze folgen. Man kann den Mohn nicht zu früh säen, und thut dieses manchmal schon im Hornung.

Sobald sich die Pflanzen nur über dem Boden erkennen lassen, wird gehackt, und zwar mit der gewöhnlichen Haue. Dazu gehört aber wirklich die Uebung eines Elsassers. Hat der Mohn die Höhe von 3 bis 4 Zoll, so hackt man zum zweiten Mal. Dabei werden die Pflanzen vereinzelt, so daß sie ungefähr einen starken Fuß von einander fallen. Man nennt solches, den Mohn stellen. Bei dem Stellen wird der Grund so, wie bei den Rüben, in den Raum zwischen den Stücken auf einander geworfen, wodurch das Unkraut erstickt. Ragt endlich der Mohn einen Fuß hoch über der Erde empor, so wird zum dritten Mal zur Hacke gegriffen, und der Grund zugleich gegen die Pflanzen angezogen, wodurch sie mehr Halt gegen den Wind bekommen. — Diese Culturart ist sicher sehr vortrefflich; daß sich aber die große damit verbundene Arbeit durch das Säen auf Reihen und Anhäufeln mit dem Pfluge um vieles vermindern ließe, wie ich solches selbst versucht habe, ist keinem Zweifel unterworfen.

Auch der Mohn ist, wie Alles, was der Mensch pflanzt, dem Mißrathen unterworfen. Sein stärkster Feind ist der Mehlthau, und in nassen Jahren der Brenner. Die Mäuse stellen seinen noch saftigen Köpfen fleißig nach.

Man zieht den Mohn sammt der Wurzel aus, stellt ihn auf dem Felde zum Trocknen in Haufen gegen einander an, bringt ihn dann nach Haus, und öffnet ihn ohne Zeitverlust. Das Auskörnen geschieht mit den Händen über einem langen Kasten oder einem mit Tuche belegten Korbe. Man drischt ihn niemals, weil er sehr schwer von allen Erdtheilen und Staube, die alsdann mit unterlaufen, zu befreien ist. Der ausgebrochene Maisame wird sogleich in Säcke gefüllt, und erhält sich darin so lange, als man es wünscht.

Man rechnet den Ertrag im Durchschnitt nicht höher, als zu 15 Sester vom Acker, zu 3 Viertel, wenn er gut, und zu 4, wenn er vollkommen geräth (6 5/8, 8 1/8, 10 5/8 Scheffel vom Morgen). Man presst aus einem Viertel Maisamen 14 Maß (56 Pfund) Oel, und erhält 18 Kuchen, wovon das Stück 4 Sols werth ist. Der Maisame giebt also nicht so viel Oel, als der Rübesame, und verhält sich darin zu diesem, wie 14 zu 17. Dagegen, wenn das Maß Rüböl zu 40 Sols verkauft wird, bezahlt man für Mohnöl 50. Der Ertrag eines Ackers Mohn wäre also an Oel 35 Maß, à 50 Sols — 87 1/2 Franken. Der Ertrag eines Ackers Raps an Oel 68 Maß, à 40 Sols — 136 Franken. Der Mohn giebt mehr und bessere Oelkuchen, als der Raps. Diese werden mehr bei den Kühen, jene mehr bei der Schweinefütterung geachtet. Die Mohnstengel sind in holzarmen Gegenden nicht ohne Werth. Man rechnet 150 Wellen (Büschel) von einem Acker, wovon ihrer 10 bis 12 täglich hinreichen, um eine gewöhnliche, und 15 bis 16, um eine große Wirthschaftsstube zu erwärmen. Die davon gewonnene Asche wird jeder andern Asche vorgezogen, und mit 8 bis 9 Franken der Sack bezahlt.

## III. Senf.

Man bauet in der Gegend von Strasburg schwarzen und weißen Senf. Ersterer ist, wie bekannt, dem Ausfallen der Körner sehr unterworfen; man hat daher bei seiner Aerndte nicht allein auf den Tag, sondern auch auf die Stunde Acht zu geben. Bei dem weißen Senf ist in diesem Stücke nichts zu besorgen. Man düngt zu dem Senf und läßt Weizen darauf folgen, welcher besser als Hanfweizen wird. Der Mittelertrag des schwarzen Mohns ist 2½ Viertel vom Acker; der Ertrag des weißen 5 Viertel (6½ Scheffel, 13 Scheffel vom Morgen). Das Viertel von ersterm gilt einen vierten Theil mehr, als das von letzterm.

Man bauet ferner noch bei Strasburg den Grünschaub (Foenum graecum), eine Droguisten-Waare. Dem Ansehen nach sollte man ein damit bestelltes Feld für ein Luzernefeld halten. Stroh und Blätter sind ihres außerordentlichen Geruches und ihrer abführenden Eigenschaft wegen bei dem Viehe nicht zu gebrauchen. Es ist eine einjährige Pflanze. Wenn sie geräth, kann der Acker 5 bis 6 Viertel tragen, wovon jedes zu 24 Franken p. m. verkauft wird.

## Vier und zwanzigster Abschnitt.

### K r a p p o d e r F ä r b e r r ö t h e.

Schon im sechszehnten Jahrhundert war diese Pflanze im Elsaß bekannt. K a r l d e r F ü n f t e führte sie daselbst ein. Ihr Anbau blieb jedoch ohne Fortgang und Erfolg, bis gegen die Mitte des achtzehnten Jahrhunderts, wo die französische Regierung sich von dem Monopolium, welches die Holländer bis dahin damit getrieben hatten, loszuwinden suchte, und einige Verordnungen erließ, um den Krappbau in den Rheingegenden in Aufnahme zu bringen. Doch wollte es damit im Elsaß noch nicht recht fort, bis daß das löbliche Streben eines einzelnen Mannes ihn in der Gegend von Hagenau in Flor brachte. Dieser verdienstvolle Bürger hieß H o f m a n n. Durch ein sieben und zwanzig Jahre anhaltendes, unermüdetes Streben (von 1735 bis 1760), durch Beispiel, Ermunterung und Geldvorschüsse drang er, so zu sagen, den Krappbau seinen Landsleuten auf. Freilich bezeichnete selbst in den Jahren 1766 und 1769 der Fortgang nicht viel, und der ganze Ertrag belief sich nicht über 5000 Centner an getrockneten Wurzeln, welches viel zu wenig war, um mit dem holländischen Krapp in Concurrenz treten zu können. Das Mehrere war dem Sohne vorbehalten, der, dem Hange seines Vaters und Großvaters getreu, ihr angefangenes Werk mit solchem Eifer fortsetzte, daß der Ertrag im Jahre 1778 auf 50000 Centner stieg.

Dieses war aber auch die höchste und letzte Stufe, welche der Krapp im Elsaß erreichte. Im Jahre 1779 war der Ertrag nur 37000 und 1780 nur 34000 Centner, und so erhielt er sich bis 1792. Die Revolution, die so manche blühende Knospe zerstörte, fiel auch wie eine Seuche über den Krapp her. Im Jahre 1794 war man von funfzig auf achttausend Centner herabgekommen, und ob der Krappbau gleich in den letzten Jahren sich wieder um Vieles gehoben hat, so hat er doch seine ehemalige Höhe noch nicht wieder erreichen können. Dreißigtausend Centner wird das Höchste sein, worauf man wirklich zählen kann: statt daß die Niederländer ihrer jährlich 150000 abzusetzen haben; ihr Krapp daher durch die ungleich größere Masse den Preis in dem Handel angiebt.

Man hat in den finstern Zeiten des Dreifeldersystems in Frankreich mehr Mal die Frage aufgeworfen: ob der Krappbau dem Getreidebau nicht nachtheilig sei? weil er bekanntlich das Feld zwei Jahre hintereinander einnimmt, welches bei jenem Systeme eine Art von Verbrechen ist? Diese Frage bedarf wol in unsern Tagen keiner Beantwortung mehr. Sie bedarf es noch weniger da, wo der Boden bei seiner natürlichen Undankbarkeit durch das Getreide nicht zureichend den Aufwand lohnt, den man auf seine Cultur zu legen gezwungen ist. In diesem Falle sind und waren ganze Strecken unfruchtbaren und öde liegenden Sandes in den Gegenden von Hagenau, Bischweyler u. s. w. Mehr als tausend Hektar solcher vormals unnützen Lande wurden aufgebrochen, zu dem Dienst des Menschen eingeweiht, und zum Getreidebau vorbereitet. Zu dieser Vorbereitung gehörte aber nothwendig eine Pflanze, die reich genug war, um alle, auf eine schnelle Urbarmachung verwendete Kosten, auch schnell zurückzuzahlen, und diese Pflanze war der

Krapp. Freilich dient der Krappbau durch seine Verminderung in unsern Tagen nicht mehr als Mittel, die Wüste urbar zu machen. Es ist aber schon viel, wenn er zureicht, das ein Mal Urbargemachte im Stande zu erhalten. Sollte ja die Regierung etwas zum Wiederaufleben des Krappbaues im Elsaß thun wollen, so wäre es: ein oder zwei Kavallerieregimenter nach Hagenau und der Gegend zu verlegen, und dem Landwirthe die Mittel zu erleichtern, sich den zu dem Krappbau erforderlichen Dünger verschaffen zu können.

Wir kommen nunmehr zu der Behandlung des Krappbaues, so wie er im Elsaß betrieben wird.

Der Boden, den man am stärksten dazu verwendet, ist der Sandboden. Der Lehm ist zwar noch tauglicher zum Krapp; allein seine Bearbeitung, besonders das Graben und Ausgraben, kostet auch mehr, und dann ist der Lehmboden oft vortheilhafter durch andere Gegenstände zu benutzen; daher auch nicht leicht im Elsaß ein Feld dazu verwendet wird, das von Natur zum Weizentragen geschickt ist.

Zu Bischweyler, wo ein grauer, mit weißen Kieseln durchschossener, Boden ist, wird mit doppeltem Spatenstiche und so gegraben, daß der Untergrund in die Höhe kommt. Ein Theil des Düngers wird vor Winter aufgebracht, und untergefahren; der andere nach Winter, und untergespatet. Das Graben geschieht drei bis vier Wochen vor dem Pflanzen. Man rechnet vierzehn bis zwanzig vierspännige Fuder Dünger auf den Acker von 20 bis 24 Ares.

Der Krapp wird hier nicht, wie in den Niederlanden, auf schmale Beete, die nur vier oder sechs Pflanzen über ihre Breite enthalten, gepflanzt; sondern man nimmt das ganze Feld über seine Breite auf ein Mal vor, zieht die Schnur in dieser Richtung, und hauet mit der, bei den Werkzeugen schon beschriebenen, Haue eine vier Zoll tiefe Rinne aus. In diese Rinne werden die Pflanzen, die vorher in Wasser getaucht und mit feiner Erde bepudert worden, gegen die eine Kante eingelegt, und mit dem Grund aus der folgenden Rinne gedeckt. Ist ein Theil der Pflanzen auf diese Art eingelegt, so wird zwischen den Zeilen mit dem Fuße eingetreten, damit der Grund sich ansetze. Die Zeilen fallen einen Fuß von einander, die Pflanzen unter sich eine Handbreit. Es scheint mir, daß das Pflanzen in offenen Rinnen schneller vor sich gehe, als das, wo man für jede Pflanze mit der Kelle einen besondern Stich in die Erde macht. Vier Hauer und vier Einleger pflanzen einen halben Acker in einem Tage, und ziehen die Pflanzen dazu aus.

Wenn die Pflanzen vierzehn Tage gestanden haben, wird leicht behackt. Drei Wochen später, wo sie einige Zweige getrieben haben, werden sie eingelegt. Man zieht behutsam, und so nahe wie möglich, eine drei Zoll tiefe Rinne längst der Pflanzenzeile her, beugt die Pflanzen hinein, deckt sie mit dem Grund aus der folgenden Rinne, und tritt etwas an. Durch dieses Einlegen glaubt man den Hals der Pflanze zu verbessern; doch gewinnen die Wurzeln selbst nichts dabei. Dieses Einlegen, welches man in den Niederlanden durch ein erstes Unterschießen mit Grund zu ersetzen sucht, scheint etwas für sich zu haben, da der ganze Hals dadurch in den Boden kommt, und bekanntlich ist es der Hals, der die beste Röthe liefert. Indessen müßten vergleichende Versuche erst die Sache entscheiden.

In dem zweiten Jahre wird das Krappfeld mit Grund überschossen. Um diesen zu gewinnen, wird, da das Feld, wie gesagt, nicht in schmale Beete, sondern durchaus bepflanzt wird, alle neun bis zehn

Schritte eine Pflanzenreihe weggelassen, wodurch an diesem Orte ein Fußpfad über die Breite des Feldes entsteht. Dieser Strich wird im ersten Jahre mit Speisekohl bepflanzt, um den Raum nicht unbenutzt zu lassen. Im zweiten Jahre wird er ausgegraben, und der daraus bezogene Grund dient zur Ueberdeckung des Krappfeldes. Bei ganz schmalen Stücken sind jene Zwergstreifen nicht nöthig. Man zieht aus den Seitenfurchen so viel Grund, als man braucht. Ich sah auch einige Felder, wo der Krapp der Länge nach gepflanzt war, und da befand sich der Graben in der Mitte. Ob ein Feld, durch obgedachtes Bepflanzen seiner ganzen Oberfläche, mehr Krapp abwerfe, als ein anderes, das nur vier- oder sechszeilige Beete hat, weiß ich nicht; allein das glaube ich sicher behaupten zu dürfen, daß der Krapp von jenem Felde in der Qualität dem von diesem nicht beikömmt, wie ich schon anderswo gesagt habe *).

Obgleich der Krapp besser wird, wenn man ihn drei Jahre über im Boden läßt; so geschieht solches doch äußerst selten, und ich glaube, daß man

*) Belgische Landwirthschaft, zweiter Band.

in einem Clima, wo der Frost in einem Winter die Erwartung von zwei Jahren zerstören kann, den Krapp mit Recht nur zwei Jahre stehen lässt. Ein solches Erfrieren ist gar nichts Seltenes. Durch ein abwechselndes Frieren und Aufthauen werden die Wurzeln an ihrem obern Theile angegriffen und schwarz. Alsdann ist die Hoffnung des fernern Zunehmens zerstört, wie ich im Jahr 1813 zu Hagenau und Brumath gesehen habe.

Bei dem Ausgraben des Krapps, das ich im Elsaß mit angesehen habe, gebe ich dem, bei den Werkzeugen schon beschriebenen, Karste bei weitem den Vorzug vor dem Spaten, dessen man sich in den Niederlanden zu demselben Zwecke bedient. Man muß sich aber nicht vorstellen, daß man damit den Krapp, so wie die Kartoffeln, gerade zu oder von oben herunter aushackt. Wir setzen voraus, daß der Graben, und zwar tiefer, als die Wurzeln des Krapps vordringen, geöffnet ist. Der Arbeiter steht nun in diesem Graben, hauet mit dem Karste seitwärts unter die Wurzeln ein, und bringt die Erde weg. Da der Karst sehr breite Zähne hat, so bedarf es keines Spatens, um den Grund heraufzubringen. Der Arbeiter tritt bei seinem Aushauen rückwärts. Hat er die ganze Zeile auf diese

Weise unterminirt, so stürzt er sie, Stamm für Stamm, in den Graben; bedient sich auch wol eines spitzigen Eisens, um den Grund aus den obern Wurzeln ein wenig loszustechen; hebt die in den Graben gesunkenen Stämme auf, und schüttelt die Wurzeln, damit der Grund vollends davon falle. Auf diese Weise kommen sie ganz, und nicht, wie mit dem Spaten so oft geschieht, stückweise zum Vorschein.

Auf mehr als acht Centner trocknen Krapp (10 vom Morgen) darf man im Durchschnitt vom Acker nicht rechnen. Der Mittelpreis schwankt zwischen 40 und 50 Franken. Die Kosten, die auf den Krappbau fallen, sind sehr beträchtlich; und wer Alles für Geld beischaffen und thun lassen muß, kann seine Rechnung nicht dabei finden. Man schlägt zu Bischweyler die Kosten der Arbeit auf folgende Weise an:

| | | |
|---|---|---|
| Ausziehen und Setzen der Pflanzen . | 24 | Fr. |
| Behacken . . . . . . . | 5 | = |
| Einlegen . . . . . . . | 8 | = |
| Jäten, nicht bestimmt, . . . . . | 0 | = |
| Ueberwerfen . . . . . . | 10 | = |
| Jäten im zweiten Jahre, nicht bestimmt | 0 | = |

Aushacken auf Sandboden . . . 75 Fr.
Aushacken auf Lehmboden . . . 90 =
Landpacht, Contribution, Dünger und Umspaten des Feldes sind nicht angeschlagen. Der Taglohn ist zu 30 Sols (150 Cent.) berechnet.

Zu Hagenau gab man mir alle auf einen Acker fallende Kosten in Masse auf 465 Franken an. Die Landpacht war darin jährlich zu 25 Franken, der Wagen Dünger, statt sechszehn, nur zu zehn Fr. berechnet. Man brachte zwanzig Wagen in Anschlag. Der Dünger mag übrigens dem Krapp zu jenem Preise zur Last fallen, weil er für das Uebrige dem darauf folgenden Getreide zu Gute kömmt.

Ich führte schon an einem andern Orte an, daß man um Hagenau Felder findet, wo man unaufhörlich 1. 2. Krapp, 3. Rocken, und wieder 1. 2. Krapp, 3. Rocken hat. Man beobachtet aber auch, daß die Wurzeln die Dicke nicht mehr erreichen, die sie vor 20 bis 30 Jahren zu haben pflegten. — Der Rocken gedeihet vortrefflich darnach; und wo der Boden ein wenig schwer ist, auch der Weizen ungedüngt. In den Weizen wird Klee gesäet, und dieser gegipst. — Man kann einen ausgerotteten Weinberg nicht besser benutzen, noch zur Wiederanlegung des Weinberges vorbereiten: als wenn man ihn mit Krapp bepflanzt. Der Krapp bezahlt alle Kosten des Aufrodens, und die jungen Reben kommen gar vortrefflich darnach.

Wir wollen nun noch den guten Vater Schröder über den Krappbau seiner Gegend anhören, und mit den Beobachtungen dieses würdigen Mannes diesen Artikel und dieses Werk schließen.

„Die Anpflanzung der Röthe geschieht bei uns durch Setzlinge, die im Frühjahre, wenn sie 6 bis 9 Zoll lang sind, von den alten Stöcken ausgezogen und sogleich verpflanzt werden. Anpflanzungen durch Samen, wovon vor einigen Jahren in Pfaffenhofen ein Versuch gemacht worden, sind mißlungen, und haben vor der Nachahmung abgeschreckt. Die von Samen gezogenen Pflanzen treiben, meiner Erfahrung nach, nur 3 bis 4, höchstens 5 Wurzeln. Jeder zieht daher bei uns seine Pflanzen selbst oder kauft sie das Tausend zu 8, 10, 12 Sols von seinem Nachbar."

„Bei dem Pflügen wird der Pflug so tief, als möglich, eingesetzt, wiewol nicht immer mit Vortheil; denn ich habe bemerkt, daß Röthefelder, die nicht tief gepflügt waren, einen viel größern Ertrag gaben, als andere daneben liegende, die man 8 bis 10 Zoll tief aufgewühlt hatte."

„Je früher die Röthe gepflanzt wird, je besser ist es. Diejenige, die schon im April gesetzt worden, giebt vier Mal so viel Ertrag, als die, welche man erst im Brachmonat verpflanzen kann. Allein die Zeit hängt nicht so sehr von unsrer Willkühr, als von den Sprößlingen selbst ab, welche bei rauhem Frühjahre auch später treiben und Wurzeln schlagen. Sobald dieses letztere geschehen, muß man ohne Zeitverlust, wenn es das Wetter erlaubt, zum Verpflanzen schreiten. Manche begehen den Fehler, daß sie warten wollen, bis die Sprößlinge ziemlich lang sind; ich habe aber stets bemerkt, daß früh verpflanzte Setzlinge, wenn sie auch nur 6 Zoll lang waren, besser und leichter wachsen, als die, welche 10 und mehrere Zoll maßen, und auch beim Ausgraben stärkere Wurzeln hatten, als diese."

„Bei dem Verpflanzungsgeschäffte muß die Erde feucht, aber weder naß, noch trocken sein. Ist der Boden naß, so werden die Pflanzen gelb, schlagen zurück und haben kein Gedeihen. Ist der Boden zu trocken, so bleibt über die Hälfte der Pflanzen aus. Alles Begießen hilft hier nichts. Ist die

Erde aber in einem solchen Feuchtigkeitszustande, daß sie bei dem Geschäffte nicht schmiert, und tritt man, nachdem die in die Rinnen angelegten Pflänzchen mit einer dünnen Lage Erde gedeckt sind, diese mit dem Fuße sanft, aber fest an die Wurzeln, und füllt dann erst die Rinne vollends mit Grund zu, so kann man sicher auf ihr Gedeihen zählen."

„Sobald die Röthe angewachsen ist, und etwas getrieben hat, muß sie mit dem bekannten Jätehäklein gerührt werden, welches etwa vierzehn Tage nachher, ehe sie sich auf die Erde legt, wiederholt wird. Nach diesem wird sie den Sommer über ein, zwei oder drei Mal mit der Hand gejätet *). Den Winter über bedecken sie Einige, wenn es hart gefroren hat, mit langem Miste; Andere unterlassen es. Ich habe nie besondere Wirkung von dieser Vorrichtung gesehen, halte also für besser, man verwende den Dünger zu andern Gegenständen."

„Im März und April des folgenden Jahrs wird das Krappfeld mit Grund überworfen, und den

*) Diese Behandlungsart ist die in den Niederlanden übliche; und da dabei von keinem Einlegen die Rede ist, so scheint sie von der, die ich zu Bischweyler und Hagenau gesehen und schon früher beschrieben habe, gänzlich abzuweichen.

Sommer über noch einige Male gejätet. Je reiner man die Röthe von allem Unkraute hält, je besser gedeihet sie. Je später das Ausgraben oder Einärndten der Wurzeln vorgenommen wird (also erst nach Martini, wenn schon die Winterfeuchtigkeit im Boden ist), je reichlicher fällt der Ertrag aus, desto schöner ist die Röthe, desto weniger verliert sie beim Trocknen. Ich habe immer bemerkt, daß diejenigen, welche sie früh (schon um Mariä Geburt) ausgruben, wenigstens einen dritten Theil an ihrer Aerndte verloren."

„Die Röthe wird hier meistens im Sandfelde, oder in sandigem Lehme gebauet. Das dazu bestimmte Land muß schon einige Jahre vorher durch den Anbau anderer Gewächse, die, wie Kraut, Hanf u. s. w., vielen Dünger erhalten, vorbereitet werden. Frisch gedüngtes Land bringt, weil der Mist sich noch nicht innig genug mit der Erde verbunden hat, nie recht schöne Wurzeln, wenn man auch gleich eine noch so große Menge Dünger auf ein Mal aufführte. Ist aber das Land, wie sich der Bauer ausdrückt, auch altfett, so wird doch noch, sowohl vor, als nach Winter, Dünger aufgefahren. Zwanzig, ja dreißig starke Wagen Mist sind nicht zu viel auf einem Acker von 20,000 □ Fuß."

„In wie weit der Röthebau vortheilhaft sei, mag folgende Berechnung beweisen. Ich bepflanzte im Jahre 1803 einen Acker, der alle dazu erforderliche Eigenschaften vereinigte. Er wurde mit 24 Wagen Mist gedüngt. Alle dahin einschlagende Arbeiten wurden gehörig und zur rechten Zeit vollführt. Die Röthe war schön. Der Acker gab aber nicht mehr als 38 Centner frische Wurzeln, für welche ich 304 Franken bekam. Die Unkosten waren:

| | | |
|---|---|---|
| Landpacht und Contribution für zwei Jahre | 50 | Fr. |
| 24 Wagen Mist, à 6 Fr. *), . . . | 144 | = |
| das Pflanzen kostete . . . . . | 24 | = |
| das Jäten . . . . . . . | 6 | = |
| das Ueberwerfen . . . . . . | 8 | = |
| das Ausgraben . . . . . . | 60 | = |
| Summe der Auslagen . | 292 | Fr. |

Mir blieben also noch zwölf baare Franken Ueberschuß. Und was wäre aus diesem Ueberschusse ge=

*) Es hätten der Röthe hier billig sechs Wagen Dünger, als den folgenden Aerndten zu Gute kommend, abgeschrieben werden müssen; allein da nichts für die Gespannarbeit in Anschlag gebracht worden, so habe ich es dagegen verglichen.

worden, wenn die frische Röthe, wie schon geschehen, auf 6 Franken herabgesunken wäre? Unter 9 Fr. pro Centner kann der Bauer sie nicht wohl bauen. Mißräth vollends die Röthe, indem sie durch das Glatteis gänzlich zu Grunde gerichtet werden kann, so ist der Schaden unersetzlich."

„Ich habe immer beobachtet, daß diejenigen von unsern Landwirthen, die durch den Röthebau reich werden wollten, und zwei bis drei Acker jährlich damit anpflanzten, an ihrem Untergange arbeiteten; besonders, wenn sie die Arbeit zum Theil mit fremden Leuten betreiben lassen mußten. Die Röthe ist eine Pflanze, welche mit der äußersten Sorgfalt behandelt sein will; die man sehr rein halten, und bei der man zu jeder Arbeit auf die Witterung Rücksicht nehmen muß, wenn sie gedeihen soll. Ich sah stets, daß diejenigen, welche 2, 3, und mehrere Aecker auf ein Mal bestellten, nicht so viele Centner Wurzeln ausgruben, als diejenigen, welche nur die Hälfte bestellten, auf diese Hälfte aber allen Fleiß und alle Sorgfalt verwendet hatten."

„Indessen hat der Röthebau auch seine gute Seite und anerkannte große Vortheile; dann nämlich, wenn der Preis der frischen Röthe nicht unter 9 Franken steht; wenn der Anbau derselben nicht übertrieben wird; mit dem Düngererwerbe im Verhältniß steht, und den übrigen Gegenständen nichts entzieht; wenn die Röthe nichts von dem Glatteise (der stärkste trockene Frost schadet ihr nichts) leidet; wenn sie nicht zu schnell auf demselben Felde wiederkömmt, sondern wenigstens vier Jahre dazwischen einlaufen. Der bloße Sandboden duldet sie jedoch schneller nach einander. Unter solchen Umständen und Bedingungen mag die Röthe nicht selten äußerst vortheilhaft für den Pflanzer sein. Eine Erfahrung, die ich selbst gemacht habe, mag hierin entscheiden."

„Im Jahre 1777 ließ ich einen Platz von 14,000 □ Fuß umgraben. Es war ein sehr gutes Land, von undenklichen Zeiten her beinahe alle Jahre gedüngt worden, und trug zum ersten Male Röthe, die ich mit aller möglichen Sorgfalt pflegen ließ. Das Feld gab 67 3/4 Centner grüne Wurzeln, die zu 847 Franken 10 Sols verkauft wurden. Noch nicht genug bekannt mit der Natur dieses Gewächses, dachte ich Wunder, wie sehr ich den Ertrag erhöhen würde, wenn ich jetzt, da der Boden aufgelockert war, ihn sogleich wieder damit bepflanzte. Ich ließ ihn daher im Winter und Frühjahre überschwenglich düngen, und Alles verhältnißmäßig behandeln. Die Aerndte kam, und siehe da, ich hatte 13 Centner, die mir 130 Franken galten. Das Feld bekam nun in zwanzig Jahren keine Röthe mehr, bis zum Jahre 1801, und nun erhielt ich von neuem 60 Centner."

„Vor der Revolution wurden in hiesigem Banne jährlich zwei bis drei tausend Centner Röthe ausgegraben, welches, da sie sich in einem ansehnlichen Preise erhielt, und der Tagelohn noch nicht so hoch gestiegen war, eine ansehnliche Summe Geld in den Ort brachte, und den Wohlstand seiner Bewohner sichtbar erhob. Der Werth des Bodens stieg zu einem ungeheuern Preise. Ich sah einen Platz von zehntausend □ Fuß, Sandfeld, das aber zum Krappbau tauglich war, für 1200 Franken verkaufen. Die Aecker waren damals noch nicht ausgemergelt, und nicht so oft mit Röthe bepflanzt. Auch noch kurz vor dem Ausbruch des damaligen Krieges mit England, wo die dortigen Manufakturisten so starke Kommissionen für Röthe auf der Messe zu Beaucaire gaben, und dadurch den Preis derselben hinaustrieben, stand die Sache gut.. Seitdem aber sind die Aerndten schlechter, und die Preise geringer geworden. Der Bauer hat sich durch theuern Güterankauf vom Gelde entblößt; seine Hoffnung, viel aus der Nöthe zu lösen, hat ihn getäuscht; ein großer Theil seufzt unter den Krallen der Wucherer, welche von Tag zu Tag wie ein Krebsschaden um sich greifen; der Wohlstand verschwindet, und der vormalige Preis der Güter ist, ungeachtet der stets wachsenden Bevölkerung, um den dritten Theil und noch mehr gefallen."

FSC
www.fsc.org
MIX
Papier | Fördert
gute Waldnutzung
FSC® C083411

Kolibri 360 GmbH
Ferdinand-Jühlke-Straße 7
99095 Erfurt, Deutschland
produktsicherheit@kolibri360.de